LES CONFESSIONS
II

JEAN-JACQUES ROUSSEAU

LES
CONFESSIONS
II

Chronologie et introduction
par
Michel Launay

GF Flammarion

© 1968, GARNIER-FLAMMARION, Paris.
ISBN 2-08-070182-7

CHRONOLOGIE

1712 : Né à Genève, d'Isaac Rousseau, horloger, et de Suzanne Bernard, nièce d'un pasteur : « Je coûtai la vie à ma mère. »

1717 : Isaac Rousseau vend sa maison de la haute ville pour s'installer rue de Coutance, dans la ville basse : « Je n'étais plus qu'un enfant de Saint-Gervais. »

1719 : Jean-Jacques lit des romans, et Plutarque, en compagnie de son père.

1722-1723 : « Mon père eut un démêlé avec un M. Gautier, capitaine en France et apparenté dans le Conseil [...] Il aima mieux sortir de Genève, et s'expatrier, que de céder » : Jean-Jacques est mis en pension à Bossey, chez le pasteur Lambercier. Episode de la fessée.

1724 : « De retour à Genève, je fus mis en apprentissage », chez un greffier, puis chez un graveur.

1728 : « Je jurai de ne retourner jamais chez mon maître »; il fuit Genève, est hébergé par le curé de Confignon, puis par Mme de Warens à Annecy : « Mme de Warens voulut savoir les détails de ma petite histoire; je retrouvai pour la lui conter tout le feu que j'avais perdu chez mon maître. » Conduit à l'Hospice des Catéchumènes de Turin, il abjure le protestantisme et se convertit au catholicisme. Episode de Mme Basile : « Elle ne me rebuta point, me fit asseoir, conter ma petite histoire. » Valet de Mme de Vercellis. Episode du ruban volé : renvoi de Marion et de Jean-Jacques.

1729 : Laquais chez M. de Gouvon, il se fait renvoyer et retourne à Annecy chez Mme de Warens : « Elle me fit conter mon histoire [...] que je lui fis très fidèle-

ment, en supprimant quelques articles, mais au reste sans m'épargner ni m'excuser [...] *Petit* fut mon nom, *Maman* fut le sien. » Quelques semaines au séminaire à Annecy.

1730 : Idylle des cerises avec Mlle Galley et Mlle de Graffenried, à Thônes.

1730-1731 : Chanteur à la maîtrise de la cathédrale d'Annecy, maître de musique à Lausanne et Neuchâtel, compagnon d'un moine grec à travers la Suisse, il est recueilli par le marquis de Bonac, ambassadeur de France à Soleure : « Il fut si content de ma petite histoire et de l'effusion de cœur avec laquelle il vit que je l'avais contée, qu'il me prit par la main [...] M. de la Martinière voulut voir de mon style et me demanda par écrit le même détail que j'avais fait à M. l'Ambassadeur. » Recommandé par eux, il devient domestique d'un colonel en retraite à Paris. Retrouve à Chambéry Mme de Warens, qui lui procure une place d'employé au Cadastre. Ebauche de *Narcisse ou l'Amant de soi-même*, comédie.

1732-1733 : Il quitte le Cadastre et donne des leçons de musique aux « belles écolières » : « Maman vit que pour m'arracher aux périls de ma jeunesse il était temps de me traiter en homme. »

1734 : Mort de Claude Anet, régisseur et amant de Mme de Warens. Jean-Jacques le remplace dans ces deux fonctions.

1735-1738 : Premier séjour aux Charmettes, près de Chambéry. Lit *Cleveland* de l'abbé Prévost et *La Vie de Marianne* de Marivaux. Fréquents voyages : à Besançon, Lyon, Grenoble, Genève, enfin Montpellier, pour y rétablir sa santé. Aventure avec Mme de Larnage : « Je repris la longue histoire de mes complaintes, auxquelles elle répondit d'un ton si tendre [...] » Retour à Chambéry : « Je trouvai ma place prise. »

1738-1739 : Relégué aux Charmettes, il y étudie en autodidacte. Mémoire au gouverneur de Savoie pour obtenir une pension (nouvelle « petite histoire » autobiographique).

1740 : Précepteur des enfants de M. de Mably, à Lyon, il écrit un « Projet pour l'éducation de M. de Sainte-Marie » qui a certains aspects d'une confession.

1741-1742 : Retourne aux Charmettes, puis se rend à Paris et présente à l'Académie un « Projet concernant de nouveaux signes pour la musique ».

1743-1744 : *Dissertation sur la musique moderne.* Rencontre de Diderot. Secrétaire chez les Dupin, puis chez M. de Montaigu, ambassadeur de France à Venise.

1744-1745 : Chassé de l'ambassade et de Venise par M. de Montaigu, il revient à Paris chez les Dupin, et se lie avec Thérèse Levasseur. Achève *Les Muses galantes*, opéra. Retouche *Les Fêtes de Ramire*, opéra de Voltaire et Rameau.

1746-1747 : Aide les Dupin à préparer une réfutation de *L'Esprit des lois* et un ouvrage sur les femmes. Naissance d'un premier enfant, déposé aux Enfants-Trouvés. « L'année suivante, même inconvénient et même expédient. »

1748-1749 : Fait la connaissance de Mme d'Epinay. Dîne toutes les semaines avec l'équipe de l'*Encyclopédie*, pour laquelle il rédige les articles sur la musique, et un projet de feuille périodique, *Le Persifleur* (dans lequel il fait une manière d'autoportrait).

1749-1750 : Allant voir Diderot incarcéré au château de Vincennes, il a l'idée du *Discours sur les sciences et les arts* : « A l'instant [...] je vis un autre univers et je devins un autre homme. » Ce *Discours* reçoit le prix de l'académie de Dijon.

1751-1752 : « Thérèse devint grosse pour la troisième fois [...] Mon troisième enfant fut donc mis aux Enfants-Trouvés, ainsi que les premiers, et il en fut de même des deux suivants. » Polémiques autour de son *Discours*. Caissier de M. Dupin de Francueil, mais : « déterminé à passer dans l'indépendance et la pauvreté le peu de temps qui me restait à vivre [...] de caissier d'un financier je me fis copiste de musique ». Représentation du *Devin du village*, opéra dans le goût italien, qui triomphe à la Cour de Fontainebleau.

1753 : *Lettre sur la musique française :* Rousseau pendu en effigie par les partisans de la musique française. Au Conseil des ministres, il est question de l'emprisonner.

1754 : Retour à Genève et dans le giron du protestantisme : Rousseau recouvre ses droits de « citoyen de Genève ». Tour du lac de Genève en bateau ; Rousseau tient son carnet de route.

1755 : Publication du *Discours sur l'inégalité*, et, dans l'*Encyclopédie*, de l'article *Economie politique*. Début de rédaction de fragments autobiographiques, dont Rousseau classera une partie sous le titre « Mon Portrait ».

1756 : Installation à l'Ermitage, chez Mme d'Epinay. Rédaction d'*Extraits* et *Jugements* des ouvrages de l'abbé de Saint-Pierre, et d'une « Lettre sur la Providence » adressée à Voltaire. Esquisse de *La Nouvelle Héloïse*. .

1757 : S'éprend de Mme d'Houdetot; poursuit la rédaction de *La Nouvelle Héloïse ;* se brouille et se réconcilie avec Diderot et Mme d'Epinay.

1758 : Rédige la première version de la *Profession de foi du vicaire savoyard*, qui a un caractère autobiographique. Achève la *Lettre à d'Alembert sur les spectacles* et *Julie ou la Nouvelle Héloïse :* dans ces deux ouvrages, nombreux traits ou passages autobiographiques. Rupture définitive avec Diderot et Mme d'Epinay.

1759 : Installation chez le maréchal de Luxembourg, au Petit Château de Montmorency, où il achève la première rédaction de l'*Emile*.

1760 : Travaille au *Contrat social*, rédige deux autres versions de l'*Emile*, et confie son manuscrit définitif à Mme de Luxembourg. Impression de *La Nouvelle Héloïse*.

1761 : *Préface de la Nouvelle Héloïse, ou Entretien sur les romans*. Achèvement du *Contrat social*. Rousseau fait faire de vaines recherches pour retrouver l'aîné de ses enfants. Impression de l'*Emile*. Rey, éditeur à Amsterdam, lui écrit : « J'ose vous demander une chose que j'ambitionne depuis longtemps [...] ce serait votre vie, que je placerais en tête de vos ouvrages. »

1762 : Réponse à Rey : « Il y a pour la publication de ma vie, même après ma mort, de grands obstacles »; mais, en même temps : « quatre lettres à M. le Président de Malesherbes concernant le vrai tableau de mon caractère et les vrais motifs de ma conduite. » Publication du *Contrat social* et de l'*Emile*. Le Parlement de Paris condamne l'*Emile* à être brûlé, et son auteur est

décrété de prise de corps. Rousseau se réfugie en Suisse, à Môtiers-Travers, dans la principauté de Neuchâtel. Rey le relance pour son autobiographie. Rousseau demande à M. de Malesherbes une copie de ses quatre lettres autobiographiques, et il la montre à Milord Maréchal (Lord Keith), son protecteur à Neuchâtel.

1763 : Lettres à son ami Moultou, auquel il laisse entendre qu'il songe à rédiger les « mémoires de sa vie ». Il acquiert, en vue de cette rédaction, le *Dictionnaire de l'Académie* de 1762, les *Pensées* de Pascal, *Les Caractères* de La Bruyère et l'*Imitation de Jésus-Christ*. Publication de sa *Lettre à Beaumont*, archevêque de Paris : c'est une défense de l'*Émile*, qui a un caractère autobiographique. Lettres à son ami l'académicien Duclos : il y parle des « mémoires de sa vie ». *Projet de Constitution pour la Corse*.

1764 : *Lettres écrites de la montagne*, défense de l'*Émile* et du *Contrat social*, en réponse aux *Lettres écrites de la campagne* du procureur général Tronchin, ami genevois de Voltaire. Ce dernier, dans son *Sentiment des citoyens*, révèle que Rousseau a abandonné ses enfants : Rousseau annote ce pamphlet et l'envoie à l'éditeur parisien Duchesne pour qu'il le publie avec les notes ; il l'envoie aussi à son ami Du Peyrou : « cette pièce [...] entrera dans les monuments de l'histoire de ma vie ». Duclos lui écrit : « J'ai toujours désiré que vous fissiez des mémoires particulières de votre vie. » Début de rédaction de la première version des *Confessions* (ce manuscrit, dit de Neuchâtel, va du Prologue au Livre IV). Rey le relance pour publier « les mémoires et particularités de sa vie ».

1765 : Condamnation des *Lettres écrites de la montagne*, à La Haye, puis à Paris. Conflit avec le pasteur de Môtiers, M. de Montmollin : on jette des pierres contre la maison de Rousseau, considéré comme « Antéchrist ». Il se réfugie à l'île de Saint-Pierre, sur le lac de Bienne, mais il en est expulsé par les autorités de Berne. Il reçoit un passeport provisoire pour la France, et séjourne à Paris, au Temple, sous la protection du prince de Conti. Lettres à Du Peyrou, où il fait allusion à la première partie des *Confessions* : « ces brouillons qui contiennent l'histoire de ma jeunesse jusqu'à mon départ pour Paris en 1741 ».

1766 : En Angleterre, hôte de David Hume à Londres.
Lettre à Du Peyrou pour lui demander des documents
nécessaires à la seconde partie des *Confessions* :
« Tâchez [...] de m'envoyer [...] toutes les lettres,
mémoires, brouillons [...] depuis 1758 jusqu'en 1762,
mois de juin inclusivement [...] Mon voyage ici ne
m'a pas été tout à fait inutile pour mon objet. J'y ai
acquis sur la source de mes malheurs des lumières
nouvelles dont il sera bon que le public à venir soit
instruit. » Début de son délire de persécution. Rup-
ture avec Hume, qui écrit à Mme de Boufflers, maî-
tresse du prince de Conti : « Il compose maintenant un
livre dans lequel il me déshonore par ses mensonges
atroces. Il écrit ses mémoires. » Préventivement, Hume,
Mme d'Epinay et Diderot vont songer à rédiger des
justifications pour se défendre contre l'éventuelle
publication des *Confessions*. Accueilli par Richard Daven-
port à Wootton, il y recopie ses brouillons des *Confes-
sions*, et travaille au Livre V. Publication de l'*Exposé
succinct* de Hume sur sa querelle avec Rousseau.

1767 : Rousseau remet à Cerjat, pour qu'il le trans-
mette à Du Peyrou, le manuscrit des premiers livres
des *Confessions*. Il quitte Wootton et rentre en France,
d'abord chez le marquis de Mirabeau, à Fleury-sous-
Meudon, sous le nom de « M. Jacques », puis chez le
prince de Conti, à Trye-le-Château, sous celui de
« M. Renou »; il fait passer Thérèse pour sa sœur.

1768 : Recrudescence du délire de persécution. Mme de
Verdelin lui écrit de Paris : « Il me semble qu'on vous
reproche fort *Le Contrat social* et qu'on craint vos
Mémoires. » Rousseau écrit à M. d'Ivernois : « Je
commence à craindre, après tant de malheurs réels,
d'en voir quelquefois d'imaginaires qui peuvent agir
sur mon cerveau. » Il confie plusieurs manuscrits,
dont un cahier des *Confessions*, à Mme de Nadaillac,
abbesse de Gomerfontaine. Il quitte Trye et va à
Paris, Lyon, Grenoble et Bourgoin, toujours sous la
protection du prince de Conti. Il écrit sur la porte
d'une auberge le *Sentiment du public sur mon compte
dans les divers états qui le composent*. Le 30 août :
« Epousé Thérèse Le Vasseur [...] en présence de M. de
Champagneux, maire de Bourgoin, et de M. de
Rosière, officier d'artillerie. » Il constate une lacune
dans la correspondance qu'il avait conservée (d'oc-

tobre 1756 à mars 1757, période qui coïncide avec celle
où fut commis l'attentat de Damiens contre Louis XV :
il s'imagine qu'on veut l'impliquer dans cette affaire).

1769 : Il va à Nevers, à Pougues, et à Monquin, au-
dessus de Bourgoin. S'adonne à la botanique. Rédac-
tion de la seconde partie des *Confessions*.

1770 : Renonce au pseudonyme de Renou, va à Lyon,
puis s'installe à Paris. Termine le Livre XII et achève
une double copie de l'ensemble des *Confessions*.
Lettres-confessions à M. de Saint-Germain, Mme de
Berthier et M. de Malesherbes. Ecrit à Mme de Nadail-
lac : « Me faire passer par une voie sûre le cahier des
Confessions dont vous avez bien voulu être dépositaire,
et que j'ai besoin de revoir en ce moment. » Il fait des
lectures publiques des *Confessions* chez le marquis de
Pezay et le poète Dorat.

1771 : Nouvelles lectures des *Confessions* chez le prince
royal de Suède et chez la comtesse d'Egmont. Lecture
du Prologue des *Confessions* (dernière version) à
M. de La Tourrette. Mme d'Epinay obtient de M. de
Sartine, lieutenant-général de police, l'interdiction des
lectures des *Confessions*. Rédaction des *Considérations
sur le gouvernement de Pologne*. Rencontre de Bernar-
din de Saint-Pierre, à qui il raconte de nombreux
souvenirs : Bernardin les note en vue de rédiger lui-
même une *Vie de J.-J. Rousseau*.

1772-1775 : Il gagne sa vie comme copiste de musique,
et rédige *Rousseau juge de Jean-Jacques, Dialogues*.

1776 : Rousseau achève les *Dialogues* et tente vainement
d'en déposer un exemplaire sur le grand autel de Notre-
Dame de Paris. Mort du prince de Conti : Rousseau
commence *Les Rêveries du promeneur solitaire* (1re et
2e Promenades).

1777 : Continuation des *Rêveries* (de la 3e à la 7e Pro-
menade).

1778 : Rédaction des dernières Promenades des *Rêve-
ries* (la 10e reste inachevée). Rousseau confie divers
manuscrits, dont une copie des *Confessions* (manuscrit
dit de Genève) à Moultou. Installation à Ermenonville,
chez le marquis de Girardin. Il meurt le 2 juillet, au
retour d'une promenade dans la campagne d'Ermenon-
ville. Le marquis de Girardin recueille ses manuscrits,
dont le manuscrit dit de Paris des *Confessions*.

LES CONFESSIONS
DE
J.-J. ROUSSEAU

Intus, et in cute

SECONDE PARTIE

Ces cahiers pleins de faute[s] de toute espèce, et que je n'ai pas même le temps de relire, suffisent pour mettre tout ami de la vérité sur sa trace, et lui donner les moyens de s'en assurer par ses propres informations. Malheureusement, il me paraît difficile et même impossible qu'ils échappent à la vigilance de mes ennemis. S'ils tombent entre les mains d'un honnête homme [*ou des amis de M. de Choiseul, s'ils parviennent à M. de Choiseul lui-même, je ne crois pas l'honneur de ma mémoire encore sans ressource. Mais, ô ciel, protecteur de l'innocence, garantis ces derniers renseignements de la mienne des mains des Dames de Boufflers, de Verdelin, et de celles de leurs amis. Dérobe du moins à ces deux furies la mémoire d'un infortuné que tu leur as abandonné de son vivant*].

LIVRE SEPTIÈME

I. 1. Après deux ans de silence et de patience, malgré mes résolutions, je reprends la plume. Lecteur, suspendez votre jugement sur les raisons qui m'y forcent. Vous n'en pouvez juger qu'après m'avoir lu.

2. On a vu s'écouler ma paisible jeunesse dans une vie égale, assez douce, sans de grandes traverses ni de grandes prospérités. Cette médiocrité fut en grande partie l'ouvrage de mon naturel ardent, mais faible, moins prompt encore à entreprendre que facile à décourager ; sortant du repos par secousses, mais y rentrant par lassitude et par goût, et qui, me ramenant toujours, loin des grandes vertus et plus loin des grands vices, à la vie oiseuse et tranquille pour laquelle je me sentais né, ne m'a jamais permis d'aller à rien de grand, soit en bien, soit en mal.

3. Quel tableau différent j'aurai bientôt à développer ! Le sort, qui durant trente ans favorisa mes penchants, les contraria durant les trente autres, et, de cette opposition continuelle entre ma situation et mes inclinations, on verra naître des fautes énormes, des malheurs inouïs, et toutes les vertus, excepté la force, qui peuvent honorer l'adversité.

4. Ma première partie a été toute écrite de mémoire et j'y ai dû faire beaucoup d'erreurs. Forcé d'écrire la seconde de mémoire aussi, j'y en ferai probablement beaucoup davantage. Les doux souvenirs de mes beaux ans passés avec autant de tranquillité que d'innocence, m'ont laissé mille impressions charmantes que j'aime sans cesse à me rappeler. On verra bientôt combien sont différents ceux du reste de ma vie. Les rappeler, c'est en renouveler l'amertume. Loin d'aigrir celle de ma situation

par ces tristes retours, je les écarte autant qu'il m'est possible, et souvent j'y réussis au point de ne les pouvoir plus retrouver au besoin. Cette facilité d'oublier les maux est une consolation que le ciel m'a ménagée dans ceux que le sort devait un jour accumuler sur moi. Ma mémoire, qui me retrace uniquement les objets agréables, est l'heureux contrepoids de mon imagination effarouchée, qui ne me fait prévoir que de cruels avenirs.

5. Tous les papiers que j'avais rassemblés pour suppléer à ma mémoire et me guider dans cette entreprise, passés en d'autres mains, ne rentreront plus dans les miennes. Je n'ai qu'un guide fidèle sur lequel je puisse compter, c'est la chaîne des sentiments qui ont marqué la succession de mon être, et par eux celle des événements qui en ont été la cause ou l'effet. J'oublie aisément mes malheurs; mais je ne puis oublier mes fautes, et j'oublie encore moins mes bons sentiments. Leur souvenir m'est trop cher pour s'effacer jamais de mon cœur. Je puis faire des omissions dans les faits, des transpositions, des erreurs de dates; mais je ne puis me tromper sur ce que j'ai senti, ni sur ce que mes sentiments m'ont fait faire; et voilà de quoi principalement il s'agit. L'objet propre de mes confessions est de faire connaître exactement mon intérieur dans toutes les situations de ma vie. C'est l'histoire de mon âme que j'ai promise, et pour l'écrire fidèlement je n'ai pas besoin d'autres mémoires; il me suffit, comme j'ai fait jusqu'ici, de rentrer au dedans de moi.

6. Il y a cependant, et très heureusement, un intervalle de six à sept ans dont j'ai des renseignements sûrs dans un recueil transcrit de lettres dont les originaux sont dans les mains de M. Du Peyrou. Ce recueil, qui finit en 1760, comprend tout le temps de mon séjour à l'Ermitage et de ma grande brouillerie avec mes soi-disants amis : époque mémorable dans ma vie et qui fut la source de tous mes autres malheurs. A l'égard des lettres originales plus récentes qui peuvent me rester, et qui sont en très petit nombre, au lieu de les transcrire à la suite du recueil, trop volumineux pour que je puisse espérer de le soustraire à la vigilance de mes Argus, je les transcrirai dans cet écrit même, lorsqu'elles me paraî-

tront fournir quelque éclaircissement soit à mon avantage,
soit à ma charge : car je n'ai pas peur que le lecteur
oublie jamais que je fais mes confessions pour croire que
je fais mon apologie; mais il ne doit pas s'attendre non
plus que je taise la vérité lorsqu'elle parle en ma faveur.

7. Au reste, cette seconde partie n'a que cette même
vérité de commune avec la première, ni d'avantage sur
elle que par l'importance des choses. A cela près, elle ne
peut que lui être inférieure en tout. J'écrivais la première
avec plaisir, avec complaisance, à mon aise, à Wootton,
ou dans le château de Trye; tous les souvenirs que j'avais
à me rappeler étaient autant de nouvelles jouissances.
J'y revenais sans cesse avec un nouveau plaisir, et je pou-
vais tourner mes descriptions sans gêne jusqu'à ce que
j'en fusse content. Aujourd'hui, ma mémoire et ma tête
affaiblies me rendent presque incapable de tout travail;
je ne m'occupe de celui-ci que par force et le cœur serré
de détresse. Il ne m'offre que malheurs, trahisons, perfi-
dies, que souvenirs attristants et déchirants. Je voudrais
pour tout au monde pouvoir ensevelir dans la nuit des
temps ce que j'ai à dire, et, forcé de parler malgré moi, je
suis réduit encore à me cacher, à ruser, à tâcher de donner
le change, à m'avilir aux choses pour lesquelles j'étais le
moins né; les planchers sous lesquels je suis ont des
yeux, les murs qui m'entourent ont des oreilles; envi-
ronné d'espions et de surveillants malveillants et vigi-
lants, inquiet et distrait, je jette à la hâte sur le papier
quelques mots interrompus qu'à peine j'ai le temps de
relire, encore moins de corriger. Je sais que, malgré les
barrières immenses qu'on entasse sans cesse autour de
moi, l'on craint toujours que la vérité ne s'échappe par
quelque fissure. Comment m'y prendre pour la faire
percer ? Je le tente avec peu d'espoir de succès. Qu'on
juge si c'est là de quoi faire des tableaux agréables et leur
donner un coloris bien attrayant. J'avertis donc ceux
qui voudront commencer cette lecture, que rien, en la
poursuivant, ne peut les garantir de l'ennui, si ce n'est le
désir d'achever de connaître un homme, et l'amour
sincère de la justice et de la vérité.

2. 1. Je me suis laissé, dans ma première partie,
partant à regret pour Paris, déposant mon cœur aux

Charmettes, y fondant mon dernier château en Espagne,
projetant d'y rapporter un jour aux pieds de Maman,
rendue à elle-même, les trésors que j'aurais acquis, et
comptant sur mon système de musique comme sur une
fortune assurée.

2. Je m'arrêtai quelque temps à Lyon pour y voir
mes connaissances, pour m'y procurer quelques recom-
mandations pour Paris, et pour vendre mes livres de
géométrie que j'avais apportés avec moi. Tout le monde
m'y fit accueil. M. et Mme de Mably marquèrent du
plaisir à me revoir, et me donnèrent à dîner plusieurs
fois. Je fis chez eux connaissance avec l'abbé de Mably,
comme je l'avais faite déjà avec l'abbé de Condillac,
qui tous deux étaient venus voir leur frère. L'abbé de
Mably me donna des lettres pour Paris, entre autres une
pour M. de Fontenelle et une pour le comte de Caylus.
L'un et l'autre me furent des connaissances très agréables,
surtout le premier, qui jusqu'à sa mort n'a point cessé
de me marquer de l'amitié et de me donner dans nos
tête-à-tête des conseils dont j'aurais dû mieux profi-
ter.

3. Je revis M. Bordes, avec lequel j'avais depuis
longtemps fait connaissance, et qui m'avait souvent
obligé de grand cœur et avec le plus vrai plaisir. En cette
occasion je le retrouvai toujours le même. Ce fut lui qui
me fit vendre mes livres, et il me donna par lui-même
ou me procura de bonnes recommandations pour Paris.

4. Je revis M. l'Intendant, dont je devais la connais-
sance à M. Bordes, et à qui je dus celle de M. le duc de
Richelieu, qui passa à Lyon dans ce temps-là. M. Pallu
me présenta à lui. M. de Richelieu me reçut bien et me
dit de l'aller voir à Paris ; ce que je fis plusieurs fois, sans
pourtant que cette haute connaissance, dont j'aurai
souvent à parler dans la suite, m'ait été jamais utile à
rien.

5. Je revis le musicien David, qui m'avait rendu
service dans ma détresse à un de mes précédents voyages.
Il m'avait prêté ou donné un bonnet et des bas, que je
ne lui ai jamais rendus, et qu'il ne m'a jamais redemandés,
quoique nous nous soyons revus souvent depuis ce temps-
là. Je lui ai pourtant fait dans la suite un présent à peu

près équivalent. Je dirais mieux que cela s'il s'agissait ici de ce que j'ai dû; mais il s'agit de ce que j'ai fait, et malheureusement ce n'est pas la même chose.

6. Je revis le noble et généreux Perrichon, et ce ne fut pas sans me ressentir de sa magnificence ordinaire; car il me fit le même cadeau qu'il avait fait auparavant au Gentil Bernard, en me défrayant de ma place à la diligence. Je revis le chirurgien Parisot, le meilleur et le mieux faisant des hommes; je revis sa chère Godefroi, qu'il entretenait depuis dix ans, et dont la douceur de caractère et la bonté de cœur faisaient à peu près tout le mérite, mais qu'on ne pouvait aborder sans intérêt ni quitter sans attendrissement; car elle était au dernier terme d'une étisie dont elle mourut peu après. Rien ne montre mieux les vrais penchants d'un homme que l'espèce de ses attachements *. Quand on avait vu la douce Godefroi, on connaissait le bon Parisot.

7. J'avais obligation à tous ces honnêtes gens. Dans la suite je les négligeai tous, non certainement par ingratitude, mais par cette invincible paresse qui m'en a souvent donné l'air. Jamais le sentiment de leurs services n'est sorti de mon cœur; mais il m'en eût moins coûté de leur prouver ma reconnaissance que de la leur témoigner assidûment. L'exactitude à écrire a toujours été au-dessus de mes forces; sitôt que je commence à me relâcher, la honte et l'embarras de réparer ma faute me la font aggraver, et je n'écris plus du tout. J'ai donc gardé le silence, et j'ai paru les oublier. Parisot et Perrichon n'y ont même pas fait attention, et je les ai toujours trouvés les mêmes; mais on verra vingt ans après, dans M. Bordes, jusqu'où l'amour-propre d'un bel esprit peut porter la vengeance lorsqu'il se croit négligé.

* A moins qu'il ne se soit d'abord trompé dans son choix ou que celle à laquelle il s'était attaché n'ait ensuite changé de caractère par un concours de causes extraordinaires; ce qui n'est pas impossible absolument. Si l'on voulait admettre sans modification cette conséquence, il faudrait donc juger de Socrate par sa femme Xantippe, et de Dion par son ami Calippus : ce qui serait le plus inique et le plus faux jugement qu'on ait jamais porté. Au reste, qu'on écarte ici toute application injurieuse à ma femme. Elle est, il est vrai, plus bornée et plus facile à tromper que je ne l'avais cru; mais pour son caractère, pur, excellent, sans malice, il est digne de toute mon estime, et l'aura tant que je vivrai.

8. Avant de quitter Lyon, je ne dois pas oublier une aimable personne que j'y revis avec plus de plaisir que jamais, et qui laissa dans mon cœur des souvenirs bien tendres. C'est Mlle Serre, dont j'ai parlé dans ma première partie, et avec laquelle j'avais renouvelé connaissance tandis que j'étais chez M. de Mably. A ce voyage, ayant plus de loisir, je la vis davantage; mon cœur se prit et très vivement. J'eus quelque lieu de penser que le sien ne m'était pas contraire, mais elle m'accorda une confiance qui m'ôta la tentation d'en abuser. Elle n'avait rien, ni moi non plus; nos situations étaient trop semblables pour que nous pussions nous unir, et, dans les vues qui m'occupaient, j'étais bien éloigné de songer au mariage. Elle m'apprit qu'un jeune négociant appelé M. Genève paraissait vouloir s'attacher à elle. Je le vis chez elle une fois ou deux; il me parut honnête homme, il passait pour l'être. Persuadé qu'elle serait heureuse avec lui, je désirai qu'il l'épousât, comme il a fait dans la suite, et, pour ne pas troubler leurs innocentes amours, je me hâtai de partir, faisant pour le bonheur de cette charmante personne des vœux qui n'ont été exaucés ici-bas que pour un temps, hélas! bien court, car j'appris dans la suite qu'elle était morte au bout de deux ou trois ans de mariage. Occupé de mes tendres regrets durant toute ma route, je sentis et j'ai souvent senti depuis lors, en y repensant, que si les sacrifices qu'on fait au devoir et à la vertu coûtent à faire, on en est bien payé par les doux souvenirs qu'ils laissent au fond du cœur.

3. 1. Autant à mon précédent voyage j'avais vu Paris par son côté défavorable, autant à celui-ci je le vis par son côté brillant; non pas toutefois quant à mon logement; car, sur une adresse que m'avait donnée M. Bordes, j'allai loger à l'hôtel Saint-Quentin, rue des Cordiers, proche la Sorbonne, vilaine rue, vilain hôtel, vilaine chambre, mais où cependant avaient logé des hommes de mérite, tels que Gresset, Bordes, les abbés de Mably, de Condillac, et plusieurs autres dont malheureusement je n'y trouvai plus aucun. Mais j'y trouvai un M. de Bonnefond, hobereau boiteux, plaideur, faisant le puriste, auquel je dus la connaissance de M. Roguin, maintenant le doyen de mes amis, et par lui celle du philosophe

Diderot, dont j'aurai beaucoup à parler dans la suite.

2. J'arrivai à Paris dans l'automne de 1741, avec quinze louis d'argent comptant, ma comédie de *Narcisse*, et mon projet de musique pour toute ressource, et ayant par conséquent peu de temps à perdre pour tâcher d'en tirer parti. Je me pressai de faire valoir mes recommandations. Un jeune homme qui arrive à Paris avec une figure passable, et qui s'annonce par des talents, est toujours sûr d'être accueilli. Je le fus; cela me procura des agréments sans me mener à grand'chose. De toutes les personnes à qui je fus recommandé, trois seules me furent utiles : M. Damesin, gentilhomme savoyard, alors écuyer, et, je crois, favori de Mme la princesse de Carignan; M. de Boze, secrétaire de l'Académie des inscriptions, et garde des médailles du cabinet du roi; et le P. Castel, jésuite, auteur du Clavecin oculaire. Toutes ces recommandations, excepté celle de M. Damesin, me venaient de l'abbé de Mably.

3. M. Damesin pourvut au plus pressé par deux connaissances qu'il me procura : l'une de M. de Gasc, président à mortier au parlement de Bordeaux, et qui jouait très bien du violon; l'autre, de M. l'abbé de Léon, qui logeait alors en Sorbonne, jeune seigneur très aimable, qui mourut à la fleur de son âge après avoir brillé quelques instants dans le monde sous le nom de chevalier de Rohan. L'un et l'autre eurent la fantaisie d'apprendre la composition. Je leur en donnai quelques mois de leçon qui soutinrent un peu ma bourse tarissante. L'abbé de Léon me prit en amitié, et voulait m'avoir pour son secrétaire; mais il n'était pas riche, et ne put m'offrir en tout que huit cents francs, que je refusai bien à regret, mais qui ne pouvaient me suffire pour mon logement, ma nourriture et mon entretien.

4. M. de Boze me reçut fort bien. Il aimait le savoir, il en avait; mais il était un peu pédant. Mme de Boze aurait été sa fille; elle était brillante et petite-maîtresse. J'y dînais quelquefois. On ne saurait avoir l'air plus gauche et plus sot que je l'avais vis-à-vis d'elle. Son maintien dégagé m'intimidait et rendait le mien plus plaisant. Quand elle me présentait une assiette, j'avançais ma fourchette pour piquer modestement un petit mor-

ceau de ce qu'elle m'offrait; de sorte qu'elle rendait à son laquais l'assiette qu'elle m'avait destinée, en se tournant pour que je ne la visse pas rire. Elle ne se doutait guère que dans la tête de ce campagnard il ne laissait pas d'y avoir quelque esprit. M. de Boze me présenta à M. de Réaumur, son ami, qui venait dîner chez lui tous les vendredis, jours d'Académie des sciences. Il lui parla de mon projet, et du désir que j'avais de le soumettre à l'examen de l'Académie. M. de Réaumur se chargea de la proposition, qui fut agréée; le jour donné, je fus introduit et présenté par M. de Réaumur, et le même jour, 22 août 1742, j'eus l'honneur de lire à l'Académie le Mémoire que j'avais préparé pour cela. Quoique cette illustre assemblée fût assurément très imposante, j'y fus bien moins intimidé que devant Mme de Boze, et je me tirai passablement de mes lectures et de mes réponses. Le Mémoire réussit, et m'attira des compliments, qui me surprirent autant qu'ils me flattèrent, imaginant à peine que devant une Académie, quiconque n'en était pas pût avoir le sens commun. Les commissaires qu'on me donna furent : MM. de Mairan, Hellot et de Fouchy : tous trois gens de mérite assurément, mais dont pas un ne savait la musique, assez du moins pour être en état de juger de mon projet.

5. Durant mes conférences avec ces Messieurs, je me convainquis, avec autant de certitude que de surprise, que si quelquefois les savants ont moins de préjugés que les autres hommes, ils tiennent, en revanche, encore plus fortement à ceux qu'ils ont. Quelque faibles, quelque fausses que fussent la plupart de leurs objections, et quoique j'y répondisse timidement, je l'avoue, et en mauvais termes, mais par des raisons péremptoires, je ne vins pas une seule fois à bout de me faire entendre et de les contenter. J'étais toujours ébahi de la facilité avec laquelle, à l'aide de quelques phrases sonores, ils me réfutaient sans m'avoir compris. Ils déterrèrent, je ne sais où, qu'un moine appelé le P. Souhaitti avait jadis imaginé de noter la gamme par chiffres; c'en fut assez pour prétendre que mon système n'était pas neuf, et passe pour cela; car bien que je n'eusse jamais ouï parler du P. Souhaitti, et bien que sa manière d'écrire

les sept notes du plain-chant sans même songer aux
octaves ne méritât en aucune sorte d'entrer en parallèle
avec ma simple et commode invention pour noter
aisément par chiffres toute musique imaginable, clefs,
silences, octaves, mesures, temps, et valeurs des notes,
choses auxquelles Souhaitti n'avait pas même songé;
il était néanmoins très vrai de dire que, quant à l'élémen-
taire expression des sept notes, il en était le premier
inventeur. Mais outre qu'ils donnèrent à cette invention
primitive plus d'importance qu'elle n'en avait, ils ne s'en
tinrent pas là, et sitôt qu'ils voulurent parler du fond du
système, ils ne firent plus que déraisonner. Le plus grand
avantage du mien était d'abroger les transpositions et les
clefs, en sorte que le même morceau se trouvait noté et
transposé à volonté, dans quelque ton qu'on voulût, au
moyen du changement supposé d'une seule lettre initiale
à la tête de l'air. Ces Messieurs avaient ouï dire aux
croque-sol de Paris que la méthode d'exécuter par trans-
position ne valait rien. Ils partirent de là pour tourner
en invincible objection contre mon système son avantage
le plus marqué, et ils décidèrent que ma note était bonne
pour la vocale, et mauvaise pour l'instrumentale; au lieu
de décider, comme ils l'auraient dû, qu'elle était bonne
pour la vocale, et meilleure pour l'instrumentale. Sur leur
rapport, l'Académie m'accorda un certificat plein de très
beaux compliments à travers lesquels on démêlait, pour
le fond, qu'elle ne jugeait mon système ni neuf ni utile.
Je ne crus pas devoir orner d'une pareille pièce l'ouvrage
intitulé *Dissertation sur la musique moderne*, par lequel
j'en appelais au public.

6. J'eus lieu de remarquer en cette occasion combien,
même avec un esprit borné, la connaissance unique, mais
profonde, de la chose est préférable, pour en bien juger,
à toutes les lumières que donne la culture des sciences,
lorsqu'on n'y a pas joint l'étude particulière de celle dont
il s'agit. La seule objection solide qu'il y eût à faire à mon
système y fut faite par Rameau. A peine le lui eus-je
expliqué, qu'il en vit le côté faible. Vos signes, me dit-il,
sont très bons en ce qu'ils déterminent simplement et
clairement les valeurs, en ce qu'ils représentent nettement
les intervalles et montrent toujours le simple dans le

redoublé, toutes choses que ne fait pas la note ordinaire; mais ils sont mauvais en ce qu'ils exigent une opération de l'esprit qui ne peut toujours suivre la rapidité de l'exécution. La position de nos notes, continua-t-il, se peint à l'œil sans le concours de cette opération. Si deux notes, l'une très haute, l'autre très basse, sont jointes par une tirade de notes intermédiaires, je vois du premier coup d'œil le progrès de l'une à l'autre par degrés conjoints; mais pour m'assurer chez vous de cette tirade, il faut nécessairement que j'épelle tous vos chiffres l'un après l'autre : le coup d'œil ne peut suppléer à rien. L'objection me parut sans réplique, et j'en convins à l'instant : quoiqu'elle soit simple et frappante, il n'y a qu'une grande pratique de l'art qui puisse la suggérer, et il n'est pas étonnant qu'elle ne soit venue à aucun académicien; mais il l'est que tous ces grands savants, qui savent tant de choses, sachent si peu que chacun ne devrait juger que de son métier.

7. Mes fréquentes visites à mes commissaires et à d'autres académiciens me mirent à portée de faire connaissance avec tout ce qu'il y avait à Paris de plus distingué dans la littérature, et par là cette connaissance se trouva toute faite lorsque je me vis, dans la suite, inscrit tout d'un coup parmi eux. Quant à présent, concentré dans mon système de musique, je m'obstinai à vouloir par lui faire une révolution dans cet art, et parvenir de la sorte à une célébrité qui, dans les beaux-arts, se conjoint toujours à Paris avec la fortune. Je m'enfermai dans ma chambre et travaillai deux ou trois mois avec une ardeur inexprimable à refondre, dans un ouvrage destiné pour le public, le mémoire que j'avais lu à l'Académie. La difficulté fut de trouver un libraire qui voulût se charger de mon manuscrit, vu qu'il y avait quelque dépense à faire pour les nouveaux caractères, que les libraires ne jettent pas leurs écus à la tête des débutants, et qu'il me semblait cependant bien juste que mon ouvrage me rendît le pain que j'avais mangé en l'écrivant.

8. Bonnefond me procura Quillau le père, qui fit avec moi un traité à moitié profit, sans compter le privilège que je payai seul. Tant fut opéré par ledit Quillau, que

j'en fus pour mon privilège, et n'ai tiré jamais un liard de cette édition, qui vraisemblablement eut un débit médiocre, quoique l'abbé Desfontaines m'eût promis de la faire aller, et que les autres journalistes en eussent dit assez de bien.

9. Le plus grand obstacle à l'essai de mon système était la crainte que, s'il n'était pas admis, on ne perdît le temps qu'on mettrait à l'apprendre. Je disais à cela que la pratique de ma note rendait les idées si claires, que pour apprendre la musique par les caractères ordinaires on gagnerait encore du temps à commencer par les miens. Pour en donner la preuve par l'expérience, j'enseignai gratuitement la musique à une jeune Américaine appelée Mlle Desroulins, dont M. Roguin m'avait procuré la connaissance; en trois mois elle fut en état de déchiffrer sur ma note quelque musique que ce fût, et même de chanter à livre ouvert mieux que moi-même toute celle qui n'était pas chargée de difficultés. Ce succès fut frappant, mais ignoré. Un autre en aurait rempli les journaux; mais avec quelque talent pour trouver des choses utiles, je n'en eus jamais pour les faire valoir.

10. Voici comment ma fontaine de Héron fut encore cassée : mais cette seconde fois j'avais trente ans, et je me trouvais sur le pavé de Paris, où l'on ne vit pas pour rien. Le parti que je pris dans cette extrémité n'étonnera que ceux qui n'auront pas bien lu ma première partie. Je venais de me donner des mouvements aussi grands qu'inutiles; j'avais besoin de reprendre haleine. Au lieu de me livrer au désespoir, je me livrai tranquillement à ma paresse et aux soins de la Providence, et, pour lui donner le temps de faire son œuvre, je me mis à manger, sans me presser, quelques louis qui me restaient encore, réglant la dépense de mes nonchalants plaisirs sans la retrancher, n'allant plus au café que de deux jours l'un, et au spectacle que deux fois la semaine. A l'égard de la dépense des filles, je n'eus aucune réforme à y faire, n'ayant mis de ma vie un sol à cet usage, si ce n'est une seule fois, dont j'aurai bientôt à parler.

11. La sécurité, la volupté, la confiance avec laquelle je me livrais à cette vie indolente et solitaire, que je n'avais pas de quoi faire durer trois mois, est une des

singularités de ma vie et une des bizarreries de mon humeur. L'extrême besoin que j'avais qu'on pensât à moi était précisément ce qui m'ôtait le courage de me montrer, et la nécessité de faire des visites me les rendit insupportables, au point que je cessai même de voir les académiciens et autres gens de lettres avec lesquels j'étais déjà faufilé. Marivaux, l'abbé de Mably, Fontenelle, furent presque les seuls chez qui je continuai d'aller quelquefois. Je montrai même au premier ma comédie de *Narcisse*. Elle lui plut, et il eut la complaisance de la retoucher. Diderot, plus jeune qu'eux, était à peu près de mon âge. Il aimait la musique; il en savait la théorie; nous en parlions ensemble; il me parlait aussi de ses projets d'ouvrages. Cela forma bientôt entre nous des liaisons plus intimes, qui ont duré quinze ans, et qui probablement dureraient encore si malheureusement, et bien par sa faute, je n'eusse été jeté dans son même métier.

12. On n'imaginerait pas à quoi j'employais ce court et précieux intervalle qui me restait encore avant d'être forcé de mendier mon pain : à étudier par cœur des passages de poètes, que j'avais appris cent fois et autant de fois oubliés. Tous les matins, vers les dix heures, j'allais me promener au Luxembourg, un Virgile ou un Rousseau dans ma poche, et là, jusqu'à l'heure du dîner, je remémorais tantôt une ode sacrée et tantôt une bucolique, sans me rebuter de ce qu'en repassant celle du jour je ne manquais point d'oublier celle de la veille. Je me rappelais qu'après la défaite de Nicias à Syracuse, les Athéniens captifs gagnaient leur vie à réciter les poèmes d'Homère. Le parti que je tirai de ce trait d'érudition, pour me prémunir contre la misère, fut d'exercer mon heureuse mémoire à retenir tous les poètes par cœur.

13. J'avais un autre expédient non moins solide dans les échecs, auxquels je consacrais régulièrement, chez Maugis, les après-midi des jours que je n'allais pas au spectacle. Je fis là connaissance avec M. de Légal, avec un M. Husson, avec Philidor, avec tous les grands joueurs d'échecs de ce temps-là, et n'en devins pas plus habile. Je ne doutais pas cependant que je ne devinsse à la fin plus fort qu'eux tous, et c'en était assez, selon moi,

pour me servir de ressource. De quelque folie que je m'engouasse, j'y portais toujours la même manière de raisonner. Je me disais : Quiconque prime en quelque chose est toujours sûr d'être recherché. Primons donc, n'importe en quoi; je serai recherché, les occasions se présenteront, et mon mérite fera le reste. Cet enfantillage n'était pas le sophisme de ma raison, c'était celui de mon indolence. Effrayé des grands et rapides efforts qu'il aurait fallu faire pour m'évertuer, je tâchais de flatter ma paresse, et je m'en voilais la honte par des arguments dignes d'elle.

1. J'attendais ainsi tranquillement la fin de mon argent, et je crois que je serais arrivé au dernier sou sans m'en émouvoir davantage, si le P. Castel, que j'allais voir quelquefois en allant au café, ne m'eût arraché de ma léthargie. Le P. Castel était fou, mais bon homme au demeurant : il était fâché de me voir consumer ainsi sans rien faire. Puisque les musiciens, me dit-il, puisque les savants ne chantent pas à votre unisson, changez de corde et voyez les femmes. Vous réussirez peut-être mieux de ce côté-là. J'ai parlé de vous à Mme de Bezenval; allez la voir de ma part. C'est une bonne femme qui verra avec plaisir un pays de son fils et de son mari. Vous verrez chez elle Mme de Broglie, sa fille, qui est une femme d'esprit. Mme Dupin en est une autre à qui j'ai aussi parlé de vous : portez-lui votre ouvrage; elle a envie de vous voir, et vous recevra bien. On ne fait rien dans Paris que par les femmes : ce sont comme des courbes dont les sages sont les asymptotes; ils s'en approchent sans cesse, mais ils n'y touchent jamais.

2. Après avoir remis d'un jour à l'autre ces terribles corvées, je pris enfin courage, et j'allai voir Mme de Bezenval. Elle me reçut avec bonté. Mme de Broglie étant entrée dans sa chambre, elle lui dit : Ma fille, voilà M. Rousseau dont le P. Castel nous a parlé. Mme de Broglie me fit compliment sur mon ouvrage, et me menant à son clavecin, me fit voir qu'elle s'en était occupée. Voyant à sa pendule qu'il était près d'une heure, je voulus m'en aller. Mme de Bezenval me dit : Vous êtes loin de votre quartier, restez, vous dînerez ici. Je ne me fis pas prier. Un quart d'heure après je compris par

quelques mots que le dîner auquel elle m'invitait était celui de son office. Mme de Bezenval était une très bonne femme, mais bornée, et trop pleine de son illustre noblesse polonaise ; elle avait peu d'idées des égards qu'on doit aux talents. Elle me jugeait même en cette occasion sur mon maintien plus que sur mon équipage, qui, quoique très simple, était fort propre, et n'annonçait point du tout un homme fait pour dîner à l'office. J'en avais oublié le chemin depuis trop longtemps pour vouloir le rapprendre. Sans laisser voir tout mon dépit, je dis à Mme de Bezenval qu'une petite affaire, qui me revenait en mémoire, me rappelait dans mon quartier, et je voulus partir. Mme de Broglie s'approcha de sa mère, et lui dit à l'oreille quelques mots qui firent effet. Mme de Bezenval se leva pour me retenir et me dit : Je compte que c'est avec nous que vous nous ferez l'honneur de dîner. Je crus que faire le fier serait faire le sot, et je restai. D'ailleurs la bonté de Mme de Broglie m'avait touché et me la rendait intéressante. Je fus fort aise de dîner avec elle et j'espérai qu'en me connaissant davantage elle n'aurait pas regret à m'avoir procuré cet honneur. M. le président de Lamoignon, grand ami de la maison, y dîna aussi. Il avait, ainsi que Mme de Broglie, ce petit jargon de Paris, tout en petits mots, tout en petites allusions fines. Il n'y avait pas là de quoi briller pour le pauvre Jean-Jacques. J'eus le bon sens de ne vouloir pas faire le gentil malgré Minerve, et je me tus. Heureux si j'eusse été toujours aussi sage ! je ne serais pas dans l'abîme où je suis aujourd'hui.

3. J'étais désolé de ma lourdise, et de ne pouvoir justifier aux yeux de Mme de Broglie ce qu'elle avait fait en ma faveur. Après le dîner, je m'avisai de ma ressource ordinaire. J'avais dans ma poche une épître en vers, écrite à Parisot pendant mon séjour à Lyon. Ce morceau ne manquait pas de chaleur ; j'en mis dans la façon de le réciter, et je les fis pleurer tous trois. Soit vanité, soit vérité dans mes interprétations, je crus voir que les regards de Mme de Broglie disaient à sa mère : Eh bien, maman, avais-je tort de vous dire que cet homme était plus fait pour dîner avec vous qu'avec vos femmes ? Jusqu'à ce moment j'avais eu le cœur un peu gros ; mais

après m'être ainsi vengé, je fus content. Mme de Broglie, poussant un peu trop loin le jugement avantageux qu'elle avait porté de moi, crut que j'allais faire sensation dans Paris et devenir un homme à bonnes fortunes. Pour guider mon inexpérience, elle me donna les *Confessions du Comte de*★★★. Ce livre, me dit-elle, est un Mentor dont vous aurez besoin dans le monde : vous ferez bien de le consulter quelquefois. J'ai gardé plus de vingt ans cet exemplaire avec reconnaissance pour la main dont il me venait, mais riant souvent de l'opinion que paraissait avoir cette dame de mon mérite galant. Du moment que j'eus lu cet ouvrage, je désirai d'obtenir l'amitié de l'auteur. Mon penchant m'inspirait très bien : c'est le seul ami vrai que j'aie eu parmi les gens de lettres ★.

Dès lors j'osai compter que Mme la baronne de Bezenval et Mme la marquise de Broglie, prenant intérêt à moi, ne me laisseraient pas longtemps sans ressource, et je ne me trompai pas. Parlons maintenant de mon entrée chez Mme Dupin, qui a eu de plus longues suites.

Mme Dupin était, comme on sait, fille de Samuel Bernard et de Mme Fontaine. Elles étaient trois sœurs qu'on pouvait appeler les trois Grâces. Mme de la Touche qui fit une escapade en Angleterre avec le duc de Kingston ; Mme d'Arty, la maîtresse, et, bien plus l'amie, l'unique et sincère amie de M. le prince de Conti, femme adorable autant par la douceur, par la bonté de son charmant caractère, que par l'agrément de son esprit et par l'inaltérable gaieté de son humeur ; enfin, Mme Dupin, la plus belle des trois, et la seule à qui l'on n'ait point reproché d'écart dans sa conduite. Elle fut le prix de l'hospitalité de M. Dupin, à qui sa mère la donna avec une place de fermier général et une fortune immense, en reconnaissance du bon accueil qu'il lui avait fait dans sa province. Elle était encore, quand je la vis pour la première fois, une des plus belles femmes de Paris. Elle me reçut à sa toilette. Elle avait les bras nus, les cheveux épars, son peignoir mal arrangé. Cet abord m'était très nouveau ; ma pauvre

★ Je l'ai cru si longtemps et si parfaitement, que c'est à lui que, depuis mon retour à Paris, je confiai le manuscrit de mes confessions. Le défiant Jean-Jacques n'a jamais pu croire à la perfidie et à la fausseté qu'après en avoir été la victime.

tête n'y tint pas; je me trouble, je m'égare, et bref me voilà
épris de Mme Dupin.

Mon trouble ne parut pas me nuire auprès d'elle, elle
ne s'en aperçut point. Elle accueillit le livre et l'auteur,
me parla de mon projet en personne instruite, chanta,
s'accompagna du clavecin, me retint à dîner, me fit mettre
à table à côté d'elle; il n'en fallait pas tant pour me rendre
fou, je le devins. Elle me permit de la venir voir : j'usai,
j'abusai de la permission. J'y allais presque tous les jours,
j'y dînais deux ou trois fois la semaine. Je mourais d'envie
de parler; je n'osais jamais. Plusieurs raisons renfor-
çaient ma timidité naturelle. L'entrée d'une maison opu-
lente était une porte ouverte à la fortune; je ne voulais
pas, dans ma situation, risquer de me la fermer.
Mme Dupin, tout aimable qu'elle était, était sérieuse et
froide; je ne trouvais rien dans ses manières d'assez aga-
çant pour m'enhardir. Sa maison, aussi brillante alors
qu'aucune autre dans Paris, rassemblait des sociétés
auxquelles il ne manquait que d'être un peu moins nom-
breuses pour être d'élite dans tous les genres. Elle aimait
à voir tous les gens qui jetaient de l'éclat, les grands, les
gens de lettres, les belles femmes. On ne voyait chez elle
que ducs, ambassadeurs, cordons-bleus. Mme la prin-
cesse de Rohan, Mme la comtesse de Forcalquier,
Mme de Mirepoix, Mme de Brignole, milady Hervey,
pouvaient passer pour ses amies. M. de Fontenelle,
l'abbé de Saint-Pierre, l'abbé Sallier, M. de Fourmont,
M. de Bernis, M. de Buffon, M. de Voltaire étaient de son
cercle et de ses dîners. Si son maintien réservé n'attirait
pas beaucoup les jeunes gens, sa société, d'autant mieux
composée, n'en était que plus imposante, et le pauvre
Jean-Jacques n'avait pas de quoi se flatter de briller
beaucoup au milieu de tout cela. Je n'osai donc parler;
mais, ne pouvant plus me taire, j'osai écrire. Elle garda
deux jours ma lettre sans m'en parler. Le troisième jour
elle me la rendit, m'adressant verbalement quelques
mots d'exhortation d'un ton froid qui me glaça. Je voulus
parler, la parole expira sur mes lèvres; ma subite passion
s'éteignit avec l'espérance, et, après une déclaration dans
les formes, je continuai de vivre avec elle comme aupa-
ravant, sans plus lui parler de rien, même des yeux.

Je crus ma sottise oubliée; je me trompai. M. de Francueil, fils de M. Dupin et beau-fils de madame, était à peu près de son âge et du mien. Il avait de l'esprit, de la figure; il pouvait avoir des prétentions; on disait qu'il en avait auprès d'elle, uniquement peut-être parce qu'elle lui avait donné une femme bien laide, bien douce, et qu'elle vivait parfaitement bien avec tous les deux. M. de Francueil aimait et cultivait les talents. La musique, qu'il savait fort bien, fut entre nous un moyen de liaison. Je le vis beaucoup; je m'attachais à lui : tout d'un coup il me fit entendre que Mme Dupin trouvait mes visites trop fréquentes, et me priait de les discontinuer. Ce compliment aurait pu être à sa place quand elle me rendit ma lettre; mais huit ou dix jours après, et sans aucune autre cause, il venait, ce me semble, hors de propos. Cela faisait une position d'autant plus bizarre, que je n'en étais pas moins bien venu qu'auparavant chez M. et Mme de Francueil. J'y allai cependant plus rarement, et j'aurais cessé d'y aller tout à fait, si, par un autre caprice imprévu, Mme Dupin ne m'avait fait prier de veiller pendant huit ou dix jours à son fils, qui, changeant de gouverneur, restait seul durant cet intervalle. Je passai ces huit jours dans un supplice que le plaisir d'obéir à Mme Dupin pouvait seul me rendre souffrable; car le pauvre Chenonceaux avait dès lors cette mauvaise tête qui a failli déshonorer sa famille, et qui l'a fait mourir à l'île de Bourbon. Pendant que je fus auprès de lui, je l'empêchai de faire du mal à lui-même ou à d'autres, et voilà tout : encore ne fut-ce pas une médiocre peine; je ne m'en serais pas chargé huit autres jours de plus, quand Mme Dupin se serait donnée à moi pour récompense.

M. de Francueil me prenait en amitié, je travaillais avec lui : nous commençâmes ensemble un cours de chimie chez Rouelle. Pour me rapprocher de lui, je quittai mon hôtel Saint-Quentin et vins me loger au jeu de Paume de la rue Verdelet, qui donne dans la rue Plâtrière, où logeait M. Dupin. Là, par la suite d'un rhume négligé, je gagnai une fluxion de poitrine dont je faillis mourir. J'ai eu souvent dans ma jeunesse de ces maladies inflammatoires, pleurésies, et surtout des esquinancies auxquelles j'étais très sujet, dont je ne tiens

pas ici le registre, et qui toutes m'ont fait voir la mort
d'assez près pour me familiariser avec son image. Durant
ma convalescence, j'eus le temps de réfléchir sur mon
état, et de déplorer ma timidité, ma faiblesse, et mon
indolence qui, malgré le feu dont je me sentais embrasé,
me laissait languir dans l'oisiveté d'esprit toujours à la
porte de la misère. La veille du jour où j'étais tombé
malade, j'étais allé à un opéra de Royer, qu'on donnait
alors, et dont j'ai oublié le titre. Malgré ma prévention
pour les talents des autres, qui m'a toujours fait défier des
miens, je ne pouvais m'empêcher de trouver cette
musique faible, sans chaleur, sans invention. J'osais quel-
quefois me dire : Il me semble que je ferais mieux que
cela. Mais la terrible idée que j'avais de la composition
d'un opéra, et l'importance que j'entendais donner par les
gens de l'art à cette entreprise, m'en rebutaient à l'instant
même, et me faisaient rougir d'oser y penser. D'ailleurs où
trouver quelqu'un qui voulût me fournir des paroles et
prendre la peine de les tourner à mon gré ? Ces idées de
musique et d'opéra me revinrent durant ma maladie, et
dans le transport de ma fièvre, je composais des chants,
des duos, des chœurs. Je suis certain d'avoir fait deux
ou trois morceaux *di prima intenzione* dignes peut-être
de l'admiration des maîtres s'ils avaient pu les entendre
exécuter. Oh! si l'on pouvait tenir registre des rêves d'un
fiévreux, quelles grandes et sublimes choses on verrait
sortir quelquefois de son délire!

Ces sujets de musique et d'opéra m'occupèrent encore
pendant ma convalescence, mais plus tranquillement.
A force d'y penser, et même malgré moi, je voulus en
avoir le cœur net, et tenter de faire à moi seul un opéra,
paroles et musique. Ce n'était pas tout à fait mon coup
d'essai. J'avais fait à Chambéry un opéra-tragédie,
intitulé *Iphis et Anaxarète*, que j'avais eu le bon sens de
jeter au feu. J'en avais fait à Lyon un autre intitulé *La
découverte du nouveau monde* dont, après l'avoir lu à
M. Bordes, à l'abbé de Mably, à l'abbé Trublet et à
d'autres, j'avais fini par faire le même usage, quoique
j'eusse déjà fait la musique du prologue et du premier
acte, et que David m'eût dit, en voyant cette musique,
qu'il y avait des morceaux dignes du Buononcini.

Cette fois, avant de mettre la main à l'œuvre, je me donnai le temps de méditer mon plan. Je projetai dans un ballet héroïque trois sujets différents en trois actes détachés, chacun dans un différent caractère de musique; et, prenant pour chaque sujet les amours d'un poète, j'intitulai cet opéra *Les Muses galantes*. Mon premier acte, en genre de musique forte, était le Tasse; le second, en genre de musique tendre, était Ovide; et le troisième, intitulé *Anacréon*, devait respirer la gaieté du dithyrambe. Je m'essayai d'abord sur le premier acte, et je m'y livrai avec une ardeur qui, pour la première fois, me fit goûter les délices de la verve dans la composition. Un soir, près d'entrer à l'Opéra, me sentant tourmenté, maîtrisé par mes idées, je remets mon argent dans ma poche, je cours m'enfermer chez moi, je me mets au lit, après avoir bien fermé tous mes rideaux pour empêcher le jour d'y pénétrer, et là, me livrant à tout l'œstre poétique et musical, je composai rapidement en sept ou huit heures la meilleure partie de mon acte. Je puis dire que mes amours pour la princesse de Ferrare (car j'étais le Tasse pour lors) et mes nobles et fiers sentiments vis-à-vis de son injuste frère, me donnèrent une nuit cent fois plus délicieuse que je ne l'aurais trouvée dans les bras de la princesse elle-même. Il ne resta le matin dans ma tête qu'une bien petite partie de ce que j'avais fait; mais ce peu, presque effacé par la lassitude et le sommeil, ne laissait pas de marquer encore l'énergie des morceaux dont il offrait les débris.

Pour cette fois, je ne poussai pas fort loin ce travail, en ayant été détourné par d'autres affaires. Tandis que je m'attachais à la maison Dupin, Mme de Bezenval et Mme de Broglie, que je continuais de voir quelquefois, ne m'avaient pas oublié. M. le comte de Montaigu, capitaine aux Gardes, venait d'être nommé ambassadeur à Venise. C'était un ambassadeur de la façon de Barjac, auquel il faisait assidûment sa cour. Son frère, le chevalier de Montaigu, gentilhomme de la manche de M. le Dauphin, était de la connaissance de ces deux dames et de celle de M. l'abbé Alary, de l'Académie française, que je voyais aussi quelquefois. Mme de Broglie, sachant que l'ambassadeur cherchait un secrétaire, me proposa.

Nous entrâmes en pourparlers. Je demandai cinquante
louis d'appointement, ce qui était bien peu dans une
place où l'on est obligé de figurer. Il ne voulait me donner
que cent pistoles, et que je fisse le voyage à mes frais.
La proposition était ridicule. Nous ne pûmes nous
accorder. M. de Francueil, qui faisait ses efforts pour me
retenir, l'emporta. Je restai, et M. de Montaigu partit,
emmenant un autre secrétaire appelé M. Follau, qu'on
lui avait donné au bureau des Affaires étrangères. A peine
furent-ils arrivés à Venise qu'ils se brouillèrent. Follau,
voyant qu'il avait affaire à un fou, le planta là ; et M. de
Montaigu n'ayant qu'un jeune abbé appelé de Binis,
qui écrivait sous le secrétaire et n'était pas en état d'en
remplir la place, eut recours à moi. Le chevalier son
frère, homme d'esprit, me tourna si bien, me faisant
entendre qu'il y avait des droits attachés à la place de
secrétaire, qu'il me fit accepter les mille francs. J'eus
vingt louis pour mon voyage, et je partis.

A Lyon, j'aurais bien voulu prendre la route du Mont
Cenis pour voir en passant ma pauvre Maman. Mais je
descendis le Rhône et fus m'embarquer à Toulon, tant
à cause de la guerre et par raison d'économie, que pour
prendre un passeport de M. de Mirepoix, qui commandait
alors en Provence, et à qui j'étais adressé. M. de Mon-
taigu, ne pouvant se passer de moi, m'écrivait lettre sur
lettre, pour presser mon voyage. Un incident le retarda.

C'était le temps de la peste de Messine. La flotte
anglaise y avait mouillé et visita la felouque sur laquelle
j'étais. Cela nous assujettit en arrivant à Gênes, après
une longue et pénible traversée, à une quarantaine de
vingt [et] un jours. On donna le choix aux passagers
de la faire à bord ou au lazaret, dans lequel on nous
prévint que nous ne trouverions que les quatre murs,
parce qu'on n'avait pas encore eu le temps de le meubler.
Tous choisirent la felouque. L'insupportable chaleur,
l'espace étroit, l'impossibilité d'y marcher, la vermine,
me firent préférer le lazaret, à tout risque. Je fus conduit
dans un grand bâtiment à deux étages absolument nu,
où je ne trouvai ni fenêtre, ni lit, ni table, ni chaise, pas
même un escabeau pour m'asseoir, ni une botte de paille
pour me coucher. On m'apporta mon manteau, mon sac

de nuit, mes deux malles; on ferma sur moi de grosses portes à grosses serrures, et je restai là, maître de me promener à mon aise de chambre en chambre et d'étage en étage, trouvant partout la même solitude et la même nudité.

Tout cela ne me fit pas repentir d'avoir choisi le lazaret plutôt que la felouque, et, comme un nouveau Robinson, je me mis à m'arranger pour mes vingt [et] un jours comme j'aurais fait pour toute ma vie. J'eus d'abord l'amusement d'aller à la chasse aux poux que j'avais gagnés dans la felouque. Quand, à force de changer de linge et hardes, je me fus enfin rendu net, je procédai à l'ameublement de la chambre que je m'étais choisie. Je me fis un bon matelas de mes vestes et de mes chemises, des draps de plusieurs serviettes que je cousus, une couverture de ma robe de chambre, un oreiller de mon manteau roulé. Je me fis un siège d'une malle posée à plat, et une table de l'autre posée de champ. Je tirai du papier, une écritoire, j'arrangeai en manière de bibliothèque une douzaine de livres que j'avais. Bref, je m'accommodai si bien, qu'à l'exception des rideaux et des fenêtres, j'étais presque aussi commodément à ce lazaret absolument nu qu'à mon jeu de paume de la rue Verdelet. Mes repas étaient servis avec beaucoup de pompe; deux grenadiers, la baïonnette au bout du fusil, les escortaient; l'escalier était ma salle à manger, le palier me servait de table, la marche inférieure me servait de siège, et quand mon dîner était servi, l'on sonnait en se retirant une clochette pour m'avertir de me mettre à table. Entre mes repas, quand je ne lisais ni n'écrivais, ou que je ne travaillais pas à mon ameublement, j'allais me promener dans le cimetière des protestants, qui me servait de cour, ou je montais dans une lanterne qui donnait sur le port et d'où je pouvais voir entrer et sortir les navires. Je passai de la sorte quatorze jours, et j'y aurais passé la vingtaine entière sans m'ennuyer un moment si M. de Jonville, envoyé de France, à qui je fis parvenir une lettre vinaigrée, parfumée et demi-brûlée, n'eût fait abréger mon temps de huit jours : je les allai passer chez lui, et je me trouvai mieux, je l'avoue, du gîte de sa maison que de celui du lazaret. Il me fit force

caresses. Dupont, son secrétaire, était un bon garçon, qui me mena, tant à Gênes qu'à la campagne, dans plusieurs maisons où l'on s'amusait assez, et je liai avec lui connaissance et correspondance, que nous entretînmes fort longtemps. Je poursuivis agréablement ma route à travers la Lombardie. Je vis Milan, Vérone, Bresse [*Brescia*], Padoue, et j'arrivai enfin à Venise, impatiemment attendu par M. l'ambassadeur.

Je trouvai des tas de dépêches, tant de la cour que des autres ambassadeurs, dont il n'avait pu lire ce qui était chiffré, quoiqu'il eût tous les chiffres nécessaires pour cela. N'ayant jamais travaillé dans aucun bureau ni vu de ma vie un chiffre de ministre, je craignis d'abord d'être embarrassé ; mais je trouvai que rien n'était plus simple, et en moins de huit jours j'eus déchiffré le tout, qui assurément n'en valait pas la peine ; car, outre que l'ambassade de Venise est toujours assez oisive, ce n'était pas à un pareil homme qu'on eût voulu confier la moindre négociation. Il s'était trouvé dans un grand embarras jusqu'à mon arrivée, ne sachant ni dicter, ni écrire lisiblement. Je lui étais très utile ; il le sentait, et me traita bien. Un autre motif l'y portait encore. Depuis M. de Froulay, son prédécesseur, dont la tête s'était dérangée, le consul de France, appelé M. Le Blond, était resté chargé des affaires de l'ambassade, et, depuis l'arrivée de M. de Montaigu, il continuait de les faire jusqu'à ce qu'il l'eût mis au fait. M. de Montaigu, jaloux qu'un autre fît son métier, quoique lui-même en fût incapable, prit en guignon le consul, et sitôt que je fus arrivé, il lui ôta les fonctions de secrétaire d'ambassade pour me les donner. Elles étaient inséparables du titre ; il me dit de le prendre. Tant que je restai près de lui, jamais il n'envoya que moi sous ce titre au Sénat et à son conférent ; et dans le fond il était fort naturel qu'il aimât mieux avoir pour secrétaire d'ambassade un homme à lui, qu'un consul ou un commis des bureaux nommé par la cour.

Cela rendit ma situation assez agréable, et empêcha ses gentilshommes, qui étaient Italiens, ainsi que ses pages et la plupart de ses gens, de me disputer la primauté dans sa maison. Je me servis avec succès de l'autorité qui y était attachée pour maintenir son droit de liste,

c'est-à-dire la franchise de son quartier contre les tenta-
tives qu'on fit plusieurs fois pour l'enfreindre, et aux-
quelles ses officiers vénitiens n'avaient garde de résister.
Mais aussi je ne souffris jamais qu'il s'y réfugiât des ban-
dits, quoiqu'il m'en eût pu revenir des avantages dont
Son Excellence n'aurait pas dédaigné sa part.

Elle osa même la réclamer sur les droits du secrétariat
qu'on appelait la chancellerie. On était en guerre; il ne
laissait pas d'y avoir bien des expéditions de passeports.
Chacun de ces passeports payait un sequin au secrétaire
qui l'expédiait et le contresignait. Tous mes prédéces-
seurs s'étaient fait payer indistinctement ce sequin, tant
des Français que des étrangers. Je trouvai cet usage
injuste; et, sans être Français, je l'abrogeai pour les
Français; mais j'exigeai si rigoureusement mon droit de
tout autre, que le marquis Scotti, frère du favori de la
reine d'Espagne, m'ayant fait demander un passeport
sans m'envoyer le sequin, je le lui fis demander, hardiesse
que le vindicatif Italien n'oublia pas. Dès qu'on sut la
réforme que j'avais faite dans la taxe des passeports, il ne
se présenta plus, pour en avoir, que des foules de pré-
tendus Français, qui, dans des baragouins abominables,
se disaient l'un Provençal, l'autre Picard, l'autre Bourgui-
gnon. Comme j'ai l'oreille assez fine, je n'en fus guère la
dupe, et je doute qu'un seul Italien m'ait soufflé mon
sequin et qu'un seul Français l'ait payé. J'eus la bêtise
de dire à M. de Montaigu, qui ne savait rien de rien, ce
que j'avais fait. Ce mot de sequin lui fit ouvrir les
oreilles, et sans me dire son avis sur la suppression de
ceux des Français, il prétendit que j'entrasse en compte
avec lui sur les autres, me promettant des avantages
équivalents. Plus indigné de cette bassesse qu'affecté
par mon propre intérêt, je rejetai hautement sa proposi-
tion; il insista, je m'échauffai : Non, monsieur, lui dis-je
très vivement; que Votre Excellence garde ce qui est à
elle et me laisse ce qui est à moi; je ne lui en céderai
jamais un sol. Voyant qu'il ne gagnait rien par cette voie,
il en prit une autre, et n'eut pas honte de me dire que,
puisque j'avais les profits de sa chancellerie, il était juste
que j'en fisse les frais. Je ne voulus pas chicaner sur cet
article, et depuis lors j'ai fourni de mon argent encre,

papier, cire, bougie, nonpareille, jusqu'au sceau, que je
fis refaire, sans qu'il m'en ait remboursé jamais un liard.
Cela ne m'empêcha pas de faire une petite part du produit
des passeports à l'abbé de Binis, bon garçon, et bien
éloigné de prétendre à rien de semblable. S'il était
complaisant envers moi, je n'étais pas moins honnête
envers lui, et nous avons toujours vécu bien ensemble.

Sur l'essai de ma besogne, je la trouvai moins embar-
rassante que je n'avais craint pour un homme sans expé-
rience, auprès d'un ambassadeur qui n'en avait pas davan-
tage, et dont, pour surcroît, l'ignorance et l'entêtement
contrariaient comme à plaisir tout ce que le bon sens et
quelques lumières m'inspiraient de bien pour son service
et celui du roi. Ce qu'il fit de plus raisonnable fut de se
lier avec le marquis Mari, ambassadeur d'Espagne,
homme adroit et fin, qui l'eût mené par le nez s'il l'eût
voulu, mais qui, vu l'union d'intérêt des deux couronnes,
le conseillait d'ordinaire assez bien, si l'autre n'eût gâté
ses conseils en fourrant toujours du sien dans leur exécu-
tion. La seule chose qu'ils eussent à faire de concert était
d'engager les Vénitiens à maintenir la neutralité. Ceux-ci
ne manquaient pas de protester de leur fidélité à l'obser-
ver, tandis qu'ils fournissaient publiquement des muni-
tions aux troupes autrichiennes, et même des recrues,
sous prétexte de désertion. M. de Montaigu, qui, je crois,
voulait plaire à la République, ne manquait pas aussi,
malgré mes représentations, de me faire assurer dans
toutes ses dépêches qu'elle n'enfreindrait jamais la neutra-
lité. L'entêtement et la stupidité de ce pauvre homme me
faisai[en]t écrire et faire à tout moment des extravagances
dont j'étais bien forcé d'être l'agent, puisqu'il le voulait,
mais qui me rendaient quelquefois mon métier insup-
portable et même presque impraticable. Il voulait
absolument, par exemple, que la plus grande partie de sa
dépêche au roi et de celle au ministre fût en chiffres,
quoique l'une et l'autre ne continssent absolument rien
qui demandât cette précaution. Je lui représentai
qu'entre le vendredi qu'arrivaient les dépêches de la cour
et le samedi que partaient les nôtres, il n'y avait pas assez
de temps pour l'employer à tant de chiffres et à la forte
correspondance dont j'étais chargé pour le même cour-

rier. Il trouva à cela un expédient admirable, ce fut de faire dès le jeudi la réponse aux dépêches qui devaient arriver le lendemain. Cette idée lui parut même si heureusement trouvée, quoi que je pusse lui dire sur l'impossibilité, sur l'absurdité de son exécution, qu'il en fallut passer par là; et tout le temps que j'ai demeuré chez lui, après avoir tenu note de quelques mots qu'il me disait dans la semaine à la volée, et de quelques nouvelles triviales que j'allais écumant par-ci par-là, muni de ces uniques matériaux, je ne manquais jamais le jeudi matin de lui porter le brouillon des dépêches qui devaient partir le samedi, sauf quelques additions ou corrections que je faisais à la hâte sur celles qui devaient venir le vendredi, et auxquelles les nôtres servaient de réponses. Il avait un autre tic fort plaisant et qui donnait à sa correspondance un ridicule difficile à imaginer. C'était de renvoyer chaque nouvelle à sa source, au lieu de lui faire suivre son cours. Il marquait à M. Amelot les nouvelles de la cour, à M. de Maurepas celles de Paris, à M. d'Havrincourt celles de Suède, à M. de La Chétardie celles de Pétersbourg, et quelquefois à chacun celles qui venaient de lui-même, et que j'habillais en termes un peu différents. Comme de tout ce que je lui portais à signer il ne parcourait que les dépêches de la cour et signait celles des autres ambassadeurs sans les lire, cela me rendait un peu plus le maître de tourner ces dernières à ma mode, et j'y fis au moins croiser les nouvelles. Mais il me fut impossible de donner un tour raisonnable aux dépêches essentielles : heureux encore quand il ne s'avisait pas d'y larder impromptu quelques lignes de son estoc, qui me forçaient de retourner transcrire en hâte toute la dépêche ornée de cette nouvelle impertinence, à laquelle il fallait donner l'honneur du chiffre, sans quoi il ne l'aurait pas signée. Je fus tenté vingt fois, pour l'amour de sa gloire, de chiffrer autre chose que ce qu'il avait dit; mais sentant que rien ne pouvait autoriser une pareille infidélité, je le laissai délirer à ses risques, content de lui parler avec franchise, et de remplir aux miens mon devoir auprès de lui.

C'est ce que je fis toujours avec une droiture, un zèle et un courage qui méritaient de sa part une autre récom-

pense que celle que j'en reçus à la fin. Il était temps que je
fusse une fois ce que le ciel qui m'avait doué d'un heureux
naturel, ce que l'éducation que j'avais reçue de la meil-
leure des femmes, ce que celle que je m'étais donnée à
moi-même m'avait fait être; et je le fus. Livré à moi seul,
sans ami, sans conseil, sans expérience, en pays étranger,
servant une nation étrangère, au milieu d'une foule de
fripons, qui, pour leur intérêt et pour écarter le scandale
du bon exemple, m'excitaient à les imiter, loin d'en rien
faire, je servis bien la France, à qui je ne devais rien, et
mieux l'ambassadeur, comme il était juste, en tout ce qui
dépendit de moi. Irréprochable dans un poste assez en
vue, je méritai, j'obtins l'estime de la République, celle
de tous les ambassadeurs avec qui nous étions en corres-
pondance, et l'affection de tous les Français établis à
Venise, sans en excepter le consul même, que je supplan-
tais à regret dans des fonctions que je savais lui être dues,
et qui me donnaient plus d'embarras que de plaisir.

M. de Montaigu, livré sans réserve au marquis Mari,
qui n'entrait pas dans les détails de ses devoirs, les
négligeait à tel point que, sans moi, les Français qui
étaient à Venise ne se seraient pas aperçus qu'il y eût un
ambassadeur de leur nation. Toujours éconduits sans qu'il
voulût les entendre lorsqu'ils avaient besoin de sa pro-
tection, ils se rebutèrent, et l'on n'en voyait plus aucun
ni à sa suite ni à sa table, où il ne les invita jamais. Je fis
souvent de mon chef ce qu'il aurait dû faire : je rendis aux
Français qui avaient recours à lui, ou à moi, tous les
services qui étaient en mon pouvoir. En tout autre pays
j'aurais fait davantage; mais, ne pouvant voir personne
en place à cause de la mienne, j'étais forcé de recourir
souvent au consul, et le consul, établi dans le pays où il
avait sa famille, avait des ménagements à garder qui
l'empêchaient de faire ce qu'il aurait voulu. Quelquefois
cependant, le voyant mollir et n'oser parler, je m'aven-
turais à des démarches hasardeuses dont plusieurs
m'ont réussi. Je m'en rappelle une dont le souvenir
me fait encore rire. On ne se douterait guère que c'est à
moi que les amateurs du spectacle à Paris ont dû Coral-
line et sa sœur Camille : rien cependant n'est plus vrai.
Véronèse, leur père, s'était engagé avec ses enfants pour

la troupe italienne; et après avoir reçu deux mille francs pour son voyage, au lieu de partir, il s'était tranquillement mis à Venise au théâtre de Saint-Luc *, où Coralline, tout enfant qu'elle était encore, attirait beaucoup de monde. M. le duc de Gesvres, comme premier gentilhomme de la chambre, écrivit à l'ambassadeur pour réclamer le père et la fille. M. de Montaigu, me donnant la lettre, me dit pour toute instruction : *Voyez cela.* J'allai chez M. Le Blond le prier de parler au patricien à qui appartenait le théâtre de Saint-Luc, et qui était, je crois, un Zustinian, afin qu'il renvoyât Véronèse, qui était engagé au service du Roi. Le Blond, qui ne se souciait pas trop de la commission, la fit mal. Zustinian battit la campagne, et Véronèse ne fut point renvoyé. J'étais piqué. L'on était en carvanal. Ayant pris la bahute et le masque, je me fis mener au palais Zustiniani. Tous ceux qui virent entrer ma gondole avec la livrée de l'ambassadeur furent frappés; Venise n'avait jamais vu pareille chose. J'entre, je me fais annoncer sous le nom d'*una Siora* [sic] *Maschera.* Sitôt que je fus introduit, j'ôte mon masque et je me nomme. Le sénateur pâlit et reste stupéfait. Monsieur, lui dis-je en vénitien, c'est à regret que j'importune Votre Excellence de ma visite; mais vous avez à votre théâtre de Saint-Luc un homme nommé Véronèse qui est engagé au service du Roi, et qu'on vous a fait demander inutilement : je viens le réclamer au nom de Sa Majesté. Ma courte harangue fit effet. A peine étais-je parti, que mon homme courut rendre compte de son aventure aux Inquisiteurs d'Etat, qui lui lavèrent la tête. Véronèse fut congédié le jour même. Je lui fis dire que s'il ne partait dans la huitaine je le ferais arrêter; et il partit.

Dans une autre occasion, je tirai de peine un capitaine de vaisseau marchand par moi seul et presque sans le secours de personne. Il s'appelait le capitaine Olivet, de Marseille; j'ai oublié le nom du vaisseau. Son équipage avait pris querelle avec des Esclavons au service de la République : il y avait eu des voies de fait, et le vais-

* Je suis en doute si ce n'était point *S^t Samuel*. Les noms propres m'échappent absolument.

seau avait été mis aux arrêts avec une telle sévérité, que
personne, excepté le seul capitaine, n'y pouvait aborder
ni en sortir sans permission. Il eut recours à l'ambassa-
deur, qui l'envoya promener; il fut au consul, qui lui dit
que ce n'était pas une affaire de commerce et qu'il ne
pouvait s'en mêler; ne sachant plus que faire, il revint à
moi. Je représentai à M. de Montaigu qu'il devait me
permettre de donner sur cette affaire un mémoire au
Sénat; je ne me rappelle pas s'il y consentit et si je
présentai le mémoire; mais je me rappelle bien que mes
démarches n'aboutissant à rien, et l'embargo durant
toujours, je pris un parti qui me réussit. J'insérai la
relation de cette affaire dans une dépêche à M. de Maure-
pas, et j'eus même assez de peine à faire consentir
M. de Montaigu à passer cet article. Je savais que nos
dépêches, sans valoir trop la peine d'être ouvertes,
l'étaient à Venise. J'en avais la preuve dans les articles
que j'en trouvais mot pour mot dans la gazette: infidélité
dont j'avais inutilement voulu porter l'ambassadeur à se
plaindre. Mon objet, en parlant de cette vexation dans la
dépêche, était de tirer parti de leur curiosité pour leur
faire peur et les engager à délivrer le vaisseau; car s'il
eût fallu attendre pour cela la réponse de la Cour, le
capitaine était ruiné avant qu'elle fût venue. Je fis plus,
je me rendis au vaisseau pour interroger l'équipage. Je
pris avec moi l'abbé Patizel, chancelier du consulat, qui
ne vint qu'à contre-cœur; tant tous ces pauvres gens
craignaient de déplaire au Sénat. Ne pouvant monter à
bord à cause de la défense, je restai dans ma gondole,
et j'y dressai mon verbal, interrogeant à haute voix et
successivement tous les gens de l'équipage, et dirigeant
mes questions de manière à tirer des réponses qui leur
fussent avantageuses. Je voulus engager Patizel à faire
les interrogations et le verbal lui-même, ce qui en effet
était plus de son métier que du mien. Il n'y voulut jamais
consentir, ne dit pas un seul mot, et voulut à peine signer
le verbal après moi. Cette démarche un peu hardie eut
cependant un heureux succès, et le vaisseau fut délivré
longtemps avant la réponse du ministre. Le capitaine
voulut me faire un présent. Sans me fâcher, je lui dis,
en lui frappant sur l'épaule: Capitaine Olivet, crois-tu

que celui qui ne reçoit pas des Français un droit de passe-
port qu'il trouve établi, soit homme à leur vendre la
protection du Roi ? Il voulut au moins me donner sur
son bord un dîner, que j'acceptai, et où je menai le secré-
taire d'ambassade d'Espagne, nommé Carrio, homme
d'esprit et très aimable, qu'on a vu depuis secrétaire
d'ambassade à Paris et chargé des affaires, avec lequel je
m'étais intimement lié, à l'exemple de nos ambassa-
deurs.

Heureux si, lorsque je faisais avec le plus parfait
désintéressement tout le bien que je pouvais faire, j'avais
su mettre assez d'ordre et d'attention dans tous ces menus
détails pour n'en pas être la dupe et servir les autres à
mes dépens! Mais dans des places comme celle que
j'occupais, où les moindres fautes ne sont point
sans conséquence, j'épuisais toute mon attention pour
n'en point faire contre mon service; je fus jusqu'à la fin
du plus grand ordre et de la plus grande exactitude en
tout ce qui regardait mon devoir essentiel. Hors quelques
erreurs qu'une précipitation forcée me fit faire en chif-
frant, et dont les commis de M. Amelot se plaignirent
une fois, ni l'ambassadeur ni personne n'eut jamais à me
reprocher une seule négligence dans aucune de mes
fonctions, ce qui est à noter pour un homme aussi négli-
gent et aussi étourdi que moi; mais je manquais parfois
de mémoire et de soin dans les affaires particulières dont
je me chargeais, et l'amour de la justice m'en a toujours
fait supporter le préjudice de mon propre mouvement
avant que personne songeât à se plaindre. Je n'en citerai
qu'un seul trait, qui se rapporte à mon départ de Venise,
et dont j'ai senti le contre-coup dans la suite à Paris.

Notre cuisinier, appelé Rousselot, avait apporté de
France un ancien billet de deux cents francs, qu'un
perruquier de ses amis avait d'un noble vénitien appelé
Zanetto Nani, pour fournitures de perruques. Rousselot
m'apporta ce billet, me priant de tâcher d'en tirer quelque
chose par accommodement. Je savais, il savait aussi que
l'usage constant des nobles vénitiens est de ne jamais
payer, de retour dans leur patrie, les dettes qu'ils ont
contractées en pays étranger; quand on les y veut
contraindre, ils consument en tant de longueurs et de

frais le malheureux créancier, qu'il se rebute, et finit
par tout abandonner, ou s'accommoder presque pour
rien. Je priai M. Le Blond de parler à Zanetto; celui-ci
convint du billet, non du paiement. A force de batailler,
il promit enfin trois sequins. Quand Le Blond lui porta
le billet, les trois sequins ne se trouvèrent pas prêts;
il fallut attendre. Durant cette attente survint ma querelle
avec l'ambassadeur et ma sortie de chez lui. Je laissai
les papiers de l'ambassade dans le plus grand ordre,
mais le billet de Rousselot ne se trouva point. M. Le
Blond m'assura me l'avoir rendu; je le connaissais trop
honnête homme pour en douter; mais il me fut impossible
de me rappeler ce qu'était devenu ce billet. Comme
Zanetto avait avoué la dette, je priai M. Le Blond de
tâcher d'en tirer les trois sequins sur un reçu, ou de
l'engager à renouveler le billet par duplicata. Zanetto,
sachant le billet perdu, ne voulut faire ni l'un ni l'autre.
J'offris à Rousselot les trois sequins de ma bourse pour
l'acquit du billet. Il les refusa, et me dit que je m'accom-
moderais à Paris avec le créancier, dont il me donna
l'adresse. Le perruquier, sachant ce qui s'était passé,
voulut son billet ou son argent en entier. Que n'aurais-je
point donné dans mon indignation pour retrouver ce
maudit billet! Je payai les deux cents francs, et cela
dans ma plus grande détresse. Voilà comment la perte
du billet valut au créancier le paiement de la somme
entière, tandis que si, malheureusement pour lui, ce
billet se fût retrouvé, il en aurait difficilement tiré les
dix écus promis par Son Excellence Zanetto Nani.

 Le talent que je crus me sentir pour mon emploi me le
fit remplir avec goût, et hors la société de mon ami de
Carrio, celle du vertueux Altuna, dont j'aurai bientôt à
parler, hors les récréations bien innocentes de la place
Saint-Marc, du spectacle, et de quelques visites que nous
faisions presque toujours ensemble, je fis mes seuls
plaisirs de mes devoirs. Quoique mon travail ne fût pas
fort pénible, surtout avec l'aide de l'abbé de Binis,
comme la correspondance était très étendue et qu'on était
en temps de guerre, je ne laissais pas d'être occupé
raisonnablement. Je travaillais tous les jours une bonne
partie de la matinée, et les jours de courrier quelquefois

jusqu'à minuit. Je consacrais le reste du temps à l'étude du métier que je commençais, et dans lequel je comptais bien, par le succès de mon début, être employé plus avantageusement dans la suite. En effet, il n'y avait qu'une voix sur mon compte, à commencer par celle de l'ambassadeur, qui se louait hautement de mon service, qui ne s'en est jamais plaint, et dont toute la fureur ne vint dans la suite que de ce que, m'étant plaint inutilement moi-même, je voulus enfin avoir mon congé. Les ambassadeurs et ministres du Roi, avec qui nous étions en correspondance, lui faisaient, sur le mérite de son secrétaire, des compliments qui devaient le flatter, et qui, dans sa mauvaise tête, produisirent un effet, tout contraire. Il en reçut un surtout dans une circonstance essentielle, qu'il ne m'a jamais pardonné. Ceci vaut la peine d'être expliqué.

Il pouvait si peu se gêner, que le samedi même, jour de presque tous les courriers, il ne pouvait attendre pour sortir que le travail fût achevé; et me talonnant sans cesse pour expédier les dépêches du roi et des ministres, il les signait en hâte, et puis courait je ne sais où, laissant la plupart des autres lettres sans signature : ce qui me forçait, quand ce n'étaient que des nouvelles, de les tourner en bulletins; mais lorsqu'il s'agissait d'affaires qui regardaient le service du roi, il fallait bien que quelqu'un signât, et je signais. J'en usai ainsi pour un avis important que nous venions de recevoir de M. Vincent, chargé des affaires du roi à Vienne. C'était dans le temps que le prince de Lobkowitz marchait à Naples, et que le comte de Gages fit cette mémorable retraite, la plus belle manœuvre de guerre de tout le siècle, et dont l'Europe a trop peu parlé. L'avis portait qu'un homme dont M. Vincent nous envoyait le signalement partait de Vienne, et devait passer à Venise, allant furtivement dans l'Abruzze, chargé d'y faire soulever le peuple à l'approche des Autrichiens. En l'absence de M. le comte de Montaigu, qui ne s'intéressait à rien, je fis passer à M. le marquis de l'Hôpital cet avis si à propos, que c'est peut-être à ce pauvre Jean-Jacques si bafoué que la maison de Bourbon doit la conservation du royaume de Naples.

Le marquis de l'Hôpital, en remerciant son collègue comme il était juste, lui parla de son secrétaire et du service qu'il venait de rendre à la cause commune. Le comte de Montaigu, qui avait à se reprocher sa négligence dans cette affaire, crut entrevoir dans ce compliment un reproche, et m'en parla avec humeur. J'avais été dans le cas d'en user avec le comte de Castellane, ambassadeur à Constantinople, comme avec le marquis de l'Hôpital, quoique en chose moins importante. Comme il n'y avait point d'autre poste pour Constantinople que les courriers que le Sénat envoyait de temps en temps à son Bayle, on donnait avis du départ de ces courriers à l'ambassadeur de France, pour qu'il pût écrire par cette voie à son collègue, s'il le jugeait à propos. Cet avis venait d'ordinaire un jour ou deux à l'avance : mais on faisait si peu de cas de M. de Montaigu, qu'on se contentait d'envoyer chez lui pour la forme, une heure ou deux avant le départ du courrier; ce qui me mit plusieurs fois dans le cas de faire la dépêche en son absence. M. de Castellane, en y répondant, faisait mention de moi en termes honnêtes; autant en faisait à Gênes M. de Jonville; autant de nouveaux griefs.

J'avoue que je ne fuyais pas l'occasion de me faire connaître, mais je ne la cherchais pas non plus hors de propos; et il me paraissait fort juste, en servant bien, d'aspirer au prix naturel des bons services, qui est l'estime de ceux qui sont en état d'en juger et de les récompenser. Je ne dirai pas si mon exactitude à remplir mes fonctions était de la part de l'ambassadeur un légitime sujet de plainte, mais je dirai bien que c'est le seul qu'il ait articulé jusqu'au jour de notre séparation.

Sa maison, qu'il n'avait jamais mise sur un trop bon pied, se remplissait de canaille; les Français y étaient maltraités, les Italiens y prenaient l'ascendant; et même, parmi eux, les bons serviteurs attachés depuis longtemps à l'ambassade furent tous malhonnêtement chassés, entre autres son premier gentilhomme, qui l'avait été du comte de Froulay, et qu'on appelait, je crois, le comte Peati, ou d'un nom très approchant. Le second gentilhomme du choix de M. de Montaigu était un bandit de Mantoue, appelé Dominique Vitali, à qui

l'ambassadeur confia le soin de sa maison, et qui, à force de patelinage et de basse lésine, obtint sa confiance et devint son favori, au grand préjudice du peu d'honnêtes gens qui y étaient encore, et du secrétaire qui était à leur tête. L'œil intègre d'un honnête homme est toujours inquiétant pour les fripons. Il n'en aurait pas fallu davantage pour que celui-ci me prît en haine; mais cette haine avait une autre cause encore qui la rendit bien plus cruelle. Il faut dire cette cause, afin qu'on me condamne si j'avais tort.

L'ambassadeur avait, selon l'usage, une loge à chacun des cinq spectacles. Tous les jours à dîner il nommait le théâtre où il voulait aller ce jour-là; je choisissais après lui, et les gentilshommes disposaient des autres loges. Je prenais en sortant la clef de la loge que j'avais choisie. Un jour, Vitali n'étant pas là, je chargeai le valet de pied qui me servait de m'apporter la mienne dans une maison que je lui indiquai. Vitali, au lieu de m'envoyer ma clef, dit qu'il en avait disposé. J'étais d'autant plus outré, que le valet de pied m'avait rendu compte de ma commission devant tout le monde. Le soir, Vitali voulut me dire quelques mots d'excuse que je ne reçus point : Demain, monsieur, lui dis-je, vous viendrez me les faire à telle heure dans la maison où j'ai reçu l'affront et devant les gens qui en ont été témoins, ou après-demain, quoi qu'il arrive, je vous déclare que vous ou moi sortirons d'ici. Ce ton décidé lui en imposa. Il vint au lieu et à l'heure me faire des excuses publiques avec une bassesse digne de lui; mais il prit à loisir ses mesures, et, tout en me faisant de grandes courbettes, il travailla tellement à l'italienne que, ne pouvant porter l'ambassadeur à me donner mon congé, il me mit dans la nécessité de le prendre.

Un pareil misérable n'était assurément pas fait pour me connaître; mais il connaissait de moi ce qui servait à ses vues. Il me connaissait bon et doux à l'excès pour supporter des torts involontaires, fier et peu endurant pour des offenses préméditées, aimant la décence et la dignité dans les choses convenables, et non moins exigeant pour l'honneur qui m'était dû qu'attentif à rendre celui que je devais aux autres. C'est par là qu'il

entreprit et vint à bout de me rebuter. Il mit la maison
sens dessus dessous; il en ôta ce que j'avais tâché d'y
maintenir de règle, de subordination, de propreté,
d'ordre. Une maison sans femme a besoin d'une disci-
pline un peu sévère pour y faire régner la modestie
inséparable de la dignité. Il fit bientôt de la nôtre un lieu
de crapule et de licence, un repaire de fripons et de
débauchés. Il donna pour second gentilhomme à Son
Excellence, à la place de celui qu'il avait fait chasser,
un autre maquereau comme lui qui tenait bordel public
à la Croix-de-Malte; et ces deux coquins bien d'accord
étaient d'une indécence égale à leur insolence. Hors la
seule chambre de l'ambassadeur, qui même n'était pas
trop en règle, il n'y avait pas un seul coin dans la maison
souffrable pour un honnête homme.

Comme Son Excellence ne soupait pas, nous avions
le soir, les gentilshommes et moi, une table particulière,
où mangeaient aussi l'abbé de Binis et les pages. Dans la
plus vilaine gargote on est servi plus proprement, plus
décemment, en linge moins sale, et l'on a mieux à manger.
On nous donnait une seule petite chandelle bien noire,
des assiettes d'étain, des fourchettes de fer. Passe encore
pour ce qui se faisait en secret; mais on m'ôta ma gon-
dole; seul de tous les secrétaires d'ambassadeurs, j'étais
forcé d'en louer une, ou d'aller à pied, et je n'avais plus la
livrée de Son Excellence que quand j'allais au Sénat.
D'ailleurs, rien de ce qui se passait au dedans n'était
ignoré dans la ville. Tous les officiers de l'ambassadeur
jetaient les hauts cris. Dominique, la seule cause de tout,
criait le plus haut, sachant bien que l'indécence avec
laquelle nous étions traités m'était plus sensible qu'à
tous les autres. Seul de la maison, je ne disais rien au
dehors, mais je me plaignais vivement à l'ambassadeur
et du reste et de lui-même, qui, secrètement excité
par son âme damnée, me faisait chaque jour quelque
nouvel affront. Forcé de dépenser beaucoup pour me
tenir au pair de mes confrères, et convenablement à
mon poste, je ne pouvais arracher un sol de mes appoin-
tements, et quand je lui demandais de l'argent, il me
parlait de son estime et de sa confiance, comme si elle
eût dû remplir ma bourse et pourvoir à tout.

Ces deux bandits finirent pas faire tourner tout à fait
la tête à leur maître, qui ne l'avait déjà pas trop droite,
et le ruinaient dans un brocantage continuel par des
marchés de dupe, qu'ils lui persuadaient être des marchés
d'escroc. Ils lui firent louer sur la Brenta un Palazzo le
double de sa valeur, dont ils partagèrent le surplus avec
le propriétaire. Les appartements en étaient incrustés en
mosaïque et garnis de colonnes et de pilastres de très
beaux marbres, à la mode du pays. M. de Montaigu fit
superbement masquer tout cela d'une boiserie de sapin,
par l'unique raison qu'à Paris les appartements sont
ainsi boisés. Ce fut par une raison semblable que, seul
de tous les ambassadeurs qui étaient à Venise, il ôta
l'épée à ses pages et la canne à ses valets de pied. Voilà
quel était l'homme qui, toujours par le même motif
peut-être, me prit en grippe, uniquement sur ce que je le
servais fidèlement.

J'endurai patiemment ses dédains, sa brutalité, ses
mauvais traitements, tant qu'en y voyant de l'humeur je
crus n'y pas voir de la haine : mais dès que je vis le
dessein formé de me priver de l'honneur que je méritais
par mon bon service, je résolus d'y renoncer. La première
marque que je reçus de sa mauvaise volonté fut à l'occa-
sion d'un dîner qu'il devait donner à M. le duc de Modène
et à sa famille, qui étaient alors à Venise, et dans lequel
il me signifia que je n'aurais pas place à sa table. Je lui
répondis piqué, mais sans me fâcher, qu'ayant l'honneur
d'y dîner journellement, si M. le duc de Modène exigeait
que je m'en abstinsse quand il y viendrait, il était de la
dignité de Son Excellence et de mon devoir de n'y pas
consentir. Comment! dit-il avec emportement, mon
secrétaire, qui même n'est pas gentilhomme, prétend
dîner avec un souverain quand mes gentilshommes n'y
dînent pas ? Oui, monsieur, lui répliquai-je, le poste
dont m'a honoré Votre Excellence m'anoblit si bien tant
que je le remplis, que j'ai même le pas sur vos gentils-
hommes, ou soi-disant tels, et suis admis où ils ne
peuvent l'être. Vous n'ignorez pas que, le jour que vous
ferez votre entrée publique, je suis appelé par l'étiquette,
et par un usage immémorial, à vous y suivre en habit
de cérémonie et à l'honneur d'y dîner avec vous au

palais de Saint-Marc; et je ne vois pas pourquoi un homme qui peut et doit manger en public avec le doge et le Sénat de Venise, ne pourrait pas manger en particulier avec M. le duc de Modène. Quoique l'argument fût sans réplique, l'ambassadeur ne s'y rendit point : mais nous n'eûmes pas occasion de renouveler la dispute, M. le duc de Modène n'étant point venu dîner chez lui.

Dès lors il ne cessa de me donner des désagréments, de me faire des passe-droits, s'efforçant de m'ôter les petites prérogatives attachées à mon poste pour les transmettre à son cher Vitali; et je suis sûr que s'il eût osé l'envoyer au Sénat à ma place, il l'aurait fait. Il employait ordinairement l'abbé de Binis pour écrire dans son cabinet ses lettres particulières : il se servit de lui pour écrire à M. de Maurepas une relation de l'affaire du capitaine Olivet, dans laquelle, loin de lui faire aucune mention de moi qui seul m'en étais mêlé, il m'ôtait même l'honneur du verbal, dont il lui envoyait un double, pour l'attribuer à Patizel, qui n'avait pas dit un seul mot. Il voulait me mortifier et complaire à son favori; mais non pas se défaire de moi. Il sentait qu'il ne lui serait plus aussi aisé de me trouver un successeur qu'à M. Follau, qui l'avait déjà fait connaître. Il lui fallait absolument un secrétaire qui sût l'italien à cause des réponses du Sénat; qui fît toutes ses dépêches, toutes ses affaires, sans qu'il se mêlât de rien; qui joignît au mérite de le bien servir la bassesse d'être le complaisant de messieurs ses faquins de gentilshommes. Il voulait donc me garder et me mater, en me tenant loin de mon pays et du sien, sans argent pour y retourner : et il aurait réussi, peut-être, s'il s'y fût pris modérément : mais Vitali, qui avait d'autres vues, et qui voulait me forcer de prendre mon parti, en vint à bout. Dès que je vis que je perdais toutes mes peines, que l'ambassadeur me faisait des crimes de mes services au lieu de m'en savoir gré, que je n'avais plus à espérer chez lui que désagréments au dedans, injustice au dehors, et que dans le décri général où il s'était mis, ses mauvais offices pouvaient me nuire sans que les bons pussent me servir, je pris mon parti et lui demandai mon congé, lui laissant le temps de se pourvoir d'un secrétaire. Sans me dire

ni oui, ni non, il alla toujours son train. Voyant que rien
n'allait mieux et qu'il ne se mettait en devoir de chercher
personne, j'écrivis à son frère, et, lui détaillant mes
motifs, je le priai d'obtenir mon congé de Son Excellence,
ajoutant que de manière ou d'autre il m'était impossible
de rester. J'attendis longtemps et n'eus point de
réponse. Je commençais d'être fort embarrassé, mais
l'ambassadeur reçut enfin une lettre de son frère. Il
fallait qu'elle fût vive, car, quoiqu'il fût sujet à des emporte-
ments très féroces, je ne lui en vis jamais un pareil.
Après des torrents d'injures abominables, ne sachant plus
que dire, il m'accusa d'avoir vendu ses chiffres. Je me mis
à rire et lui demandai d'un ton moqueur s'il croyait
qu'il y eût dans tout Venise un homme assez sot pour en
donner un écu. Cette réponse le fit écumer de rage. Il
fit mine d'appeler ses gens pour me faire, dit-il, jeter
par la fenêtre. Jusque-là j'avais été fort tranquille ; mais à
cette menace la colère et l'indignation me transportèrent
à mon tour. Je m'élançai vers la porte ; et après avoir tiré
un bouton qui la fermait en dedans : Non pas, monsieur
le comte, lui dis-je en revenant à lui d'un pas grave ;
vos gens ne se mêleront pas de cette affaire, trouvez bon
qu'elle se passe entre nous. Mon action, mon air, le
calmèrent à l'instant même : la surprise et l'effroi se
marquèrent dans son maintien. Quand je le vis revenu
de sa furie, je lui fis mes adieux en peu de mots ; puis,
sans attendre sa réponse, j'allai rouvrir la porte, je sortis,
et passai posément dans l'anti-chambre au milieu de ses
gens, qui se levèrent à l'ordinaire, et qui, je crois, m'au-
raient plutôt prêté main-forte contre lui qu'à lui contre
moi. Sans remonter chez moi, je descendis l'escalier
tout de suite, et sortis sur-le-champ du palais pour n'y
plus rentrer.

J'allai droit chez M. Le Blond lui conter l'aventure.
Il en fut peu surpris ; il connaissait l'homme. Il me retint
à dîner. Ce dîner, quoique impromptu, fut brillant.
Tous les Français de considération qui étaient à Venise
s'y trouvèrent. L'ambassadeur n'eut pas un chat. Le
consul conta mon cas à la compagnie. A ce récit, il n'y
eut qu'un cri, qui ne fut pas en faveur de Son Excellence.
Elle n'avait point réglé mon compte, ne m'avait pas donné

un sol, et réduit pour toute ressource à quelques louis que
j'avais sur moi, j'étais dans l'embarras pour mon retour.
Toutes les bourses me furent ouvertes. Je pris une
vingtaine de sequins dans celle de M. Le Blond, autant
dans celle de M. de Saint-Cyr, avec lequel, après lui,
j'avais le plus de liaison; je remerciai tous les autres, et
en attendant mon départ, j'allai loger chez le chancelier
du consulat, pour bien prouver au public que la nation
n'était pas complice des injustices de l'ambassadeur.
Celui-ci, furieux de me voir fêté dans mon infortune,
et lui délaissé, tout ambassadeur qu'il était, perdit tout
à fait la tête, et se comporta comme un forcené. Il s'oublia
jusqu'à présenter un mémoire au Sénat pour me faire
arrêter. Sur l'avis que m'en donna l'abbé de Binis, je
résolus de rester encore quinze jours, au lieu de partir
le surlendemain, comme j'avais compté. On avait vu et
approuvé ma conduite; j'étais universellement estimé.
La Seigneurie ne daigna pas même répondre à l'extra-
vagant mémoire de l'ambassadeur, et me fit dire par le
consul que je pouvais rester à Venise aussi longtemps
qu'il me plairait, sans m'inquiéter des démarches d'un
fou. Je continuai de voir mes amis: j'allai prendre congé
de M. l'ambassadeur d'Espagne, qui me reçut très bien,
et du comte de Finochietti, ministre de Naples, que je ne
trouvai pas, mais à qui j'écrivis, et qui me répondit la
lettre du monde la plus obligeante. Je partis enfin, ne
laissant, malgré mes embarras, d'autres dettes que les
emprunts dont je viens de parler et une cinquantaine
d'écus chez un marchand nommé Morandi, que Carrio
se chargea de payer, et que je ne lui ai jamais rendus,
quoique nous nous soyons souvent revus depuis ce
temps-là : mais quant aux deux emprunts dont j'ai
parlé, je les remboursai très exactement sitôt que la
chose me fut possible.

Ne quittons pas Venise sans dire un mot des célèbres
amusements de cette ville, ou du moins de la très petite
part que j'y pris durant mon séjour. On a vu dans le
cours de ma jeunesse combien peu j'ai couru les plaisirs
de cet âge, ou du moins ceux qu'on nomme ainsi. Je ne
changeai pas de goût à Venise; mais mes occupations,
qui d'ailleurs m'en auraient empêché, rendirent plus

piquantes les récréations simples que je me permettais. La première et la plus douce était la société des gens de mérite, MM. Le Blond, de Saint-Cyr, Carrio, Altuna et un gentilhomme forlan, dont j'ai grand regret d'avoir oublié le nom, et dont je ne me rappelle point sans émotion l'aimable souvenir : c'était, de tous les hommes que j'ai connus dans ma vie, celui dont le cœur ressemblait le plus au mien. Nous étions liés aussi avec deux ou trois Anglais pleins d'esprit et de connaissances, passionnés de la musique ainsi que nous. Tous ces messieurs avaient leurs femmes, ou leurs amies, ou leurs maîtresses; ces dernières, presque toutes filles à talents, chez lesquelles on faisait de la musique ou des bals. On y jouait aussi, mais très peu; les goûts vifs, les talents, les spectacles, nous rendaient cet amusement insipide. Le jeu n'est que la ressource des gens ennuyés. J'avais apporté de Paris le préjugé qu'on a dans ce pays-là contre la musique italienne; mais j'avais aussi reçu de la nature cette sensibilité de tact contre laquelle les préjugés ne tiennent pas. J'eus bientôt pour cette musique la passion qu'elle inspire à ceux qui sont faits pour en juger. En écoutant des barcarolles, je trouvais que je n'avais pas ouï chanter jusqu'alors, et bientôt je m'engouai tellement de l'opéra, qu'ennuyé de babiller, manger et jouer dans les loges, quand je n'aurais voulu qu'écouter, je me dérobais souvent à la compagnie pour aller d'un autre côté. Là, tout seul, enfermé dans ma loge, je me livrais, malgré la longueur du spectacle, au plaisir d'en jouir à mon aise et jusqu'à la fin. Un jour, au théâtre de Saint-Chrysostome, je m'endormis, et bien plus profondément que je n'aurais fait dans mon lit. Les airs bruyants et brillants ne me réveillèrent point. Mais qui pourrait exprimer la sensation délicieuse que me firent la douce harmonie et les chants angéliques de celui qui me réveilla ? Quel réveil, quel ravissement, quelle extase quand j'ouvris au même instant les oreilles et les yeux! Ma première idée fut de me croire en paradis. Ce morceau ravissant, que je me rappelle encore et que je n'oublierai de ma vie, commençait ainsi :

> *Conservami la bella*
> *Che si m'accende il cor.*

Je voulus avoir ce morceau : je l'eus, et je l'ai gardé longtemps ; mais il n'était pas sur mon papier comme dans ma mémoire. C'était bien la même note, mais ce n'était pas la même chose. Jamais cet air divin ne peut être exécuté que dans ma tête, comme il le fut en effet le jour qu'il me réveilla.

Une musique à mon gré bien supérieure à celle des opéras, et qui n'a pas sa semblable en Italie ni dans le reste du monde, est celle des *scuole*. Les *scuole* sont des maisons de charité établies pour donner l'éducation à de jeunes filles sans bien, et que la république dote ensuite, soit pour le mariage, soit pour le cloître. Parmi les talents qu'on cultive dans les jeunes filles, la musique est au premier rang. Tous les dimanches, à l'église de chacune de ces quatre *scuole*, on a durant les vêpres des motets à grand chœur et en grand orchestre, composés et dirigés par les plus grands maîtres de l'Italie, exécutés dans des tribunes grillées uniquement par des filles dont la plus vieille n'a pas vingt ans. Je n'ai l'idée de rien d'aussi voluptueux, d'aussi touchant que cette musique : les richesses de l'art, le goût exquis des chants, la beauté des voix, la justesse de l'exécution, tout dans ces délicieux concerts concourt à produire une impression qui n'est assurément pas du bon costume, mais dont je doute qu'aucun cœur d'homme soit à l'abri. Jamais Carrio ni moi ne manquions ces vêpres aux *Mendicanti*, et nous n'étions pas les seuls. L'église était toujours pleine d'amateurs : les acteurs mêmes de l'Opéra venaient se former au vrai goût du chant sur ces excellents modèles. Ce qui me désolait était ces maudites grilles, qui ne laissaient passer que des sons, et me cachaient les anges de beauté dont ils étaient dignes. Je ne parlais d'autre chose. Un jour que j'en parlais chez M. Le Blond : Si vous êtes si curieux, me dit-il, de voir ces petites filles, il est aisé de vous contenter. Je suis un des administrateurs de la maison. Je veux vous y donner à goûter avec elles. Je ne le laissai pas en repos qu'il ne m'eût tenu parole. En entrant dans le salon qui renfermait ces beautés si convoitées, je sentis un frémissement d'amour que je n'avais jamais éprouvé. M. Le Blond me présenta l'une après l'autre ces chanteuses célèbres, dont la voix et le

nom étaient tout ce qui m'était connu. *Venez, Sophie*...
Elle était horrible. *Venez, Cattina*... Elle était borgne.
Venez, Bettina... La petite vérole l'avait défigurée.
Presque pas une n'était sans quelque notable défaut.
Le bourreau riait de ma cruelle surprise. Deux ou trois
cependant me parurent passables : elles ne chantaient
que dans les chœurs. J'étais désolé. Durant le goûter on
les agaça; elles s'égayèrent. La laideur n'exclut pas les
grâces; je leur en trouvai. Je me disais : On ne chante pas
ainsi sans âme; elles en ont. Enfin ma façon de les voir
changea si bien, que je sortis presque amoureux de tous
ces laiderons. J'osais à peine retourner à leurs vêpres.
J'eus de quoi me rassurer. Je continuai de trouver leurs
chants délicieux, et leurs voix fardaient si bien leurs
visages, que tant qu'elles chantaient je m'obstinais, en
dépit de mes yeux, à les trouver belles.

La musique en Italie coûte si peu de chose, que ce n'est
pas la peine de s'en faire faute quand on a du goût pour
elle. Je louai un clavecin, et pour un petit écu j'avais chez
moi quatre ou cinq symphonistes, avec lesquels je m'exer-
çais une fois la semaine à exécuter les morceaux qui
m'avaient fait le plus de plaisir à l'Opéra. J'y fis essayer
aussi quelques symphonies de mes *Muses galantes*. Soit
qu'elles plussent, ou qu'on me voulût cajoler, le maître
des ballets de St Jean Chrysostome m'en fit demander
deux, que j'eus le plaisir d'entendre exécuter par cet
admirable orchestre, et qui furent dansées par une petite
Bettina, jolie et surtout aimable fille, entretenue par un
Espagnol de nos amis appelé Fagoaga, et chez laquelle
nous allions passer la soirée assez souvent.

Mais, à propos de filles, ce n'est pas dans une ville
comme Venise qu'on s'en abstient; n'avez-vous rien,
pourrait-on me dire, à confesser sur cet article ? Oui, j'ai
quelque chose à dire en effet, et je vais procéder à cette
confession avec la même naïveté que j'ai mise à toutes les
autres.

J'ai toujours eu du dégoût pour les filles publiques,
et je n'avais pas à Venise autre chose à ma portée, l'entrée
de la plupart des maisons du pays m'étant interdite à
cause de ma place. Les filles de M. Le Blond étaient très
aimables, mais d'un difficile abord, et je considérais trop

le père et la mère pour penser même à les convoiter.
J'aurais eu plus de goût pour une jeune personne appelée
Mlle de Cataneo, fille de l'agent du roi de Prusse : mais
Carrio était amoureux d'elle, il a même été question de
mariage. Il était à son aise, et je n'avais rien; il avait
cent louis d'appointements, je n'avais que cent pistoles;
et, outre que je ne voulais pas aller sur les brisées d'un
ami, je savais que partout, et surtout à Venise, avec une
bourse aussi mal garnie on ne doit pas se mêler de faire le
galant. Je n'avais pas perdu la funeste habitude de donner
le change à mes besoins; trop occupé pour sentir vive-
ment ceux que le climat donne, je vécus près d'un an
dans cette ville aussi sage que j'avais fait à Paris, et j'en
suis reparti au bout de dix-huit mois sans avoir approché
du sexe que deux seules fois par les singulières occasions
que je vais dire.

La première me fut procurée par l'honnête gentil-
homme Vitali, quelque temps après l'excuse que je
l'obligeai de me demander dans toutes les formes. On
parlait à table des amusements de Venise. Ces messieurs
me reprochaient mon indifférence pour le plus piquant
de tous, vantant la gentillesse des courtisanes vénitiennes,
et disant qu'il n'y en avait point au monde qui les
valussent. Dominique dit qu'il fallait que je fisse connais-
sance avec la plus aimable de toutes; qu'il voulait m'y
mener, et que j'en serais content. Je me mis à rire de cette
offre obligeante; et le comte Piati, homme déjà vieux et
vénérable, dit avec plus de franchise que je n'en aurais
attendu d'un Italien qu'il me croyait trop sage pour me
laisser mener chez des filles par mon ennemi. Je n'en
avais en effet ni l'intention ni la tentation, et malgré cela,
par une de ces inconséquences que j'ai peine à com-
prendre moi-même, je finis par me laisser entraîner,
contre mon goût, mon cœur, ma raison, ma volonté
même, uniquement par faiblesse, par honte de marquer
de la défiance, et, comme on dit dans ce pays-là, *per non
parer troppo coglione*. La Padoana, chez qui nous allâmes,
était d'une assez jolie figure, belle même, mais non pas
d'une beauté qui me plût. Dominique me laissa chez elle;
je fis venir des *sorbetti*, je la fis chanter, et au bout d'une
demi-heure je voulus m'en aller, en laissant sur la table

un ducat; mais elle eut le singulier scrupule de n'en vouloir point qu'elle ne l'eût gagné, et moi la singulière bêtise de lever son scrupule. Je m'en revins au palais si persuadé que j'étais poivré, que la première chose que je fis en arrivant fut d'envoyer chercher le chirurgien pour lui demander des tisanes. Rien ne peut égaler le malaise d'esprit que je souffris durant trois semaines, sans qu'aucune incommodité réelle, aucun signe apparent le justifiât. Je ne pouvais concevoir qu'on pût sortir impunément des bras de la Padoana. Le chirurgien lui-même eut toute la peine imaginable à me rassurer. Il n'en put venir à bout qu'en me persuadant que j'étais conformé d'une façon particulière à ne pouvoir pas aisément être infecté, et quoique je me sois moins exposé peut-être qu'aucun autre homme à cette expérience, ma santé de ce côté n'ayant jamais reçu d'atteinte m'est une preuve que le chirurgien avait raison. Cette opinion cependant ne m'a jamais rendu téméraire, et, si je tiens en effet cet avantage de la nature, je puis dire que je n'en ai pas abusé.

Mon autre aventure, quoique avec une fille aussi, fut d'une espèce bien différente, et quant à son origine, et quant à ses effets. J'ai dit que le capitaine Olivet m'avait donné à dîner sur son bord, et que j'y avais mené le secrétaire d'Espagne. Je m'attendais au salut du canon. L'équipage nous reçut en haie; mais il n'y eut pas une amorce brûlée, ce qui me mortifia beaucoup à cause de Carrio, que je vis en être un peu piqué; et il était vrai que sur les vaisseaux marchands on accordait le salut du canon à des gens qui ne nous valaient certainement pas : d'ailleurs je croyais avoir mérité quelque distinction du capitaine. Je ne pus me déguiser, parce que cela m'est toujours impossible; et quoique le dîner fût très bon et qu'Olivet en fît très bien les honneurs, je le commençai de mauvaise humeur, mangeant peu et parlant encore moins. A la première santé, du moins, j'attendais une salve : rien. Carrio, qui me lisait dans l'âme, riait de me voir grogner comme un enfant. Au tiers du dîner je vois approcher une gondole. Ma foi, Monsieur, me dit le capitaine, prenez garde à vous, voici l'ennemi. Je lui demande ce qu'il veut dire; il répond en plaisantant. La gondole

aborde, et j'en vois sortir une jeune personne éblouissante,
fort coquettement mise et fort leste, qui dans trois sauts
fut dans la chambre; et je la vis établie à côté de moi avant
que j'eusse aperçu qu'on y avait mis un couvert. Elle
était aussi charmante que vive, une brunette de vingt ans
au plus. Elle ne parlait qu'italien; son accent seul eût
suffi pour me tourner la tête. Tout en mangeant, tout en
causant, elle me regarde, me fixe un moment, puis
s'écriant: Bonne Vierge! Ah! mon cher Brémond, qu'il
y a de temps que je ne t'ai vu! se jette entre mes bras,
colle sa bouche contre la mienne, et me serre à m'étouffer.
Ses grands yeux noirs à l'orientale lançaient dans mon
cœur des traits de feu; et, quoique la surprise fît d'abord
quelque diversion, la volupté me gagna très rapidement,
au point que, malgré les spectateurs, il fallut bientôt
que cette belle me contînt elle-même; car j'étais ivre
ou plutôt furieux. Quand elle me vit au point où elle
me voulait, elle mit plus de modération dans ses caresses,
mais non dans sa vivacité; et quand il lui plut de nous
expliquer la cause vraie ou fausse de toute cette pétu-
lance, elle nous dit que je ressemblais, à s'y tromper,
à M. de Brémond, directeur des douanes de Toscane;
qu'elle avait raffolé de ce M. de Brémond; qu'elle en
raffolait encore; qu'elle l'avait quitté parce qu'elle était
une sotte; qu'elle me prenait à sa place; qu'elle voulait
m'aimer parce que cela lui convenait; qu'il fallait, par la
même raison, que je l'aimasse tant que cela lui convien-
drait; et que, quand elle me planterait là, je prendrais
patience comme avait fait son cher Brémond. Ce qui fut
dit fut fait. Elle prit possession de moi comme d'un
homme à elle, me donnait à garder ses gants, son éventail,
son *cinda*, sa coiffe; m'ordonnait d'aller ici ou là, de faire
ceci ou cela, et j'obéissais. Elle me dit d'aller renvoyer
sa gondole, parce qu'elle voulait se servir de la mienne,
et j'y fus; elle me dit de m'ôter de ma place, et de prier
Carrio de s'y mettre, parce qu'elle avait à lui parler,
et je le fis. Ils causèrent très longtemps ensemble et tout
bas; je les laissai faire. Elle m'appela, je revins. Ecoute,
Zanetto, me dit-elle, je ne veux point être aimée à la
française, et même il n'y ferait pas bon. Au premier
moment d'ennui, va-t'en; mais ne reste pas à demi, je

t'en avertis. Nous allâmes après le dîner voir la verrerie à Murano. Elle acheta beaucoup de petites breloques qu'elle nous laissa payer sans façon; mais elle donna partout des tringueltes beaucoup plus forts que tout ce que nous avions dépensé. Par l'indifférence avec laquelle elle jetait son argent et nous laissait jeter le nôtre, on voyait qu'il n'était d'aucun prix pour elle. Quand elle se faisait payer, je crois que c'était par vanité plus que par avarice. Elle s'applaudissait du prix qu'on mettait à ses faveurs.

Le soir nous la ramenâmes chez elle. Tout en causant, je vis deux pistolets sur sa toilette. Ah! ah! dis-je en en prenant un, voici une boîte à mouches de nouvelle fabrique; pourrait-on savoir quel en est l'usage ? Je vous connais d'autres armes qui font feu mieux que celles-là. Après quelques plaisanteries sur le même ton, elle nous dit, avec une naïve fierté qui la rendait encore plus charmante : Quand j'ai des bontés pour des gens que je n'aime point, je leur fais payer l'ennui qu'ils me donnent; rien n'est plus juste : mais en endurant leurs caresses, je ne veux pas endurer leurs insultes, et je ne manquerai pas le premier qui me manquera.

En la quittant j'avais pris son heure pour le lendemain. Je ne la fis pas attendre. Je la trouvai *in vestito di confidenza*, dans un déshabillé plus que galant, qu'on ne connaît que dans les pays méridionaux, et que je ne m'amuserai pas à décrire, quoique je me le rappelle trop bien. Je dirai seulement que ses manchettes et son tour de gorge étaient bordés d'un fil de soie garni de pompons couleur de rose. Cela me parut animer fort une belle peau. Je vis ensuite que c'était la mode à Venise; et l'effet en est si charmant, que je suis surpris que cette mode n'ait jamais passé en France. Je n'avais point d'idée des voluptés qui m'attendaient. J'ai parlé de Mme de Larnage, dans les transports que son souvenir me rend quelquefois encore; mais qu'elle était vieille, et laide, et froide auprès de ma Zulietta! Ne tâchez pas d'imaginer les charmes et les grâces de cette fille enchanteresse, vous resteriez trop loin de la vérité. Les jeunes vierges des cloîtres sont moins fraîches, les beautés du sérail sont moins vives, les houris du paradis sont moins

piquantes. Jamais si douce jouissance ne s'offrit au cœur et aux sens d'un mortel. Ah! du moins, si je l'avais su goûter pleine et entière un seul moment!... Je la goûtai, mais sans charme. J'en émoussai toutes les délices, je les tuai comme à plaisir. Non, la nature ne m'a point fait pour jouir. Elle a mis dans ma mauvaise tête le poison de ce bonheur ineffable dont elle a mis l'appétit dans mon cœur.

S'il est une circonstance de ma vie qui peigne bien mon naturel, c'est celle que je vais raconter. La force avec laquelle je me rappelle en ce moment l'objet de mon livre me fera mépriser ici la fausse bienséance qui m'empêcherait de le remplir. Qui que vous soyez, qui voulez connaître un homme, osez lire les deux ou trois pages qui suivent; vous allez connaître à plein J.-J. Rousseau.

J'entrai dans la chambre d'une courtisane comme dans le sanctuaire de l'amour et de la beauté; j'en crus voir la divinité dans sa personne. Je n'aurais jamais cru que, sans respect et sans estime, on pût rien sentir de pareil à ce qu'elle me fit éprouver. A peine eus-je connu, dans les premières familiarités, le prix de ses charmes et de ses caresses, que, de peur d'en perdre le fruit d'avance, je voulus me hâter de le cueillir. Tout à coup, au lieu des flammes qui me dévoraient, je sens un froid mortel courir dans mes veines, les jambes me flageolent, et prêt à me trouver mal, je m'assieds, et je pleure comme un enfant.

Qui pourrait deviner la cause de mes larmes, et ce qui me passait par la tête en ce moment? Je me disais: Cet objet dont je dispose est le chef-d'œuvre de la nature et de l'amour; l'esprit, le corps, tout en est parfait; elle est aussi bonne et généreuse qu'elle est aimable et belle. Les grands, les princes, devraient être ses esclaves; les sceptres devraient être à ses pieds. Cependant la voilà, misérable coureuse, livrée au public; un capitaine de vaisseau marchand dispose d'elle; elle vient se jeter à ma tête, à moi qu'elle sait qui n'ai rien, à moi dont le mérite, qu'elle ne peut connaître, doit être nul à ses yeux. Il y a là quelque chose d'inconcevable. Ou mon cœur me trompe, fascine mes sens et me rend la dupe d'une indigne salope, ou il faut que quelque défaut secret que j'ignore détruise l'effet

de ses charmes et la rende odieuse à ceux qui devraient se la disputer. Je me mis à chercher ce défaut avec une contention d'esprit singulière, et il ne me vint pas même à l'esprit que la vérole pût y avoir part. La fraîcheur de ses chairs, l'éclat de son coloris, la blancheur de ses dents, la douceur de son haleine, l'air de propreté répandu sur toute sa personne, éloignaient de moi si parfaitement cette idée, qu'en doute encore sur mon état depuis la Padoana, je me faisais plutôt un scrupule de n'être pas assez sain pour elle, et je suis très persuadé qu'en cela ma confiance ne me trompait pas.

Ces réflexions, si bien placées, m'agitèrent au point d'en pleurer. Zulietta, pour qui cela faisait sûrement un spectacle tout nouveau dans la circonstance, fut un moment interdite. Mais ayant fait un tour de chambre et passé devant son miroir, elle comprit, et mes yeux lui confirmèrent que le dégoût n'avait point de part à ce rat. Il ne lui fut pas difficile de m'en guérir et d'effacer cette petite honte. Mais, au moment que j'étais prêt à me pâmer sur une gorge qui semblait pour la première fois souffrir la bouche et la main d'un homme, je m'aperçus qu'elle avait un téton borgne. Je me frappe, j'examine, je crois voir que ce téton n'est pas conformé comme l'autre. Me voilà cherchant dans ma tête comment on peut avoir un téton borgne; et, persuadé que cela tenait à quelque notable vice naturel, à force de tourner et retourner cette idée, je vis clair comme le jour que dans la plus charmante personne dont je pusse me former l'image, je ne tenais dans mes bras qu'une espèce de monstre, le rebut de la nature, des hommes et de l'amour. Je poussai la stupidité jusqu'à lui parler de ce téton borgne. Elle prit d'abord la chose en plaisantant, et, dans son humeur folâtre, dit et fit des choses à me faire mourir d'amour. Mais gardant un fond d'inquiétude que je ne pus lui cacher, je la vis enfin rougir, se rajuster, se redresser, et, sans dire un seul mot, s'aller mettre à sa fenêtre. Je voulus m'y mettre à côté d'elle; elle s'en ôta, fut s'asseoir sur un lit de repos, se leva le moment d'après, et se promenant par la chambre en s'éventant, me dit d'un ton froid et dédaigneux : *Zanetto, lascia le donne, e studia la matamatica* [*sic*].

Avant de la quitter, je lui demandai pour le lendemain un autre rendez-vous, qu'elle remit au troisième jour, en ajoutant, avec un sourire ironique, que je devais avoir besoin de repos. Je passai ce temps mal à mon aise, le cœur plein de ses charmes et de ses grâces, sentant mon extravagance, me la reprochant, regrettant les moments si mal employés, qu'il n'avait tenu qu'à moi de rendre les plus doux de ma vie, attendant avec la plus vive impatience celui d'en réparer la perte, et néanmoins inquiet encore, malgré que j'en eusse, de concilier les perfections de cette adorable fille avec l'indignité de son état. Je courus, je volai chez elle à l'heure dite. Je ne sais si son tempérament ardent eût été plus content de cette visite. Son orgueil l'eût été du moins, et je me faisais d'avance une jouissance délicieuse de lui montrer de toutes manières comment je savais réparer mes torts. Elle m'épargna cette épreuve. Le gondolier qu'en abordant j'envoyai chez elle me rapporta qu'elle était partie la veille pour Florence. Si je n'avais pas senti tout mon amour en la possédant, je le sentis bien cruellement en la perdant. Mon regret insensé ne m'a point quitté. Tout aimable, toute charmante qu'elle était à mes yeux, je pouvais me consoler de la perdre ; mais de quoi je n'ai pu me consoler, je l'avoue, c'est qu'elle n'ait emporté de moi qu'un souvenir méprisant.

Voilà mes deux histoires. Les dix-huit mois que j'ai passés à Venise ne m'ont fourni de plus à dire qu'un simple projet tout au plus. Carrio était galant. Ennuyé de n'aller toujours que chez des filles engagées à d'autres, il eut la fantaisie d'en avoir une à son tour ; et, comme nous étions inséparables, il me proposa l'arrangement, peu rare à Venise, d'en avoir une à nous deux. J'y consentis. Il s'agissait de la trouver sûre. Il chercha tant qu'il déterra une petite fille d'onze à douze ans, que son indigne mère cherchait à vendre. Nous fûmes la voir ensemble. Mes entrailles s'émurent en voyant cette enfant. Elle était blonde et douce comme un agneau : on ne l'aurait jamais crue italienne. On vit pour très peu de chose à Venise. Nous donnâmes quelque argent à la mère, et pourvûmes à l'entretien de la fille. Elle avait de la voix : pour lui procurer un talent de ressource, nous

lui donnâmes une épinette et un maître à chanter. Tout cela nous coûtait à peine à chacun deux sequins par mois, et nous en épargnait davantage en autres dépenses ; mais comme il fallait attendre qu'elle fût mûre, c'était semer beaucoup avant que de recueillir. Cependant, contents d'aller là passer les soirées, causer et jouer très innocemment avec cette enfant, nous nous amusions plus agréablement peut-être que si nous l'avions possédée : tant il est vrai que ce qui nous attache le plus aux femmes est moins la débauche qu'un certain agrément de vivre auprès d'elles. Insensiblement mon cœur s'attachait à la petite Anzoletta, mais d'un attachement paternel, auquel les sens avaient si peu de part, qu'à mesure qu'il augmentait il m'aurait été moins possible de les y faire entrer ; et je sentais que j'aurais eu horreur d'approcher de cette fille devenue nubile comme d'un inceste abominable. Je voyais les sentiments du bon Carrio prendre, à son insu, le même tour. Nous nous ménagions, sans y penser, des plaisirs non moins doux, mais bien différents de ceux dont nous avions d'abord eu l'idée ; et je suis certain que, quelque belle qu'eût pu devenir cette pauvre enfant, loin d'être jamais les corrupteurs de son innocence, nous en aurions été les protecteurs. Ma catastrophe, arrivée peu de temps après, ne me laissa pas celui d'avoir part à cette bonne œuvre ; et je n'ai à me louer dans cette affaire que du penchant de mon cœur. Revenons à mon voyage.

Mon premier projet en sortant de chez M. de Montaigu était de me retirer à Genève, en attendant qu'un meilleur sort, écartant les obstacles, pût me réunir à ma pauvre Maman ; mais l'éclat qu'avait fait notre querelle, et la sottise qu'il fit d'en écrire à la cour, me fit prendre le parti d'aller moi-même y rendre compte de ma conduite, et me plaindre de celle d'un forcené. Je marquai de Venise ma résolution à M. du Theil, chargé par intérim des Affaires étrangères après la mort de M. Amelot. Je partis aussitôt que ma lettre : je pris ma route par Bergame, Côme et Domodossola ; je traversai le Simplon. A Sion, M. de Chaignon, chargé des affaires de France, me fit mille amitiés ; à Genève, M. de la Closure m'en fit autant. J'y renouvelai connaissance avec

M. de Gauffecourt, dont j'avais quelque argent à recevoir. J'avais traversé Nyon sans voir mon père, non qu'il
ne m'en coûtât extrêmement; mais je n'avais pu me
résoudre à me montrer à ma belle-mère après mon
désastre, certain qu'elle me jugerait sans vouloir m'écouter. Le libraire Duvillard, ancien ami de mon père, me
reprocha vivement ce tort. Je lui en dis la cause; et, pour
le réparer sans m'exposer à voir ma belle-mère, je pris
une chaise, et nous fûmes ensemble à Nyon descendre
au cabaret. Duvillard s'en fut chercher mon pauvre père
qui vint tout courant m'embrasser. Nous soupâmes
ensemble, et, après avoir passé une soirée bien douce
à mon cœur, je retournai le lendemain matin à Genève
avec Duvillard, pour qui j'ai toujours conservé de la
reconnaissance du bien qu'il me fit en cette occasion.

Mon plus court chemin n'était pas par Lyon; mais j'y
voulus passer pour vérifier une friponnerie bien basse de
M. de Montaigu. J'avais fait venir de Paris une petite
caisse contenant une veste brodée en or, quelques paires
de manchettes et six paires de bas de soie blancs; rien de
plus. Sur la proposition qu'il m'en fit lui-même, je fis
ajouter cette caisse, ou plutôt cette boîte, à son bagage.
Dans le mémoire d'apothicaire qu'il voulut me donner en
payement de mes appointements, et qu'il avait écrit de
sa main, il avait mis que cette boîte, qu'il appelait ballot,
pesait onze quintaux, et il m'en avait passé le port à un
prix énorme. Par les soins de M. Boy de La Tour, auquel
j'étais recommandé par M. Roguin, son oncle, il fut vérifié sur les registres des douanes de Lyon et de Marseille
que ledit ballot ne pesait que quarante-cinq livres, et
n'avait payé le port qu'à raison de ce poids. Je joignis
cet extrait authentique au mémoire de M. de Montaigu;
et, muni de ces pièces et de plusieurs autres de la même
force, je me rendis à Paris, très impatient d'en faire usage.
J'eus, durant toute cette longue route, de petites aventures à Côme, en Valais et ailleurs. Je vis plusieurs
choses, entre autres les îles Borromées, qui mériteraient
d'être décrites. Mais le temps me gagne, les espions
m'obsèdent; je suis forcé de faire à la hâte et mal un
travail qui demanderait le loisir et la tranquillité qui me
manquent. Si jamais la Providence, jetant les yeux sur

moi, me procure enfin des jours plus calmes, je les des-
tine à refondre, si je puis, cet ouvrage, ou à y faire au
moins un supplément dont je sens qu'il a grand besoin *.

Le bruit de mon histoire m'avait devancé, et en arri-
vant, je trouvai que dans les bureaux et dans le public
tout le monde était scandalisé des folies de l'ambassa-
deur. Malgré cela, malgré le cri public dans Venise, mal-
gré les preuves sans réplique que j'exhibais, je ne pus
obtenir aucune justice. Loin d'avoir ni satisfaction ni
réparation, je fus même laissé à la discrétion de l'am-
bassadeur pour mes appointements, et cela par l'unique
raison, que, n'étant pas Français, je n'avais pas droit à
la protection nationale, et que c'était une affaire parti-
culière entre lui et moi. Tout le monde convint avec moi
que j'étais offensé, lésé, malheureux; que l'ambassadeur
était un extravagant cruel, inique et que toute cette
affaire le déshonorait à jamais. Mais quoi! il était l'am-
bassadeur, je n'étais, moi, que le secrétaire. Le bon
ordre, ou ce qu'on appelle ainsi, voulait que je n'obtinsse
aucune justice, et je n'en obtins aucune. Je m'imaginai
qu'à force de crier et de traiter publiquement ce fou
comme il le méritait, on me dirait à la fin de me taire;
et c'était ce que j'attendais, bien résolu de n'obéir
qu'après qu'on aurait prononcé. Mais il n'y avait point
alors de ministre des Affaires étrangères. On me laissa
clabauder, on m'encouragea même, on faisait *chorus;*
mais l'affaire en resta toujours là, jusqu'à ce que, las
d'avoir toujours raison et jamais justice, je perdis enfin
courage, et plantai là tout.

La seule personne qui me reçut mal et dont j'aurais
le moins attendu cette injustice, fut Mme de Bezenval.
Toute pleine des prérogatives du rang et de la noblesse,
elle ne put jamais se mettre dans la tête qu'un ambassa-
deur pût avoir tort avec son secrétaire. L'accueil qu'elle
me fit fut conforme à ce préjugé. J'en fus si piqué, qu'en
sortant de chez elle je lui écrivis une des fortes et vives
lettres que j'aie peut-être écrites, et n'y suis jamais
retourné. Le P. Castel me reçut mieux; mais, à travers
le patelinage jésuitique, je le vis suivre assez fidèlement

* J'ai renoncé à ce projet.

une des grandes maximes de la Société, qui est d'immoler toujours le plus faible au plus puissant. Le vif sentiment de la justice de ma cause et ma fierté naturelle ne me laissèrent pas endurer patiemment cette partialité. Je cessai de voir le P. Castel, et par là d'aller aux Jésuites, où je ne connaissais que lui seul. D'ailleurs, l'esprit tyrannique et intrigant de ses confrères, si différent de la bonhomie du bon P. Hemet, me donnait tant d'éloignement pour leur commerce, que je n'en ai vu aucun depuis ce temps-là, si ce n'est le P. Berthier, que je vis deux ou trois fois chez M. Dupin, avec lequel il travaillait de toute sa force à la réfutation de Montesquieu.

Achevons, pour n'y plus revenir, ce qui me reste à dire de M. de Montaigu. Je lui avais dit dans nos démêlés qu'il ne lui fallait pas un secrétaire, mais un clerc de procureur. Il suivit cet avis et me donna réellement pour successeur un vrai procureur, qui dans moins d'un an lui vola vingt ou trente mille livres. Il le chassa, le fit mettre en prison, chassa ses gentilshommes avec esclandre et scandale; se fit partout des querelles, reçut des affronts qu'un valet n'endurerait pas et finit, à force de folies, par se faire rappeler et renvoyer planter ses choux. Apparemment que, parmi les réprimandes qu'il reçut à la cour, son affaire avec moi ne fut pas oubliée. Du moins, peu de temps après son retour, il m'envoya son maître d'hôtel pour solder mon compte et me donner de l'argent. J'en manquais dans ce moment-là; mes dettes de Venise, dettes d'honneur si jamais il en fut, me pesaient sur le cœur. Je saisis le moyen qui se présentait de les acquitter, de même que le billet de Zanetto Nani. Je reçus ce qu'on voulut me donner; je payai toutes mes dettes, et je restai sans un sol, comme auparavant, mais soulagé d'un poids qui m'était insupportable. Depuis lors, je n'ai plus entendu parler de M. de Montaigu qu'à sa mort, que j'appris par la voix publique. Que Dieu fasse paix à ce pauvre homme! Il était aussi propre au métier d'ambassadeur que je l'avais été dans mon enfance à celui de grapignan. Cependant il n'avait tenu qu'à lui de se soutenir honorablement par mes services, et de me faire avancer rapidement dans l'état auquel le

comte de Gouvon m'avait destiné dans ma jeunesse, et dont par moi seul je m'étais rendu capable dans un âge plus avancé.

La justice et l'inutilité de mes plaintes me laissèrent dans l'âme un germe d'indignation contre nos sottes institutions civiles, où le vrai bien public et la véritable justice sont toujours sacrifiés à je ne sais quel ordre apparent, destructif en effet de tout ordre, et qui ne fait qu'ajouter la sanction de l'autorité publique à l'oppression du faible et à l'iniquité du fort. Deux choses empêchèrent ce germe de se développer pour lors comme il a fait dans la suite : l'une, qu'il s'agissait de moi dans cette affaire, et que l'intérêt privé, qui n'a jamais rien produit de grand et de noble, ne saurait tirer de mon cœur les divins élans qu'il n'appartient qu'au plus pur amour du juste et du beau d'y produire. L'autre fut le charme de l'amitié, qui tempérait et calmait ma colère par l'ascendant d'un sentiment plus doux. J'avais fait connaissance à Venise avec un Biscayen, ami de mon ami de Carrio, et digne de l'être de tout homme de bien. Cet aimable jeune homme, né pour tous les talents et pour toutes les vertus, venait de faire le tour de l'Italie pour prendre le goût des beaux-arts ; et, n'imaginant rien de plus à acquérir, il voulait s'en retourner en droiture dans sa patrie. Je lui dis que les arts n'étaient que le délassement d'un génie comme le sien, fait pour cultiver les sciences ; et je lui conseillai, pour en prendre le goût, un voyage et six mois de séjour à Paris. Il me crut et fut à Paris. Il y était et m'attendait quand j'y arrivai. Son logement était trop grand pour lui, il m'en offrit la moitié ; je l'acceptai. Je le trouvai dans la ferveur des hautes connaissances. Rien n'était au-dessus de sa portée ; il dévorait et digérait tout avec une prodigieuse rapidité. Comme il me remercia d'avoir procuré cet aliment à son esprit, que le besoin de savoir tourmentait sans qu'il s'en doutât lui-même ! quels trésors de lumières et de vertus je trouvai dans cette âme forte ! Je sentis que c'était l'ami qu'il me fallait : nous devînmes intimes. Nos goûts n'étaient pas les mêmes ; nous disputions toujours. Tous deux opiniâtres, nous n'étions jamais d'accord sur rien. Avec cela nous ne pouvions nous quitter ;

et, tout en nous contrariant sans cesse, aucun des deux
n'eût voulu que l'autre fût autrement.

Ignacio Emanuel de Altuna était un de ces hommes
rares que l'Espagne seule produit, et dont elle produit
trop peu pour sa gloire. Il n'avait pas ces violentes pas-
sions nationales, communes dans son pays. L'idée de la
vengeance ne pouvait pas plus entrer dans son esprit
que le désir dans son cœur. Il était trop fier pour être
vindicatif, et je lui ai souvent ouï dire avec beaucoup de
sang-froid qu'un mortel ne pouvait pas offenser son
âme. Il était galant sans être tendre. Il jouait avec les
femmes comme avec de jolis enfants. Il se plaisait avec
les maîtresses de ses amis; mais je ne lui en ai jamais
vu aucune, ni aucun désir d'en avoir. Les flammes de
la vertu dont son cœur était dévoré ne permirent jamais
à celles de ses sens de naître. Après ses voyages, il s'est
marié; il est mort jeune; il a laissé des enfants, et je
suis persuadé, comme de mon existence, que sa femme
est la première et la seule qui lui ait fait connaître les
plaisirs de l'amour. A l'extérieur, il était dévot comme
un Espagnol, mais en dedans était la piété d'un ange.
Hors moi, je n'ai vu que lui seul de tolérant depuis que
j'existe. Il ne s'est jamais informé d'aucun homme com-
ment il pensait en matière de religion. Que son ami fût
juif, protestant, turc, bigot, athée, peu lui importait,
pourvu qu'il fût honnête homme. Obstiné, têtu pour
des opinions indifférentes, dès qu'il s'agissait de religion,
même de morale, il se recueillait, se taisait, ou disait sim-
plement : Je ne suis chargé que de moi. Il est incroyable
qu'on puisse associer autant d'élévation d'âme avec un
esprit de détail porté jusqu'à la minutie. Il partageait et
fixait d'avance l'emploi de sa journée par heures, quarts
d'heure et minutes, et suivait cette distribution avec un
tel scrupule, que si l'heure eût sonné tandis qu'il lisait
sa phrase, il eût fermé le livre sans achever. De toutes
ces mesures de temps ainsi rompues, il y en avait pour
telle étude, il y en avait pour telle autre; il y en avait
pour la réflexion, pour la conversation, pour l'office,
pour Locke, pour le rosaire, pour les visites, pour la
musique, pour la peinture; et il n'y avait ni plaisir, ni
tentation, ni complaisance qui pût intervertir cet ordre.

Un devoir à remplir seul l'aurait pu. Quand il me faisait la liste de ses distributions, afin que je m'y conformasse, je commençais par rire et je finissais par pleurer d'admiration. Jamais il ne gênait personne, ni ne supportait la gêne; il brusquait les gens qui, par politesse, voulaient le gêner. Il était emporté sans être boudeur. Je l'ai vu souvent en colère, mais je ne l'ai jamais vu fâché. Rien n'était si gai que son humeur : il entendait raillerie et il aimait à railler. Il y brillait même, et il avait le talent de l'épigramme. Quand on l'animait, il était bruyant et tapageur en paroles, sa voix s'entendait de loin. Mais, tandis qu'il criait, on le voyait sourire, et tout à travers ses emportements, il lui venait quelque mot plaisant qui faisait éclater tout le monde. Il n'avait pas plus le teint espagnol que le flegme. Il avait la peau blanche, les joues colorées, les cheveux d'un châtain presque blond. Il était grand et bien fait. Son corps fut formé pour loger son âme.

Ce sage de cœur ainsi que de tête se connaissait en hommes et fut mon ami. C'est toute ma réponse à quiconque ne l'est pas. Nous nous liâmes si bien, que nous fîmes le projet de passer nos jours ensemble. Je devais, dans quelques années, aller à Azcoytia pour vivre avec lui dans sa terre. Toutes les parties de ce projet furent arrangées entre nous la veille de son départ. Il n'y manqua que ce qui ne dépend pas des hommes dans les projets les mieux concertés. Les événements postérieurs, mes désastres, son mariage, sa mort enfin, nous ont séparés pour toujours.

On dirait qu'il n'y a que les noirs complots des méchants qui réussissent; les projets innocents des bons n'ont presque jamais d'accomplissement.

Ayant senti l'inconvénient de la dépendance, je me promis bien de ne m'y plus exposer. Ayant vu renverser dès leur naissance des projets d'ambition que l'occasion m'avait fait former, rebuté de rentrer dans la carrière que j'avais si bien commencée, et dont néanmoins je venais d'être expulsé, je résolus de ne plus m'attacher à personne, mais de rester dans l'indépendance en tirant parti de mes talents, dont enfin je commençais à sentir la mesure, et dont j'avais trop modestement pensé jus-

qu'alors. Je repris le travail de mon opéra, que j'avais interrompu pour aller à Venise; et pour m'y livrer plus tranquillement, après le départ d'Altuna, je retournai loger à mon ancien hôtel Saint-Quentin, qui, dans un quartier solitaire et peu loin du Luxembourg, m'était plus commode pour travailler à mon aise que la bruyante rue Saint-Honoré. Là m'attendait la seule consolation réelle que le ciel m'ait fait goûter dans ma misère, et qui seule me la rend supportable. Ceci n'est pas une connaissance passagère; je dois entrer dans quelque détail sur la manière dont elle se fit.

Nous avions une nouvelle hôtesse qui était d'Orléans. Elle prit pour travailler en linge une fille de son pays, d'environ vingt-deux à vingt-trois ans, qui mangeait avec nous ainsi que l'hôtesse. Cette fille, appelée Thérèse Le Vasseur, était de bonne famille; son père était officier de la Monnaie d'Orléans; sa mère était marchande. Ils avaient beaucoup d'enfants. La Monnaie d'Orléans n'allant plus, le père se trouva sur le pavé; la mère, ayant essuyé des banqueroutes, fit mal ses affaires, quitta le commerce, et vint à Paris avec son mari et sa fille, qui les nourrissait tous trois de son travail.

La première fois que je vis paraître cette fille à table, je fus frappé de son maintien modeste, et plus encore de son regard vif et doux, qui pour moi n'eut jamais son semblable. La table était composée, outre M. de Bonnefond, de plusieurs abbés irlandais, gascons, et autres gens de pareille étoffe. Notre hôtesse elle-même avait rôti le balai : il n'y avait là que moi seul qui parlât et se comportât décemment. On agaça la petite; je pris sa défense. Aussitôt les lardons tombèrent sur moi. Quand je n'aurais eu naturellement aucun goût pour cette pauvre fille, la compassion, la contradiction m'en auraient donné. J'ai toujours aimé l'honnêteté dans les manières et dans les propos, surtout avec le sexe. Je devins hautement son champion. Je la vis sensible à mes soins, et ses regards, animés par la reconnaissance, qu'elle n'osait exprimer de bouche, n'en devenaient que plus pénétrants.

Elle était très timide; je l'étais aussi. La liaison que cette disposition commune semblait éloigner se fit pour-

tant très rapidement. L'hôtesse, qui s'en aperçut, devint furieuse, et ses brutalités avancèrent encore mes affaires auprès de la petite, qui, n'ayant d'appui que moi seul dans la maison, me voyait sortir avec peine et soupirait après le retour de son protecteur. Le rapport de nos cœurs, le concours de nos dispositions eut bientôt son effet ordinaire. Elle crut voir en moi un honnête homme ; elle ne se trompa pas. Je crus voir en elle une fille sensible, simple et sans coquetterie ; je ne me trompai pas non plus. Je lui déclarai d'avance que je ne l'abandonnerais ni ne l'épouserais jamais. L'amour, l'estime, la sincérité naïve, furent les ministres de mon triomphe ; et c'était parce que son cœur était tendre et honnête que je fus heureux sans être entreprenant.

La crainte qu'elle eut que je ne me fâchasse de ne pas trouver en elle ce qu'elle croyait que j'y cherchais recula mon bonheur plus que toute autre chose. Je la vis interdite et confuse avant de se rendre, vouloir se faire entendre, et n'oser s'expliquer. Loin d'imaginer la véritable cause de son embarras, j'en imaginai une bien fausse et bien insultante pour ses mœurs, et croyant qu'elle m'avertissait que ma santé courait des risques, je tombai dans des perplexités qui ne me retinrent pas, mais qui durant plusieurs jours empoisonnèrent mon bonheur. Comme nous ne nous entendions point l'un l'autre, nos entretiens à ce sujet étaient autant d'énigmes et d'amphigouris plus que risibles. Elle fut prête à me croire absolument fou ; je fus prêt à ne savoir plus que penser d'elle. Enfin nous nous expliquâmes : elle me fit, en pleurant, l'aveu d'une faute unique au sortir de l'enfance, fruit de son ignorance et de l'adresse d'un séducteur. Sitôt que je la compris, je fis un cri de joie : Pucelage ! m'écriai-je ; c'est bien à Paris, c'est bien à vingt ans qu'on en cherche ! Ah ! ma Thérèse, je suis trop heureux de te posséder sage et saine, et de ne pas trouver ce que je ne cherchais pas.

Je n'avais cherché d'abord qu'à me donner un amusement. Je vis que j'avais plus fait, et que je m'étais donné une compagne. Un peu d'habitude avec cette excellente fille, un peu de réflexion sur ma situation, me firent sentir qu'en ne songeant qu'à mes plaisirs j'avais

beaucoup fait pour mon bonheur. Il me fallait à la place
de l'ambition éteinte un sentiment vif qui remplît mon
cœur. Il fallait, pour tout dire, un successeur à Maman :
puisque je ne devais plus vivre avec elle, il me fallait
quelqu'un qui vécût avec son élève, et en qui je trou-
vasse la simplicité, la docilité de cœur qu'elle avait
trouvée en moi. Il fallait que la douceur de la vie pri-
vée et domestique me dédommageât du sort brillant
auquel je renonçais. Quand j'étais absolument seul, mon
cœur était vide; mais il n'en fallait qu'un pour le rem-
plir. Le sort m'avait ôté, m'avait aliéné, du moins en
partie, celui pour lequel la nature m'avait fait. Dès lors
j'étais seul; car il n'y eut jamais pour moi d'intermé-
diaire entre tout et rien. Je trouvai dans Thérèse le supplé-
ment dont j'avais besoin; par elle je vécus heureux autant
que je pouvais l'être selon le cours des événements.

Je voulus d'abord former son esprit. J'y perdis ma
peine. Son esprit est ce que l'a fait la nature; la culture
et les soins n'y prennent pas. Je ne rougis point d'avouer
qu'elle n'a jamais bien su lire, quoiqu'elle écrive passa-
blement. Quand j'allai loger dans la rue Neuve-des-
Petits-Champs, j'avais à l'hôtel de Pontchartrain, vis-
à-vis mes fenêtres, un cadran sur lequel je m'efforçai
durant plus d'un mois à lui faire connaître les heures.
A peine les connaît-elle encore à présent. Elle n'a jamais
pu suivre l'ordre des douze mois de l'année, et ne connaît
pas un seul chiffre, malgré tous les soins que j'ai pris
pour les lui montrer. Elle ne sait ni compter l'argent
ni le prix d'aucune chose. Le mot qui lui vient en par-
lant est souvent l'opposé de celui qu'elle veut dire.
Autrefois j'avais fait un dictionnaire de ses phrases pour
amuser Mme de Luxembourg, et ses quiproquos sont
devenus célèbres dans les sociétés où j'ai vécu. Mais
cette personne si bornée, et, si l'on veut, si stupide, est
d'un conseil excellent dans les occasions difficiles. Sou-
vent, en Suisse, en Angleterre, en France, dans les
catastrophes où je me trouvais, elle a vu ce que je ne
voyais pas moi-même; elle m'a donné les avis les meil-
leurs à suivre; elle m'a tiré des dangers où je me préci-
pitais aveuglément; et devant les dames du plus haut
rang, devant les grands et les princes, ses sentiments,

son bon sens, ses réponses et sa conduite lui ont attiré l'estime universelle, et à moi, sur son mérite, des compliments dont je sentais la sincérité.

Auprès des personnes qu'on aime, le sentiment nourrit l'esprit ainsi que le cœur, et l'on a peu besoin de chercher ailleurs des idées. Je vivais avec ma Thérèse aussi agréablement qu'avec le plus beau génie de l'univers. Sa mère, fière d'avoir été jadis élevée auprès de la marquise de Monpipeau, faisait le bel esprit, voulait diriger le sien, et gâtait, par son astuce, la simplicité de notre commerce. L'ennui de cette importunité me fit un peu surmonter la sotte honte de n'oser me montrer avec Thérèse en public, et nous faisions tête-à-tête de petites promenades champêtres et de petits goûters qui m'étaient délicieux. Je voyais qu'elle m'aimait sincèrement, et cela redoublait ma tendresse. Cette douce intimité me tenait lieu de tout; l'avenir ne me touchait plus, ou ne me touchait que comme le présent prolongé : je ne désirais rien que d'en assurer la durée.

Cet attachement me rendit toute autre dissipation superflue et insipide. Je ne sortais plus que pour aller chez Thérèse; sa demeure devint presque la mienne. Cette vie retirée devint si avantageuse à mon travail, qu'en moins de trois mois mon opéra tout entier fut fait, paroles et musique. Il restait seulement quelques accompagnements et remplissages à faire. Ce travail de manœuvre m'ennuyait fort. Je proposai à Philidor de s'en charger, en lui donnant part au bénéfice. Il vint deux fois, et fit quelques remplissages dans l'acte d'Ovide, mais il ne put se captiver à ce travail assidu pour un profit éloigné et même incertain. Il ne revint plus, et j'achevai ma besogne moi-même.

Mon opéra fait, il s'agit d'en tirer parti : c'était un autre opéra bien plus difficile. On ne vient à bout de rien à Paris quand on y vit isolé. Je pensai à me faire jour par M. de la Poplinière, chez qui Gauffecourt, de retour de Genève, m'avait introduit. M. de la Poplinière était le Mécène de Rameau : Mme de la Poplinière était sa très humble écolière. Rameau faisait, comme on dit, la pluie et le beau temps dans cette maison. Jugeant qu'il protégerait avec plaisir l'ouvrage d'un de ses dis-

ciples, je voulus lui montrer le mien. Il refusa de le
voir, disant qu'il ne pouvait lire des partitions, et que
cela le fatiguait trop. La Poplinière dit là-dessus qu'on
pouvait le lui faire entendre, et m'offrit de rassembler
des musiciens pour en exécuter des morceaux; je ne
demandais pas mieux. Rameau consentit en grommelant,
et répétant sans cesse que ce devait être une belle chose
que de la composition d'un homme qui n'était pas enfant
de la balle, et qui avait appris la musique tout seul. Je
me hâtai de tirer en parties cinq ou six morceaux choisis.
On me donna une dizaine de symphonistes, et pour
chanteurs Albert, Bérard et Mlle Bourbonnois. Rameau
commença, dès l'ouverture, à faire entendre, par ses
éloges outrés, qu'elle ne pouvait être de moi. Il ne
laissa passer aucun morceau sans donner des signes d'im-
patience; mais à un air de haute-contre, dont le chant
était mâle et sonore et l'accompagnement très brillant,
il ne put plus se contenir; il m'apostropha avec une
brutalité qui scandalisa tout le monde, soutenant qu'une
partie de ce qu'il venait d'entendre était d'un homme
consommé dans l'art, et le reste d'un ignorant qui ne
savait pas même la musique; et il est vrai que mon
travail, inégal et sans règle, était tantôt sublime et tan-
tôt très plat, comme doit être celui de quiconque ne
s'élève que par quelques élans de génie, et que la science
ne soutient point. Rameau prétendit ne voir en moi
qu'un petit pillard sans talent et sans goût. Les assistants,
et surtout le maître de la maison, ne pensèrent pas de
même, M. de Richelieu qui, dans ce temps-là, voyait
beaucoup M., et, comme on sait, Mme de la Poplinière,
ouït parler de mon ouvrage, et voulut l'entendre en
entier, avec le projet de le faire donner à la cour s'il
en était content. Il fut exécuté à grand chœur et en
grand orchestre, aux frais du roi, chez M. de Bonneval,
intendant des Menus. Francœur dirigeait l'exécution.
L'effet en fut surprenant. M. le Duc ne cessait de
s'écrier et d'applaudir, et à la fin d'un chœur, dans
l'acte du Tasse, il se leva, vint à moi, et me serrant la
main : Monsieur Rousseau, me dit-il, voilà de l'harmo-
nie qui transporte. Je n'ai jamais rien entendu de plus
beau : je veux faire donner cet ouvrage à Versailles.

Mme de la Poplinière, qui était là, ne dit pas un mot.
Rameau, quoique invité, n'y avait pas voulu venir. Le
lendemain, Mme de la Poplinière me fit à sa toilette un
accueil fort dur, affecta de rabaisser ma pièce, et me dit
que, quoique un peu de clinquant eût d'abord ébloui
M. de Richelieu, il en était bien revenu, et qu'elle ne
me conseillait pas de compter sur mon opéra. M. le Duc
arriva peu après et me tint un tout autre langage, me
dit des choses flatteuses sur mes talents, et me parut
toujours disposé à faire donner ma pièce devant le Roi.
Il n'y a, dit-il, que l'acte du Tasse qui ne peut passer à
la cour : il en faut faire un autre. Sur ce seul mot j'allai
m'enfermer chez moi, et dans trois semaines j'eus fait
à la place du Tasse un autre acte dont le sujet était
Hésiode inspiré par une muse. Je trouvai le secret de
faire passer dans cet acte une partie de l'histoire de mes
talents, et de la jalousie dont Rameau voulait bien les
honorer. Il y avait dans ce nouvel acte une élévation
moins gigantesque et mieux soutenue que celle du Tasse.
La musique en était aussi noble et beaucoup mieux faite,
et si les deux autres actes avaient valu celui-là, la pièce
entière eût avantageusement soutenu la représentation :
mais tandis que j'achevais de la mettre en état, une
autre entreprise suspendit l'exécution de celle-là.

L'hiver qui suivit la bataille de Fontenoy, il y eut
beaucoup de fêtes à Versailles, entre autres plusieurs
opéras au théâtre des Petites-Ecuries. De ce nombre fut
le drame de Voltaire intitulé *La Princesse de Navarre*,
dont Rameau avait fait la musique, et qui venait d'être
changé et réformé sous le nom des *Fêtes de Ramire*.
Ce nouveau sujet demandait plusieurs changements aux
divertissements de l'ancien, tant dans les vers que dans
la musique. Il s'agissait de trouver quelqu'un qui pût
remplir ce double objet, Voltaire, alors en Lorraine, et
Rameau, tous deux occupés pour lors à l'opéra du *Temple
de la Gloire*, ne pouvant donner des soins à celui-là.
M. de Richelieu pensa à moi, me fit proposer de m'en
charger, et pour que je pusse examiner mieux ce qu'il
y avait à faire, il m'envoya séparément le poème et la
musique. Avant toute chose, je ne voulus toucher aux
paroles que de l'aveu de l'auteur; je lui écrivis à ce

sujet une lettre très honnête, et même respectueuse, comme il convenait. Voici sa réponse, dont l'original est dans la liasse A, n° 1.

15 décembre 1745.

Vous réunissez, monsieur, deux talents qui ont toujours été séparés jusqu'à présent. Voilà déjà deux bonnes raisons pour moi de vous estimer et de chercher à vous aimer. Je suis fâché pour vous que vous employiez ces deux talents à un ouvrage qui n'en est pas trop digne. Il y a quelques mois que M. le duc de Richelieu m'ordonna absolument de faire en un clin d'œil une petite et mauvaise esquisse de quelques scènes insipides et tronquées, qui devaient s'ajouter à des divertissements qui ne sont point faits pour elles. J'obéis avec la plus grande exactitude; je fis très vite et très mal. J'envoyai ce misérable croquis à M. le duc de Richelieu, comptant qu'il ne servirait pas, ou que je le corrigerais. Heureusement il est entre vos mains, vous en êtes le maître absolu; j'ai perdu entièrement tout cela de vue. Je ne doute pas que vous n'ayez rectifié toutes les fautes échappées nécessairement dans une composition si rapide d'une simple esquisse, que vous n'ayez suppléé à tout.

Je me souviens qu'entre autres balourdises il n'est pas dit, dans ces scènes qui lient les divertissements, comment la princesse Grenadine passe tout d'un coup d'une prison dans un jardin ou dans un palais. Comme ce n'est point un magicien qui lui donne des fêtes, mais un seigneur espagnol, il me semble que rien ne doit se faire par enchantement. Je vous prie, Monsieur, de vouloir bien revoir cet endroit, dont je n'ai qu'une idée confuse. Voyez s'il est nécessaire que la prison s'ouvre et qu'on fasse passer notre princesse de cette prison dans un beau palais doré et verni, préparé pour elle. Je sais très bien que tout cela est fort misérable, et qu'il est au-dessous d'un être pensant de faire une affaire sérieuse de ces bagatelles; mais enfin, puisqu'il s'agit de déplaire le moins qu'on pourra, il faut mettre le plus de raison qu'on peut, même dans un mauvais divertissement d'opéra.

Je me rapporte de tout à vous et à M. Ballod, et je compte avoir bientôt l'honneur de vous faire mes remerciements, et de vous assurer, Monsieur, à quel point j'ai celui d'être, etc.

Qu'on ne soit pas surpris de la grande politesse de cette lettre comparée aux autres lettres demi-cavalières qu'il m'a écrites depuis ce temps-là. Il me crut en grande faveur auprès de M. de Richelieu, et la souplesse courtisane qu'on lui connaît l'obligeait à beaucoup d'égards pour un nouveau venu, jusqu'à ce qu'il connût mieux la mesure de son crédit.

Autorisé par M. de Voltaire et dispensé de tous égards pour Rameau, qui ne cherchait qu'à me nuire, je me mis au travail, et en deux mois ma besogne fut faite. Elle se borna, quant aux vers, à très peu de chose. Je tâchai seulement qu'on n'y sentît pas la différence des styles, et j'eus la présomption de croire avoir réussi. Mon travail en musique fut plus long et plus pénible. Outre que j'eus à faire plusieurs morceaux d'appareil, et entre autres l'ouverture, tout le récitatif dont j'étais chargé se trouva d'une difficulté extrême, en ce qu'il fallait lier, souvent en peu de vers et par des modulations très rapides, des symphonies et des chœurs dans des tons fort éloignés; car, pour que Rameau ne m'accusât pas d'avoir défiguré ses airs, je n'en voulus changer ni transposer aucun. Je réussis à ce récitatif. Il était bien accentué, plein d'énergie, et surtout excellemment modulé. L'idée des deux hommes supérieurs auxquels on daignait m'associer m'avait élevé le génie, et je puis dire que dans ce travail ingrat et sans gloire, dont le public ne pouvait pas même être informé, je me tins presque toujours à côté de mes modèles.

La pièce, dans l'état où je l'avais mise, fut répétée au grand théâtre de l'Opéra. Des trois auteurs, je m'y trouvai seul. Voltaire était absent, et Rameau n'y vint pas, ou se cacha.

Les paroles du premier monologue étaient très lugubres. En voici le début :

O mort! vien[s] terminer les malheurs de ma vie.

Il avait bien fallu faire une musique assortissante. Ce fut pourtant là-dessus que Mme de la Poplinière fonda sa censure, en m'accusant, avec beaucoup d'aigreur, d'avoir fait une musique d'enterrement. M. de Riche-

lieu commença judicieusement par s'informer de qui
étaient les vers de ce monologue. Je lui présentai le
manuscrit qu'il m'avait envoyé, et qui faisait foi qu'ils
étaient de Voltaire. En ce cas, dit-il, c'est Voltaire seul
qui a tort. Durant la répétition, tout ce qui était de moi
fut successivement improuvé par Mme de la Poplinière,
et justifié par M. de Richelieu. Mais enfin j'avais affaire
à trop forte partie, et il me fut signifié qu'il y avait à
refaire à mon travail plusieurs choses sur lesquelles il
fallait consulter M. Rameau. Navré d'une conclusion
pareille, au lieu des éloges que j'attendais, et qui cer-
tainement m'étaient dus, je rentrai chez moi, la mort
dans le cœur. J'y tombai malade, épuisé de fatigue,
dévoré de chagrin, et de six semaines je ne fus en état
de sortir.

Rameau, qui fut chargé des changements indiqués par
Mme de la Poplinière, m'envoya demander l'ouverture
de mon grand opéra pour la substituer à celle que je
venais de faire. Heureusement je sentis le croc-en-jambe,
et je la refusai. Comme il n'y avait plus que cinq ou six
jours jusqu'à la représentation il n'eut pas le temps d'en
faire une, et il fallut laisser la mienne. Elle était à l'ita-
lienne, et d'un style très nouveau pour lors en France.
Cependant, elle fut goûtée, et j'appris par M. de Valma-
lette, maître d'hôtel du roi, et gendre de M. Mussard,
mon parent et mon ami, que les amateurs avaient été
très contents de mon ouvrage, et que le public ne l'avait
pas distingué de celui de Rameau. Mais celui-ci, de
concert avec Mme de la Poplinière, prit des mesures
pour qu'on ne sût pas même que j'y avais travaillé. Sur
les livres qu'on distribue aux spectateurs, et où les
auteurs sont toujours nommés, il n'y eut de nommé que
Voltaire, et Rameau aima mieux que son nom fût sup-
primé que d'y voir associer le mien.

Sitôt que je fus en état de sortir, je voulus aller chez
M. de Richelieu. Il n'était plus temps. Il venait de par-
tir pour Dunkerque, où il devait commander le débar-
quement destiné pour l'Ecosse. A son retour, je me dis,
pour autoriser ma paresse, qu'il était trop tard. Ne l'ayant
plus revu depuis lors, j'ai perdu l'honneur que méritait
mon ouvrage, l'honoraire qu'il devait me produire, et

mon temps, mon travail, mon chagrin, ma maladie et l'argent qu'elle me coûta, tout cela fut à mes frais, sans me rendre un sol de bénéfice, ou plutôt de dédommagement. Il m'a cependant toujours paru que M. de Richelieu avait naturellement de l'inclination pour moi et pensait avantageusement de mes talents. Mais mon malheur et Mme de la Poplinière empêchèrent tout l'effet de sa bonne volonté.

Je ne pouvais rien comprendre à l'aversion de cette femme à qui je m'étais efforcé de plaire et à qui je faisais assez régulièrement ma cour. Gauffecourt m'en expliqua les causes. D'abord, me dit-il, son amitié pour Rameau, dont elle est la prôneuse en titre et qui ne veut souffrir aucun concurrent, et de plus un péché originel qui vous damne auprès d'elle, et qu'elle ne vous pardonnera jamais, c'est d'être Genevois. Là-dessus, il m'expliqua que l'abbé Hubert, qui l'était, et sincère ami de M. de la Poplinière, avait fait ses efforts pour l'empêcher d'épouser cette femme qu'il connaissait bien, et qu'après le mariage elle lui avait voué une haine implacable, ainsi qu'à tous les Genevois. Quoique la Poplinière, ajouta-t-il, ait de l'amitié pour vous, et que je le sache, ne comptez pas sur son appui. Il est amoureux de sa femme; elle vous hait; elle est méchante, elle est adroite; vous ne ferez jamais rien dans cette maison. Je me le tins pour dit.

Ce même Gauffecourt me rendit à peu près dans le même temps un service dont j'avais grand besoin. Je venais de perdre mon vertueux père âgé d'environ soixante ans. Je sentis moins cette perte que je n'aurais fait en d'autres temps, où les embarras de ma situation m'auraient moins occupé. Je n'avais point voulu réclamer de son vivant ce qui restait du bien de ma mère et dont il tirait le petit revenu. Je n'eus plus là-dessus de scrupule après sa mort. Mais le défaut de preuve juridique de la mort de mon frère faisait une difficulté que Gauffecourt se chargea de lever, et qu'il leva en effet par les bons offices de l'avocat Delorme. Comme j'avais le plus grand besoin de cette petite ressource, et que l'événement était douteux, j'en attendais la nouvelle définitive avec le plus vif empressement. Un soir, en rentrant chez moi, je trouvai la lettre qui devait contenir

cette nouvelle, et je la pris pour l'ouvrir avec un trem-
blement d'impatience dont j'eus honte au-dedans de
moi. Eh quoi! me dis-je avec dédain, Jean-Jacques se
laissera-t-il subjuguer à ce point par l'intérêt et par la
curiosité ? Je remis sur-le-champ la lettre sur ma che-
minée. Je me déshabillai, me couchai tranquillement,
dormis mieux qu'à mon ordinaire, et me levai le lende-
main assez tard, sans plus penser à ma lettre. En m'ha-
billant, je l'aperçus ; je l'ouvris sans me presser ; j'y trou-
vai une lettre de change. J'eus bien des plaisirs à la fois,
mais je puis jurer que le plus vif fut celui d'avoir su me
vaincre. J'aurais vingt traits pareils à citer en ma vie,
mais je suis trop pressé pour pouvoir tout dire. J'en-
voyai une petite partie de cet argent à ma pauvre Maman,
regrettant avec larmes l'heureux temps où j'aurais mis
le tout à ses pieds. Toutes ses lettres se sentaient de sa
détresse. Elle m'envoyait des tas de recettes et de secrets
dont elle prétendait que je fisse ma fortune et la sienne.
Déjà le sentiment de sa misère lui resserrait le cœur et
lui rétrécissait l'esprit. Le peu que je lui envoyai fut la
proie des fripons qui l'obsédaient. Elle ne profita de
rien. Cela me dégoûta de partager mon nécessaire avec
ces misérables, surtout après l'inutile tentative que je
fis pour la leur arracher, comme il sera dit ci-après.

Le temps s'écoulait et l'argent avec lui. Nous étions
deux, même quatre, ou, pour mieux dire, nous étions
sept ou huit. Car, quoique Thérèse fût d'un désintéresse-
ment qui a peu d'exemples, sa mère n'était pas comme
elle. Sitôt qu'elle se vit un peu remontée par mes soins,
elle fit venir toute sa famille pour en partager le fruit.
Sœurs, fils, filles, petites-filles, tout vint, hors sa fille
aînée, mariée au directeur des carrosses d'Angers. Tout
ce que je faisais pour Thérèse était détourné par sa mère
en faveur de ces affamés. Comme je n'avais pas affaire
à une personne avide, et que je n'étais pas subjugué par
une passion folle, je ne faisais pas des folies. Content
de tenir Thérèse honnêtement, mais sans luxe, à l'abri
des pressants besoins, je consentis que ce qu'elle gagnait
par son travail fût tout entier au profit de sa mère, et
je ne me bornais pas à cela. Mais, par une fatalité qui
me poursuivait, tandis que Maman était en proie à ses

croquants, Thérèse était en proie à sa famille, et je ne pouvais rien faire d'aucun côté qui profitât à celle pour qui je l'avais destiné. Il était singulier que la cadette des enfants de Mme Le Vasseur, la seule qui n'eût point été dotée, était la seule qui nourrissait son père et sa mère, et qu'après avoir été longtemps battue par ses frères, par ses sœurs, même par ses nièces, cette pauvre fille en était maintenant pillée, sans qu'elle pût mieux se défendre de leurs vols que de leurs coups. Une seule de ses nièces, appelée Goton Leduc, était assez aimable et d'un caractère assez doux, quoique gâtée par l'exemple et les leçons des autres. Comme je les voyais souvent ensemble, je leur donnais les noms qu'elles s'entre-donnaient; j'appelais la nièce, *ma nièce*, et la tante, *ma tante*. Toutes deux m'appelaient leur oncle. De là le nom de *tante*, duquel j'ai continué d'appeler Thérèse, et que mes amis répétaient quelquefois en plaisantant.

On sent que, dans une pareille situation, je n'avais pas un moment à perdre pour tâcher de m'en tirer. Jugeant que M. de Richelieu m'avait oublié, et n'espérant plus rien du côté de la cour, je fis quelques tentatives pour faire passer à Paris mon opéra; mais j'éprouvai des difficultés qui demandaient bien du temps pour les vaincre, et j'étais de jour en jour plus pressé. Je m'avisai de présenter ma petite comédie de *Narcisse* aux Italiens; elle y fut reçue, et j'eus les entrées, qui me firent grand plaisir. Mais ce fut tout. Je ne pus jamais parvenir à faire jouer ma pièce; et ennuyé de faire ma cour à des comédiens je les plantai là. Je revins enfin au dernier expédient qui me restait, et le seul que j'aurais dû prendre. En fréquentant la maison de M. de la Poplinière je m'étais éloigné de celle de M. Dupin. Les deux dames, quoique parentes, étaient mal ensemble et ne se voyaient point. Il n'y avait aucune société entre les deux maisons, et Thieriot seul vivait dans l'une et dans l'autre. Il fut chargé de tâcher de me ramener chez M. Dupin. M. de Francueil suivait alors l'histoire naturelle et la chimie, et faisait un cabinet. Je crois qu'il aspirait à l'Académie des sciences; il voulait pour cela faire un livre, et il jugeait que je pouvais lui être utile dans ce travail. Mme Dupin, qui, de son côté, méditait un autre

livre, avait sur moi des vues à peu près semblables. Ils
auraient voulu m'avoir en commun pour une espèce de
secrétaire, et c'était là l'objet des semonces de Thieriot.
J'exigeai préalablement que M. de Francueil emploie-
rait son crédit avec celui de Jelyotte pour faire répéter
mon ouvrage à l'Opéra ; il y consentit. Les *Muses galantes*
furent répétées d'abord plusieurs fois au Magasin puis
au grand théâtre. Il y avait beaucoup de monde à la
grande répétition, et plusieurs morceaux furent très
applaudis. Cependant, je sentis moi-même durant l'exé-
cution, fort mal conduite par Rebel, que la pièce ne
passerait pas, et même qu'elle n'était pas en état de
paraître sans de grandes corrections. Ainsi je la retirai
sans mot dire et sans m'exposer au refus ; mais je vis
clairement par plusieurs indices que l'ouvrage, eût-il été
parfait, n'aurait pas passé. Francueil m'avait bien pro-
mis de le faire répéter, mais non pas de le faire rece-
voir. Il me tint exactement parole. J'ai toujours cru voir
dans cette occasion et dans beaucoup d'autres que ni
lui ni Mme Dupin ne se souciaient de me laisser acquérir
une certaine réputation dans le monde, de peur peut-
être qu'on ne supposât, en voyant leurs livres, qu'ils
avaient greffé leurs talents sur les miens. Cependant,
comme Mme Dupin m'en a toujours supposé de très
médiocres, et qu'elle ne m'a jamais employé qu'à écrire
sous sa dictée, ou à des recherches de pure érudition,
ce reproche, surtout à son égard, eût été bien injuste.
 Ce dernier mauvais succès acheva de me décourager.
J'abandonnai tout projet d'avancement et de gloire ; et,
sans plus songer à des talents vrais ou vains qui me
prospéraient si peu, je consacrai mon temps et mes
soins à me procurer ma subsistance et celle de ma Thé-
rèse, comme il plairait à ceux qui se chargeraient d'y
pourvoir. Je m'attachai donc tout à fait à Mme Dupin
et à M. de Francueil. Cela ne me jeta pas dans une
grande opulence ; car, avec huit à neuf cents francs par
an que j'eus les deux premières années, à peine avais-je
de quoi fournir à mes premiers besoins, forcé de me
loger à leur voisinage, en chambre garnie, dans un quar-
tier assez cher, et payant un autre loyer à l'extrémité de
Paris, tout au haut de la rue Saint-Jacques, où, quelque

temps qu'il fît, j'allais souper presque tous les soirs. Je pris bientôt le train et même le goût de mes nouvelles occupations. Je m'attachai à la chimie. J'en fis plusieurs cours avec M. de Francueil chez M. Rouelle et nous nous mîmes à barbouiller du papier tant bien que mal sur cette science dont nous possédions à peine les éléments. En 1747, nous allâmes passer l'automne en Touraine, au château de Chenonceaux, maison royale sur le Cher, bâtie par Henri second pour Diane de Poitiers, dont on y voit encore les chiffres, et maintenant possédée par M. Dupin, fermier général. On s'amusa beaucoup dans ce beau lieu; on y faisait très bonne chère; j'y devins gras comme un moine. On y fit beaucoup de musique. J'y composai plusieurs trios à chanter, pleins d'une assez forte harmonie, et dont je reparlerai peut-être dans mon supplément, si jamais j'en fais un. On y joua la comédie. J'y en fis, en quinze jours, une en trois actes, intitulée L'*Engagement téméraire*, qu'on trouvera parmi mes papiers, et qui n'a d'autre mérite que beaucoup de gaieté. J'y composai d'autres petits ouvrages, entre autres une pièce en vers, intitulée L'*Allée de Sylvie*, du nom d'une allée du parc qui bordait le Cher, et tout cela se fit sans discontinuer mon travail sur la chimie, et celui que je faisais auprès de Mme Dupin.

Tandis que j'engraissais à Chenonceaux, ma pauvre Thérèse engraissait à Paris d'une autre manière, et quand j'y revins, je trouvai l'ouvrage que j'avais mis sur le métier plus avancé que je ne l'avais cru. Cela m'eût jeté, vu ma situation, dans un embarras extrême, si des camarades de table ne m'eussent fourni la seule ressource qui pouvait m'en tirer. C'est un de ces récits essentiels que je ne puis faire avec trop de simplicité, parce qu'il faudrait, en les commentant, m'excuser ou me charger, et que je ne dois faire ici ni l'un ni l'autre.

Durant le séjour d'Altuna à Paris, au lieu d'aller manger chez un traiteur, nous mangions ordinairement lui et moi à notre voisinage, presque vis-à-vis le cul-de-sac de l'Opéra, chez une Mme La Selle, femme d'un tailleur, qui donnait assez mal à manger, mais dont la table ne laissait pas d'être recherchée à cause de la bonne et sûre compagnie qui s'y trouvait; car on n'y recevait

aucun inconnu, et il fallait être introduit par quelqu'un
de ceux qui y mangeaient d'ordinaire. Le commandeur
de Graville, vieux débauché, plein de politesse et d'es-
prit, mais ordurier, y logeait, et y attirait une folle et
brillante jeunesse en officiers aux gardes et mousque-
taires. Le commandeur de Nonant, chevalier de toutes
les filles de l'Opéra, y apportait journellement toutes les
nouvelles de ce tripot. M. du Plessis, lieutenant-colonel
retiré, bon et sage vieillard, Ancelet *, officier des mous-
quetaires, y maintenaient un certain ordre parmi ces
jeunes gens. Il y venait aussi des commerçants, des
financiers, des vivriers, mais polis, honnêtes, et de ceux
qu'on distinguait dans leur métier; M. de Besse, M. de
Forcade, et d'autres dont j'ai oublié les noms. Enfin
l'on y voyait des gens de mise de tous les états, excepté
des abbés et des gens de robe que je n'y ai jamais vus;
et c'était une convention de n'y en point introduire.
Cette table, assez nombreuse, était très gaie sans être
bruyante, et l'on y polissonnait beaucoup sans grossiè-
reté. Le vieux commandeur, avec tous ses contes gras
quant à la substance, ne perdait jamais sa politesse de
la vieille cour, et jamais un mot de gueule ne sortait de
sa bouche qu'il ne fût si plaisant que des femmes l'au-
raient pardonné. Son ton servait de règle à toute la
table : tous ces jeunes gens contaient leurs aventures
galantes avec autant de licence que de grâce, et les contes
de filles manquaient d'autant moins que le magasin était
à la porte; car l'allée par où l'on allait chez Mme La
Selle était la même où donnait la boutique de la Duchapt,
célèbre marchande de modes, qui avait alors de très
jolies filles avec lesquelles nos messieurs allaient causer

* Ce fut à M. Ancelet que je donnai une petite comédie de ma
façon, intitulée *Les Prisonniers de guerre*, que j'avais faite après les
désastres des Français en Bavière et en Bohême, et que je n'osai
jamais avouer ni montrer, et cela par la singulière raison que jamais
le roi, ni la France, ni les Français, ne furent peut-être mieux loués,
ni de meilleur cœur, que dans cette pièce, et que, républicain et
frondeur en titre, je n'osais m'avouer panégyriste d'une nation dont
toutes les maximes étaient contraires aux miennes. Plus navré des
malheurs de la France que les Français mêmes, j'avais peur qu'on ne
taxât de flatterie et de lâcheté les marques d'un sincère attachement
dont j'ai dit l'époque et la cause dans ma première partie, et que j'étais
honteux de montrer.

avant ou après dîner. Je m'y serais amusé comme les autres si j'eusse été plus hardi. Il ne fallait qu'entrer comme eux; je n'osai jamais. Quant à Mme La Selle, je continuai d'y aller manger assez souvent après le départ d'Altuna. J'y apprenais des foules d'anecdotes très amusantes, et j'y pris aussi peu à peu, non, grâce au ciel, jamais les mœurs, mais les maximes que j'y vis établies. D'honnêtes personnes mises à mal, des maris trompés, des femmes séduites, des accouchements clandestins, étaient là les textes les plus ordinaires, et celui qui peuplait le mieux les Enfants-Trouvés était toujours le plus applaudi. Cela me gagna; je formai ma façon de penser sur celle que je voyais en règne chez des gens très aimables, et dans le fond très honnêtes gens, et je me dis : Puisque c'est l'usage du pays, quand on y vit on peut le suivre. Voilà l'expédient que je cherchais. Je m'y déterminai gaillardement sans le moindre scrupule, et le seul que j'eus à vaincre fut celui de Thérèse, à qui j'eus toutes les peines du monde de faire adopter cet unique moyen de sauver son honneur. Sa mère, qui de plus craignait un nouvel embarras de marmaille, étant venue à mon secours, elle se laissa vaincre. On choisit une sage-femme prudente et sûre, appelée Mlle Gouin, qui demeurait à la pointe Saint-Eustache, pour lui confier ce dépôt, et quand le temps fut venu, Thérèse fut menée par sa mère chez la Gouin pour y faire ses couches. J'allai l'y voir plusieurs fois, et je lui portai un chiffre que j'avais fait à double sur deux cartes, dont une fut mise dans les langes de l'enfant, et il fut déposé par la sage-femme au bureau des Enfants-Trouvés, dans la forme ordinaire. L'année suivante, même inconvénient et même expédient, au chiffre près qui fut négligé. Pas plus de réflexion de ma part, pas plus d'approbation de celle de la mère : elle obéit en gémissant. On verra successivement toutes les vicissitudes que cette fatale conduite a produites dans ma façon de penser, ainsi que dans ma destinée. Quant à présent, tenons-nous à cette première époque. Ses suites, aussi cruelles qu'imprévues, ne me forceront que trop d'y revenir.

Je marque ici celle de ma première connaissance avec Mme d'Epinay, dont le nom reviendra souvent dans ces

Mémoires. Elle s'appelait Mademoiselle d'Esclavelles, et
venait d'épouser M. d'Epinay, fils de M. de Lalive
de Bellegarde, fermier-général. Son mari était musicien,
ainsi que M. de Francueil. Elle était musicienne aussi, et
la passion de cet art mit entre ces trois personnes une
grande intimité. M. de Francueil m'introduisit chez
Mme d'Epinay; j'y soupais quelquefois avec lui. Elle
était aimable, avait de l'esprit, des talents; c'était assu-
rément une bonne connaissance à faire. Mais elle avait
une amie, appelée Mlle d'Ette, qui passait pour méchante,
et qui vivait avec le chevalier de Valory, qui ne passait
pas pour bon. Je crois que le commerce de ces deux
personnes fit tort à Mme d'Epinay, à qui la nature avait
donné, avec un tempérament très exigeant, des qualités
excellentes pour en régler ou racheter les écarts. M. de
Francueil lui communiqua une partie de l'amitié qu'il
avait pour moi, et m'avoua ses liaisons avec elle, dont,
par cette raison, je ne parlerais pas ici si elles ne fussent
devenues publiques au point de n'être pas même cachées
à M. d'Epinay. M. de Francueil me fit même sur cette
dame des confidences bien singulières, qu'elle ne m'a
jamais faites elle-même et dont elle ne m'a jamais cru
instruit; car je n'en ouvris ni n'en ouvrirai de ma vie la
bouche ni à elle ni à qui que ce soit. Toute cette confiance
de part et d'autre rendait ma situation très embarras-
sante, surtout avec Mme de Francueil, qui me connaissait
assez pour ne pas se défier de moi, quoique en liaison
avec sa rivale. Je consolais de mon mieux cette pauvre
femme, à qui son mari ne rendait assurément pas l'amour
qu'elle avait pour lui. J'écoutais séparément ces trois
personnes; je gardais leurs secrets avec la plus grande
fidélité, sans qu'aucune des trois m'en arrachât jamais
aucun de ceux des deux autres, et sans dissimuler à
chacune des deux femmes mon attachement pour sa
rivale. Mme de Francueil, qui voulait se servir de moi
pour bien des choses, essuya des refus formels; et
Mme d'Epinay, m'ayant voulu charger une fois d'une
lettre pour Francueil, non seulement en reçut un pareil,
mais encore une déclaration très nette que, si elle vou-
lait me chasser pour jamais de chez elle, elle n'avait
qu'à me faire une seconde fois pareille proposition. Il

faut rendre justice à Mme d'Epinay : loin que ce procédé parût lui déplaire, elle en parla à Francueil, avec
éloge, et ne m'en reçut pas moins bien. C'est ainsi que,
dans des relations orageuses entre trois personnes que
j'avais à ménager, dont je dépendais en quelque sorte,
et pour qui j'avais de l'attachement, je conservai jusqu'à la fin leur amitié, leur estime, leur confiance, en
me conduisant avec douceur et complaisance, mais toujours avec droiture et fermeté. Malgré ma bêtise et ma
gaucherie, Mme d'Epinay voulut me mettre des amusements de la Chevrette, château près de Saint-Denis,
appartenant à M. de Bellegarde. Il y avait un théâtre
où l'on jouait souvent des pièces. On me chargea d'un
rôle que j'étudiai six mois sans relâche, et qu'il fallut
me souffler d'un bout à l'autre à la représentation. Après
cette épreuve, on ne me proposa plus de rôle.

En faisant la connaissance de Mme d'Epinay, je fis
aussi celle de sa belle-sœur, Mademoiselle de Bellegarde,
qui devint bientôt comtesse de Houdetot. La première
fois que je la vis, elle était à la veille de son mariage;
elle me causa longtemps avec cette familiarité charmante
qui lui est naturelle. Je la trouvai très aimable; mais j'étais
bien éloigné de prévoir que cette jeune personne ferait
un jour le destin de ma vie, et m'entraînerait, quoique
bien innocemment, dans l'abîme où je suis aujourd'hui.

Quoique je n'aie pas parlé de Diderot depuis mon
retour de Venise, non plus que de mon ami M. Roguin,
je n'avais pourtant négligé ni l'un ni l'autre, et je m'étais
surtout lié de jour en jour plus intimement avec le premier. Il avait une Nanette ainsi que j'avais une Thérèse; c'était entre nous une conformité de plus. Mais la
différence était que ma Thérèse, aussi bien de figure
que sa Nanette, avait une humeur douce et un caractère
aimable, fait pour attacher un honnête homme; au lieu
que la sienne, pie-grièche et harengère, ne montrait rien
aux yeux des autres qui pût racheter la mauvaise éducation. Il l'épousa toutefois : ce fut fort bien fait, s'il
l'avait promis. Pour moi, qui n'avais rien promis de
semblable, je ne me pressai pas de l'imiter.

Je m'étais aussi lié avec l'abbé de Condillac, qui
n'était rien, non plus que moi, dans la littérature, mais

qui était fait pour devenir ce qu'il est aujourd'hui. Je
suis le premier peut-être qui ait vu sa portée et qui l'ait
estimé ce qu'il valait. Il paraissait aussi se plaire avec
moi; et tandis qu'enfermé dans ma chambre, rue Jean-
Saint-Denis, près l'Opéra, je faisais mon acte d'Hésiode,
il venait quelquefois dîner avec moi tête-à-tête, en pique-
nique. Il travaillait alors à l'*Essai sur l'origine des connais-
sances humaines*, qui est son premier ouvrage. Quand il
fut achevé, l'embarras fut de trouver un libraire qui
voulût s'en charger. Les libraires de Paris sont arrogants
et durs pour tout homme qui commence, et la méta-
physique, alors très peu à la mode, n'offrait pas un sujet
bien attrayant. Je parlai à Diderot de Condillac et de
son ouvrage; je leur fis faire connaissance. Ils étaient
faits pour se convenir; ils se convinrent. Diderot enga-
gea le libraire Durand à prendre le manuscrit de l'abbé,
et ce grand métaphysicien eut de son premier livre, et
presque par grâce, cent écus qu'il n'aurait peut-être pas
trouvés sans moi. Comme nous demeurions dans des
quartiers fort éloignés les uns des autres, nous nous ras-
semblions tous trois une fois la semaine au Palais-Royal,
et nous allions dîner ensemble à l'hôtel du Panier-
Fleuri. Il fallait que ces petits dîners hebdomadaires
plussent extrêmement à Diderot, car lui qui manquait
presque à tous ses rendez-vous ne manqua jamais aucun
de ceux-là. Je formai là le projet d'une feuille périodique,
intitulée *Le Persifleur*, que nous devions faire alternati-
vement, Diderot et moi. J'en esquissai la première feuille
et cela me fit faire connaissance avec d'Alembert, à qui
Diderot en avait parlé. Des événements imprévus nous
barrèrent, et ce projet en demeura là.

Ces deux auteurs venaient d'entreprendre le *Diction-
naire Encyclopédique*, qui ne devait d'abord être qu'une
espèce de traduction de Chambers, semblable à peu près
à celle du *Dictionnaire de Médecine*, de James, que Dide-
rot venait d'achever. Celui-ci voulut me faire entrer
pour quelque chose dans cette seconde entreprise, et
me proposa la partie de la musique, que j'acceptai, et
que j'exécutai très à la hâte et très mal, dans les trois
mois qu'il m'avait donnés, comme à tous les auteurs
qui devaient concourir à cette entreprise; mais je fus le

seul qui fut prêt au terme prescrit. Je lui remis mon
manuscrit, que j'avais fait mettre au net par un laquais
de M. de Francueil, appelé Dupont, qui écrivait très
bien, et à qui je payai dix écus, tirés de ma poche, qui
ne m'ont jamais été remboursés. Diderot m'avait pro-
mis, de la part des libraires, une rétribution dont il ne
m'a jamais reparlé, ni moi à lui.

Cette entreprise de l'*Encyclopédie* fut interrompue par
sa détention. Les *Pensées philosophiques* lui avaient attiré
quelques chagrins qui n'eurent point de suite. Il n'en
fut pas de même de la *Lettre sur les Aveugles*, qui n'avait
rien de répréhensible que quelques traits personnels,
dont Mme Dupré de Saint-Maur et M. de Réaumur
furent choqués, et pour lesquels il fut mis au Donjon
de Vincennes. Rien ne peindra jamais les angoisses que
me fit sentir le malheur de mon ami. Ma funeste ima-
gination, qui porte toujours le mal au pis, s'effaroucha.
Je le crus là pour le reste de sa vie. La tête faillit à
m'en tourner. J'écrivis à Mme de Pompadour pour la
conjurer de le faire relâcher, ou d'obtenir qu'on m'en-
fermât avec lui. Je n'eus aucune réponse à ma lettre :
elle était trop peu raisonnable pour être efficace, et je
ne me flatte pas qu'elle ait contribué aux adoucissements
qu'on mit quelque temps après à la captivité du pauvre
Diderot. Mais si elle eût duré quelque temps encore
avec la même rigueur, je crois que je serais mort de
désespoir au pied de ce malheureux Donjon. Au reste,
si ma lettre a produit peu d'effet, je ne m'en suis pas,
non plus, beaucoup fait valoir; car je n'en parlai qu'à
très peu de gens, et jamais à Diderot lui-même.

LIVRE HUITIÈME

J'ai dû faire une pause à la fin du précédent livre. Avec celui-ci commence, dans sa première origine, la longue chaîne de mes malheurs.

Ayant vécu dans deux des plus brillantes maisons de Paris, je n'avais pas laissé, malgré mon peu d'entregent, d'y faire quelques connaissances. J'avais fait, entre autres, chez Mme Dupin, celle du jeune prince héréditaire de Saxe-Gotha, et du baron de Thun, son gouverneur. J'avais fait chez M. de la Poplinière celle de M. Seguy, ami du baron de Thun, et connu dans le monde littéraire par sa belle édition de Rousseau. Le baron nous invita, M. Seguy et moi, d'aller passer un jour ou deux à Fontenay-sous-Bois, où le prince avait une maison. Nous y fûmes. En passant devant Vincennes, je sentis à la vue du Donjon un déchirement de cœur dont le baron remarqua l'effet sur mon visage. A souper, le prince parla de la détention de Diderot. Le baron, pour me faire parler, accusa le prisonnier d'imprudence : j'en mis dans la manière impétueuse dont je le défendis. L'on pardonna cet excès de zèle à celui qu'inspire un ami malheureux, et l'on parla d'autre chose. Il y avait là deux Allemands attachés au prince. L'un, appelé M. Klupffel, homme de beaucoup d'esprit, était son chapelain, et devint ensuite son gouverneur, après avoir supplanté le baron. L'autre était un jeune homme appelé M. Grimm, qui lui servait de lecteur en attendant qu'il trouvât quelque place, et dont l'équipage très mince annonçait le pressant besoin de la trouver. Dès ce même soir, Klupffel et moi commençâmes une liaison qui bientôt devint amitié. Celle avec le sieur

Grimm n'alla pas tout à fait si vite. Il ne se mettait guère
en avant, bien éloigné de ce ton avantageux que la pros-
périté lui donna dans la suite. Le lendemain à dîner on
parla de musique : il en parla bien. Je fus transporté
d'aise en apprenant qu'il accompagnait du clavecin. Après
le dîner on fit apporter de la musique. Nous musi-
quâmes tout le jour au clavecin du prince, et ainsi
commença cette amitié qui d'abord me fut si douce,
enfin si funeste, et dont j'aurai tant à parler désormais.

En revenant à Paris, j'y appris l'agréable nouvelle que
Diderot était sorti du Donjon, et qu'on lui avait donné
le château et le parc de Vincennes pour prison, sur sa
parole, avec permission de voir ses amis. Qu'il me fut
dur de n'y pouvoir courir à l'instant même! Mais retenu
deux ou trois jours chez Mme Dupin par des soins
indispensables, après trois ou quatre siècles d'impatience
je volai dans les bras de mon ami. Moment inexprimable!
il n'était pas seul. D'Alembert et le trésorier de la
Sainte-Chapelle étaient avec lui. En entrant je ne vis
que lui, je ne fis qu'un saut, un cri, je collai mon visage
sur le sien, je le serrai étroitement sans lui parler autre-
ment que par mes pleurs et par mes sanglots ; j'étouffais
de tendresse et de joie. Son premier mouvement, sorti
de mes bras, fut de se tourner vers l'ecclésiastique, et
de lui dire : Vous voyez, monsieur, comment m'aiment
mes amis. Tout entier à mon émotion, je ne réfléchis
pas alors à cette manière d'en tirer avantage. Mais en
y pensant quelquefois depuis ce temps-là, j'ai toujours
jugé qu'à la place de Diderot, ce n'eût pas été là la
première idée qui me serait venue.

Je le trouvai très affecté de sa prison. Le Donjon lui
avait fait une impression terrible, et quoiqu'il fût fort
agréablement au château, et maître de ses promenades
dans un parc qui n'est pas même fermé de murs, il avait
besoin de la société de ses amis pour ne pas se livrer à
son humeur noire. Comme j'étais assurément celui qui
compatissait le plus à sa peine, je crus être aussi celui
dont la vue lui serait la plus consolante, et tous les deux
jours au plus tard, malgré des occupations très exigeantes,
j'allais, soit seul, soit avec sa femme, passer avec lui les
après-midi.

Cette année 1749, l'été fut d'une chaleur excessive. On compte deux lieues de Paris à Vincennes. Peu en état de payer des fiacres, à deux heures après midi j'allais à pied quand j'étais seul, et j'allais vite pour arriver plus tôt. Les arbres de la route toujours élagués à la mode du pays, ne donnaient presque aucune ombre, et souvent, rendu de chaleur et de fatigue, je m'étendais par terre n'en pouvant plus. Je m'avisai, pour modérer mon pas, de prendre quelque livre. Je pris un jour le *Mercure de France*, et tout en marchant et le parcourant, je tombai sur cette question proposée par l'Académie de Dijon pour le prix de l'année suivante : *Si le progrès des sciences et des arts a contribué à corrompre ou à épurer les mœurs.*

A l'instant de cette lecture je vis un autre univers et je devins un autre homme. Quoique j'aie un souvenir vif de l'impression que j'en reçus, les détails m'en sont échappés depuis que je les ai déposés dans une de mes quatre lettres à M. de Malesherbes. C'est une des singularités de ma mémoire qui méritent d'être dites. Quand elle me sert, ce n'est qu'autant que je me suis reposé sur elle : sitôt que j'en confie le dépôt au papier, elle m'abandonne ; et dès qu'une fois j'ai écrit une chose, je ne m'en souviens plus du tout. Cette singularité me suit jusque dans la musique. Avant de l'apprendre je savais par cœur des multitudes de chansons : sitôt que j'ai su chanter des airs notés, je n'en ai pu retenir aucun ; et je doute que de ceux que j'ai le plus aimés, j'en puisse aujourd'hui redire un seul tout entier.

Ce que je me rappelle bien distinctement dans cette occasion, c'est qu'en arrivant à Vincennes j'étais dans une agitation qui tenait du délire. Diderot l'aperçut ; je lui en dis la cause, et je lui lus la prosopopée de Fabricius, écrite au crayon sous un chêne. Il m'exhorta de donner l'essor à mes idées, et de concourir au prix. Je le fis, et dès cet instant je fus perdu. Tout le reste de ma vie et de mes malheurs fut l'effet inévitable de cet instant d'égarement.

Mes sentiments se montèrent avec la plus inconcevable rapidité, au ton de mes idées. Toutes mes petites passions furent étouffées par l'enthousiasme de la vérité, de la liberté, de la vertu, et ce qu'il y a de plus étonnant est

que cette effervescence se soutint dans mon cœur, durant plus de quatre ou cinq ans, à un aussi haut degré peut-être qu'elle ait jamais été dans le cœur d'aucun autre homme.

Je travaillai ce discours d'une façon bien singulière, et que j'ai presque toujours suivie dans mes autres ouvrages. Je lui consacrais les insomnies de mes nuits. Je méditais dans mon lit à yeux fermés, et je tournais et retournais mes périodes dans ma tête avec des peines incroyables; puis, quand j'étais parvenu à en être content, je les déposais dans ma mémoire jusqu'à ce que je pusse les mettre sur le papier : mais le temps de me lever et de m'habiller me faisait tout perdre, et quand je m'étais mis à mon papier il ne me venait presque plus rien de ce que j'avais composé. Je m'avisai de prendre pour secrétaire Mme Le Vasseur. Je l'avais logée avec sa fille et son mari plus près de moi, et c'était elle qui, pour m'épargner un domestique, venait tous les matins allumer mon feu et faire mon petit service. A son arrivée, je lui dictais de mon lit mon travail de la nuit, et cette pratique, que j'ai longtemps suivie, m'a sauvé bien des oublis.

Quand ce discours fut fait, je le montrai à Diderot, qui en fut content, et m'indiqua quelques corrections. Cependant cet ouvrage, plein de chaleur et de force, manque absolument de logique et d'ordre; de tous ceux qui sont sortis de ma plume, c'est le plus faible de raisonnement et le plus pauvre de nombre et d'harmonie; mais avec quelque talent qu'on puisse être né, l'art d'écrire ne s'apprend pas tout d'un coup.

Je fis partir cette pièce sans en parler à personne autre, si ce n'est, je pense, à Grimm, avec lequel, depuis son entrée chez le comte de Friese, je commençais à vivre dans la plus grande intimité. Il avait un clavecin qui nous servait de point de réunion, et autour duquel je passais avec lui tous les moments que j'avais de libres, à chanter des airs italiens et des barcarolles sans trêve et sans relâche du matin au soir, ou plutôt du soir au matin, et sitôt qu'on ne me trouvait pas chez Mme Dupin, on était sûr de me trouver chez M. Grimm, ou du moins avec lui, soit à la promenade, soit au spectacle. Je cessai

d'aller à la Comédie-Italienne, où j'avais mes entrées, mais qu'il n'aimait pas, pour aller avec lui, en payant, à la Comédie-Française, dont il était passionné. Enfin, un attrait si puissant me liait à ce jeune homme, et j'en devins tellement inséparable, que la pauvre tante elle-même en était négligée ; c'est-à-dire que je la voyais moins, car jamais un moment de ma vie mon attachement pour elle ne s'est affaibli.

Cette impossibilité de partager à mes inclinations le peu de temps que j'avais de libre, renouvela plus vivement que jamais le désir que j'avais depuis longtemps de ne faire qu'un ménage avec Thérèse : mais l'embarras de sa nombreuse famille, et surtout le défaut d'argent pour acheter des meubles, m'avaient jusqu'alors retenu. L'occasion de faire un effort se présenta, et j'en profitai. M. de Francueil et Mme Dupin, sentant bien que huit à neuf cents francs par an ne pouvaient me suffire, portèrent de leur propre mouvement mon honoraire annuel jusqu'à cinquante louis, et de plus, Mme Dupin, apprenant que je cherchais à me mettre dans mes meubles, m'aida de quelques secours pour cela. Avec les meubles qu'avait déjà Thérèse, nous mîmes tout en commun, et ayant loué un petit appartement à l'hôtel de Languedoc, rue de Grenelle-Saint-Honoré, chez de très bonnes gens, nous nous y arrangeâmes comme nous pûmes ; et nous y avons demeuré paisiblement et agréablement pendant sept ans, jusqu'à mon délogement pour l'Ermitage.

Le père de Thérèse était un vieux bonhomme, très doux, qui craignait extrêmement sa femme, et qui lui avait donné pour cela le surnom de Lieutenant-criminel, que Grimm, par plaisanterie, transporta dans la suite à la fille. Mme Le Vasseur ne manquait pas d'esprit, c'est-à-dire d'adresse, elle se piquait même de politesse et d'airs du grand monde ; mais elle avait un patelinage mystérieux qui m'était insupportable, donnant d'assez mauvais conseils à sa fille, cherchant à la rendre dissimulée avec moi, et cajolant séparément mes amis aux dépens les uns des autres et aux miens ; du reste, assez bonne mère, parce qu'elle trouvait son compte à l'être, et couvrant les fautes de sa fille, parce qu'elle en profitait. Cette femme, que je comblais d'attentions, de soins, de

petits cadeaux, et dont j'avais extrêmement à cœur de
me faire aimer, était, par l'impossibilité que j'éprouvais
d'y parvenir, la seule cause de peine que j'eusse dans
mon petit ménage, et du reste je puis dire avoir goûté,
durant ces six ou sept ans, le plus parfait bonheur domes-
tique que la faiblesse humaine puisse comporter. Le
cœur de ma Thérèse était celui d'un ange : notre atta-
chement croissait avec notre intimité, et nous sentions
davantage de jour en jour combien nous étions faits l'un
pour l'autre. Si nos plaisirs pouvaient se décrire, ils
feraient rire par leur simplicité. Nos promenades tête-
à-tête hors de la ville, où je dépensais magnifiquement
huit ou dix sols à quelque guinguette. Nos petits sou-
pers à la croisée de ma fenêtre, assis en vis-à-vis sur
deux petites chaises posées sur une malle qui tenait la
largeur de l'embrasure. Dans cette situation, la fenêtre
nous servait de table, nous respirions l'air, nous pouvions
voir les environs, les passants, et, quoiqu'au quatrième
étage, plonger dans la rue tout en mangeant. Qui décrira,
qui sentira les charmes de ces repas, composés, pour
tous mets, d'un quartier de gros pain, de quelques cerises,
d'un petit morceau de fromage et d'un demi-setier de
vin que nous buvions à nous deux ? Amitié, confiance,
intimité, douceur d'âme, que vos assaisonnements sont
délicieux! Quelquefois nous restions là jusqu'à minuit
sans y songer et sans nous douter de l'heure, si la vieille
maman ne nous en eût avertis. Mais laissons ces détails
qui paraîtront insipides ou risibles. Je l'ai toujours dit
et senti, la véritable jouissance ne se décrit point.

J'en eus à peu près dans le même temps une plus
grossière, la dernière de cette espèce que j'aie eu à me
rèprocher. J'ai dit que le ministre Klupffel était aimable :
mes liaisons avec lui n'étaient guère moins étroites qu'avec
Grimm, et devinrent aussi familières; ils mangeaient
quelquefois chez moi. Ces repas, un peu plus que simples,
étaient égayés par les fines et folles polissonneries de
Klupffel, et par les plaisants germanismes de Grimm, qui
n'était pas encore devenu puriste. La sensualité ne pré-
sidait pas à nos petites orgies, mais la joie y suppléait,
et nous nous trouvions si bien ensemble, que nous ne
pouvions plus nous quitter. Klupffel avait mis dans ses

meubles une petite fille, qui ne laissait pas d'être à tout le monde, parce qu'il ne pouvait l'entretenir à lui seul. Un soir, en entrant au café, nous le trouvâmes qui en sortait pour aller souper avec elle. Nous le raillâmes ; il s'en vengea galamment en nous mettant du même souper, et puis nous raillant à son tour. Cette pauvre créature me parut d'un assez bon naturel, très douce, et peu faite à son métier, auquel une sorcière qu'elle avait avec elle la stylait de son mieux. Les propos et le vin nous égayèrent au point que nous nous oubliâmes. Le bon Klupffel ne voulut pas faire ses honneurs à demi, et nous passâmes tous trois successivement dans la chambre voisine avec la pauvre petite, qui ne savait si elle devait rire ou pleurer. Grimm a toujours affirmé qu'il ne l'avait pas touchée : c'était donc pour s'amuser à nous impatienter qu'il resta si longtemps avec elle, et s'il s'en abstint, il est peu probable que ce fût par scrupule, puisqu'avant d'entrer chez le comte de Friese, il logeait chez des filles au même quartier Saint-Roch.

Je sortis de la rue des Moineaux, où logeait cette fille, aussi honteux que Saint-Preux sortit de la maison où on l'avait enivré, et je me rappelai bien mon histoire en écrivant la sienne. Thérèse s'aperçut, à quelque signe, et surtout à mon air confus, que j'avais quelque reproche à me faire : j'en allégeai le poids par ma franche et prompte confession. Je fis bien ; car dès le lendemain Grimm vint en triomphe lui raconter mon forfait en l'aggravant, et depuis lors il n'a jamais manqué de lui en rappeler malignement le souvenir, en cela d'autant plus coupable que, l'ayant mis librement et volontairement dans ma confidence, j'avais droit d'attendre de lui qu'il ne m'en ferait pas repentir. Jamais je ne sentis mieux qu'en cette occasion la bonté de cœur de ma Thérèse ; car elle fut plus choquée du procédé de Grimm qu'offensée de mon infidélité, et je n'essuyai de sa part que des reproches touchants et tendres, dans lesquels je n'aperçus jamais la moindre trace de dépit.

La simplicité d'esprit de cette excellente fille égalait sa bonté de cœur, c'est tout dire : mais un exemple qui se présente mérite pourtant d'être ajouté. Je lui avais dit que Klupffel était ministre et chapelain du prince de

Saxe-Gotha. Un ministre était pour elle un homme si singulier, que, confondant comiquement les idées les plus disparates, elle s'avisa de prendre Klupffel pour le pape; je la crus folle la première fois qu'elle me dit, comme je rentrais, que le pape m'était venu voir. Je la fis expliquer, je n'eus rien de plus pressé que d'aller conter cette histoire à Grimm et à Klupffel, à qui le nom de pape en resta parmi nous. Nous donnâmes à la fille de la rue des Moineaux le nom de papesse Jeanne. C'étaient des rires inextinguibles; nous étouffions. Ceux qui, dans une lettre qu'il leur a plu de m'attribuer, m'ont fait dire que je n'avais ri que deux fois en ma vie, ne m'ont pas connu dans ce temps-là, ni dans ma jeunesse, car assurément cette idée n'aurait jamais pu leur venir.

L'année suivante, 1750, comme je ne songeais plus à mon *Discours*, j'appris qu'il avait remporté le prix à Dijon. Cette nouvelle réveilla toutes les idées qui me l'avaient dicté, les anima d'une nouvelle force, et acheva de mettre en fermentation dans mon cœur ce premier levain d'héroïsme et de vertu que mon père, et ma patrie, et Plutarque, y avaient mis dans mon enfance. Je ne trouvai plus rien de grand et de beau que d'être libre et vertueux, au-dessus de la fortune et de l'opinion, et de se suffire à soi-même. Quoique la mauvaise honte et la crainte des sifflets m'empêchassent de me conduire d'abord sur ces principes et de rompre brusquement en visière aux maximes de mon siècle, j'en eus dès lors la volonté décidée, et je ne tardai à l'exécuter qu'autant de temps qu'il en fallait aux contradictions pour l'irriter et la rendre triomphante.

Tandis que je philosophais sur les devoirs de l'homme, un événement vint me faire mieux réfléchir sur les miens. Thérèse devint grosse pour la troisième fois. Trop sincère avec moi, trop fier en dedans pour vouloir démentir mes principes par mes œuvres, je me mis à examiner la destination de mes enfants, et mes liaisons avec leur mère, sur les lois de la nature, de la justice et de la raison, et sur celles de cette religion pure, sainte, éternelle comme son auteur, que les hommes ont souillée en feignant de vouloir la purifier, et dont ils n'ont plus fait, par leurs

formules, qu'une religion de mots, vu qu'il en coûte peu
de prescrire l'impossible quand on se dispense de le
pratiquer.

Si je me trompai dans mes résultats, rien n'est plus
étonnant que la sécurité d'âme avec laquelle je m'y livrai.
Si j'étais de ces hommes mal nés, sourds à la douce voix
de la nature, au dedans desquels aucun vrai sentiment
de justice et d'humanité ne germa jamais, cet endurcis-
sement serait tout simple. Mais cette chaleur de cœur,
cette sensibilité si vive, cette facilité à former des atta-
chements, cette force avec laquelle ils me subjuguent,
ces déchirements cruels quand il les faut rompre, cette
bienveillance innée pour mes semblables, cet amour
ardent du grand, du vrai, du beau, du juste, cette hor-
reur du mal en tout genre, cette impossibilité de haïr,
de nuire, et même de le vouloir, cet attendrissement,
cette vive et douce émotion que je sens à l'aspect de tout
ce qui est vertueux, généreux, aimable : tout cela peut-il
jamais s'accorder dans la même âme, avec la déprava-
tion qui fait fouler aux pieds, sans scrupule, le plus doux
des devoirs ? Non, je le sens, et le dis hautement, cela
n'est pas possible. Jamais un seul instant de sa vie Jean-
Jacques n'a pu être un homme sans sentiment, sans
entrailles, un père dénaturé. J'ai pu me tromper, mais
non m'endurcir. Si je disais mes raisons, j'en dirais
trop. Puisqu'elles ont pu me séduire, elles en séduiraient
bien d'autres : je ne veux pas exposer les jeunes gens
qui pourraient me lire à se laisser abuser par la même
erreur. Je me contenterai de dire qu'elle fut telle, qu'en
livrant mes enfants à l'éducation publique, faute de pou-
voir les élever moi-même, en les destinant à devenir
ouvriers et paysans, plutôt qu'aventuriers et coureurs
de fortunes, je crus faire un acte de citoyen et de père;
et je me regardai comme un membre de la république
de Platon. Plus d'une fois, depuis lors, les regrets de
mon cœur m'ont appris que je m'étais trompé; mais, loin
que ma raison m'ait donné le même avertissement, j'ai
souvent béni le ciel de les avoir garantis par là du sort
de leur père, et de celui qui les menaçait quand j'aurais
été forcé de les abandonner. Si je les avais laissés à
Mme d'Epinay ou à Mme de Luxembourg, qui, soit par

amitié, soit par générosité, soit par quelque autre motif, ont voulu s'en charger dans la suite, auraient-ils été plus heureux, auraient-ils été élevés du moins en honnêtes gens ? Je l'ignore; mais je suis sûr qu'on les aurait portés à haïr, peut-être à trahir leurs parents : il vaut mieux cent fois qu'ils ne les aient point connus.

Mon troisième enfant fut donc mis aux Enfants-Trouvés, ainsi que les premiers, et il en fut de même des deux suivants; car j'en ai eu cinq en tout. Cet arrangement me parut si bon, si sensé, si légitime, que si je ne m'en vantai pas ouvertement, ce fut uniquement par égard pour la mère; mais je le dis à tous ceux à qui j'avais déclaré nos liaisons; je le dis à Diderot, à Grimm; je l'appris dans la suite à Mme d'Epinay, et dans la suite encore à Mme de Luxembourg, et cela librement, franchement, sans aucune espèce de nécessité, et pouvant aisément le cacher à tout le monde; car la Gouin était une honnête femme, très discrète, et sur laquelle je comptais parfaitement. Le seul de mes amis à qui j'eus quelque intérêt de m'ouvrir fut le médecin Thierry, qui soigna ma pauvre tante dans une de ses couches où elle se trouva fort mal. En un mot, je ne mis aucun mystère à ma conduite, non seulement parce que je n'ai jamais rien su cacher à mes amis, mais parce qu'en effet je n'y voyais aucun mal. Tout pesé, je choisis pour mes enfants le mieux, ou ce que je crus l'être. J'aurais voulu, je voudrais encore avoir été élevé et nourri comme ils l'ont été.

Tandis que je faisais ainsi mes confidences, Mme Le Vasseur les faisait aussi de son côté, mais dans des vues moins désintéressées. Je les avais introduites, elle et sa fille, chez Mme Dupin, qui, par amitié pour moi, avait mille bontés pour elles. La mère la mit dans le secret de sa fille. Mme Dupin, qui est bonne et généreuse, et à qui elle ne disait pas combien, malgré la modicité de mes ressources, j'étais attentif à pourvoir à tout, y pourvoyait de son côté avec une libéralité que, par l'ordre de la mère, la fille m'a toujours cachée durant mon séjour à Paris, et dont elle ne me fit l'aveu qu'à l'Ermitage, à la suite de plusieurs autres épanchements de cœur. J'ignorais que Mme Dupin, qui ne m'en a jamais fait le

moindre semblant, fût si bien instruite; j'ignore encore
si Mme de Chenonceaux, sa bru, le fut aussi : mais
Mme de Francueil, sa belle-fille, le fut, et ne put s'en
taire. Elle m'en parla l'année suivante lorsque j'avais
déjà quitté leur maison. Cela m'engagea à lui écrire à ce
sujet une lettre qu'on trouvera dans mes recueils, et
dans laquelle j'expose celles de mes raisons que je pou-
vais dire sans compromettre Mme Le Vasseur et sa
famille; car les plus déterminantes venaient de là, et je
les tus.

Je suis sûr de la discrétion de Mme Dupin et de
l'amitié de Mme de Chenonceaux; je l'étais de celle de
Mme de Francueil, qui d'ailleurs mourut longtemps
avant que mon secret fût ébruité. Jamais il n'a pu l'être
que par les gens mêmes à qui je l'avais confié, et ne l'a
été en effet qu'après ma rupture avec eux. Par ce seul
fait, ils sont jugés : sans vouloir me disculper du blâme
que je mérite, [j'aime mieux en être chargé] que de celui
que mérite leur méchanceté. Ma faute est grande, mais
c'est une erreur; j'ai négligé mes devoirs, mais le désir
de nuire n'est pas entré dans mon cœur, et les entrailles
de père ne sauraient parler bien puissamment pour des
enfants qu'on n'a jamais vus : mais trahir la confiance
de l'amitié, violer le plus saint de tous les pactes, publier
les secrets versés dans notre sein, déshonorer à plaisir
l'ami qu'on a trompé, et qui nous respecte encore en
nous quittant, ce ne sont pas là des fautes, ce sont des
bassesses d'âme et des noirceurs.

J'ai promis ma confession, non ma justification; ainsi
je m'arrête ici sur ce point. C'est à moi d'être vrai, c'est
au lecteur d'être juste. Je ne lui demanderai jamais rien
de plus.

Le mariage de M. de Chenonceaux me rendit la maison
de sa mère encore plus agréable, par le mérite et l'esprit
de la nouvelle mariée, jeune personne très aimable et
qui parut me distinguer parmi les scribes de M. Dupin.
Elle était fille unique de Mme la vicomtesse de Roche-
chouart, grande amie du comte de Friese, et par contre-
coup de Grimm qui lui était attaché. Ce fut pourtant
moi qui l'introduisis chez sa fille : mais leurs humeurs
ne se convenant pas, cette liaison n'eut point de suite, et

Grimm, qui dès lors visait au solide, préféra la mère, femme du grand monde, à la fille, qui voulait des amis sûrs et qui lui convinssent, sans se mêler d'aucune intrigue ni chercher du crédit parmi les grands. Mme Dupin, ne trouvant pas dans Mme de Chenonceaux toute la docilité qu'elle en attendait, lui rendit sa maison fort triste, et Mme de Chenonceaux, fière de son mérite, peut-être de sa naissance, aima mieux renoncer aux agréments de la société, et rester presque seule dans son appartement, que de porter un joug pour lequel elle ne se sentait pas faite. Cette espèce d'exil augmenta mon attachement pour elle, par cette pente naturelle qui m'attire vers les malheureux. Je lui trouvai l'esprit métaphysique et penseur, quoique parfois un peu sophistique. Sa conversation, qui n'était point du tout celle d'une jeune femme qui sort du couvent, était pour moi très attrayante. Cependant elle n'avait pas vingt ans. Son teint était d'une blancheur éblouissante; sa taille eût été grande et belle si elle se fût mieux tenue; ses cheveux, d'un blond cendré et d'une beauté peu commune, me rappelaient ceux de ma pauvre Maman dans son bel âge, et m'agitaient vivement le cœur. Mais les principes sévères que je venais de me faire, et que j'étais résolu de suivre à tout prix, me garantirent d'elle et de ses charmes. J'ai passé, durant tout un été, trois ou quatre heures par jour tête-à-tête avec elle, à lui montrer gravement l'arithmétique, et à l'ennuyer de mes chiffres éternels, sans lui dire un seul mot galant ni lui jeter une œillade. Cinq ou six ans plus tard je n'aurais pas été si sage ou si fou; mais il était écrit que je ne devais aimer d'amour qu'une fois en ma vie, et qu'une autre qu'elle aurait les premiers et les derniers soupirs de mon cœur.

Depuis que je vivais chez Mme Dupin, je m'étais toujours contenté de mon sort, sans marquer aucun désir de le voir améliorer. L'augmentation qu'elle avait faite à mes honoraires, conjointement avec M. de Francueil, était venue uniquement de leur propre mouvement. Cette année, M. de Francueil, qui me prenait de jour en jour plus en amitié, songea à me mettre un peu plus au large et dans une situation moins précaire. Il était receveur général des finances. M. Dudoyer, son

caissier, était vieux, riche, et voulait se retirer. M. de Francueil m'offrit cette place, et pour me mettre en état de la remplir, j'allai pendant quelques semaines chez M. Dudoyer prendre les instructions nécessaires. Mais, soit que j'eusse peu de talent pour cet emploi, soit que Dudoyer, qui me parut vouloir se donner un autre successeur, ne m'instruisît pas de bonne foi, j'acquis lentement et mal les connaissances dont j'avais besoin, et tout cet ordre de comptes embrouillés à dessein ne put jamais bien m'entrer dans la tête. Cependant, sans avoir saisi le fin du métier, je ne laissai pas d'en prendre la marche courante assez pour pouvoir l'exercer rondement. J'en commençai même les fonctions; je tenais les registres et la caisse; je donnais et recevais de l'argent, des récépissés, et quoique j'eusse aussi peu de goût que de talent pour ce métier, la maturité des ans commençant à me rendre sage, j'étais déterminé à vaincre ma répugnance pour me livrer tout entier à mon emploi. Malheureusement, comme je commençais à me mettre en train, M. de Francueil fit un petit voyage, durant lequel je restai chargé de sa caisse, où il n'y avait cependant pour lors que vingt-cinq à trente mille francs. Les soucis, l'inquiétude d'esprit que me donna ce dépôt me firent sentir que je n'étais point fait pour être caissier, et je ne doute point que le mauvais sang que je fis durant cette absence n'ait contribué à la maladie où je tombai après son retour.

J'ai dit, dans ma première partie, que j'étais né mourant. Un vice de conformation dans la vessie me fit éprouver, durant mes premières années, une rétention d'urine presque continuelle, et ma tante Suzon, qui prit soin de moi, eut des peines incroyables à me conserver. Elle en vint à bout cependant; ma robuste constitution prit enfin le dessus, et ma santé s'affermit tellement, durant ma jeunesse, qu'excepté la maladie de langueur dont j'ai raconté l'histoire, et de fréquents besoins d'uriner, que le moindre échauffement me rendit toujours incommodes, je parvins jusqu'à l'âge de trente ans sans presque me sentir de ma première infirmité. Le premier ressentiment que j'en eus fut à mon arrivée à Venise. La fatigue du voyage et les terribles chaleurs que j'avais souffertes me donnèrent une ardeur d'urine et des maux

de reins que je gardai jusqu'à l'entrée de l'hiver. Après
avoir vu la Padoana, je me crus mort, et n'eus pas la
moindre incommodité. Après m'être épuisé plus d'ima-
gination que de corps pour ma Zulietta, je me portai
mieux que jamais. Ce ne fut qu'après la détention de
Diderot, que l'échauffement contracté dans mes courses
de Vincennes, durant les terribles chaleurs qu'il faisait
alors, me donna une violente néphrétique, depuis laquelle
je n'ai jamais recouvré ma première santé.

Au moment dont je parle, m'étant peut-être un peu
fatigué au maussade travail de cette maudite caisse, je
retombai plus bas qu'auparavant, et je demeurai dans
mon lit cinq ou six semaines, dans le plus triste état
que l'on puisse imaginer. Mme Dupin m'envoya le
célèbre Morand, qui, malgré son habileté et la délica-
tesse de sa main, me fit souffrir des maux incroyables,
et ne put jamais venir à bout de me sonder. Il me
conseilla de recourir à Daran, dont les bougies plus
flexibles parvinrent en effet à s'insinuer ; mais, en ren-
dant compte à Mme Dupin de mon état, Morand lui
déclara que dans six mois je ne serais pas en vie. Ce dis-
cours, qui me parvint, me fit faire de sérieuses réflexions
sur mon état et sur la bêtise de sacrifier le repos et
l'agrément du peu de jours qui me restaient à vivre, à
l'assujettissement d'un emploi pour lequel je ne me sen-
tais que du dégoût. D'ailleurs, comment accorder les
sévères principes que je venais d'adopter avec un état
qui s'y rapportait si peu, et n'aurais-je pas bonne grâce,
caissier d'un receveur général des finances, à prêcher le
désintéressement et la pauvreté ? Ces idées fermentèrent
si bien dans ma tête, avec la fièvre, elles s'y combinèrent
avec tant de force, que rien depuis lors ne les en put
arracher, et durant ma convalescence je me confirmai
de sens froid dans les résolutions que j'avais prises dans
mon délire. Je renonçai pour jamais à tout projet de
fortune et d'avancement. Déterminé à passer dans l'in-
dépendance et la pauvreté le peu de temps qui me res-
tait à vivre, j'appliquai toutes les forces de mon âme à
briser les fers de l'opinion, et à faire avec courage tout
ce qui me paraissait bien, sans m'embarrasser aucune-
ment du jugement des hommes. Les obstacles que j'eus

à combattre, et les efforts que je fis pour en triompher, sont incroyables. Je réussis autant qu'il était possible, et plus que je n'avais espéré moi-même. Si j'avais aussi bien secoué le joug de l'amitié que celui de l'opinion, je venais à bout de mon dessein, le plus grand peut-être, ou du moins le plus utile à la vertu, que mortel ait jamais conçu ; mais, tandis que je foulais aux pieds les jugements insensés de la tourbe vulgaire des soi-disant grands et des soi-disant sages, je me laissais subjuguer et mener comme un enfant par de soi-disant amis, qui, jaloux de me voir marcher seul dans une route nouvelle, tout en paraissant s'occuper beaucoup à me rendre heureux, ne s'occupaient en effet qu'à me rendre ridicule, et commencèrent par travailler à m'avilir, pour parvenir dans la suite à me diffamer. Ce fut moins ma célébrité littéraire que ma réforme personnelle, dont je marque ici l'époque, qui m'attira leur jalousie : ils m'auraient pardonné peut-être de briller dans l'art d'écrire, mais ils ne purent me pardonner de donner par ma conduite un exemple qui semblait les importuner. J'étais né pour l'amitié ; mon humeur facile et douce la nourrissait sans peine. Tant que je vécus ignoré du public, je fus aimé de tous ceux qui me connurent, et je n'eus pas un seul ennemi. Mais sitôt que j'eus un nom, je n'eus plus d'amis. Ce fut un très grand malheur ; un plus grand encore fut d'être environné de gens qui prenaient ce nom, et qui n'usèrent des droits qu'il leur donnait que pour m'entraîner à ma perte. La suite de ces Mémoires développera cette odieuse trame ; je n'en montre ici que l'origine : on en verra bientôt former le premier nœud.

Dans l'indépendance où je voulais vivre, il fallait cependant subsister. J'en imaginai un moyen très simple : ce fut de copier de la musique à tant la page. Si quelque occupation plus solide eût rempli le même but, je l'aurais prise ; mais ce talent étant de mon goût, et le seul qui, sans assujettissement personnel, pût me donner du pain au jour le jour, je m'y tins. Croyant n'avoir plus besoin de prévoyance, et faisant taire la vanité, de caissier d'un financier je me fis copiste de musique. Je crus avoir gagné beaucoup à ce choix, et je m'en suis si peu repenti, que je n'ai quitté ce métier que par force, pour le

reprendre aussitôt que je pourrai. Le succès de mon premier discours me rendit l'exécution de cette résolution plus facile. Quand il eut remporté le prix, Diderot se chargea de le faire imprimer. Tandis que j'étais dans mon lit, il m'écrivit un billet pour m'en annoncer la publication et l'effet. *Il prend*, me marquait-il, *tout pardessus les nues; il n'y a pas d'exemple d'un succès pareil.* Cette faveur du public, nullement briguée, et pour un auteur inconnu, me donna la première assurance véritable de mon talent, dont, malgré le sentiment intime, j'avais toujours douté jusqu'alors. Je compris tout l'avantage que j'en pouvais tirer pour le parti que j'étais prêt à prendre, et je jugeai qu'un copiste de quelque célébrité dans les lettres ne manquerait vraisemblablement pas de travail.

Sitôt que ma résolution fut bien prise et bien confirmée, j'écrivis un billet à M. de Francueil pour lui en faire part, pour le remercier, ainsi que Mme Dupin, de toutes leurs bontés, et pour leur demander leur pratique. Francueil, ne comprenant rien à ce billet, et me croyant encore dans le transport de la fièvre, accourut chez moi; mais il trouva ma résolution si bien prise qu'il ne put parvenir à l'ébranler. Il alla dire à Mme Dupin et à tout le monde que j'étais devenu fou. Je laissai dire et j'allai mon train. Je commençai ma réforme par ma parure; je quittai la dorure et les bas blancs, je pris une perruque ronde, je posai l'épée, je vendis ma montre, en me disant avec une joie incroyable : Grâce au Ciel, je n'aurai plus besoin de savoir l'heure qu'il est. M. de Francueil eut l'honnêteté d'attendre assez longtemps encore avant de disposer de sa caisse. Enfin, voyant mon parti bien pris, il la remit à M. Dalibard, jadis gouverneur du jeune Chenonceaux, et connu dans la botanique par sa *Flora parisiensis* *.

Quelque austère que fût ma réforme somptuaire, je ne l'étendis pas d'abord jusqu'à mon linge, qui était

* Je ne doute pas que tout ceci ne soit maintenant conté bien différemment par Francueil et ses consorts; mais je m'en rapporte à ce qu'il en dit alors et longtemps après à tout le monde, jusqu'à la formation du complot, et dont les gens de bon sens et de bonne foi ont dû conserver le souvenir.

beau et en quantité, reste de mon équipage de Venise,
et pour lequel j'avais un attachement particulier. A force
d'en faire un objet de propreté, j'en avais fait un objet
de luxe, qui ne laissait pas de m'être coûteux. Quelqu'un
me rendit le bon office de me délivrer de cette servi-
tude. La veille de Noël, tandis que les Gouverneuses
étaient à vêpres et que j'étais au Concert spirituel, on
força la porte d'un grenier où était étendu tout notre
linge, après une lessive qu'on venait de faire. On vola
tout, et entre autres quarante-deux chemises à moi, de
très belle toile, et qui faisaient le fond de ma garde-
robe en linge. A la façon dont les voisins dépeignirent
un homme qu'on avait vu sortir de l'hôtel, portant des
paquets à la même heure, Thérèse et moi soupçonnâmes
son frère, qu'on savait être un très mauvais sujet. La
mère repoussa vivement ce soupçon; mais tant d'indices
le confirmèrent qu'il nous resta, malgré qu'elle en eût.
Je n'osai faire d'exactes recherches, de peur de trouver
plus que je n'aurais voulu. Ce frère ne se montra plus
chez moi, et disparut enfin tout à fait. Je déplorai le
sort de Thérèse et le mien de tenir à une famille si
mêlée, et je l'exhortai plus que jamais de secouer un
joug aussi dangereux. Cette aventure me guérit de la
passion du beau linge, et je n'en ai plus eu depuis lors
que de très commun, plus assortissant au reste de mon
équipage.

Ayant ainsi complété ma réforme, je ne songeai plus
qu'à la rendre solide et durable, en travaillant à déraciner
de mon cœur tout ce qui tenait encore au jugement des
hommes, tout ce qui pouvait me détourner, par la crainte
du blâme, de ce qui était bon et raisonnable en soi.
A l'aide du bruit que faisait mon ouvrage, ma résolution
fit du bruit aussi, et m'attira des pratiques; de sorte
que je commençai mon métier avec assez de succès.
Plusieurs causes cependant m'empêchèrent d'y réussir
comme j'aurais pu faire en d'autres circonstances. D'abord
ma mauvaise santé. L'attaque que je venais d'essuyer
eut des suites qui ne m'ont laissé jamais aussi bien por-
tant qu'auparavant; et je crois que les médecins aux-
quels je me livrai me firent bien autant de mal que la
maladie. Je vis successivement Morand, Daran, Helvé-

tius, Malouin, Thierry, qui, tous très savants, tous mes
amis, me traitèrent chacun à sa mode, ne me soula-
gèrent point, et m'affaiblirent considérablement. Plus
je m'asservissais à leur direction, plus je devenais jaune,
maigre, faible. Mon imagination qu'ils effarouchaient,
mesurant mon état sur l'effet de leurs drogues, ne me
montrait avant la mort qu'une suite de souffrances, les
rétentions, la gravelle, la pierre. Tout ce qui soulage les
autres, les tisanes, les bains, la saignée, empirait mes
maux. M'étant aperçu que les sondes de Daran, qui
seules me faisaient quelque effet, et sans lesquelles je ne
croyais plus pouvoir vivre, ne me donnaient cependant
qu'un soulagement momentané, je me mis à faire à
grands frais d'immenses provisions de sondes, pour pou-
voir en porter toute ma vie, même au cas que Daran
vînt à manquer. Pendant huit ou dix ans que je m'en
suis servi si souvent, il faut, avec tout ce qui m'en reste,
que j'en aie acheté pour cinquante louis. On sent qu'un
traitement si coûteux, si douloureux, si pénible, ne me
laissait pas travailler sans distraction, et qu'un mourant
ne met pas une ardeur bien vive à gagner son pain quo-
tidien.

Les occupations littéraires firent une autre distraction
non moins préjudiciable à mon travail journalier. A peine
mon *Discours* eut-il paru, que les défenseurs des lettres
fondirent sur moi comme de concert. Indigné de voir
tant de petits Messieurs Josse, qui n'entendaient pas
même la question, vouloir en décider en maîtres, je
pris la plume, et j'en traitai quelques-uns de manière
à ne pas laisser les rieurs de leur côté. Un certain M. Gau-
tier, de Nancy, le premier qui tomba sous ma plume,
fut rudement malmené dans une lettre à M. Grimm.
Le second fut le roi Stanislas lui-même, qui ne dédaigna
pas d'entrer en lice avec moi. L'honneur qu'il me fit
me força de changer de ton pour lui répondre; j'en pris
un plus grave, mais non moins fort; et, sans manquer
de respect à l'auteur, je réfutai pleinement l'ouvrage.
Je savais qu'un jésuite appelé le P. de Menou y avait
mis la main. Je me fiai à mon tact pour démêler ce
qui était du prince et ce qui était du moine; et, tombant
sans ménagement sur toutes les phrases jésuitiques, je

relevai, chemin faisant, un anachronisme que je crus ne pouvoir venir que du Révérend. Cette pièce, qui, je ne sais pourquoi, a fait moins de bruit que mes autres écrits, est jusqu'à présent un ouvrage unique dans son espèce. J'y saisis l'occasion qui m'était offerte d'apprendre au public comment un particulier pouvait défendre la cause de la vérité contre un souverain même. Il est difficile de prendre en même temps un ton plus fier et plus respectueux que celui que je pris pour lui répondre. J'avais le bonheur d'avoir affaire à un adversaire pour lequel mon cœur plein d'estime pouvait, sans adulation, la lui témoigner; c'est ce que je fis avec assez de succès, mais toujours avec dignité. Mes amis, effrayés pour moi, croyaient déjà me voir à la Bastille. Je n'eus pas cette crainte un seul moment, et j'eus raison. Ce bon prince, après avoir vu ma réponse, dit : J'ai mon compte; je ne m'y frotte plus. Depuis lors, je reçus de lui diverses marques d'estime et de bienveillance, dont j'aurai quelques-unes à citer, et mon écrit courut tranquillement la France et l'Europe, sans que personne y trouvât rien à blâmer.

J'eus peu de temps après un autre adversaire auquel je ne m'étais pas attendu : ce même M. Bordes, de Lyon, qui dix ans auparavant m'avait fait beaucoup d'amitiés et rendu plusieurs services. Je ne l'avais pas oublié, mais je l'avais négligé par paresse; et je ne lui avais pas envoyé mes écrits, faute d'occasion toute trouvée pour les lui faire passer. J'avais donc tort, et il m'attaqua, honnêtement toutefois, et je répondis de même. Il répliqua sur un ton plus décidé. Cela donna lieu à ma dernière réponse, après laquelle il ne dit plus rien; mais il devint mon plus ardent ennemi, saisit le temps de mes malheurs pour faire contre moi d'affreux libelles, et fit un voyage à Londres exprès pour m'y nuire.

Toute cette polémique m'occupait beaucoup, avec beaucoup de perte de temps pour ma copie, peu de progrès pour la vérité, et peu de profit pour ma bourse; Pissot, alors mon libraire, me donnant toujours très peu de chose de mes brochures, souvent rien du tout, et par exemple, je n'eus pas un liard de mon premier *Dis-*

cours, Diderot le lui donna gratuitement; il fallait attendre longtemps, et tirer sol à sol le peu qu'il me donnait; cependant la copie n'allait point. Je faisais deux métiers : c'était le moyen de faire mal l'un et l'autre.

Ils se contrariaient encore d'une autre façon, par les diverses manières de vivre auxquelles ils m'assujettissaient. Le succès de mes premiers écrits m'avait mis à la mode. L'état que j'avais pris excitait la curiosité; l'on voulait connaître cet homme bizarre qui ne recherchait personne, et ne se souciait de rien que de vivre libre et heureux à sa manière : c'en était assez pour qu'il ne le pût point. Ma chambre ne désemplissait pas de gens qui, sous divers prétextes, venaient s'emparer de mon temps. Les femmes employaient mille ruses pour m'avoir à dîner. Plus je brusquais les gens, plus ils s'obstinaient. Je ne pouvais refuser tout le monde. En me faisant mille ennemis par mes refus, j'étais incessamment subjugué par ma complaisance, et de quelque façon que je m'y prisse, je n'avais pas par jour une heure de temps à moi.

Je sentis alors qu'il n'est pas toujours aussi aisé qu'on se l'imagine d'être pauvre et indépendant. Je voulais vivre de mon métier, le public ne le voulait pas. On imaginait mille petits moyens de me dédommager du temps qu'on me faisait perdre. Bientôt il aurait fallu me montrer comme Polichinelle à tant par personne. Je ne connais pas d'assujettissement plus avilissant et plus cruel que celui-là. Je n'y vis de remède que de refuser les cadeaux grands et petits et de ne faire d'exception pour qui que ce fût. Tout cela ne fit qu'attirer les donneurs, qui voulaient avoir la gloire de vaincre ma résistance, et me forcer de leur être obligé malgré moi. Tel qui ne m'aurait pas donné un écu, si je l'avais demandé, ne cessait de m'importuner de ses offres, et, pour se venger de les voir rejetées, taxait mes refus d'arrogance et d'ostentation.

On se doutera bien que le parti que j'avais pris, et le système que je voulais suivre, n'étaient pas du goût de Mme Le Vasseur. Tout le désintéressement de la fille ne l'empêchait pas de suivre les directions de sa mère, et les Gouverneuses, comme les appelait Gauffecourt,

n'étaient pas toujours aussi fermes que moi dans leurs refus. Quoiqu'on me cachât bien des choses, j'en vis assez pour juger que je ne voyais pas tout, et cela me tourmenta, moins par l'accusation de connivence qu'il m'était aisé de prévoir, que par l'idée cruelle de ne pouvoir jamais être maître chez moi ni de moi. Je priais, je conjurais, je me fâchais, le tout sans succès ; la maman me faisait passer pour un grondeur éternel, pour un bourru. C'étaient avec mes amis des chuchoteries continuelles ; tout était mystère et secret pour moi dans mon ménage, et pour ne pas m'exposer sans cesse à des orages, je n'osais plus m'informer de ce qui s'y passait. Il aurait fallu, pour me tirer de tous ces tracas, une fermeté dont je n'étais pas capable. Je savais crier, et non pas agir ; on me laissait dire et l'on allait son train.

Ces tiraillements continuels, et les importunités journalières auxquelles j'étais assujetti, me rendirent enfin ma demeure et le séjour de Paris désagréables. Quand mes incommodités me permettaient de sortir, et que je ne me laissais pas entraîner ici ou là par mes connaissances, j'allais me promener seul ; je rêvais à mon grand système, j'en jetais quelque chose sur le papier, à l'aide d'un livret blanc et d'un crayon que j'avais toujours dans ma poche. Voilà comment les désagréments imprévus d'un état de mon choix me jetèrent par diversion tout à fait dans la littérature, et voilà comment je portai dans tous mes premiers ouvrages la bile et l'humeur qui m'en faisaient occuper.

Une autre chose y contribuait encore. Jeté malgré moi dans le monde sans en avoir le ton, sans être en état de le prendre et de m'y pouvoir assujettir, je m'avisai d'en prendre un à moi qui m'en dispensât. Ma sotte et maussade timidité que je ne pouvais vaincre, ayant pour principe la crainte de manquer aux bienséances, je pris, pour m'enhardir, le parti de les fouler aux pieds. Je me fis cynique et caustique par honte ; j'affectai de mépriser la politesse que je ne savais pas pratiquer. Il est vrai que cette âpreté, conforme à mes nouveaux principes, s'ennoblissait dans mon âme, y prenait l'intrépidité de la vertu, et c'est, je l'ose dire, sur cette auguste base

qu'elle s'est soutenue mieux et plus longtemps qu'on aurait dû l'attendre d'un effort si contraire à mon naturel. Cependant, malgré la réputation de misanthropie que mon extérieur et quelques mots heureux me donnèrent dans le monde, il est certain que, dans le particulier, je soutins toujours mal mon personnage; que mes amis et mes connaissances menaient cet ours si farouche comme un agneau, et que, bornant mes sarcasmes à des vérités dures, mais générales, je n'ai jamais su dire un mot désobligeant à qui que ce fût.

Le Devin du village acheva de me mettre à la mode, et bientôt il n'y eut pas d'homme plus recherché que moi dans Paris. L'histoire de cette pièce, qui fait époque, tient à celle des liaisons que j'avais pour lors. C'est un détail dans lequel je dois entrer pour l'intelligence de ce qui doit suivre.

J'avais un assez grand nombre de connaissances, mais deux seuls amis de choix, Diderot et Grimm. Par un effet du désir que j'ai de rassembler tout ce qui m'est cher, j'étais trop l'ami de tous les deux pour qu'ils ne le fussent pas bientôt l'un de l'autre. Je les liai, ils se convinrent, et s'unirent encore plus étroitement entre eux qu'avec moi. Diderot avait des connaissances sans nombre; mais Grimm, étranger et nouveau venu, avait besoin d'en faire. Je ne demandais pas mieux que de lui en procurer. Je lui avais donné Diderot, je lui donnai Gauffecourt. Je le menai chez Mme de Chenonceaux, chez Mme d'Epinay, chez le baron d'Holbach, avec lequel je me trouvais lié presque malgré moi. Tous mes amis devinrent les siens, cela était tout simple : mais aucun des siens ne devint jamais le mien, voilà ce qui l'était moins. Tandis qu'il logeait chez le comte de Friese, il nous donnait souvent à dîner chez lui; mais jamais je n'ai reçu aucun témoignage d'amitié ni de bienveillance du comte de Friese, ni du comte de Schomberg, son parent, très familier avec Grimm, ni d'aucune des personnes, tant hommes que femmes, avec lesquelles Grimm eut par eux des liaisons. J'excepte le seul abbé Raynal, qui, quoique son ami, se montra des miens, et m'offrit dans l'occasion sa bourse avec une générosité peu commune. Mais je connaissais l'abbé Raynal long-

temps avant que Grimm le ccnnût lui-même, et je lui avais toujours été attaché depuis un procédé plein de délicatesse et d'honnêteté qu'il eut pour moi dans une occasion bien légère, mais que je n'oubliai jamais.

Cet abbé Raynal est certainement un ami chaud. J'en eus la preuve à peu près au temps dont je parle, envers le même Grimm, avec lequel il était très étroitement lié. Grimm, après avoir vu quelque temps de bonne amitié Mlle Fel, s'avisa tout d'un coup d'en devenir éperdument amoureux, et de vouloir supplanter Cahusac. La belle, se piquant de constance, éconduisit ce nouveau prétendant. Celui-ci prit l'affaire au tragique et s'avisa d'en vouloir mourir. Il tomba tout subitement dans la plus étrange maladie dont jamais peut-être on ait ouï parler. Il passait les jours et les nuits dans une continuelle léthargie, les yeux bien ouverts, le pouls bien battant, mais sans parler, sans manger, sans bouger, paraissant quelquefois entendre, mais ne répondant· jamais, pas même par signe, et du reste sans agitation, sans douleur, sans fièvre, et restant là comme s'il eût été mort. L'abbé Raynal et moi nous partageâmes sa garde : l'abbé, plus robuste et mieux portant, y passait les nuits, moi les jours, sans le quitter jamais ensemble; et l'un ne partait jamais que l'autre ne fût arrivé. Le comte de Friese, alarmé, lui amena Sénac, qui, après l'avoir bien examiné, dit que ce ne serait rien, et n'ordonna rien. Mon effroi pour mon ami me fit observer avec soin la contenance du médecin, et je le vis sourire en sortant. Cependant, le malade resta plusieurs jours immobile, sans prendre ni bouillon, ni quoi que ce fût que des cerises confites que je lui mettais de temps en temps sur la langue, et qu'il avalait fort bien. Un beau matin il se leva, s'habilla, et reprit son train de vie ordinaire, sans que jamais il m'ait reparlé, ni, que je sache, à l'abbé Raynal, ni à personne, de cette singulière léthargie, ni des soins que nous lui avions rendus tandis qu'elle avait duré.

Cette aventure ne laissa pas de faire du bruit, et c'eût été réellement une anecdote merveilleuse, que la cruauté d'une fille de l'Opéra eût fait mourir un homme de désespoir. Cette belle passion mit Grimm à la mode;

bientôt il passa pour un prodige d'amour, d'amitié, d'attachement de toute espèce. Cette opinion le fit rechercher et fêter dans le grand monde, et par là l'éloigna de moi, qui jamais n'avais été pour lui qu'un pis-aller. Je le vis prêt à m'échapper tout à fait, car tous les sentiments vifs dont il faisait parade étaient ceux qu'avec moins de bruit j'avais pour lui. J'étais bien aise qu'il réussît dans le monde, mais je n'aurais pas voulu que ce fût en oubliant son ami. Je lui dis un jour : Grimm, vous me négligez; je vous le pardonne. Quand la première ivresse des succès bruyants aura fait son effet, et que vous en sentirez le vide, j'espère que vous reviendrez à moi, et vous me retrouverez toujours. Quant à présent, ne vous gênez point; je vous laisse libre, et je vous attends. Il me dit que j'avais raison, s'arrangea en conséquence, et se mit si bien à son aise, que je ne le vis plus qu'avec nos amis communs.

Notre principal point de réunion, avant qu'il fût aussi lié avec Mme d'Epinay qu'il le fut dans la suite, était la maison du baron d'Holbach. Ce dit baron était un fils de parvenu, qui jouissait d'une assez grande fortune, dont il usait noblement, recevant chez lui des gens de lettres et de mérite, et, par son savoir et ses lumières, tenant bien sa place au milieu d'eux. Lié depuis longtemps avec Diderot, il m'avait recherché par son entremise, même avant que mon nom fût connu. Une répugnance naturelle m'empêcha longtemps de répondre à ses avances. Un jour qu'il m'en demanda la raison, je lui dis : Vous êtes trop riche. Il s'obstina et vainquit enfin. Mon plus grand malheur fut toujours de ne pouvoir résister aux caresses. Je ne me suis jamais bien trouvé d'y avoir cédé.

Une autre connaissance, qui devint amitié sitôt que j'eus un titre pour y prétendre, fut celle de M. Duclos. Il y avait plusieurs années que je l'avais vu pour la première fois, à la Chevrette, chez Mme d'Epinay, avec laquelle il était très bien. Nous ne fîmes que dîner ensemble; il repartit le même jour. Mais nous causâmes quelques moments après le dîner. Mme d'Epinay lui avait parlé de moi et de mon opéra des *Muses galantes*. Duclos, doué de trop grands talents pour ne pas aimer

ceux qui en avaient, s'était prévenu pour moi, m'avait invité à l'aller voir. Malgré mon ancien penchant renforcé par la connaissance, ma timidité, ma paresse, me retinrent tant que je n'eus aucun passeport auprès de lui que sa complaisance; mais encouragé par mon premier succès et par ses éloges qui me revinrent, je fus le voir, il vint me voir, et ainsi commencèrent entre nous des liaisons qui me le rendront toujours cher, et à qui je dois de savoir, outre le témoignage de mon propre cœur, que la droiture et la probité peuvent s'allier quelquefois avec la culture des lettres.

Beaucoup d'autres liaisons moins solides, et dont je ne fais pas ici mention, furent l'effet de mes premiers succès, et durèrent jusqu'à ce que la curiosité fût satisfaite. J'étais un homme sitôt vu, qu'il n'y avait rien à voir de nouveau dès le lendemain. Une femme cependant qui me rechercha dans ce temps-là tint plus solidement que toutes les autres : ce fut Mme la marquise de Créqui, nièce de M. le bailli de Froulay, ambassadeur de Malte, dont le frère avait précédé M. de Montaigu dans l'ambassade de Venise, et que j'avais été voir à mon retour de ce pays-là. Mme de Créqui m'écrivit; j'allai chez elle : elle me prit en amitié. J'y dînais quelquefois; j'y vis plusieurs gens de lettres, et entre autres M. Saurin, l'auteur de *Spartacus*, de *Barnevelt*, etc., devenu depuis lors mon très cruel ennemi, sans que j'en puisse imaginer d'autre cause, sinon que je porte le nom d'un homme que son père a bien vilainement persécuté.

On voit que, pour un copiste qui devait être occupé de son métier du matin jusqu'au soir, j'avais bien des distractions qui ne rendaient pas ma journée fort lucrative, et qui m'empêchaient d'être assez attentif à ce que je faisais pour le bien faire; aussi perdais-je à effacer ou gratter mes fautes, ou à recommencer ma feuille, plus de la moitié du temps qu'on me laissait. Cette importunité me rendait de jour en jour Paris plus insupportable, et me faisait rechercher la campagne avec ardeur. J'allai plusieurs fois passer quelques jours à Marcoussis, dont Mme Le Vasseur connaissait le vicaire, chez lequel nous nous arrangions tous de façon qu'il ne s'en trou-

vait pas mal. Grimm y vint une fois avec nous *. Le
vicaire avait de la voix, chantait bien, et quoiqu'il ne
sût pas la musique, il apprenait sa partie avec beaucoup
de facilité et de précision. Nous y passions le temps à
chanter mes trios de Chenonceaux. J'y en fis deux ou
trois nouveaux, sur des paroles que Grimm et le vicaire
bâtissaient tant bien que mal. Je ne puis m'empêcher
de regretter ces trios faits et chantés dans des moments
de bien pure joie, et que j'ai laissés à Wootton avec
toute ma musique. Mlle Davenport en a peut-être
déjà fait des papillotes; mais ils méritaient d'être conser-
vés et sont pour la plupart d'un très bon contrepoint.
Ce fut après quelqu'un de ces petits voyages, où j'avais
le plaisir de voir la tante à son aise, bien gaie, et où je
m'égayais fort aussi, que j'écrivis au vicaire, fort rapi-
dement et fort mal, une épître en vers qu'on trouvera
parmi mes papiers.

J'avais, plus près de Paris, une autre station fort de
mon goût chez M. Mussard, mon compatriote, mon
parent et mon ami, qui s'était fait à Passy une retraite
charmante, où j'ai coulé de bien paisibles moments.
M. Mussard était un joaillier, homme de bon sens, qui,
après avoir acquis dans son commerce une fortune hon-
nête, et avoir marié sa fille unique à M. de Valmalette,
fils d'un agent de change, et maître d'hôtel du roi,
prit le sage parti de quitter sur ses vieux jours le négoce
et les affaires, et de mettre un intervalle de repos et
de jouissance entre les tracas de la vie et la mort. Le
bonhomme Mussard, vrai philosophe de pratique, vivait
sans souci, dans une maison très agréable qu'il s'était
bâtie, et dans un très joli jardin qu'il avait planté de
ses mains. En fouillant à fond de cuve les terrasses de
ce jardin, il trouva des coquillages fossiles, et il en trouva
en si grande quantité, que son imagination exaltée ne
vit plus que coquilles dans la nature, et qu'il crut enfin

* Puisque j'ai négligé de raconter ici une petite, mais mémorable
aventure, que j'eus là avec ledit M. Grimm, un matin que nous
devions aller dîner à la fontaine de Saint-Wandrille, je n'y reviendrai
pas; mais en y repensant dans la suite, j'en ai conclu qu'il couvait
dès lors, au fond de son cœur, le complot qu'il a exécuté depuis avec
un si prodigieux succès.

tout de bon que l'univers n'était que coquilles, débris de coquilles, et que la terre entière n'était que du cron. Toujours occupé de cet objet et de ses singulières découvertes, il s'échauffa si bien sur ces idées, qu'elles se seraient enfin tournées dans sa tête en système, c'est-à-dire en folie, si, très heureusement pour sa raison, mais bien malheureusement pour ses amis auxquels il était cher, et qui trouvaient chez lui l'asile le plus agréable, la mort ne fût venue le leur enlever par la plus étrange et cruelle maladie. C'était une tumeur dans l'estomac, toujours croissante, qui l'empêchait de manger, sans que durant très longtemps on en trouvât la cause, et qui finit, après plusieurs années de souffrances, par le faire mourir de faim. Je ne puis me rappeler, sans des serrements de cœur, les derniers temps de ce pauvre et digne homme, qui, nous recevant encore avec tant de plaisir Lenieps et moi, les seuls amis que le spectacle des maux qu'il souffrait n'écarta pas de lui jusqu'à sa dernière heure; qui, dis-je, était réduit à dévorer des yeux le repas qu'il nous faisait servir, sans pouvoir presque humer quelques gouttes d'un thé bien léger, qu'il fallait rejeter un moment après. Mais avant ces temps de douleurs, combien j'en ai passés chez lui d'agréables, avec les amis d'élite qu'il s'était faits! A leur tête je mets l'abbé Prévost, homme très aimable et très simple, dont le cœur vivifiait ses écrits, digne de l'immortalité, et qui n'avait rien dans l'humeur, ni dans sa société, du sombre coloris qu'il donnait à ses ouvrages; le médecin Procope, petit Esope à bonnes fortunes; Boulanger, le célèbre auteur posthume du *Despotisme oriental*, et qui je crois étendait les systèmes de Mussard sur la durée du monde. En femmes, Mme Denis, nièce de Voltaire, qui, n'étant alors qu'une bonne femme, ne faisait pas encore du bel esprit; Mme Vanloo, non pas belle assurément, mais charmante, qui chantait comme un ange; Mme de Valmalette elle-même, qui chantait aussi, et qui, quoique fort maigre, eût été très aimable si elle en eût moins eu la prétention. Telle était à peu près la société de M. Mussard, qui m'aurait assez plu, si son tête-à-tête avec sa conchyliomanie ne m'avait plu davantage, et je puis dire que pendant plus de six mois j'ai

travaillé à son cabinet avec autant de plaisir que lui-même.

Il y avait longtemps qu'il prétendait que pour mon état les eaux de Passy me seraient salutaires, et qu'il m'exhortait à les venir prendre chez lui. Pour me tirer un peu de l'urbaine cohue, je me rendis à la fin, et je fus à Passy huit ou dix jours, qui me firent plus de bien parce que j'étais à la campagne que parce que j'y prenais les eaux. Mussard jouait du violoncelle, et aimait passionnément la musique italienne. Un soir, nous en parlâmes beaucoup avant que de nous coucher, et surtout des *opere buffe* que nous avions vus l'un et l'autre en Italie, et dont nous étions tous deux transportés. La nuit, ne dormant pas, j'allais rêver comment on pourrait faire pour donner en France l'idée d'un drame de ce genre; car les *Amours de Ragonde* n'y ressemblaient point du tout. Le matin en me promenant et prenant les eaux, je fis quelques manières de vers très à la hâte, et j'y adaptai des chants qui me vinrent en les faisant. Je barbouillai le tout dans une espèce de salon voûté qui était au haut du jardin; et au thé je ne pus m'empêcher de montrer ces airs à Mussard et à Mlle Duvernois, sa gouvernante, qui était en vérité une très bonne et aimable fille. Les trois morceaux que j'avais esquissés étaient le premier monologue, *J'ai perdu mon serviteur*, l'air du Devin, *L'amour croît s'il s'inquiète*, et le dernier duo, *A jamais, Colin, je t'engage*, etc. J'imaginais si peu que cela valût la peine d'être suivi, que, sans les applaudissements et les encouragements de l'un et de l'autre, j'allais jeter au feu mes chiffons et n'y plus penser, comme j'ai fait tant de fois pour des choses du moins aussi bonnes : mais ils m'excitèrent si bien, qu'en six jours mon drame fut écrit, à quelques vers près, et toute ma musique esquissée, tellement que je n'eus plus à faire à Paris qu'un peu de récitatif et tout le remplissage, et j'achevai le tout avec une telle rapidité, qu'en trois semaines mes scènes furent mises au net et en état d'être représentées. Il n'y manquait que le divertissement, qui ne fut fait que longtemps après.

Echauffé de la composition de cet ouvrage j'avais une grande passion de l'entendre, et j'aurais donné tout au

monde pour le voir représenter à ma fantaisie, à portes fermées, comme on dit que Lulli fit une fois jouer *Armide* pour lui seul. Comme il ne m'était pas possible d'avoir ce plaisir qu'avec le public, il fallait nécessairement, pour jouir de ma pièce, la faire passer à l'Opéra. Malheureusement elle était dans un genre absolument neuf, auquel les oreilles n'étaient point accoutumées; et, d'ailleurs, le mauvais succès des *Muses galantes* me faisait prévoir celui du *Devin*, si je le présentais sous mon nom. Duclos me tira de peine, et se chargea de faire essayer l'ouvrage en laissant ignorer l'auteur. Pour ne pas me déceler, je ne me trouvai point à cette répétition; et les *petits=violons* ★ qui la dirigèrent, ne surent eux-mêmes quel en était l'auteur qu'après qu'une acclamation générale eut attesté la bonté de l'ouvrage. Tous ceux qui l'entendirent en étaient enchantés, au point que dès le lendemain, dans toutes les sociétés, on ne parlait d'autre chose. M. de Cury, intendant des Menus, qui avait assisté à la répétition, demanda l'ouvrage pour être donné à la cour. Duclos, qui savait mes intentions, jugeant que je serais moins le maître de ma pièce à la cour qu'à Paris, la refusa. Cury la réclama d'autorité; Duclos tint bon, et le débat entre eux devint si vif, qu'un jour à l'Opéra ils allaient sortir ensemble, si on ne les eût séparés. On voulut s'adresser à moi : je renvoyai la décision de la chose à M. Duclos. Il fallut retourner à lui. M. le duc d'Aumont s'en mêla. Duclos crut enfin devoir céder à l'autorité, et la pièce fut donnée pour être jouée à Fontainebleau.

La partie à laquelle je m'étais le plus attaché, et où je m'éloignais le plus de la route commune, était le récitatif. Le mien était accentué d'une façon toute nouvelle, et marchait avec le débit de la parole. On n'osa laisser cette horrible innovation, l'on craignait qu'elle ne révoltât les oreilles moutonnières. Je consentis que Francueil et Jelyotte fissent un autre récitatif, mais je ne voulus pas m'en mêler.

Quand tout fut prêt et le jour fixé pour la représen-

★ C'est ainsi qu'on appelait Rebel et Francœur, qui s'étaient fait connaître dès leur jeunesse, en allant toujours ensemble jouer du violon dans les maisons.

tation, l'on me proposa le voyage de Fontainebleau, pour voir au moins la dernière répétition. J'y fus avec Mlle Fel, Grimm, et, je crois, l'abbé Raynal, dans une voiture de la cour. La répétition fut passable; j'en fus plus content que je ne m'y étais attendu. L'orchestre était nombreux, composé de ceux de l'Opéra et de la musique du roi. Jelyotte faisait Colin; Mlle Fel, Colette; Cuvilier, le Devin; les chœurs étaient ceux de l'Opéra. Je dis peu de chose : c'était Jelyotte qui avait tout dirigé; je ne voulus pas contrôler ce qu'il avait fait, et malgré mon ton romain, j'étais honteux comme un écolier au milieu de tout ce monde.

Le lendemain, jour de la représentation, j'allai déjeuner au café du Grand-Commun. Il y avait là beaucoup de monde. On parlait de la répétition de la veille, et de la difficulté qu'il y avait eu d'y entrer. Un officier qui était là dit qu'il y était entré sans peine, conta au long ce qui s'y était passé, dépeignit l'auteur, rapporta ce qu'il avait fait, ce qu'il avait dit; mais ce qui m'émerveilla de ce récit assez long, fait avec autant d'assurance que de simplicité, fut qu'il ne s'y trouva pas un seul mot de vrai. Il m'était très clair que celui qui parlait si savamment de cette répétition n'y avait point été, puisqu'il avait devant les yeux, sans le connaître, cet auteur qu'il disait avoir tant vu. Ce qu'il y eut de plus singulier dans cette scène fut l'effet qu'elle fit sur moi. Cet homme était d'un certain âge; il n'avait point l'air ni le ton fat et avantageux; sa physionomie annonçait un homme de mérite, sa croix de Saint-Louis annonçait un ancien officier. Il m'intéressait malgré son impudence et malgré moi; tandis qu'il débitait ses mensonges je rougissais, je baissais les yeux, j'étais sur les épines; je cherchais quelquefois en moi-même s'il n'y aurait pas moyen de le croire dans l'erreur et de bonne foi. Enfin, tremblant que quelqu'un ne me reconnût et ne lui en fît l'affront, je me hâtai d'achever mon chocolat sans rien dire, et baissant la tête en passant devant lui, je sortis le plus tôt qu'il me fut possible, tandis que les assistants péroraient sur sa relation. Je m'aperçus dans la rue que j'étais en sueur, et je suis sûr que si quelqu'un m'eût reconnu et nommé avant ma sortie, on m'aurait

vu la honte et l'embarras d'un coupable, par le seul
sentiment de la peine que ce pauvre homme aurait à
souffrir si son mensonge était reconnu.

Me voici dans un de ces moments critiques de ma
vie où il est difficile de ne faire que narrer, parce qu'il
est presque impossible que la narration même ne porte
empreinte de censure ou d'apologie. J'essayerai toute-
fois de rapporter comment et sur quels motifs je me
conduisis, sans y ajouter ni louange ni blâme.

J'étais ce jour-là dans le même équipage négligé qui
m'était ordinaire; grande barbe et perruque assez mal
peignée. Prenant ce défaut de décence pour un acte de
courage, j'entrai de cette façon dans la même salle où
devaient arriver, peu de temps après, le Roi, la Reine,
la famille royale et toute la cour. J'allai m'établir dans
la loge où me conduisit M. de Cury, et qui était la sienne.
C'était une grande loge sur le théâtre, vis-à-vis une
petite loge plus élevée, où se plaça le Roi avec Mme de
Pompadour. Environné de dames, et seul homme sur
le devant de la loge, je ne pouvais douter qu'on m'eût
mis là précisément pour être en vue. Quand on eut
allumé, me voyant dans cet équipage, au milieu de gens
tous excessivement parés, je commençai d'être mal à
mon aise : je me demandai si j'étais à ma place, si j'y
étais mis convenablement, et après quelques minutes
d'inquiétude, je me répondis : Oui, avec une intrépidité
qui venait peut-être plus de l'impossibilité de m'en
dédire que de la force de mes raisons. Je me dis : Je
suis à ma place, puisque je vois jouer ma pièce, que j'y
suis invité, que je ne l'ai faite que pour cela, et qu'après
tout personne n'a plus de droit que moi-même à jouir
du fruit de mon travail et de mes talents. Je suis mis
à mon ordinaire, ni mieux ni pis. Si je recommence à
m'asservir à l'opinion dans quelque chose, m'y voilà
bientôt asservi derechef en tout. Pour être toujours moi-
même, je ne dois rougir en quelque lieu que ce soit
d'être mis selon l'état que j'ai choisi : mon extérieur est
simple et négligé, mais non crasseux ni malpropre; la
barbe ne l'est point en elle-même, puisque c'est la nature
qui nous la donne, et que, selon les temps et les modes,
elle est quelquefois un ornement. On me trouvera ridi-

cule, impertinent; eh! que m'importe! Je dois savoir
endurer le ridicule et le blâme, pourvu qu'ils ne soient
pas mérités. Après ce petit soliloque, je me raffermis si
bien, que j'aurais été intrépide si j'eusse eu besoin de
l'être. Mais, soit effet de la présence du maître, soit
naturelle disposition des cœurs, je n'aperçus rien que
d'obligeant et d'honnête dans la curiosité dont j'étais
l'objet. J'en fus touché jusqu'à recommencer d'être
inquiet sur moi-même et sur le sort de ma pièce, crai-
gnant d'effacer des préjugés si favorables, qui semblaient
ne chercher qu'à m'applaudir. J'étais armé contre leur
raillerie; mais leur air caressant, auquel je ne m'étais
pas attendu, me subjugua si bien, que je tremblais
comme un enfant quand on commença.

J'eus bientôt de quoi me rassurer. La pièce fut très
mal jouée quant aux acteurs, mais bien chantée et bien
exécutée quant à la musique. Dès la première scène, qui
véritablement est d'une naïveté touchante, j'entendis
s'élever dans les loges un murmure de surprise et d'ap-
plaudissement jusqu'alors inouï dans ce genre de pièces.
La fermentation croissante alla bientôt au point d'être
sensible dans toute l'assemblée et, pour parler à la Mon-
tesquieu, d'augmenter son effet par son effet même.
A la scène des deux petites bonnes gens, cet effet fut à
son comble. On ne claque point devant le Roi; cela fit
qu'on entendit tout : la pièce et l'auteur y gagnèrent.
J'entendais autour de moi un chuchotement de femmes
qui me semblaient belles comme des anges, et qui s'entre-
disaient à demi-voix : Cela est charmant, cela est ravis-
sant; il n'y a pas un son là qui ne parle au cœur. Le
plaisir de donner de l'émotion à tant d'aimables personnes
m'émut moi-même jusqu'aux larmes; et je ne les pus
contenir au premier duo en remarquant que je n'étais
pas seul à pleurer. J'eus un moment de retour sur moi-
même en me rappelant le concert de M. Treytorens.
Cette réminiscence eut l'effet de l'esclave qui tenait la
couronne sur la tête des triomphateurs; mais elle fut
courte, et je me livrai bientôt pleinement et sans dis-
traction au plaisir de savourer ma gloire. Je suis pour-
tant sûr qu'en ce moment la volupté du sexe y entrait
beaucoup plus que la vanité d'auteur; et sûrement s'il

n'y eût là que des hommes, je n'aurais pas été dévoré, comme je l'étais sans cesse, du désir de recueillir de mes lèvres les délicieuses larmes que je faisais couler. J'ai vu des pièces exciter de plus vifs transports d'admiration, mais jamais une ivresse aussi pleine, aussi douce, aussi touchante, régner dans tout un spectacle, et surtout à la cour, un jour de première représentation. Ceux qui ont vu celle-là doivent s'en souvenir; car l'effet en fut unique.

Le même soir, M. le duc d'Aumont me fit dire de me trouver au château le lendemain sur les onze heures, et qu'il me présenterait au Roi. M. de Cury, qui me fit ce message, ajouta qu'on croyait qu'il s'agissait d'une pension, et que le Roi voulait me l'annoncer lui-même.

Croira-t-on que la nuit qui suivit une aussi brillante journée fut une nuit d'angoisse et de perplexité pour moi ? Ma première idée, après celle de cette présentation, se porta sur un fréquent besoin de sortir, qui m'avait fait beaucoup souffrir le soir même au spectacle, et qui pouvait me tourmenter le lendemain, quand je serais dans la galerie ou dans les appartements du Roi, parmi tous ces grands, attendant le passage de Sa Majesté. Cette infirmité était la principale cause qui me tenait écarté des cercles, et qui m'empêchait d'aller m'enfermer chez des femmes. L'idée seule de l'état où ce besoin pouvait me mettre était capable de me le donner au point de m'en trouver mal, à moins d'un esclandre auquel j'aurais préféré la mort. Il n'y a que les gens qui connaissent cet état qui puissent juger de l'effroi d'en courir le risque.

Je me figurais ensuite devant le Roi, présenté à Sa Majesté, qui daignait s'arrêter et m'adresser la parole. C'était là qu'il fallait de la justesse et de la présence d'esprit pour répondre. Ma maudite timidité, qui me trouble devant le moindre inconnu, m'aurait-elle quitté devant le Roi de France, ou m'aurait-elle permis de bien choisir à l'instant ce qu'il fallait dire ? Je voulais, sans quitter l'air et le ton sévère que j'avais pris, me montrer sensible à l'honneur que me faisait un si grand monarque. Il fallait envelopper quelque grande et utile vérité dans une louange belle et méritée. Pour préparer d'avance

une réponse heureuse, il aurait fallu prévoir juste ce
qu'il pourrait me dire; et j'étais sûr après cela de ne pas
retrouver en sa présence un mot de ce que j'aurais
médité. Que deviendrais-je en ce moment et sous les
yeux de toute la cour, s'il allait m'échapper dans mon
trouble quelqu'une de mes balourdises ordinaires ? Ce
danger m'alarma, m'effraya, me fit frémir au point de
me déterminer, à tout risque, à ne m'y pas exposer.

Je perdais, il est vrai, la pension qui m'était offerte
en quelque sorte; mais je m'exemptais aussi du joug
qu'elle m'eût imposé. Adieu la vérité, la liberté, le cou-
rage. Comment oser désormais parler d'indépendance
et de désintéressement ? Il ne fallait plus que flatter ou
me taire, en recevant cette pension : encore qui m'assu-
rait qu'elle me serait payée ? Que de pas à faire, que de
gens à solliciter! Il m'en coûterait plus de soins, et bien
plus désagréables, pour la conserver, que pour m'en
passer. Je crus donc, en y renonçant, prendre un parti
très conséquent à mes principes, et sacrifier l'apparence
à la réalité. Je dis ma résolution à Grimm, qui n'y opposa
rien. Aux autres j'alléguai ma santé, et je partis le matin
même.

Mon départ fit du bruit et fut généralement blâmé.
Mes raisons ne pouvaient être senties par tout le monde.
M'accuser d'un sot orgueil était bien plus tôt fait, et
contentait mieux la jalousie de quiconque sentait en lui-
même qu'il ne se serait pas conduit ainsi. Le lendemain,
Jelyotte m'écrivit un billet, où il me détailla les succès de
ma pièce et l'engouement où le Roi lui-même en était.
Toute la journée, me marquait-il, Sa Majesté ne cesse
de chanter, avec la voix la plus fausse de son royaume :
J'ai perdu mon serviteur; j'ai perdu tout mon bonheur. Il
ajoutait que, dans la quinzaine, on devait donner une
seconde représentation du *Devin*, qui constat[er]ait aux
yeux de tout le public le plein succès de la première.

Deux jours après, comme j'entrais le soir sur les neuf
heures chez Mme d'Epinay, où j'allais souper, je me vis
croisé par un fiacre à la porte. Quelqu'un qui était dans
ce fiacre me fit signe d'y monter; j'y monte : c'était
Diderot. Il me parla de la pension avec un feu que sur
pareil sujet je n'aurais pas attendu d'un philosophe. Il

ne me fit pas un crime de n'avoir pas voulu être présenté
au Roi; mais il m'en fit un terrible de mon indifférence
pour la pension. Il me dit que, si j'étais désintéressé
pour mon compte, il ne m'était pas permis de l'être
pour celui de Mme Le Vasseur et de sa fille; que je
leur devais de n'omettre aucun moyen possible et hon-
nête de leur donner du pain et comme on ne pouvait
pas dire, après tout, que j'eusse refusé cette pension, il
soutint que, puisqu'on avait paru disposé à me l'ac-
corder, je devais la solliciter et l'obtenir, à quelque prix
que ce fût. Quoique je fusse touché de son zèle, je ne
pus goûter ses maximes, et nous eûmes à ce sujet une
dispute très vive, la première que j'aie eue avec lui; et
nous n'en avons jamais eu que de cette espèce, lui me
prescrivant ce qu'il prétendait que je devais faire, et
moi m'en défendant, parce que je croyais ne le devoir
pas.

Il était tard quand nous nous quittâmes. Je voulus
le mener souper chez Mme. d'Epinay; il ne le voulut
point, et quelque effort que le désir d'unir tous ceux que
j'aime m'ait fait faire en divers temps pour l'engager à
la voir, jusqu'à la mener à sa porte, qu'il nous tint fer-
mée, il s'en est toujours défendu, ne parlant d'elle qu'en
termes très méprisants. Ce ne fut qu'après ma brouillerie
avec elle et avec lui qu'ils se lièrent, et qu'il commença
d'en parler avec honneur.

Depuis lors, Diderot et Grimm semblèrent prendre
à tâche d'aliéner de moi les Gouverneuses, leur faisant
entendre que si elles n'étaient pas plus à leur aise, c'était
mauvaise volonté de ma part, et qu'elles ne feraient
jamais rien avec moi. Ils tâchaient de les engager à me
quitter, leur promettant un regrat de sel, un bureau à
tabac et je ne sais quoi encore, par le crédit de
Mme d'Epinay. Ils voulurent même entraîner Duclos,
ainsi que d'Holbach, dans leur ligue, mais le premier
s'y refusa toujours. J'eus alors quelque vent de tout ce
manège; mais je ne l'appris bien distinctement que
longtemps après, et j'eus souvent à déplorer le zèle
aveugle et peu discret de mes amis, qui cherchant à me
réduire, incommodé comme j'étais, à la plus triste soli-
tude, travaillaient dans leur idée à me rendre heureux

par les moyens les plus propres en effet à me rendre
misérable.

Le carnaval suivant, 1753, le *Devin* fut joué à Paris et
j'eus le temps, dans cet intervalle, d'en faire l'ouverture
et le divertissement. Ce divertissement, tel qu'il est gravé,
devait être en action d'un bout à l'autre, et dans un sujet
suivi, qui, selon moi, fournissait des tableaux très
agréables. Mais quand je proposai cette idée à l'Opéra,
on ne m'entendit seulement pas, et il fallut coudre des
chants et des danses à l'ordinaire : cela fit que ce diver-
tissement, quoique plein d'idées charmantes, qui ne
déparent point les scènes, réussit très médiocrement.
J'ôtai le récitatif de Jelyotte, et je rétablis le mien, tel
que je l'avais fait d'abord et qu'il est gravé ; et ce récitatif,
un peu francisé, je l'avoue, c'est-à-dire traîné par les
acteurs, loin de choquer personne, n'a pas moins réussi
que les airs, et a paru, même au public, tout aussi bien
fait pour le moins. Je dédiai ma pièce à M. Duclos, qui
l'avait protégée, et je déclarai que ce serait ma seule
dédicace. J'en ai pourtant fait une seconde avec son
consentement ; mais il a dû se tenir encore plus honoré
de cette exception, que si je n'en avais fait aucune.

J'ai sur cette pièce beaucoup d'anecdotes, sur les-
quelles des choses plus importantes à dire ne me laissent
pas le loisir de m'étendre ici. J'y reviendrai peut-être
un jour dans le supplément. Je n'en saurais pourtant
omettre une qui peut avoir trait à tout ce qui suit. Je
visitais un jour dans le cabinet du baron d'Holbach sa
musique ; après en avoir parcouru de beaucoup d'espèces,
il me dit, en me montrant un recueil de pièces de cla-
vecin : Voilà des pièces qui ont été composées pour moi ;
elles sont pleines de goût, bien chantantes ; personne ne
les connaît ni ne les verra que moi seul. Vous en devriez
choisir quelqu'une pour l'insérer dans votre divertisse-
ment. Ayant dans la tête des sujets d'air, et de sympho-
nies beaucoup plus que je n'en pouvais employer, je me
souciais très peu des siens. Cependant il me pressa tant,
que par complaisance je choisis une pastorale que j'abré-
geai, et que je mis en trio pour l'entrée des compagnes
de Colette. Quelques mois après, et tandis qu'on repré-
sentait le *Devin*, entrant un jour chez Grimm, je trouvai

du monde autour de son clavecin, d'où il se leva brusquement à mon arrivée. En regardant machinalement sur son pupitre, j'y vis ce même recueil du baron d'Holbach, ouvert précisément à cette même pièce qu'il m'avait pressé de prendre, en m'assurant qu'elle ne sortirait jamais de ses mains. Quelque temps après je vis encore ce même recueil ouvert sur le clavecin de M. d'Epinay, un jour qu'il avait musique chez lui. Grimm ni personne ne m'a jamais parlé de cet air, et je n'en parle ici moi-même que parce qu'il se répandit quelque temps après un bruit que je n'étais pas l'auteur du *Devin du village*. Comme je ne fus jamais un grand croque-note, je suis persuadé que sans mon *Dictionnaire de Musique* on aurait dit à la fin que je ne la savais pas [*].

Quelque temps avant qu'on donnât *Le Devin du village*, il était arrivé à Paris des Bouffons italiens, qu'on fit jouer sur le théâtre de l'Opéra sans prévoir l'effet qu'ils y allaient faire. Quoiqu'ils fussent détestables, et que l'orchestre, alors très ignorant, estropiât à plaisir les pièces qu'ils donnèrent, elles ne laissèrent pas de faire à l'Opéra français un tort qu'il n'a jamais réparé. La comparaison de ces deux musiques, entendues le même jour, sur le même théâtre, déboucha les oreilles françaises. Il n'y en eut point qui pût endurer la traînerie de leur musique, après l'accent vif et marqué de l'italienne. Sitôt que les Bouffons avaient fini, tout s'en allait. On fut forcé de changer l'ordre, et de mettre les Bouffons à la fin. On donnait *Eglé*, *Pygmalion*, *Le Sylphe;* rien ne tenait. Le seul *Devin du village* soutint la comparaison, et plut encore après la *Serva padrona*. Quand je composai mon intermède, j'avais l'esprit rempli de ceux-là; ce furent eux qui m'en donnèrent l'idée, et j'étais bien éloigné de prévoir qu'on les passerait en revue à côté de lui. Si j'eusse été un pillard, que de vols seraient alors devenus manifestes, et combien on eût pris soin de les faire sentir! Mais rien: on a eu beau faire, on n'a pas trouvé dans ma musique la moindre réminiscence d'aucune autre; et tous mes chants, comparés aux pré-

[*] Je ne prévoyais guère encore qu'on le dirait enfin malgré le Dictionnaire.

tendus originaux, se sont trouvés aussi neufs que le caractère de musique que j'avais créé. Si l'on eût mis Mondonville ou Rameau à pareille épreuve, ils n'en seraient sortis qu'en lambeaux.

Les Bouffons firent à la musique italienne des sectateurs très ardents. Tout Paris se divisa en deux partis plus échauffés que s'il se fût agi d'une affaire d'État ou de religion. L'un, plus puissant, plus nombreux, composé des grands, des riches et des femmes, soutenait la musique française; l'autre, plus vif, plus fier, plus enthousiaste, était composé des vrais connaisseurs, des gens à talents, des hommes de génie. Son petit peloton se rassemblait à l'Opéra, sous la loge de la Reine. L'autre parti remplissait tout le reste du parterre et de la salle; mais son foyer principal était sous la loge du Roi. Voilà d'où vinrent ces noms de partis célèbres dans ce temps-là, de *Coin du Roi* et de *Coin de la Reine*. La dispute, en s'animant, produisit des brochures. Le coin du Roi voulut plaisanter; il fut moqué par *Le Petit Prophète*: il voulut se mêler de raisonner; il fut écrasé par la *Lettre sur la musique française*. Ces deux petits écrits, l'un de Grimm, et l'autre de moi, sont les seuls qui survivent à cette querelle; tous les autres sont déjà morts.

Mais *Le Petit Prophète*, qu'on s'obstina longtemps à m'attribuer malgré moi, fut pris en plaisanterie, et ne fit pas la moindre peine à son auteur; au lieu que la *Lettre sur la musique* fut prise au sérieux, et souleva contre moi toute la nation, qui se crut offensée dans sa musique. La description de l'incroyable effet de cette brochure serait digne de la plume de Tacite. C'était le temps de la grande querelle du Parlement et du Clergé. Le Parlement venait d'être exilé; la fermentation était au comble; tout menaçait d'un prochain soulèvement. La brochure parut; à l'instant toutes les autres querelles furent oubliées; on ne songea qu'au péril de la musique française, et il n'y eut plus de soulèvement que contre moi. Il fut tel que la nation n'en est jamais bien revenue. A la cour on ne balançait qu'entre la Bastille et l'exil, et la lettre de cachet allait être expédiée, si M. de Voyer n'en eût fait sentir le ridicule. Quand on lira que cette brochure a peut-être empêché une révolution dans l'État,

on croira rêver. C'est pourtant une vérité bien réelle, que tout Paris peut encore attester, puisqu'il n'y a pas aujourd'hui plus de quinze ans de cette singulière anecdote.

Si l'on n'attenta pas à ma liberté, l'on ne m'épargna pas du moins les insultes; ma vie même fut en danger. L'orchestre de l'Opéra fit l'honnête complot de m'assassiner quand j'en sortirais. On me le dit : je n'en fus que plus assidu à l'Opéra; et je ne sus que longtemps après que M. Ancelet, officier des mousquetaires, qui avait de l'amitié pour moi, avait détourné l'effet du complot en me faisant escorter à mon insu à la sortie du spectacle. La ville venait d'avoir la direction de l'Opéra. Le premier exploit du prévôt des marchands fut de me faire ôter mes entrées, et cela de la façon la plus malhonnête qu'il fût possible, c'est-à-dire en me les faisant refuser publiquement à mon passage; de sorte que je fus obligé de prendre un billet d'amphithéâtre, pour n'avoir pas l'affront de m'en retourner ce jour-là. L'injustice était d'autant plus criante que le seul prix que j'avais mis à ma pièce, en la leur cédant, était mes entrées à perpétuité; car, quoique ce fût un droit pour tous les auteurs, et que j'eusse ce droit à double titre, je ne laissai pas de le stipuler expressément en présence de M. Duclos. Il est vrai qu'on m'envoya pour mes honoraires, par le caissier de l'Opéra, cinquante louis que je n'avais pas demandés; mais, outre que ces cinquante louis ne faisaient pas même la somme qui me revenait dans les règles, ce paiement n'avait rien de commun avec le droit d'entrée, formellement stipulé, et qui en était entièrement indépendant. Il y avait dans ce procédé une telle complication d'iniquité et de brutalité, que le public, alors dans sa plus grande animosité contre moi, ne laissa pas d'en être unanimement choqué; et tel qui m'avait insulté la veille, criait le lendemain tout haut dans la salle qu'il était honteux d'ôter ainsi les entrées à un auteur qui les avait si bien méritées, et qui pouvait même les réclamer pour deux. Tant est juste le proverbe italien, qu'*ogn'un ama la giustizia in casa d'altrui*.

Je n'avais là-dessus qu'un parti à prendre; c'était de réclamer mon ouvrage, puisqu'on m'en ôtait le prix

convenu. J'écrivis pour cet effet à M. d'Argenson qui avait le département de l'Opéra; et je joignis à ma lettre un mémoire qui était sans réplique, et qui demeura sans réponse et sans effet, ainsi que ma lettre. Le silence de cet homme injuste me resta sur le cœur, et ne contribua pas à augmenter l'estime très médiocre que j'eus toujours pour son caractère et pour ses talents. C'est ainsi qu'on a gardé ma pièce à l'Opéra, en me frustrant du prix pour lequel je l'avais cédée. Du faible au fort, ce serait voler; du fort au faible, c'est seulement s'approprier le bien d'autrui.

Quant au produit pécuniaire de cet ouvrage, quoiqu'il ne m'ait pas rapporté le quart de ce qu'il aurait rapporté dans les mains d'un autre, il ne laissa pas d'être assez grand pour me mettre en état de subsister plusieurs années, et suppléer la copie qui allait toujours assez mal. J'eus cent louis du Roi, cinquante de Mme de Pompadour pour la représentation de Bellevue, où elle fit elle-même le rôle de Colin; cinquante de l'Opéra, et cinq cents francs de Pissot pour la gravure; en sorte que cet intermède, qui ne me coûta jamais que cinq ou six semaines de travail, me rapporta presque autant d'argent, malgré mon malheur et ma balourdise, que m'en a depuis rapporté l'*Emile*, qui m'avait coûté vingt ans de méditations et trois ans de travail. Mais je payai bien l'aisance pécuniaire où me mit cette pièce, par les chagrins infinis qu'elle m'attira. Elle fut le germe des secrètes jalousies qui n'ont éclaté que longtemps après. Depuis son succès, je ne remarquai plus ni dans Grimm, ni dans Diderot, ni dans presque aucun des gens de lettres de ma connaissance, cette cordialité, cette franchise, ce plaisir de me voir, que j'avais cru trouver en eux jusqu'alors. Dès que je paraissais chez le Baron, la conversation cessait d'être générale. On se rassemblait par petits pelotons, on se chuchotait à l'oreille, et je restais seul sans savoir avec qui parler. J'endurai longtemps ce choquant abandon et voyant que Mme d'Holbach, qui était douce et aimable, me recevait toujours bien, je supportai les grossièretés de son mari tant qu'elles furent supportables. Mais un jour il m'entreprit sans sujet, sans prétexte, et avec une telle brutalité devant

Diderot, qui ne dit pas un mot, et devant Margency, qui m'a dit souvent depuis lors avoir admiré la douceur et la modération de mes réponses, qu'enfin chassé de chez lui par ce traitement indigne, j'en sortis résolu de n'y plus rentrer. Cela ne m'empêcha pas de parler toujours honorablement de lui et de sa maison; tandis qu'il ne s'exprimait jamais sur mon compte qu'en termes outrageants, méprisants, sans me désigner autrement que par *ce petit cuistre*, et sans pouvoir cependant articuler aucun tort d'aucune espèce que j'aie eu jamais avec lui, ni avec personne à laquelle il prît intérêt. Voilà comment il finit par vérifier mes prédictions et mes craintes. Pour moi, je crois que mesdits amis m'auraient pardonné de faire des livres, et d'excellents livres, parce que cette gloire ne leur était pas étrangère; mais qu'ils ne purent me pardonner d'avoir fait un opéra, ni les succès brillants qu'eut cet ouvrage, parce qu'aucun d'eux n'était en état de courir la même carrière, ni d'aspirer aux mêmes honneurs. Duclos seul, au-dessus de cette jalousie, parut même augmenter d'amitié pour moi, et m'introduisit chez Mlle Quinault, où je trouvai autant d'attentions, d'honnêtetés, de caresses, que j'avais peu trouvé de tout cela chez M. d'Holbach.

Tandis qu'on jouait *Le Devin du village* à l'Opéra, il était aussi question de son auteur à la Comédie-Française, mais un peu moins heureusement. N'ayant pu, dans sept ou huit ans, faire jouer mon *Narcisse* aux Italiens, je m'étais dégoûté de ce théâtre, par le mauvais jeu des acteurs dans le français, et j'aurais bien voulu avoir fait passer ma pièce aux Français, plutôt que chez eux. Je parlai de ce désir au comédien La Noue, avec lequel j'avais fait connaissance, et qui, comme on sait, était homme de mérite et auteur. *Narcisse* lui plut, il se chargea de le faire jouer anonyme, et en attendant il me procura les entrées qui me furent d'un grand agrément, car j'ai toujours préféré le Théâtre-Français aux deux autres. La pièce fut reçue avec applaudissement, et représentée sans qu'on en nommât l'auteur; mais j'ai lieu de croire que les comédiens et bien d'autres ne l'ignoraient pas. Les demoiselles Gaussin et Grandval jouaient les rôles d'amoureuses; et quoique l'intelligence du tout

fût manquée, à mon avis, on ne pouvait pas appeler cela
une pièce absolument mal jouée. Toutefois je fus sur-
pris et touché de l'indulgence du public, qui eut la
patience de l'entendre tranquillement d'un bout à l'autre,
et d'en souffrir même une seconde représentation, sans
donner le moindre signe d'impatience. Pour moi, je
m'ennuyai tellement à la première, que je ne pus tenir
jusqu'à la fin, et sortant du spectacle, j'entrai au café
de Procope où je trouvai Boissy et quelques autres, qui
probablement s'étaient ennuyés comme moi. Là, je dis
hautement mon *peccavi*, m'avouant humblement ou fiè-
rement l'auteur de la pièce, et en parlant comme tout
le monde en pensait. Cet aveu public de l'auteur d'une
mauvaise pièce qui tombe fut fort admiré, et me parut
très peu pénible. J'y trouvai même un dédommagement
d'amour-propre dans le courage avec lequel il fut fait,
et je crois qu'il y eut en cette occasion plus d'orgueil à
parler, qu'il n'y aurait eu de sotte honte à se taire.
Cependant, comme il était sûr que la pièce, quoique gla-
cée à la représentation, soutenait la lecture, je la fis
imprimer, et dans la préface, qui est un de mes bons
écrits, je commençai de mettre à découvert mes prin-
cipes, un peu plus que je n'avais fait jusqu'alors.

J'eus bientôt occasion de les développer tout à fait
dans un ouvrage de plus grande importance; car ce fut,
je pense, en cette année 1753, que parut le programme
de l'Académie de Dijon sur l'*Origine de l'inégalité parmi
les hommes*. Frappé de cette grande question, je fus sur-
pris que cette Académie eût osé la proposer; mais, puis-
qu'elle avait eu ce courage, je pouvais bien avoir celui
de la traiter et je l'entrepris.

Pour méditer à mon aise ce grand sujet, je fis à Saint-
Germain un voyage de sept ou huit jours, avec Thérèse,
notre hôtesse, qui était une bonne femme, et une de ses
amies. Je compte cette promenade pour une des plus
agréables de ma vie. Il faisait très beau; ces bonnes
femmes se chargèrent des soins et de la dépense; Thérèse
s'amusait avec elles; et moi, sans souci de rien, je venais
m'égayer sans gêne aux heures des repas. Tout le reste
du jour, enfoncé dans la forêt, j'y cherchais, j'y trouvais
l'image des premiers temps, dont je traçais fièrement

l'histoire ; je faisais main basse sur les petits mensonges des hommes ; j'osais dévoiler à nu leur nature, suivre le progrès du temps et des choses qui l'ont défigurée, et comparant l'homme de l'homme avec l'homme naturel, leur montrer dans son perfectionnement prétendu la véritable source de ses misères. Mon âme, exaltée par ces contemplations sublimes, s'élevait auprès de la Divinité, et voyant de là mes semblables suivre, dans l'aveugle route de leurs préjugés, celle de leurs erreurs, de leurs malheurs, de leurs crimes, je leur criais d'une faible voix qu'ils ne pouvaient entendre : Insensés qui vous plaignez sans cesse de la nature, apprenez que tous vos maux vous viennent de vous.

De ces méditations résulta le *Discours sur l'Inégalité*, ouvrage qui fut plus du goût de Diderot que tous mes autres écrits, et pour lequel ses conseils me furent le plus utiles *, mais qui ne trouva dans toute l'Europe que peu de lecteurs qui l'entendissent, et aucun de ceux-là qui voulût en parler. Il avait été fait pour concourir au prix, je l'envoyai donc, mais sûr d'avance qu'il ne l'aurait pas, et sachant bien que ce n'est pas pour des pièces de cette étoffe que sont fondés les prix des académies.

Cette promenade et cette occupation firent du bien à mon humeur et à ma santé. Il y avait déjà plusieurs années que, tourmenté de ma rétention, je m'étais livré tout à fait aux médecins, qui, sans alléger mon mal, avaient épuisé mes forces et détruit mon tempérament. Au retour de Saint-Germain, je me trouvai plus de forces, et me sentis beaucoup mieux. Je suivis cette indication, et résolu de guérir ou mourir sans médecins et sans remèdes, je leur dis adieu pour jamais, et je me mis à vivre au jour la journée, restant coi quand je ne

* Dans le temps que j'écrivais ceci, je n'avais encore aucun soupçon du grand complot de Diderot et de Grimm, sans quoi j'aurais aisément reconnu combien le premier abusait de ma confiance, pour donner à mes écrits ce ton dur et cet air noir qu'ils n'eurent plus quand il cessa de me diriger. Le morceau du philosophe qui s'argumente en se bouchant les oreilles pour s'endurcir aux plaintes d'un malheureux est de sa façon, et il m'en avait fourni d'autres plus forts encore, que je ne pus me résoudre à employer. Mais attribuant cette humeur noire à celle que lui avait donnée le Donjon de Vincennes, et dont on retrouve dans son *Clairval* une assez forte dose, il ne me vint jamais à l'esprit d'y soupçonner la moindre méchanceté.

pouvais aller, et marchant sitôt que j'en avais la force.
Le train de Paris parmi les gens à prétentions était si
peu de mon goût; les cabales des gens de lettres, leurs
honteuses querelles, leur peu de bonne foi dans leurs
livres, leurs airs tranchants dans le monde m'étaient si
odieux, si antipathiques; je trouvais si peu de douceur,
d'ouverture de cœur, de franchise dans le commerce
même de mes amis, que, rebuté de cette vie tumultueuse,
je commençais de soupirer ardemment après le séjour de
la campagne, et ne voyant pas que mon métier me per-
mît de m'y établir, j'y courais du moins passer les heures
que j'avais de libres. Pendant plusieurs mois, d'abord
après mon dîner, j'allais me promener seul au Bois de
Boulogne, méditant des sujets d'ouvrages, et je ne reve-
nais qu'à la nuit.

Gauffecourt, avec lequel j'étais alors extrêmement lié,
se voyant obligé d'aller à Genève pour son emploi, me
proposa ce voyage; j'y consentis. Je n'étais pas assez
bien pour me passer des soins de la Gouverneuse : il
fut décidé qu'elle serait du voyage, que sa mère garde-
rait la maison, et tous nos arrangements pris, nous par-
tîmes tous trois ensemble le premier juin 1754.

Je dois noter ce voyage comme l'époque de la pre-
mière expérience qui, jusqu'à l'âge de quarante-deux ans
que j'avais alors, ait porté atteinte au naturel pleinement
confiant avec lequel j'étais né, et auquel je m'étais tou-
jours livré sans réserve et sans inconvénient. Nous avions
un carrosse bourgeois, qui nous menait avec les mêmes
chevaux à très petites journées. Je descendais et mar-
chais souvent à pied. A peine étions-nous à la moitié
de notre route, que Thérèse marqua la plus grande
répugnance à rester seule dans la voiture avec Gauffe-
court, et que quand, malgré ses prières, je voulais des-
cendre, elle descendait et marchait aussi. Je la grondai
longtemps de ce caprice, et même je m'y opposai tout à
fait, jusqu'à ce qu'elle se vît forcée enfin à m'en déclarer
la cause. Je crus rêver, je tombai des nues quand j'ap-
pris que mon ami M. de Gauffecourt, âgé de plus de
soixante ans, podagre, impotent, usé de plaisirs et de
jouissances, travaillait depuis notre départ à corrompre
une personne qui n'était plus ni belle ni jeune, qui

appartenait à son ami, et cela par les moyens les plus bas, les plus honteux, jusqu'à lui présenter sa bourse, jusqu'à tenter de l'émouvoir par la lecture d'un livre abominable, et par la vue des figures infâmes dont il était plein. Thérèse, indignée, lui lança une fois son vilain livre par la portière, et j'appris que le premier jour, une violente migraine m'ayant fait aller coucher sans souper, il avait employé tout le temps de ce tête-à-tête à des tentatives et des manœuvres plus dignes d'un satyre et d'un bouc que d'un honnête homme auquel j'avais confié ma compagne et moi-même. Quelle surprise! quel serrement de cœur tout nouveau pour moi! Moi qui jusqu'alors avais cru l'amitié inséparable de tous les sentiments aimables et nobles qui font tout son charme, pour la première fois de ma vie je me vois forcé de l'allier au dédain, et d'ôter ma confiance et mon estime à un homme que j'aime et dont je me crois aimé! Le malheureux me cachait sa turpitude. Pour ne pas exposer Thérèse, je me vis forcé de lui cacher mon mépris, et de recéler au fond de mon cœur des sentiments qu'il ne devait pas connaître. Douce et sainte illusion de l'amitié! Gauffecourt leva le premier son voile à mes yeux. Que de mains cruelles l'ont empêché depuis lors de retomber!

A Lyon, je quittai Gauffecourt pour prendre ma route par la Savoie, ne pouvant me résoudre à passer derechef si près de Maman sans la revoir. Je la revis... Dans quel état, mon Dieu! quel avilissement! Que lui restait-il de sa vertu première? Etait-ce la même Mme de Warens, jadis si brillante, à qui le curé de Pontverre m'avait adressé? Que mon cœur fut navré! Je ne vis plus pour elle d'autre ressource que de se dépayser. Je lui réitérai vivement et vainement les instances que je lui avais faites plusieurs fois dans mes lettres, de venir vivre paisiblement avec moi, qui voulais consacrer mes jours et ceux de Thérèse à rendre les siens heureux. Attachée à sa pension, dont cependant, quoique exactement payée, elle ne tirait plus rien depuis longtemps, elle ne m'écouta pas. Je lui fis encore quelque légère part de ma bourse, bien moins que je n'aurais dû, bien moins que je n'aurais fait, si je n'eusse été parfaitement sûr qu'elle n'en

profiterait pas d'un sol. Durant mon séjour à Genève,
elle fit un voyage en Chablais, et vint me voir à Grange-
Canal. Elle manquait d'argent pour achever son voyage;
je n'avais pas sur moi ce qu'il fallait pour cela; je le
lui envoyai une heure après par Thérèse. Pauvre Maman!
Que je dise encore ce trait de son cœur. Il ne lui restait
pour dernier bijou qu'une petite bague. Elle l'ôta de
son doigt pour la mettre à celui de Thérèse, qui la remit
à l'instant au sien, en baisant cette noble main qu'elle
arrosa de ses pleurs. Ah! c'était alors le moment d'ac-
quitter ma dette! Il fallait tout quitter pour la suivre,
m'attacher à elle jusqu'à sa dernière heure, et partager
son sort quel qu'il fût. Je n'en fis rien; distrait par un
autre attachement, je sentis relâcher le mien pour elle,
faute d'espoir de pouvoir le lui rendre utile. Je gémis
sur elle, et ne la suivis pas. De tous les remords que
j'ai sentis en ma vie, voilà le plus vif et le plus perma-
nent. Je méritai par là les châtiments terribles qui depuis
lors n'ont cessé de m'accabler : puissent-ils avoir expié
mon ingratitude! Elle fut dans ma conduite; mais elle
a trop déchiré mon cœur pour que jamais ce cœur ait
été celui d'un ingrat.

Avant mon départ de Paris, j'avais esquissé la dédi-
cace de mon *Discours sur l'Inégalité*. Je l'achevai à
Chambéry, et la datai du même lieu, jugeant qu'il était
mieux, pour éviter toute chicane, de ne la dater ni de
France ni de Genève. Arrivé dans cette ville, je me livrai
à l'enthousiasme républicain qui m'y avait amené. Cet
enthousiasme augmenta par l'accueil que j'y reçus. Fêté,
caressé dans tous les Etats, je me livrai tout entier au
zèle patriotique, et, honteux d'être exclu de mes droits
de citoyen par la profession d'un autre culte que celui
de mes pères, je résolus de reprendre ouvertement ce
dernier. Je pensais que l'Evangile étant le même pour
tous les chrétiens, et le fond du dogme n'étant différent
qu'en ce qu'on se mêlait d'expliquer ce qu'on ne pou-
vait entendre, il appartenait en chaque pays au seul sou-
verain de fixer et le culte et ce dogme inintelligible, et
qu'il était par conséquent du devoir du citoyen d'ad-
mettre le dogme et de suivre le culte prescrit par la loi.
La fréquentation des Encyclopédistes, loin d'ébranler

ma foi, l'avait affermie par mon aversion naturelle pour
la dispute et pour les partis. L'étude de l'homme et de
l'univers m'avait montré partout les causes finales et
l'intelligence qui les dirigeait. La lecture de la Bible, et
surtout de l'Evangile, à laquelle je m'appliquais depuis
quelques années, m'avait fait mépriser les basses et sottes
interprétations que donnaient à Jésus-Christ les gens les
moins dignes de l'entendre. En un mot, la philosophie,
en m'attachant à l'essentiel de la Religion, m'avait déta-
ché de ce fatras de petites formules dont les hommes
l'ont offusquée. Jugeant qu'il n'y avait pas pour un
homme raisonnable deux manières d'être chrétien, je
jugeais aussi que tout ce qui est forme et discipline était
dans chaque pays du ressort des lois. De ce principe si
sensé, si social, si pacifique, et qui m'a attiré de si cruelles
persécutions, il s'ensuivait que, voulant être citoyen, je
devais être protestant, et rentrer dans le culte établi dans
mon pays. Je m'y déterminai; je me soumis même aux
instructions du pasteur de la paroisse où je logeais,
laquelle était hors la ville. Je désirai seulement de n'être
pas obligé de paraître en Consistoire. L'Edit Ecclésias-
tique cependant y était formel; on voulut bien y déroger
en ma faveur, et l'on nomma une commission de cinq
ou six membres pour recevoir en particulier ma pro-
fession de foi. Malheureusement le ministre Perdriau,
homme aimable et doux, avec qui j'étais lié, s'avisa de
me dire qu'on se réjouissait de m'entendre parler dans
cette petite assemblée. Cette attente m'effraya si fort,
qu'ayant étudié jour et nuit, pendant trois semaines, un
petit discours que j'avais préparé, je me troublai lorsqu'il
fallut le réciter, au point de n'en pouvoir pas dire un
seul mot, et je fis dans cette conférence le rôle du plus
sot écolier. Les commissaires parlaient pour moi; je
répondais bêtement *oui* et *non;* ensuite je fus admis à la
communion, et réintégré dans mes droits de Citoyen :
je fus incrit comme tel dans le rôle des gardes que payent
les seuls citoyens et bourgeois, et j'assistai à un conseil
général extraordinaire, pour recevoir le serment du syn-
dic Mussard. Je fus si touché des bontés que me témoi-
gnèrent en cette occasion le Conseil, le Consistoire, et
des procédés obligeants et honnêtes de tous les magis-

trats, ministres et citoyens, que pressé par le bonhomme
De Luc, qui m'obsédait sans cesse, et encore plus par
mon propre penchant, je ne songeai à retourner à Paris
que pour dissoudre mon ménage, mettre en règle mes
petites affaires, placer Mme Le Vasseur et son mari, ou
pourvoir à leur subsistance, et revenir avec Thérèse
m'établir à Genève pour le reste de mes jours.

Cette résolution prise, je fis trêve aux affaires sérieuses
pour m'amuser avec mes amis jusqu'au temps de mon
départ. De tous ces amusements celui qui me plut
davantage, fut une promenade autour du lac, que je fis
en bateau avec De Luc père, sa bru, ses deux fils et ma
Thérèse. Nous mîmes sept jours à cette tournée, par le
plus beau temps du monde. J'en gardai le vif souvenir
des sites qui m'avaient frappé à l'autre extrémité du lac,
et dont je fis la description, quelques années après, dans
la Nouvelle Héloïse.

Les principales liaisons que je fis à Genève, outre les
De Luc, dont j'ai parlé, furent le jeune ministre Vernes,
que j'avais déjà connu à Paris, et dont j'augurais mieux
qu'il n'a valu dans la suite; M. Perdriau, alors pasteur
de campagne, aujourd'hui professeur de belles-lettres,
dont la société, pleine de douceur et d'aménité, me sera
toujours regrettable, quoiqu'il ait cru du bel air de se
détacher de moi; M. Jalabert, alors professeur de phy-
sique, depuis conseiller et syndic, auquel je lus mon
Discours sur l'Inégalité (mais non pas la dédicace), et
qui en parut transporté; le professeur Lullin, avec lequel,
jusqu'à sa mort, je suis resté en correspondance, et qui
m'avait même chargé d'emplettes de livres pour la
Bibliothèque; le professeur Vernet, qui me tourna le
dos, comme tout le monde, après que je lui eus donné
des preuves d'attachement et de confiance qui l'auraient
dû toucher, si un théologien pouvait être touché de
quelque chose; Chappuis, commis et successeur de Gauf-
fecourt, qu'il voulut supplanter et qui bientôt fut sup-
planté lui-même; Marcet de Mézières, ancien ami de
mon père, et qui s'était aussi montré le mien; mais qui
après avoir jadis bien mérité de la patrie, s'étant fait
auteur dramatique, et prétendant aux Deux-Cents, chan-
gea de maximes, et devint ridicule avant sa mort. Mais

celui de tous dont j'attendis davantage, fut Moultou, jeune homme de la plus grande espérance par ses talents, par son esprit plein de feu, que j'ai toujours aimé, quoique sa conduite à mon égard ait été souvent équivoque, et qu'il ait des liaisons avec mes plus cruels ennemis, mais qu'avec tout cela, je ne puis m'empêcher de regarder encore comme appelé à être un jour le défenseur de ma mémoire et le vengeur de son ami.

Au milieu de ces dissipations, je ne perdis ni le goût ni l'habitude de mes promenades solitaires, et j'en faisais souvent d'assez grandes sur les bords du lac, durant lesquelles ma tête, accoutumée au travail, ne demeurait pas oisive. Je digérais le plan déjà formé de mes *Institutions politiques*, dont j'aurai bientôt à parler ; je méditais une *Histoire du Valais*, un plan de tragédie en prose, dont le sujet, qui n'était pas moins que Lucrèce, ne m'ôtait pas l'espoir d'atterrer les rieurs, quoique j'osasse laisser paraître encore cette infortunée, quand elle ne le peut plus sur aucun théâtre français. Je m'essayais en même temps sur Tacite, et je traduisis le premier livre de son histoire, qu'on trouvera parmi mes papiers.

Après quatre mois de séjour à Genève, je retournai au mois d'octobre à Paris, et j'évitai de passer par Lyon, pour ne pas me retrouver en route avec Gauffecourt. Comme il entrait dans mes arrangements de ne revenir à Genève que le printemps prochain, je repris pendant l'hiver mes habitudes et mes occupations, dont la principale fut de voir les épreuves de mon *Discours sur l'Inégalité*, que je faisais imprimer en Hollande par le libraire Rey, dont je venais de faire la connaissance à Genève. Comme cet ouvrage était dédié à la République, et que cette dédicace pouvait ne pas plaire au Conseil, je voulais attendre l'effet qu'elle ferait à Genève, avant que d'y retourner. Cet effet ne me fut pas favorable, et cette dédicace, que le plus pur patriotisme m'avait dictée, ne fit que m'attirer des ennemis dans le Conseil, et des jaloux dans la bourgeoisie. M. Chouet, alors premier syndic, m'écrivit une lettre honnête, mais froide, qu'on trouvera dans mes recueils, liasse A, n° 3. Je reçus des particuliers, entre autres de De Luc et de Jalabert, quelques compliments ; et ce fut là tout : je ne vis point

qu'aucun Genevois me sût un vrai gré du zèle de cœur qu'on sentait dans cet ouvrage. Cette indifférence scandalisa tous ceux qui la remarquèrent. Je me souviens que, dînant un jour à Clichy, chez Mme Dupin, avec Crommelin, résident de la République, et avec M. de Miran, celui-ci dit, en pleine table, que le Conseil me devait un présent et des honneurs publics pour cet ouvrage, et qu'il se déshonorait s'il y manquait. Crommelin, qui était un petit homme noir et bassement méchant, n'osa rien répondre en ma présence, mais il fit une grimace effroyable qui fit sourire Mme Dupin. Le seul avantage que me procura cet ouvrage, outre celui d'avoir satisfait mon cœur, fut le titre de citoyen, qui me fut donné par mes amis, puis par le public à leur exemple, et que j'ai perdu dans la suite pour l'avoir trop bien mérité.

Ce mauvais succès ne m'aurait pourtant pas détourné d'exécuter ma retraite à Genève, si des motifs plus puissants sur mon cœur n'y avaient concouru. M. d'Epinay, voulant ajouter une aile qui manquait au château de Chevrette, faisait une dépense immense pour l'achever. Etant allé voir un jour, avec Mme d'Epinay, ces ouvrages, nous poussâmes notre promenade un quart de lieue plus loin, jusqu'au réservoir des eaux du parc qui touchait la forêt de Montmorency, et où était un joli potager, avec une petite loge fort délabrée, qu'on appelait l'Ermitage. Ce lieu solitaire et très agréable m'avait frappé, quand je le vis pour la première fois, avant mon voyage de Genève. Il m'était échappé de dire dans mon transport : Ah! madame, quelle habitation délicieuse! Voilà un asile tout fait pour moi. Mme d'Epinay ne releva pas beaucoup mon discours; mais à ce second voyage je fus tout surpris de trouver, au lieu de la vieille masure, une petite maison presque entièrement neuve, fort bien distribuée, et très logeable pour un petit ménage de trois personnes. Mme d'Epinay avait fait faire cet ouvrage en silence et à très peu de frais, en détachant quelques matériaux et quelques ouvriers de ceux du château. Au second voyage, elle me dit en voyant ma surprise : Mon ours, voilà votre asile; c'est vous qui l'avez choisi, c'est l'amitié qui vous l'offre; j'espère qu'il vous ôtera la

cruelle idée de vous éloigner de moi. Je ne crois pas avoir été de mes jours plus vivement, plus délicieusement ému : je mouillai de pleurs la main bienfaisante de mon amie, et si je ne fus pas vaincu dès cet instant même, je fus extrêmement ébranlé. Mme d'Epinay, qui ne voulait pas en avoir le démenti, devint si pressante, employa tant de moyens, tant de gens pour me circonvenir, jusqu'à gagner pour cela Mme Le Vasseur et sa fille, qu'enfin elle triompha de mes résolutions. Renonçant au séjour de ma patrie, je résolus, je promis d'habiter l'Ermitage; et en attendant que le bâtiment fût sec, elle prit soin d'en préparer les meubles, en sorte que tout fut prêt pour y entrer le printemps suivant.

Une chose qui aida beaucoup à me déterminer fut l'établissement de Voltaire auprès de Genève. Je compris que cet homme y ferait révolution; que j'irais retrouver dans ma patrie le ton, les airs, les mœurs qui me chassaient de Paris, qu'il me faudrait batailler sans cesse, et que je n'aurais d'autre choix dans ma conduite que celui d'être un pédant insupportable, ou un lâche et mauvais citoyen. La lettre que Voltaire m'écrivit sur mon dernier ouvrage me donna lieu d'insinuer mes craintes dans ma réponse; l'effet qu'elle produisit les confirma. Dès lors je tins Genève perdue, et je ne me trompai pas. J'aurais dû peut-être aller faire tête à l'orage, si je m'en étais senti le talent. Mais qu'eussé-je fait seul, timide et parlant très mal, contre un homme arrogant, opulent, étayé du crédit des grands, d'une brillante faconde, et déjà l'idole des femmes et des jeunes gens ? Je craignis d'exposer inutilement au péril mon courage; je n'écoutai que mon naturel paisible, que mon amour du repos, qui, s'il me trompa, me trompe encore aujourd'hui sur le même article. En me retirant à Genève, j'aurais pu m'épargner de grands malheurs à moi-même; mais je doute qu'avec tout mon zèle ardent et patriotique j'eusse fait rien de grand et d'utile pour mon pays.

Tronchin qui, dans le même temps à peu près, fut s'établir à Genève, vint quelque temps après à Paris faire le saltimbanque, et en emporta des trésors. A son arrivée, il me vint voir avec le chevalier de Jaucourt. Mme d'Epinay souhaitait fort de le consulter en par-

ticulier, mais la presse n'était pas facile à percer. Elle
eut recours à moi. J'engageai Tronchin à l'aller voir. Ils
commencèrent ainsi, sous mes auspices, des liaisons
qu'ils resserrèrent ensuite à mes dépens. Telle a tou-
jours été ma destinée; sitôt que j'ai rapproché l'un de
l'autre deux amis que j'avais séparément, ils n'ont jamais
manqué de s'unir contre moi. Quoique dans le complot
que formaient dès lors les Tronchin d'asservir leur
patrie, ils dussent tous me haïr mortellement, le doc-
teur pourtant continua longtemps à me témoigner de la
bienveillance. Il m'écrivit même après son retour à
Genève, pour m'y proposer la place de bibliothécaire
honoraire. Mais mon parti était pris, et cette offre ne
m'ébranla pas.

Je retournais dans ce temps-là chez M. d'Holbach.
L'occasion en avait été la mort de sa femme, arrivée,
ainsi que celle de Mme de Francueil, durant mon séjour
à Genève. Diderot, en me la marquant, me parla de la
profonde affliction du mari. Sa douleur émut mon cœur.
Je regrettais vivement moi-même cette aimable femme.
J'écrivis sur ce sujet à M. d'Holbach. Ce triste événement
me fit oublier tous ses torts, et lorsque je fus de retour
de Genève, et qu'il fut de retour lui-même d'un tour
de France qu'il avait fait pour se distraire, avec Grimm
et d'autres amis, j'allai le voir, et je continuai jusqu'à
mon départ pour l'Ermitage. Quand on sut dans sa
coterie que Mme d'Epinay, qu'il ne voyait point encore,
m'y préparait un logement, les sarcasmes tombèrent sur
moi comme la grêle, fondés sur ce qu'ayant besoin de
l'encens et des amusements de la ville, je ne soutiendrais
pas la solitude seulement quinze jours. Sentant en moi
ce qu'il en était, je laissai dire, et j'allai mon train.
M. d'Holbach ne laissa pas de m'être utile *, pour pla-
cer le vieux bonhomme Le Vasseur, qui avait plus de
quatre-vingts ans, et dont sa femme, qui s'en sentait

* Voici un exemple des tours que me joue ma mémoire. Long-
temps après avoir écrit ceci, je viens d'apprendre, en causant avec
ma femme de son vieux bonhomme de père, que ce ne fut point
M. d'Holbach, mais M. de Chenonceaux, alors un des administra-
teurs de l'Hôtel-Dieu, qui le fit placer. J'en avais si totalement perdu
l'idée, et j'avais celle de M. d'Holbach si présente, que j'aurais juré
pour ce dernier.

surchargée, ne cessait de me prier de la débarrasser. Il fut mis dans une maison de charité, où l'âge et le regret de se voir loin de sa famille le mirent au tombeau presque en arrivant. Sa femme et ses autres enfants le regrettèrent peu. Mais Thérèse, qui l'aimait tendrement, n'a jamais pu se consoler de sa perte, et d'avoir souffert que, si près de son terme, il allât loin d'elle achever ses jours.

J'eus à peu près dans le même temps une visite à laquelle je ne m'attendais guère, quoique ce fût une bien ancienne connaissance. Je parle de mon ami Venture, qui vint me surprendre un beau matin, lorsque je ne pensais à rien moins. Un autre homme était avec lui. Qu'il me parut changé! Au lieu de ses anciennes grâces, je ne lui trouvai plus qu'un air crapuleux, qui m'empêcha de m'épanouir avec lui. Ou mes yeux n'étaient plus les mêmes, ou la débauche avait abruti son esprit, ou tout son premier éclat tenait à celui de la jeunesse, qu'il n'avait plus. Je le vis presque avec indifférence, et nous nous séparâmes assez froidement. Mais quand il fut parti, le souvenir de nos anciennes liaisons me rappela si vivement celui de mes jeunes ans, si doucement, si sagement consacrés à cette femme angélique qui maintenant n'était guère moins changée que lui, les petites anecdotes de cet heureux temps, la romanesque journée de Thônes, passée avec tant d'innocence et de jouissance entre ces deux charmantes filles dont une main baisée avait été l'unique faveur, et qui, malgré cela, m'avait laissé des regrets si vifs, si touchants, si durables : tous ces ravissants délires d'un jeune cœur, que j'avais sentis alors dans toute leur force, et dont je croyais le temps passé pour jamais; toutes ces tendres réminiscences me firent verser des larmes sur ma jeunesse écoulée, et sur ses transports désormais perdus pour moi. Ah! combien j'en aurais versé sur leur retour tardif et funeste, si j'avais prévu les maux qu'il m'allait coûter!

Avant de quitter Paris, j'eus, durant l'hiver qui précéda ma retraite, un plaisir bien selon mon cœur, et que je goûtai dans toute sa pureté. Palissot, académicien de Nancy, connu par quelques drames, venait d'en donner un à Lunéville, devant le roi de Pologne. Il crut appa-

remment faire sa cour en jouant, dans ce drame, un homme qui avait osé se mesurer avec le Roi, la plume à la main. Stanislas, qui était généreux et qui n'aimait pas la satire, fut indigné qu'on osât ainsi personnaliser en sa présence. M. le comte de Tressan écrivit, par l'ordre de ce prince, à d'Alembert et à moi, pour m'informer que l'intention de Sa Majesté était que le sieur Palissot fût chassé de son Académie. Ma réponse fut une vive prière à M. de Tressan d'intercéder auprès du Roi de Pologne pour obtenir la grâce du sieur Palissot. La grâce fut accordée, et M. de Tressan, en me le marquant au nom du Roi, ajouta que ce fait serait inscrit sur les registres de l'Académie. Je répliquai que c'était moins accorder une grâce que perpétuer un châtiment. Enfin, j'obtins, à force d'instances, qu'il ne serait fait mention de rien dans les registres, et qu'il ne resterait aucune trace publique de cette affaire. Tout cela fut accompagné, tant de la part du Roi que de celle de M. de Tressan, de témoignages d'estime et de considération dont je fus extrêmement flatté, et je sentis en cette occasion que l'estime des hommes qui en sont si dignes eux-mêmes, produit dans l'âme un sentiment bien plus doux et plus noble que celui de la vanité. J'ai transcrit dans mon recueil les lettres de M. de Tressan avec mes réponses, et l'on en trouvera les originaux dans la liasse A, numéros 9, 10 et 11.

Je sens bien que, si jamais ces Mémoires parviennent à voir le jour, je perpétue ici moi-même le souvenir d'un fait dont je voulais effacer la trace; mais j'en transmets bien d'autres malgré moi. Le grand objet de mon entreprise, toujours présent à mes yeux, l'indispensable devoir de la remplir dans toute son étendue, ne m'en laisseront point détourner par de plus faibles considérations qui m'écarteraient de mon but. Dans l'étrange, dans l'unique situation où je me trouve, je me dois trop à la vérité pour devoir rien de plus à autrui. Pour me bien connaître, il faut me connaître dans tous mes rapports, bons et mauvais. Mes confessions sont nécessairement liées avec celles de beaucoup de gens : je fais les unes et les autres avec la même franchise, en tout ce qui se rapporte à moi, ne croyant devoir à qui que

ce soit plus de ménagements que je n'en ai pour moi-
même, et voulant toutefois en avoir beaucoup plus. Je
veux être toujours juste et vrai, dire d'autrui le bien
tant qu'il me sera possible, ne dire jamais que le mal
qui me regarde, et qu'autant que j'y suis forcé. Qui
est-ce qui, dans l'état où l'on m'a mis, a droit d'exiger
de moi davantage ? Mes confessions ne sont point faites
pour paraître de mon vivant, ni de celui des personnes
intéressées. Si j'étais le maître de ma destinée et de celle
de cet écrit, il ne verrait le jour que longtemps après
ma mort et la leur. Mais les efforts que la terreur de
la vérité fait faire à mes puissants oppresseurs pour en
effacer les traces me forcent à faire, pour les conserver,
tout ce que me permettent le droit le plus exact et la
plus sévère justice. Si ma mémoire devait s'éteindre
avec moi, plutôt que de compromettre personne, je
souffrirais un opprobre injuste et passager sans murmure ; mais puisque enfin mon nom doit vivre, je dois
tâcher de transmettre avec lui le souvenir de l'homme
infortuné qui le porta, tel qu'il fut réellement, et non
tel que d'injustes ennemis travaillent sans relâche à le
peindre.

LIVRE NEUVIÈME

I. 1. L'impatience d'habiter l'Ermitage ne me permit pas d'attendre le retour de la belle saison; et, sitôt que mon logement fut prêt, je me hâtai de m'y rendre, aux grandes huées de la coterie holbachique, qui prédisait hautement que je ne supporterais pas trois mois de solitude, et qu'on me verrait dans peu revenir, avec ma courte honte, vivre comme eux à Paris. Pour moi qui, depuis quinze ans hors de mon élément, me voyais près d'y rentrer, je ne faisais pas même attention à leurs plaisanteries. Depuis que je m'étais, malgré moi, jeté dans le monde, je n'avais cessé de regretter mes chères Charmettes, et la douce vie que j'y avais menée. Je me sentais fait pour la retraite et la campagne; il m'était impossible de vivre heureux ailleurs. A Venise dans le train des affaires publiques, dans la dignité d'une espèce de représentation, dans l'orgueil des projets d'avancement; à Paris dans le tourbillon de la grande société, dans la sensualité des soupers, dans l'éclat des spectacles, dans la fumée de la gloriole; toujours mes bosquets, mes ruisseaux, mes promenades solitaires, venaient, par leur souvenir, me distraire, me contrister, m'arracher des soupirs et des désirs. Tous les travaux auxquels j'avais pu m'assujettir, tous les projets d'ambition, qui, par accès, avaient animé mon zèle, n'avaient d'autre but que d'arriver un jour à ces bienheureux loisirs champêtres auxquels, en ce moment, je me flattais de toucher. Sans m'être mis dans l'honnête aisance que j'avais cru seule pouvoir m'y conduire, je jugeais, par ma situation particulière, être en état de m'en passer, et pouvoir arriver au même but par un chemin tout

contraire. Je n'avais pas un sou de rente; mais j'avais un nom, des talents; j'étais sobre, et je m'étais ôté les besoins les plus dispendieux, tous ceux de l'opinion. Outre cela, quoique paresseux, j'étais laborieux cependant quand je voulais l'être, et ma paresse était moins celle d'un fainéant que celle d'un homme indépendant, qui n'aime à travailler qu'à son heure. Mon métier de copiste de musique n'était ni brillant ni lucratif; mais il était sûr. On me savait gré dans le monde d'avoir eu le courage de le choisir. Je pouvais compter que l'ouvrage ne me manquerait pas, et il pouvait me suffire pour vivre en bien travaillant. Deux mille francs qui me restaient du produit du *Devin du village* et de mes autres écrits me faisaient une avance pour n'être pas à l'étroit, et plusieurs ouvrages que j'avais sur le métier me promettaient, sans rançonner les libraires, des suppléments suffisants pour travailler à mon aise, sans m'excéder, et même en mettant à profit les loisirs de la promenade. Mon petit ménage, composé de trois personnes, qui toutes s'occupaient utilement, n'était pas d'un entretien fort coûteux. Enfin mes ressources, proportionnées à mes besoins et à mes désirs, pouvaient raisonnablement me promettre une vie heureuse et durable dans celle que mon inclination m'avait fait choisir.

2. J'aurais pu me jeter tout à fait du côté le plus lucratif, et, au lieu d'asservir ma plume à la copie, la dévouer entière à des écrits qui, du vol que j'avais pris et que je me sentais en état de soutenir, pouvaient me faire vivre dans l'abondance et même dans l'opulence, pour peu que j'eusse voulu joindre des manœuvres d'auteur au soin de publier de bons livres. Mais je sentais qu'écrire pour avoir du pain eût bientôt étouffé mon génie et tué mon talent, qui était moins dans ma plume que dans mon cœur, et né uniquement d'une façon de penser élevée et fière, qui seule pouvait le nourrir. Rien de vigoureux, rien de grand ne peut partir d'une plume toute vénale. La nécessité, l'avidité peut-être m'eût fait faire plus vite que bien. Si le besoin du succès ne m'eût pas plongé dans les cabales, il m'eût fait chercher à dire moins des choses utiles et vraies que des choses

qui plussent à la multitude, et d'un auteur distingué
que je pouvais être, je n'aurais été qu'un barbouilleur
de papier. Non, non : j'ai toujours senti que l'état d'au-
teur n'était, ne pouvait être illustre et respectable qu'au-
tant qu'il n'était pas un métier. Il est trop difficile de
penser noblement quand on ne pense que pour vivre.
Pour pouvoir, pour oser dire de grandes vérités, il ne
faut pas dépendre de son succès. Je jetais mes livres
dans le public avec la certitude d'avoir parlé pour le
bien commun, sans aucun souci du reste. Si l'ouvrage
était rebuté, tant pis pour ceux qui n'en voulaient pas
profiter : pour moi, je n'avais pas besoin de leur appro-
bation pour vivre. Mon métier pouvait me nourrir si
mes livres ne se vendaient pas ; et voilà précisément ce
qui les faisait vendre.

3. Ce fut le 9 avril 1756 que je quittai la ville pour
n'y plus habiter ; car je ne compte pas pour habitation
quelques courts séjours que j'ai faits depuis, tant à
Paris qu'à Londres et dans d'autres villes, mais toujours
de passage, ou toujours malgré moi. Mme d'Epinay vint
nous prendre tous trois dans son carrosse ; son fermier
vint charger mon petit bagage, et je fus installé dès le
même jour. Je trouvai ma petite retraite arrangée et
meublée simplement, mais proprement et même avec
goût. La main qui avait donné ses soins à cet ameuble-
ment le rendait à mes yeux d'un prix inestimable, et
je trouvais délicieux d'être l'hôte de mon amie, dans
une maison de mon choix, qu'elle avait bâtie exprès
pour moi.

4. Quoiqu'il fît froid, et qu'il y eût même encore de
la neige, la terre commençait à végéter ; on voyait des
violettes et des primevères ; les bourgeons des arbres
commençaient à poindre, et la nuit même de mon arri-
vée fut marquée par le premier chant du rossignol, qui
se fit entendre presque à ma fenêtre, dans un bois qui
touchait la maison. Après un léger sommeil, oubliant à
mon réveil ma transplantation, je me croyais encore dans
la rue Grenelle, quand tout à coup ce ramage me fit
tressaillir, et je m'écriai dans mon transport : Enfin tous
mes vœux sont accomplis ! Mon premier soin fut de me
livrer à l'impression des objets champêtres dont j'étais

entouré. Au lieu de commencer à m'arranger dans mon logement, je commençai par m'arranger pour mes promenades, et il n'y eut pas un sentier, pas un taillis, pas un bosquet, pas un réduit autour de ma demeure, que je n'eusse parcouru dès le lendemain. Plus j'examinais cette charmante retraite, plus je la sentais faite pour moi. Ce lieu solitaire plutôt que sauvage me transportait en idée au bout du monde. Il avait de ces beautés touchantes qu'on ne trouve guère auprès des villes; et jamais, en s'y trouvant transporté tout d'un coup, on n'eût pu se croire à quatre lieues de Paris.

5. Après quelques jours livrés à mon délire champêtre je songeai à ranger mes paperasses et à régler mes occupations. Je destinai, comme j'avais toujours fait, mes matinées à la copie, et mes après-dînées à la promenade, muni de mon petit livret blanc et de mon crayon : car n'ayant jamais pu écrire et penser à mon aise que *sub dio*, je n'étais pas tenté de changer de méthode, et je comptais bien que la forêt de Montmorency, qui était presque à ma porte, serait désormais mon cabinet de travail. J'avais plusieurs écrits commencés; j'en fis la revue. J'étais assez magnifique en projets; mais, dans les tracas de la ville, l'exécution jusqu'alors avait marché lentement. J'y comptais mettre un peu plus de diligence quand j'aurais moins de distraction. Je crois avoir assez bien rempli cette attente, et pour un homme souvent malade, souvent à la Chevrette, à Epinay, à Eaubonne, au château de Montmorency, souvent obsédé chez lui de curieux désœuvrés, et toujours occupé la moitié de la journée à la copie, si l'on compte et mesure les écrits que j'ai faits dans les six ans que j'ai passés tant à l'Ermitage qu'à Montmorency, l'on trouvera, je m'assure, que si j'ai perdu mon temps durant cet intervalle, ce n'a pas été du moins dans l'oisiveté.

2. 1. Des divers ouvrages que j'avais sur le chantier celui que je méditais depuis plus longtemps, dont je m'occupais avec le plus de goût, auquel je voulais travailler toute ma vie, et qui devait, selon moi, mettre le sceau à ma réputation, était mes *Institutions politiques*. Il y avait treize ou quatorze ans que j'en avais conçu

la première idée, lorsque étant à Venise j'avais eu quelque occasion de remarquer les défauts de ce gouvernement si vanté. Depuis lors mes vues s'étaient beaucoup étendues par l'étude historique de la morale. J'avais vu que tout tenait radicalement à la politique, et que, de quelque façon qu'on s'y prît, aucun peuple ne serait jamais que ce que la nature de son gouvernement le ferait être; ainsi cette grande question du meilleur gouvernement possible me paraissait se réduire à celle-ci : Quelle est la nature du gouvernement propre à former un peuple le plus vertueux, le plus éclairé, le plus sage, le meilleur enfin, à prendre ce mot dans son plus grand sens ? J'avais cru voir que cette question tenait de bien près à cette autre-ci, si même elle en était différente : Quel est le gouvernement qui, par sa nature, se tient toujours le plus près de la loi ? De là, qu'est-ce que la loi ? et une chaîne de questions de cette importance. Je voyais que tout cela me menait à de grandes vérités, utiles au bonheur du genre humain, mais surtout à celui de ma patrie, où je n'avais pas trouvé, dans le voyage que je venais d'y faire, les notions des lois et de la liberté assez justes ni assez nettes à mon gré : et j'avais cru cette manière indirecte de les leur donner, la plus propre à ménager l'amour-propre de ses membres, et à me faire pardonner d'avoir pu voir là-dessus un peu plus loin qu'eux.

2. Quoiqu'il y eût déjà cinq ou six ans que je travaillais à cet ouvrage, il n'était encore guère avancé. Les livres de cette espèce demandent de la méditation, du loisir, de la tranquillité. De plus je faisais celui-là, comme on dit, en bonne fortune et je n'avais voulu communiquer mon projet à personne, pas même à Diderot. Je craignais qu'il ne parût trop hardi pour le siècle et le pays où j'écrivais et que l'effroi de mes amis * ne me gênât dans l'exécution. J'ignorais encore s'il serait fait

* C'était surtout la sage sévérité de Duclos qui m'inspirait cette crainte : car pour Diderot, je ne sais comment toutes mes conférences avec lui tendaient toujours à me rendre satirique et mordant, plus que mon naturel ne me portait à l'être. Ce fut cela même qui me détourna de le consulter sur une entreprise où je voulais mettre uniquement toute la force du raisonnement, sans aucun vestige d'humeur et de partialité. On peut juger du ton que j'avais pris dans cet ouvrage par celui du *Contrat social* qui en est tiré.

à temps et de manière à pouvoir paraître de mon vivant.
Je voulais pouvoir, sans contrainte, donner à mon sujet
tout ce qu'il me demandait; bien sûr que, n'ayant point
l'humeur satirique, et ne voulant jamais chercher d'ap-
plication, je serais toujours irrépréhensible en toute équité.
Je voulais user pleinement, sans doute, du droit de
penser, que j'avais par ma naissance, mais toujours en
respectant le gouvernement sous lequel j'avais à vivre,
sans jamais désobéir à ses lois, et très attentif à ne pas
violer le droit des gens, je ne voulais pas non plus
renoncer par crainte à ses avantages.

3. J'avoue même qu'étranger et vivant en France je
trouvais ma position très favorable pour oser dire la
vérité; sachant bien que, continuant, comme je voulais
faire, à ne rien imprimer dans l'Etat sans permission, je
n'y devais compte à personne de mes maximes et de
leur publication partout ailleurs. J'aurais été bien moins
libre à Genève même, où, dans quelque lieu que mes
livres fussent imprimés, le magistrat avait droit d'épilo-
guer sur leur contenu. Cette considération avait beaucoup
contribué à me faire céder aux instances de Mme d'Epi-
nay, et renoncer au projet d'aller m'établir à Genève.
Je sentais, comme je l'ai dit dans l'*Emile*, qu'à moins
d'être homme d'intrigue, quand on veut consacrer des
livres au vrai bien de la patrie, il ne faut point les compo-
ser dans son sein.

4. Ce qui me faisait trouver ma position plus heureuse
était la persuasion où j'étais que le gouvernement de
France, sans peut-être me voir de fort bon œil, se ferait
un honneur, sinon de me protéger, au moins de me lais-
ser tranquille. C'était, ce me semblait, un trait de poli-
tique très simple et cependant très adroite, de se faire
un mérite de tolérer ce qu'on ne pouvait empêcher;
puisque si l'on m'eût chassé de France, ce qui était tout ce
qu'on avait droit de faire, mes livres n'auraient pas moins
été faits, et peut-être avec moins de retenue; au lieu qu'en
me laissant en repos on gardait l'auteur pour caution de
ses ouvrages, et de plus, on effaçait des préjugés bien
enracinés dans le reste de l'Europe, en se donnant la répu-
tation d'avoir un respect éclairé pour le droit des gens.

5. Ceux qui jugeront sur l'événement que ma confiance

m'a trompé pourraient bien se tromper eux-mêmes. Dans l'orage qui m'a submergé, mes livres ont servi de prétexte, mais c'était à ma personne qu'on en voulait. On se souciait très peu de l'auteur, mais on voulait perdre Jean-Jacques, et le plus grand mal qu'on ait trouvé dans mes écrits était l'honneur qu'ils pouvaient me faire. N'enjambons point sur l'avenir. J'ignore si ce mystère, qui en est encore un pour moi, s'éclaircira dans la suite aux yeux des lecteurs. Je sais seulement que, si mes principes manifestés avaient dû m'attirer les traitements que j'ai soufferts, j'aurais tardé moins longtemps à en être la victime, puisque celui de tous mes écrits où ces principes sont manifestés avec le plus de hardiesse, pour ne pas dire d'audace, avait paru, avait fait son effet, même avant ma retraite à l'Ermitage, sans que personne eût songé je ne dis pas à me chercher querelle, mais à empêcher seulement la publication de l'ouvrage en France, où il se vendait aussi publiquement qu'en Hollande. Depuis lors, *La Nouvelle Héloïse* parut encore avec la même facilité, j'ose dire avec le même applaudissement, et ce qui semble presque incroyable, la profession de foi de cette même Héloïse mourante est exactement la même que celle du Vicaire savoyard. Tout ce qu'il y a de hardi dans le *Contrat social* était auparavant dans le *Discours sur l'inégalité;* tout ce qu'il y a de hardi dans l'*Emile* était auparavant dans la *Julie*. Or, ces choses hardies n'excitèrent aucune rumeur contre les deux premiers ouvrages; donc ce ne furent pas elles qui l'excitèrent contre les derniers.

6. Une autre entreprise à peu près du même genre, mais dont le projet était plus récent, m'occupait davantage en ce moment : c'était l'extrait des ouvrages de l'abbé de Saint-Pierre, dont, entraîné par le fil de ma narration, je n'ai pu parler jusqu'ici. L'idée m'en avait été suggérée, depuis mon retour de Genève, par l'abbé de Mably, non pas immédiatement, mais par l'entremise de Mme Dupin, qui avait une sorte d'intérêt à me la faire adopter. Elle était une des trois ou quatre jolies femmes de Paris dont le vieux abbé de Saint-Pierre avait été l'enfant gâté, et si elle n'avait pas eu décidément la préférence, elle l'avait partagée au moins avec

Mme d'Aiguillon. Elle conservait pour la mémoire du bon homme un respect et une affection qui faisaient honneur à tous deux, et son amour-propre eût été flatté de voir ressusciter, par son secrétaire, les ouvrages mort-nés de son ami. Ces mêmes ouvrages ne laissaient pas de contenir d'excellentes choses, mais si mal dites, que la lecture en était difficile à soutenir, et il est étonnant que l'abbé de Saint-Pierre, qui regardait ses lecteurs comme de grands enfants, leur parlât cependant comme à des hommes par le peu de soin qu'il prenait de s'en faire écouter. C'était pour cela qu'on m'avait proposé ce travail, comme utile en lui-même, et comme très convenable à un homme laborieux en manœuvre, mais paresseux comme auteur, qui, trouvant la peine de penser très fatigante, aimait mieux, en chose de son goût, éclaircir et pousser les idées d'un autre que d'en créer. D'ailleurs, en ne me bornant pas à la fonction de traducteur, il ne m'était pas défendu de penser quelquefois par moi-même, et je pouvais donner telle forme à mon ouvrage, que bien d'importantes vérités y passeraient sous le manteau de l'abbé de Saint-Pierre, encore plus heureusement que sous le mien. L'entreprise, au reste, n'était pas légère, il ne s'agissait de rien moins que de lire, de méditer, d'extraire vingt-trois volumes, diffus, confus, pleins de longueurs, de redites, de petites vues courtes ou fausses, parmi lesquelles il en fallait pêcher quelques-unes, grandes, belles, et qui donnaient le courage de supporter ce pénible travail. Je l'aurais moi-même souvent abandonné, si j'eusse honnêtement pu m'en dédire; mais en recevant les manuscrits de l'Abbé qui me furent donnés par son neveu, le comte de Saint-Pierre, à la sollicitation de Saint-Lambert, je m'étais en quelque sorte engagé d'en faire usage, et il fallait ou les rendre, ou tâcher d'en tirer parti. C'était dans cette dernière intention que j'avais apporté ces manuscrits à l'Ermitage, et c'était là le premier ouvrage auquel je comptais donner mes loisirs.

7. J'en méditais un troisième, dont je devais l'idée à des observations faites sur moi-même, et je me sentais d'autant plus de courage à l'entreprendre que j'avais lieu d'espérer faire un livre vraiment utile aux hommes,

et même un des plus utiles qu'on pût leur offrir, si l'exécution répondait dignement au plan que je m'étais tracé. L'on a remarqué que la plupart des hommes sont, dans le cours de leur vie, souvent dissemblables à eux-mêmes, et semblent se transformer en des hommes tout différents. Ce n'était pas pour établir une chose aussi connue que je voulais faire un livre : j'avais un objet plus neuf et même plus important; c'était de chercher les causes de ces variations, et de m'attacher à celles qui dépendent de nous, pour montrer comment elles pouvaient être dirigées par nous-mêmes, pour nous rendre meilleurs et plus sûrs de nous. Car il est, sans contredit, plus pénible à l'honnête homme de résister à des désirs déjà tout formés qu'il doit vaincre, que de prévenir, changer ou modifier ces mêmes désirs dans leur source, s'il était en état d'y remonter. Un homme tenté résiste une fois parce qu'il est fort, et succombe une autre fois parce qu'il est faible; s'il eût été le même qu'auparavant, il n'aurait pas succombé.

En sondant en moi-même, et en recherchant dans les autres à quoi tenaient ces diverses manières d'être, je trouvai qu'elles dépendaient en grande partie de l'impression antérieure des objets extérieurs, et que, modifiés continuellement par nos sens et par nos organes, nous portions, sans nous en apercevoir, dans nos idées, dans nos sentiments, dans nos actions même l'effet de ces modifications. Les frappantes et nombreuses observations que j'avais recueillies étaient au-dessus de toute dispute, et par leurs principes physiques, elles me paraissaient propres à fournir un régime extérieur, qui, varié selon les circonstances, pouvait mettre ou maintenir l'âme dans l'état le plus favorable à la vertu. Que d'écarts on sauverait à la raison, que de vices on empêcherait de naître si l'on savait forcer l'économie animale à favoriser l'ordre moral qu'elle trouble si souvent! Les climats, les saisons, les sons, les couleurs, l'obscurité, la lumière, les éléments, les aliments, le bruit, le silence, le mouvement, le repos, tout agit sur notre machine, et sur notre âme; par conséquent tout nous offre mille prises presque assurées, pour gouverner dans leur origine les sentiments dont nous nous laissons dominer.

Telle était l'idée fondamentale dont j'avais déjà jeté l'esquisse sur le papier, et dont j'espérais un effet d'autant plus sûr pour les gens bien nés, qui, aimant sincèrement la vertu, se défient de leur faiblesse, qu'il me paraissait aisé d'en faire un livre agréable à lire, comme il l'était à composer. J'ai cependant bien peu travaillé à cet ouvrage, dont le titre était *la Morale sensitive*, ou *le Matérialisme du sage*. Des distractions, dont on apprendra bientôt la cause, m'empêchèrent de m'en occuper, et l'on saura aussi quel fut le sort de mon esquisse, qui tient au mien de plus près qu'il ne semblerait.

Outre tout cela, je méditais depuis quelque temps un système d'éducation, dont Mme de Chenonceaux, que celle de son mari faisait trembler pour son fils, m'avait prié de m'occuper. L'autorité de l'amitié faisait que cet objet, quoique moins de mon goût en lui-même, me tenait au cœur plus que tous les autres. Aussi, de tous les sujets dont je viens de parler, celui-là est-il le seul que j'ai conduit à sa fin. Celle que je m'étais proposée, en y travaillant, méritait, ce semble, à l'auteur, une autre destinée. Mais n'anticipons pas ici sur ce triste sujet. Je ne serai que trop forcé d'en parler dans la suite de cet écrit.

Tous ces divers projets m'offraient des sujets de méditation pour mes promenades : car, comme je crois l'avoir dit, je ne puis méditer qu'en marchant; sitôt que je m'arrête, je ne pense plus, et ma tête ne va qu'avec mes pieds. J'avais cependant eu la précaution de me pourvoir aussi d'un travail de cabinet pour les jours de pluie. C'était mon *Dictionnaire de Musique*, dont les matériaux épars, mutilés, informes, rendaient l'ouvrage nécessaire à reprendre presque à neuf. J'apportais quelques livres dont j'avais besoin pour cela; j'avais passé deux mois à faire l'extrait de beaucoup d'autres, qu'on me prêtait à la Bibliothèque du Roi, et dont on me permit même d'emporter quelques-uns à l'Ermitage. Voilà mes provisions pour compiler au logis, quand le temps ne me permettait pas de sortir, et que je m'ennuyais de ma copie. Cet arrangement me convenait si bien que j'en tirai parti, tant à l'Ermitage qu'à Montmorency, et même ensuite à Môtiers, où j'achevai ce travail tout en en

faisant d'autres, et trouvant toujours qu'un changement d'ouvrage est un véritable délassement.

1. Je suivis assez exactement, pendant quelque temps, la distribution que je m'étais prescrite, et je m'en trouvais très bien; mais quand la belle saison ramena plus fréquemment Mme d'Epinay à Epinay, ou à la Chevrette, je trouvai que des soins qui d'abord ne me coûtaient pas, mais que j'en avais pas mis en ligne de compte, dérangeaient beaucoup mes autres projets. J'ai déjà dit que Mme d'Epinay avait des qualités très aimables; elle aimait bien ses amis, elle les servait avec beaucoup de zèle, et n'épargnant pour eux ni son temps ni ses soins, elle méritait assurément bien qu'en retour ils eussent des attentions pour elle. Jusqu'alors j'avais rempli ce devoir sans songer que c'en était un; mais enfin je compris que je m'étais chargé d'une chaîne dont l'amitié seule m'empêchait de sentir le poids : j'avais aggravé ce poids par ma répugnance pour les sociétés nombreuses. Mme d'Epinay s'en prévalut pour me faire une proposition qui paraissait m'arranger, et qui l'arrangeait davantage. C'était de me faire avertir toutes les fois qu'elle serait seule, ou à peu près. J'y consentis, sans voir à quoi je m'engageais. Il s'ensuivit de là que je ne lui faisais plus de visite à mon heure, mais à la sienne, et que je n'étais jamais sûr de pouvoir disposer de moi-même un seul jour. Cette gêne altéra beaucoup le plaisir que j'avais pris jusqu'alors à l'aller voir. Je trouvai que cette liberté qu'elle m'avait tant promise ne m'était donnée qu'à condition de ne m'en prévaloir jamais, et pour une fois ou deux que j'en voulus essayer, il y eut tant de messages, tant de billets, tant d'alarmes sur ma santé, que je vis bien qu'il n'y avait que l'excuse d'être à plat de lit qui pût me dispenser de courir à son premier mot. Il fallait me soumettre à ce joug; je le fis, et même assez volontiers pour un aussi grand ennemi de la dépendance, l'attachement sincère que j'avais pour elle m'empêchant en grande partie de sentir le lien qui s'y joignait. Elle remplissait ainsi, tant bien que mal, les vides que l'absence de sa cour ordinaire laissait dans ses amusements. C'était pour elle un supplément bien mince,

mais qui valait encore mieux qu'une solitude absolue, qu'elle ne pouvait supporter. Elle avait cependant de quoi la remplir bien plus aisément, depuis qu'elle avait voulu tâter de la littérature et qu'elle s'était fourré dans la tête de faire bon gré mal gré des romans, des lettres, des comédies, des contes, et d'autres fadaises comme cela. Mais ce qui l'amusait n'était pas tant de les écrire que de les lire; et s'il lui arrivait de barbouiller de suite deux ou trois pages, il fallait qu'elle fût sûre au moins de deux ou trois auditeurs bénévoles, au bout de cet immense travail. Je n'avais guère l'honneur d'être au nombre des élus qu'à la faveur de quelque autre. Seul, j'étais presque toujours compté pour rien en toute chose; et cela non seulement dans la société de Mme d'Epinay, mais dans celle de M. d'Holbach, et partout où M. Grimm donnait le ton. Cette nullité m'accommodait fort partout ailleurs que dans le tête-à-tête, où je ne savais quelle contenance tenir, n'osant parler de littérature, dont il ne m'appartenait pas de juger, ni de galanterie, étant trop timide, et craignant plus que la mort le ridicule d'un vieux galant; outre que cette idée ne me vint jamais près de Mme d'Epinay, et ne m'y serait peut-être pas venue une seule fois en ma vie, quand je l'aurais passée entière auprès d'elle : non que j'eusse pour sa personne aucune répugnance; au contraire, je l'aimais peut-être trop comme ami, pour pouvoir l'aimer comme amant. Je sentais du plaisir à la voir, à causer avec elle. Sa conversation, quoique assez agréable en cercle, était aride en particulier; la mienne, qui n'était pas plus fleurie, n'était pas pour elle d'un grand secours. Honteux d'un trop long silence, je m'évertuais pour relever l'entretien; et quoiqu'il me fatiguât souvent, il ne m'ennuyait jamais. J'étais fort aise de lui rendre de petits soins, de lui donner de petits baisers bien fraternels qui ne me paraissaient pas plus sensuels pour elle : c'était là tout. Elle était fort maigre, fort blanche, de la gorge comme sur ma main. Ce défaut seul eût suffi pour me glacer : jamais mon cœur ni mes sens n'ont su voir une femme dans quelqu'un qui n'eût pas des tétons, et d'autres causes inutiles à dire m'ont toujours fait oublier son sexe auprès d'elle.

2. Ayant ainsi pris mon parti sur un assujettissement nécessaire, je m'y livrai sans résistance, et le trouvai, du moins la première année, moins onéreux que je ne m'y serais attendu. Mme d'Epinay, qui d'ordinaire passait l'été presque entier à la campagne, n'y passa qu'une partie de celui-ci, soit que ses affaires la retinssent davantage à Paris, soit que l'absence de Grimm lui rendît moins agréable le séjour de la Chevrette. Je profitai des intervalles qu'elle n'y passait pas, ou durant lesquels elle y avait beaucoup de monde, pour jouir de ma solitude avec ma bonne Thérèse et sa mère, de manière à m'en bien faire sentir le prix. Quoique depuis quelques années j'allasse assez fréquemment à la campagne, c'était presque sans la goûter, et ces voyages, toujours faits avec des gens à prétentions, toujours gâtés par la gêne, ne faisaient qu'aiguiser en moi le goût des plaisirs rustiques, dont je n'entrevoyais de plus près l'image que pour mieux sentir leur privation. J'étais si ennuyé de salons, de jets d'eau, de bosquets, de parterres, et des plus ennuyeux montreurs de tout cela; j'étais si excédé de brochures, de clavecins, de tris, de nœuds, de sots bons mots, de fades minauderies, de petits conteurs et de grands soupers, que quand je lorgnais du coin de l'œil un simple pauvre buisson d'épines, une haie, une grange, un pré; quand je humais, en traversant un hameau, la vapeur d'une bonne omelette au cerfeuil; quand j'entendais de loin le rustique refrain de la chanson des bisquières, je donnais au diable et le rouge et les falbalas et l'ambre, et regrettant le dîner de la ménagère et le vin du cru, j'aurais de bon cœur paumé la gueule à Monsieur le Chef et à Monsieur le Maître, qui me faisaient dîner à l'heure où je soupe, souper à l'heure où je dors; mais surtout à Messieurs les laquais, qui dévoraient des yeux mes morceaux, et, sous peine de mourir de soif, me vendaient le vin drogué de leurs maîtres dix fois plus cher que je n'en aurais payé de meilleur au cabaret.

Me voilà donc enfin chez moi, dans un asile agréable et solitaire, maître d'y couler mes jours dans cette vie indépendante, égale et paisible, pour laquelle je me sentais né. Avant de dire l'effet que cet état, si nouveau pour moi, fit sur mon cœur, il convient d'en récapituler

les affections secrètes, afin qu'on suive mieux dans ses
causes le progrès de ces nouvelles modifications.

1. J'ai toujours regardé le jour qui m'unit à ma Thé-
rèse comme celui qui fixa mon être moral. J'avais besoin
d'un attachement, puisque enfin celui qui devait me suf-
fire avait été si cruellement rompu. La soif du bonheur
ne s'éteint point dans le cœur de l'homme. Maman
vieillissait et s'avilissait. Il m'était prouvé qu'elle ne
pouvait plus être heureuse ici-bas. Restait à chercher
un bonheur qui me fût propre, ayant perdu tout espoir
de jamais partager le sien. Je flottai quelque temps
d'idée en idée et de projet en projet. Mon voyage de
Venise m'eût jeté dans les affaires publiques, si l'homme
avec qui j'allais me fourrer avait eu le sens commun.
Je suis facile à décourager, surtout dans les entreprises
pénibles et de longue haleine. Le mauvais succès de
celle-ci me dégoûta de toute autre, et regardant, selon
mon ancienne maxime, les objets lointains comme des
leurres de dupe, je me déterminai à vivre désormais au
jour la journée, ne voyant plus rien dans la vie qui me
tentât de m'évertuer.

2. Ce fut précisément alors que se fit notre connais-
sance. Le doux caractère de cette bonne fille me parut
si bien convenir au mien, que je m'unis à elle d'un
attachement à l'épreuve du temps et des torts, et que
tout ce qui l'aurait dû rompre n'a jamais fait qu'aug-
menter. On connaîtra la force de cet attachement dans
la suite, quand je découvrirai les plaies, les déchirures
dont elle a navré mon cœur dans le fort de mes misères,
sans que, jusqu'au moment où j'écris ceci, il m'en soit
échappé jamais un seul mot de plainte à personne.

3. Quand on saura qu'après avoir tout fait, tout bravé
pour ne m'en point séparer, qu'après vingt-cinq ans
passés avec elle, en dépit du sort et des hommes, j'ai
fini sur mes vieux jours par l'épouser sans attente et
sans sollicitation de sa part, sans engagement ni pro-
messe de la mienne, on croira qu'un amour forcené,
m'ayant dès le premier jour tourné la tête, n'a fait que
m'amener par degrés à la dernière extravagance, et on
le croira bien plus encore, quand on saura les raisons

particulières et fortes qui devaient m'empêcher d'en jamais venir là. Que pensera donc le lecteur quand je lui dirai, dans toute la vérité qu'il doit maintenant me connaître, que du premier moment que je la vis jusqu'à ce jour, je n'ai jamais senti la moindre étincelle d'amour pour elle, que je n'ai pas plus désiré de la posséder que Mme de Warens, et que les besoins des sens, que j'ai satisfaits auprès d'elle, ont uniquement été pour moi ceux du sexe, sans avoir rien de propre à l'individu ? Il croira qu'autrement constitué qu'un autre homme, je fus incapable de sentir l'amour, puisqu'il n'entrait point dans les sentiments qui m'attachaient aux femmes qui m'ont été les plus chères. Patience, ô mon lecteur! le moment funeste approche où vous ne serez que trop bien désabusé.

4. Je me répète, on le sait; il le faut. Le premier de mes besoins, le plus grand, le plus fort, le plus inextinguible, était tout entier dans mon cœur; c'était le besoin d'une société intime, et aussi intime qu'elle pouvait l'être; c'était surtout pour cela qu'il me fallait une femme plutôt qu'un homme, une amie plutôt qu'un ami. Ce besoin singulier était tel, que la plus étroite union des corps ne pouvait encore y suffire : il m'aurait fallu deux âmes dans le même corps; sans cela je sentais toujours du vide. Je me crus au moment de n'en plus sentir. Cette jeune personne, aimable par mille excellentes qualités, et même alors par la figure, sans ombre d'art ni de coquetterie, eût borné dans elle seule mon existence, si j'avais pu borner la sienne en moi, comme je l'avais espéré. Je n'avais rien à craindre de la part des hommes; je suis sûr d'être le seul qu'elle ait véritablement aimé, et ses tranquilles sens ne lui en ont guère demandé d'autres, même quand j'ai cessé d'en être un pour elle à cet égard. Je n'avais point de famille; elle en avait une, et cette famille, dont tous les naturels différaient trop du sien, ne se trouva pas telle que j'en pusse faire la mienne. Là fut la première cause de mon malheur. Que n'aurais-je point donné pour me faire l'enfant de sa mère! Je fis tout pour y parvenir, et n'en pus venir à bout. J'eus beau vouloir unir tous nos intérêts, cela me fut impossible. Elle s'en fit toujours un différent du

mien, contraire au mien, et même à celui de sa fille,
qui déjà n'en était plus séparé. Elle et ses autres enfants
et petits-enfants devinrent autant de sangsues, dont le
moindre mal qu'ils fissent à Thérèse était de la voler.
La pauvre fille, accoutumée à fléchir, même sous ses
nièces, se laissait dévaliser et gouverner sans mot dire;
et je voyais avec douleur qu'épuisant ma bourse et mes
leçons, je ne faisais rien pour elle dont elle pût profiter.
J'essayai de la détacher de sa mère; elle y résista tou-
jours. Je respectai sa résistance, et l'en estimais davan-
tage; mais son refus n'en tourna pas moins à son préju-
dice et au mien. Livrée à sa mère et aux siens, elle fut
à eux plus qu'à moi, plus qu'à elle-même. Leur avidité
lui fut moins ruineuse que leurs conseils ne lui furent
pernicieux. Enfin si, grâce à son amour pour moi, si,
grâce à son bon naturel, elle ne fut pas tout à fait sub-
juguée, c'en fut assez du moins pour empêcher, en
grande partie, l'effet des bonnes maximes que je m'effor-
çais de lui inspirer; c'en fut assez pour que, de quelque
façon que je m'y sois pu prendre, nous ayons toujours
continué d'être deux.

5. Voilà comment, dans un attachement sincère et
réciproque, où j'avais mis toute la tendresse de mon
cœur, le vide de ce cœur ne fut pourtant jamais bien
rempli. Les enfants, par lesquels il l'eût été, vinrent; ce
fut encore pis. Je frémis de les livrer à cette famille mal
élevée, pour en être élevés encore plus mal. Les risques
de l'éducation des Enfants-Trouvés étaient beaucoup
moindres. Cette raison du parti que je pris, plus forte
que toutes celles que j'énonçai dans ma lettre à Mme de
Francueil, fut pourtant la seule que je n'osai lui dire.
J'aimai mieux être moins disculpé d'un blâme aussi
grave, et ménager la famille d'une personne que j'aimais.
Mais on peut juger, par les mœurs de son malheureux
frère, si jamais, quoi qu'on en pût dire, je devais exposer
mes enfants à recevoir une éducation semblable à la
sienne.

6. Ne pouvant goûter dans sa plénitude cette intime
société dont je sentais le besoin, j'y cherchais des sup-
pléments qui n'en remplissaient pas le vide, mais qui
me le laissaient moins sentir. Faute d'un ami qui fût

à moi tout entier, il me fallait des amis dont l'impulsion surmontât mon inertie : c'est ainsi que je cultivai, que je resserrai mes liaisons avec Diderot, avec l'abbé de Condillac, que j'en fis avec Grimm une nouvelle, plus étroite encore, et qu'enfin je me trouvai, par ce malheureux Discours dont j'ai raconté l'histoire, rejeté, sans y songer, dans la littérature, dont je me croyais sorti pour toujours.

7. Mon début me mena par une route nouvelle dans un autre monde intellectuel, dont je ne pus, sans enthousiasme, envisager la simple et fière économie. Bientôt, à force de m'en occuper, je ne vis plus qu'erreur et folie dans la doctrine de nos sages, qu'oppression et misère dans notre ordre social. Dans l'illusion de mon sot orgueil, je me crus fait pour dissiper tous ces prestiges ; et jugeant que, pour me faire écouter, il fallait mettre ma conduite d'accord avec mes principes, je pris l'allure singulière qu'on ne m'a pas permis de suivre, dont mes prétendus amis ne m'ont pu pardonner l'exemple, qui d'abord me rendit ridicule, et qui m'eût enfin rendu respectable, s'il m'eût été possible d'y persévérer.

Jusque-là j'avais été bon : dès lors je devins vertueux, ou du moins enivré de la vertu. Cette ivresse avait commencé dans ma tête, mais elle avait passé dans mon cœur. Le plus noble orgueil y germa sur les débris de la vanité déracinée. Je ne jouai rien : je devins en effet tel que je parus, et pendant quatre ans au moins que dura cette effervescence dans toute sa force, rien de grand et de beau ne peut entrer dans un cœur d'homme dont je ne fusse capable entre le ciel et moi. Voilà d'où naquit ma subite éloquence ; voilà d'où se répandit dans mes premiers livres ce feu vraiment céleste qui m'embrasait, et dont pendant quarante ans il ne s'était pas échappé la moindre étincelle, parce qu'il n'était pas encore allumé.

9. J'étais vraiment transformé ; mes amis, mes connaissances ne me reconnaissaient plus. Je n'étais plus cet homme timide, et plutôt honteux que modeste, qui n'osait ni se présenter ni parler ; qu'un mot badin déconcertait, qu'un regard de femme faisait rougir. Audacieux, fier, intrépide, je portais partout une assurance d'autant plus ferme, qu'elle était simple et résidait dans mon âme plus

que dans mon maintien. Le mépris que mes profondes méditations m'avaient inspiré pour les mœurs, les maximes et les préjugés de mon siècle, me rendaient insensible aux railleries de ceux qui les avaient, et j'écrasais leurs petits bons mots avec mes sentences, comme j'écraserais un insecte entre mes doigts. Quel changement! Tout Paris répétait les âcres et mordants sarcasmes de ce même homme qui, deux ans auparavant et dix ans après, n'a jamais su trouver la chose qu'il avait à dire, ni le mot qu'il devait employer. Qu'on cherche l'état du monde le plus contraire à mon naturel, on trouvera celui-là. Qu'on se rappelle un de ces courts moments de ma vie, où je devenais un autre et cessais d'être moi; on le trouve encore dans le temps dont je parle : mais au lieu de durer six jours, six semaines, il dura près de six ans, et durerait peut-être encore, sans les circonstances particulières qui le firent cesser, et me rendirent à la nature, au-dessus de laquelle j'avais voulu m'élever.

10. Ce changement commença sitôt que j'eus quitté Paris, et que le spectacle des vices de cette grande ville cessa de nourrir l'indignation qu'il m'avait inspirée. Quand je ne vis plus les hommes, je cessai de les mépriser; quand je ne vis plus les méchants, je cessai de les haïr. Mon cœur, peu fait pour la haine, ne fit plus que déplorer leur misère et n'en distinguait pas leur méchanceté. Cet état plus doux, mais bien moins sublime, amortit bientôt l'ardent enthousiasme qui m'avait transporté si longtemps; et sans qu'on s'en aperçût, sans presque m'en apercevoir moi-même, je redevins craintif, complaisant, timide, en un mot le même Jean-Jacques que j'avais été auparavant.

11. Si la révolution n'eût fait que me rendre à moi-même, et s'arrêter là, tout était bien; mais malheureusement elle alla plus loin, et m'emporta rapidement à l'autre extrême. Dès lors mon âme en branle n'a plus fait que passer par la ligne de repos, et ses oscillations toujours renouvelées ne lui ont jamais permis d'y rester. Entrons dans le détail de cette seconde révolution : époque terrible et fatale d'un sort qui n'a point d'exemple chez les mortels.

1. N'étant que trois dans notre retraite, le loisir et la solitude devaient naturellement resserrer notre intimité. C'est aussi ce qu'ils firent entre Thérèse et moi. Nous passions tête-à-tête, sous les ombrages, des heures charmantes, dont je n'avais jamais si bien senti la douceur. Elle me parut la goûter elle-même encore plus qu'elle n'avait fait jusqu'alors. Elle m'ouvrit son cœur sans réserve, et m'apprit de sa mère et de sa famille des choses qu'elle avait eu la force de me taire pendant longtemps. L'une et l'autre avaient reçu de Mme Dupin des multitudes de présents faits à mon intention, mais que la vieille madrée, pour ne pas me fâcher, s'était appropriés pour elle et pour ses autres enfants, sans en rien laisser à Thérèse, et avec très sévères défenses de m'en parler, ordre que la pauvre fille avait suivi avec une obéissance incroyable.

2. Mais une chose qui me surprit beaucoup davantage fut d'apprendre qu'outre les entretiens particuliers que Diderot et Grimm avaient eus souvent avec l'une et l'autre pour les détacher de moi, et qui n'avaient pas réussi, par la résistance de Thérèse, tous deux avaient eu depuis lors de fréquents et secrets colloques avec sa mère, sans qu'elle eût pu rien savoir de ce qui se brassait entre eux. Elle savait seulement que les petits présents s'en étaient mêlés, et qu'il y avait de petites allées et venues dont on tâchait de lui faire un mystère, et dont elle ignorait absolument le motif. Quand nous partîmes de Paris, il y avait déjà longtemps que Mme Le Vasseur était dans l'usage d'aller voir M. Grimm deux ou trois fois par mois, et d'y passer quelques heures à des conversations si secrètes, que le laquais de Grimm était toujours renvoyé.

3. Je jugeai que ce motif n'était autre que le même projet dans lequel on avait tâché de faire entrer la fille, en promettant de leur procurer, par Mme d'Epinay, un regrat de sel, un bureau à tabac, et les tentant, en un mot, par l'appât du gain. On leur avait représenté qu'étant hors d'état de rien faire pour elles, je ne pouvais pas même, à cause d'elles, parvenir à rien faire pour moi. Comme je ne voyais à tout cela que de la bonne intention, je ne leur en savais pas absolument mauvais gré.

Il n'y avait que le mystère qui me révoltât, surtout de la part de la vieille, qui, de plus, devenait de jour en jour plus flagorneuse et plus pateline avec moi : ce qui ne l'empêchait pas de reprocher sans cesse en secret à sa fille qu'elle m'aimait trop, qu'elle me disait tout, qu'elle n'était qu'une bête, et qu'elle en serait la dupe.

4. Cette femme possédait au suprême degré l'art de tirer d'un sac dix moutures, de cacher à l'un ce qu'elle recevait de l'autre, et à moi ce qu'elle recevait de tous. J'aurais pu lui pardonner son avidité, mais je ne pouvais lui pardonner sa dissimulation. Que pouvait-elle avoir à me cacher, à moi qu'elle savait si bien qui faisais mon bonheur presque unique de celui de sa fille et du sien ? Ce que j'avais fait pour sa fille, je l'avais fait pour moi; mais ce que j'avais fait pour elle méritait de sa part quelque reconnaissance; elle en aurait dû savoir gré, du moins à sa fille, et m'aimer pour l'amour d'elle, qui m'aimait. Je l'avais tirée de la plus complète misère; elle tenait de moi sa subsistance, elle me devait toutes ces connaissances dont elle tirait si bon parti. Thérèse l'avait longtemps nourrie de son travail, et la nourrissait maintenant de mon pain. Elle tenait tout de cette fille, pour laquelle elle n'avait rien fait; et ses autres enfants qu'elle avait dotés, pour lesquels elle s'était ruinée, loin de lui aider à subsister, dévoraient encore sa subsistance et la mienne. Je trouvais que dans une pareille situation elle devait me regarder comme son unique ami, son plus sûr protecteur, et, loin de me faire un secret de mes propres affaires, loin de comploter contre moi dans ma propre maison, m'avertir fidèlement de tout ce qui pouvait m'intéresser, quand elle l'apprenait plus tôt que moi. De quel œil pouvais-je donc voir sa conduite fausse et mystérieuse ? Que devais-je penser surtout des sentiments qu'elle s'efforçait de donner à sa fille ? Quelle monstrueuse ingratitude devait être la sienne quand elle cherchait à lui en inspirer!

5. Toutes ces réflexions aliénèrent enfin mon cœur de cette femme, au point de ne pouvoir plus la voir sans dédain. Cependant je ne cessai jamais de traiter avec respect la mère de ma compagne, et de lui marquer en toutes choses presque les égards et la considération d'un

fils; mais il est vrai que je n'aimais guère à rester long-
temps avec elle, et il n'est guère en moi de savoir me
gêner.

6. C'est encore ici un de ces courts moments de ma
vie où j'ai vu le bonheur de bien près, sans pouvoir
l'atteindre, et sans qu'il y eût de ma faute à l'avoir man-
qué. Si cette femme se fût trouvée d'un bon caractère,
nous étions heureux tous les trois jusqu'à la fin de nos
jours; le dernier vivant seul fût resté à plaindre. Au lieu
de cela, vous allez voir la marche des choses, et vous
jugerez si j'ai pu la changer.

7. Mme Le Vasseur, qui vit que j'avais gagné du ter-
rain sur le cœur de sa fille, et qu'elle en avait perdu,
s'efforça de le reprendre, et au lieu de revenir à moi par
elle, tenta de me l'aliéner tout à fait. Un des moyens
qu'elle employa fut d'appeler sa famille à son aide.
J'avais prié Thérèse de n'en faire venir personne à l'Er-
mitage; elle me le promit. On les fit venir en mon
absence, sans la consulter; et puis on lui fit promettre
de ne m'en rien dire. Le premier pas fait, tout le reste
fut facile; quand une fois on fait à quelqu'un qu'on
aime un secret de quelque chose, on ne se fait bientôt
plus guère de scrupule de lui en faire sur tout. Sitôt que
j'étais à la Chevrette, l'Ermitage était plein de monde
qui s'y réjouissait assez bien. Une mère est toujours
bien forte sur une fille d'un bon naturel; cependant, de
quelque façon que s'y prît la vieille, elle ne put jamais
faire entrer Thérèse dans ses vues, et l'engager à se
liguer contre moi. Pour elle, elle se décida sans retour :
et voyant d'un côté sa fille et moi, chez qui l'on pouvait
vivre, et puis c'était tout; de l'autre, Diderot, Grimm,
d'Holbach, Mme d'Epinay, qui promettaient beaucoup
et donnaient quelque chose, elle n'estima pas qu'on pût
avoir jamais tort dans le parti d'une fermière générale
et d'un baron. Si j'eusse eu de meilleurs yeux, j'aurais
vu dès lors que je nourrissais un serpent dans mon
sein; mais mon aveugle confiance, que rien encore n'avait
altérée, était telle, que je n'imaginais pas même qu'on
pût vouloir nuire à quelqu'un qu'on devait aimer; en
voyant ourdir autour de moi mille trames, je ne savais
me plaindre que de la tyrannie de ceux que j'appelais

mes amis et qui voulaient, selon moi, me forcer d'être heureux à leur mode, plutôt qu'à la mienne.

8. Quoique Thérèse refusât d'entrer dans la ligue avec sa mère, elle lui garda derechef le secret : son motif était louable ; je ne dirai pas si elle fit bien ou mal. Deux femmes qui ont des secrets aiment à babiller ensemble : cela les rapprochait, et Thérèse, en se partageant, me laissait sentir quelquefois que j'étais seul, car je ne pouvais plus compter pour société celle que nous avions tous trois ensemble. Ce fut alors que je sentis vivement le tort que j'avais eu, durant nos premières liaisons, de ne pas profiter de la docilité que lui donnait son amour, pour l'orner de talents et de connaissances qui, nous tenant plus rapprochés dans notre retraite, auraient agréablement rempli son temps et le mien, sans jamais nous laisser sentir la longueur du tête-à-tête. Ce n'était pas que l'entretien tarît entre nous, et qu'elle parût s'ennuyer dans nos promenades ; mais enfin nous n'avions pas assez d'idées communes pour nous faire un grand magasin : nous ne pouvions plus parler sans cesse de nos projets, bornés désormais à celui de jouir. Les objets qui se présentaient m'inspiraient des réflexions qui n'étaient pas à sa portée. Un attachement de douze ans n'avait plus besoin de paroles ; nous nous connaissions trop pour avoir plus rien à nous apprendre. Restait la ressource des caillettes, médire, et dire des quolibets. C'est surtout dans la solitude qu'on sent l'avantage de vivre avec quelqu'un qui sait penser. Je n'avais pas besoin de cette ressource pour me plaire avec elle ; mais elle en aurait eu besoin pour se plaire toujours avec moi. Le pis était qu'il fallait avec cela prendre nos tête-à-tête en bonne fortune : sa mère, qui m'était devenue importune, me forçait à les épier. J'étais gêné chez moi, c'est tout dire ; l'air de l'amour gâtait la bonne amitié. Nous avions un commerce intime, sans vivre dans l'intimité.

9. Dès que je crus voir que Thérèse cherchait quelquefois des prétextes pour éluder les promenades que je lui proposais, je cessai de lui en proposer, sans lui savoir mauvais gré de ne pas s'y plaire autant que moi. Le plaisir n'est point une chose qui dépende de la volonté. J'étais sûr de son cœur, ce m'était assez. Tant

que mes plaisirs étaient les siens, je les goûtais avec elle :
quand cela n'était pas, je préférais son contentement au
mien.

10. Voilà comment, à demi trompé dans mon attente,
menant une vie de mon goût, dans un séjour de mon
choix, avec une personne qui m'était chère, je parvins
pourtant à me sentir presque isolé. Ce qui me manquait
m'empêchait de goûter ce que j'avais. En fait de bonheur
et de jouissance, il me fallait tout ou rien. On verra pour-
quoi ce détail m'a paru nécessaire. Je reprends à présent
le fil de mon récit.

1. Je croyais avoir des trésors dans les manuscrits
que m'avait donnés le comte de Saint-Pierre. En les
examinant, je vis que ce n'était presque que le recueil
des ouvrages imprimés de son oncle, annotés et corrigés
de sa main, avec quelques autres petites pièces qui
n'avaient pas vu le jour. Je me confirmai, par ses écrits
de morale, dans l'idée que m'avaient donnée quelques
lettres de lui, que Mme de Créqui m'avait montrées,
qu'il avait beaucoup plus d'esprit que je n'avais cru : mais
l'examen approfondi de ses ouvrages de politique ne me
montra que des vues superficielles, des projets utiles,
mais impraticables par l'idée dont l'auteur n'a jamais pu
sortir, que les hommes se conduisaient par leurs lumières
plutôt que par leurs passions. La haute opinion qu'il
avait des connaissances modernes lui avait fait adopter
ce faux principe de la raison perfectionnée, base de tous
les établissements qu'il proposait, et source de tous ses
sophismes politiques. Cet homme rare, l'honneur de son
siècle et de son espèce, et le seul peut-être, depuis
l'existence du genre humain, qui n'eût d'autre passion
que celle de la raison, ne fit cependant que marcher d'er-
reur en erreur dans tous ses systèmes, pour avoir voulu
rendre les hommes semblables à lui, au lieu de les
prendre tels qu'ils sont, et qu'ils continueront d'être.
Il n'a travaillé que pour des êtres imaginaires, en pensant
travailler pour ses contemporains.

2. Tout cela vu, je me trouvai dans quelque embarras
sur la forme à donner à mon ouvrage. Passer à l'auteur
ses visions, c'était ne rien faire d'utile; les réfuter à la
rigueur était faire une chose malhonnête, puisque le

dépôt de ses manuscrits, que j'avais accepté, et même demandé, m'imposait l'obligation d'en traiter honorablement l'auteur. Je pris enfin le parti qui me parut le plus décent, le plus judicieux et le plus utile. Ce fut de donner séparément les idées de l'auteur et les miennes, et, pour cela, d'entrer dans ses vues, de les éclaircir, de les étendre, et de ne rien épargner pour leur faire valoir tout leur prix.

3. Mon ouvrage devait donc être composé de deux parties absolument séparées : l'une, destinée à exposer de la façon que je viens de dire les divers projets de l'auteur; dans l'autre, qui ne devait paraître qu'après que la première aurait fait son effet, j'aurais porté mon jugement sur ces mêmes projets : ce qui, je l'avoue, eût pu les exposer quelquefois au sort du sonnet du *Misanthrope*. A la tête de tout l'ouvrage devait être une vie de l'auteur, pour laquelle j'avais ramassé d'assez bons matériaux, que je me flattais de ne pas gâter en les employant. J'avais un peu vu l'abbé de Saint-Pierre dans sa vieillesse, et la vénération que j'avais pour sa mémoire m'était garant qu'à tout prendre M. le Comte ne serait pas mécontent de la manière dont j'aurais traité son parent.

Je fis mon essai sur la *Paix perpétuelle*, le plus considérable et le plus travaillé de tous les ouvrages qui composaient ce recueil, et avant de me livrer à mes réflexions, j'eus le courage de lire absolument tout ce que l'abbé avait écrit sur ce beau sujet, sans jamais me rebuter par ses longueurs et par ses redites. Le public a vu cet extrait, ainsi je n'ai rien à en dire. Quant au jugement que j'en ai porté, il n'a point été imprimé, et j'ignore s'il le sera jamais; mais il fut fait en même temps que l'extrait. Je passai de là à la *Polysynodie*, ou pluralité des conseils, ouvrage fait sous le Régent, pour favoriser l'administration qu'il avait choisie, et qui fit chasser de l'Académie française l'abbé de Saint-Pierre, pour quelques traits contre l'administration précédente, dont la duchesse du Maine et le cardinal de Polignac furent fâchés. J'achevai ce travail comme le précédent, tant le jugement que l'extrait : mais je m'en tins là, sans vouloir continuer cette entreprise, que je n'aurais pas dû commencer.

La réflexion qui m'y fit renoncer se présente d'elle-même, et il était étonnant qu'elle ne me fût pas venue plus tôt. La plupart des écrits de l'abbé de Saint-Pierre étaient ou contenaient des observations critiques sur quelques parties du gouvernement de France, et il y en avait même de si libres, qu'il était heureux pour lui de les avoir faites impunément. Mais dans les bureaux des ministres, on avait de tout temps regardé l'abbé de Saint-Pierre comme une espèce de prédicateur, plutôt que comme un vrai politique, et on le laissait dire tout à son aise, parce qu'on voyait bien que personne ne l'écoutait. Si j'étais parvenu à le faire écouter, le cas eût été différent. Il était français, je ne l'étais pas; et en m'avisant de répéter ses censures, quoique sous son nom, je m'exposais à me faire demander un peu rudement, mais sans injustice, de quoi je me mêlais. Heureusement, avant d'aller plus loin, je vis la prise que j'allais donner sur moi, et me retirai bien vite. Je savais que, vivant seul au milieu des hommes, et d'hommes tous plus puissants que moi, je ne pouvais jamais, de quelque façon que je m'y prisse, me mettre à l'abri du mal qu'ils voudraient me faire. Il n'y avait qu'une chose en cela qui dépendît de moi, c'était de faire en sorte au moins que, quand ils m'en voudraient faire, ils ne le pussent qu'injustement. Cette maxime, qui me fit abandonner l'abbé de Saint-Pierre, m'a fait souvent renoncer à des projets beaucoup plus chéris. Ces gens, toujours prompts à faire un crime de l'adversité, seraient bien surpris s'ils savaient tous les soins que j'ai pris en ma vie pour qu'on ne pût jamais me dire avec vérité dans mes malheurs : *tu les as bien mérités.*

Cet ouvrage abandonné me laissa quelque temps incertain sur celui que j'y ferais succéder, et cet intervalle de désœuvrement fut ma perte, en me laissant tourner mes réflexions sur moi-même, faute d'objet étranger qui m'occupât. Je n'avais plus de projet pour l'avenir qui pût amuser mon imagination; il ne m'était pas même possible d'en faire, puisque la situation où j'étais était précisément celle où s'étaient réunis tous mes désirs : je n'en avais plus à former, et j'avais encore le cœur vide. Cet état était d'autant plus cruel, que je n'en

voyais point à lui préférer. J'avais rassemblé mes plus
tendres affections dans une personne selon mon cœur,
qui me les rendait. Je vivais avec elle sans gêne, et pour
ainsi dire à discrétion. Cependant un secret serrement
de cœur ne me quittait ni près ni loin d'elle. En la pos-
sédant, je sentais qu'elle me manquait encore, et la
seule idée que je n'étais pas tout pour elle faisait qu'elle
n'était presque rien pour moi.

J'avais des amis des deux sexes, auxquels j'étais atta-
ché par la plus pure amitié, par la plus parfaite estime;
je comptais sur le plus vrai retour de leur part, et il ne
m'était pas même venu dans l'esprit de douter une seule
fois de leur sincérité. Cependant cette amitié m'était plus
tourmentante que douce, par leur obstination, par leur
affectation même à contrarier tous mes goûts, mes pen-
chants, ma manière de vivre; tellement qu'il me suffisait
de paraître désirer une chose qui n'intéressait que moi
seul, et qui ne dépendait pas d'eux, pour les voir tous
se liguer à l'instant même pour me contraindre d'y renon-
cer. Cette obstination de me contrôler en tout dans mes
fantaisies, d'autant plus injuste que, loin de contrôler
les leurs, je ne m'en informais pas même, me devint si
cruellement onéreuse qu'enfin je ne recevais pas une
de leurs lettres sans sentir, en l'ouvrant, un certain effroi
qui n'était que trop justifié par sa lecture. Je trouvais
que, pour des gens tous plus jeunes que moi, et qui tous
auraient eu grand besoin pour eux-mêmes des leçons
qu'ils me prodiguaient, c'était aussi trop me traiter en
enfant. Aimez-moi, leur disais-je, comme je vous aime;
et du reste, ne vous mêlez pas plus de mes affaires que je ne
me mêle des vôtres : voilà tout ce que je vous demande.
Si de ces deux choses ils m'en ont accordé une, ce n'a
pas été du moins la dernière.

J'avais une demeure isolée, dans une solitude char-
mante; maître chez moi, j'y pouvais vivre à ma mode,
sans que personne eût à m'y contrôler. Mais cette habi-
tation m'imposait des devoirs doux à remplir, mais
indispensables. Toute ma liberté n'était que précaire;
plus asservi que par des ordres, je devais l'être par ma
volonté. Je n'avais pas un seul jour dont en me levant,
je pusse dire : J'emploierai ce jour comme il me plaira.

Bien plus, outre ma dépendance des arrangements de Mme d'Epinay, j'en avais une autre bien plus importune du public et des survenants. La distance où j'étais de Paris n'empêchait pas qu'il ne me vînt journellement des tas de désœuvrés qui, ne sachant que faire de leur temps, prodiguaient le mien sans aucun scrupule. Quand j'y pensais le moins, j'étais impitoyablement assailli, et rarement j'ai fait un joli projet pour ma journée, sans le voir renverser par quelque arrivant.

Bref; au milieu des biens que j'avais le plus convoités, ne trouvant point de pure jouissance, je revenais par élans aux jours sereins de ma jeunesse, et je m'écriais quelquefois en soupirant : Ah! ce ne sont pas encore ici les Charmettes!

Les souvenirs des divers temps de ma vie m'amenèrent à réfléchir sur le point où j'étais parvenu, et je me vis déjà sur le déclin de l'âge, en proie à des maux douloureux, et croyant approcher du terme de ma carrière, sans avoir goûté dans sa plénitude presque aucun des plaisirs dont mon cœur était avide, sans avoir donné l'essor aux vifs sentiments que j'y sentais en réserve, sans avoir savouré, sans avoir effleuré du moins cette enivrante volupté que je sentais dans mon âme en puissance, et qui, faute d'objet, s'y trouvait toujours comprimée, sans pouvoir s'exhaler autrement que par mes soupirs.

Comment se pouvait-il qu'avec une âme naturellement expansive, pour qui vivre, c'était aimer, je n'eusse pas trouvé jusqu'alors un ami tout à moi, un véritable ami, moi qui me sentais si bien fait pour l'être ? Comment se pouvait-il qu'avec des sens si combustibles, avec un cœur tout pétri d'amour, je n'eusse pas du moins une fois brûlé de sa flamme pour un objet déterminé ? Dévoré du besoin d'aimer, sans jamais l'avoir pu bien satisfaire, je me voyais atteindre aux portes de la vieillesse, et mourir sans avoir vécu.

Ces réflexions tristes, mais attendrissantes, me faisaient replier sur moi-même avec un regret qui n'était pas sans douceur. Il me semblait que la destinée me devait quelque chose qu'elle ne m'avait pas donné. A quoi bon m'avoir fait naître avec des facultés exquises, pour les laisser jusqu'à la fin sans emploi ? Le sentiment de mon

prix interne, en me donnant celui de cette injustice, m'en dédommageait en quelque sorte, et me faisait verser des larmes que j'aimais à laisser couler.

Je faisais ces méditations dans la plus belle saison de l'année, au mois de juin, sous des bocages frais, au chant du rossignol, au gazouillement des ruisseaux. Tout concourut à me replonger dans cette mollesse trop séduisante, pour laquelle j'étais né, mais dont le ton dur et sévère où venait de me monter une longue effervescence m'aurait dû délivrer pour toujours. J'allai malheureusement me rappeler le dîner du château de Thônes, et ma rencontre avec ces deux charmantes filles, dans la même saison et dans des lieux à peu près semblables à ceux où j'étais en ce moment. Ce souvenir, que l'innocence qui s'y joignait me rendait plus doux encore, m'en rappela d'autres de la même espèce. Bientôt je vis rassemblés autour de moi tous les objets qui m'avaient donné de l'émotion dans ma jeunesse. Mlle Galley, Mlle de Graffenried, Mlle de Breil, Mme Basile, Mme de Larnage, mes jolies écolières, et jusqu'à la piquante Zulietta, que mon cœur ne peut oublier. Je me vis entouré d'un sérail de houris, de mes anciennes connaissances pour qui le goût le plus vif ne m'était pas un sentiment nouveau. Mon sang s'allume et pétille, la tête me tourne, malgré mes cheveux déjà grisonnants, et voilà le grave citoyen de Genève, voilà l'austère Jean-Jacques, à près de quarante-cinq ans, redevenu tout à coup le berger extravagant. L'ivresse dont je fus saisi, quoique si prompte et si folle, fut si durable et si forte, qu'il n'a pas moins fallu, pour m'en guérir, que la crise imprévue et terrible des malheurs où elle m'a précipité.

Cette ivresse, à quelque point qu'elle fût portée, n'alla pourtant pas jusqu'à me faire oublier mon âge et ma situation, jusqu'à me flatter de pouvoir inspirer de l'amour encore, jusqu'à tenter de communiquer enfin ce feu dévorant, mais stérile, dont depuis mon enfance je sentais en vain consumer mon cœur. Je ne l'espérai point, je ne le désirai pas même. Je savais que le temps d'aimer était passé, je sentais trop le ridicule des galants surannés pour y tomber, et je n'étais pas homme à devenir avantageux et confiant sur mon déclin, après l'avoir été si

peu durant mes belles années. D'ailleurs, ami de la paix, j'aurais craint les orages domestiques, et j'aimais trop sincèrement ma Thérèse pour l'exposer au chagrin de me voir porter à d'autres des sentiments plus vifs que ceux qu'elle m'inspirait.

Que fis-je en cette occasion ? Déjà mon lecteur l'a deviné, pour peu qu'il m'ait suivi jusqu'ici. L'impossibilité d'atteindre aux êtres réels me jeta dans le pays des chimères, et ne voyant rien d'existant qui fût digne de mon délire, je le nourris dans un monde idéal, que mon imagination créatrice eut bientôt peuplé d'êtres selon mon cœur. Jamais cette ressource ne vint plus à propos, et ne se trouva si féconde. Dans mes continuelles extases, je m'enivrais à torrents des plus délicieux sentiments qui jamais soient entrés dans un cœur d'homme. Oubliant tout à fait la race humaine, je me fis des sociétés de créatures parfaites, aussi célestes par leurs vertus que par leurs beautés, d'amis sûrs, tendres, fidèles, tels que je n'en trouvai jamais ici-bas. Je pris un tel goût à planer ainsi dans l'empyrée, au milieu des objets charmants dont je m'étais entouré, que j'y passais les heures, les jours sans compter; et perdant le souvenir de toute autre chose, à peine avais-je mangé un morceau à la hâte, que je brûlais de m'échapper pour courir retrouver mes bosquets. Quand, prêt à partir pour le monde enchanté, je voyais arriver de malheureux mortels qui venaient me retenir sur la terre, je ne pouvais ni modérer, ni cacher mon dépit, et n'étant plus maître de moi, je leur faisais un accueil si brusque, qu'il pouvait porter le nom de brutal. Cela ne fit qu'augmenter ma réputation de misanthropie, par tout ce qui m'en eût acquis une bien contraire, si l'on eût mieux lu dans mon cœur.

Au fort de ma plus grande exaltation, je fus retiré tout d'un coup par le cordon comme un cerf-volant, et remis à ma place par la nature, à l'aide d'une attaque assez vive de mon mal. J'employai le seul remède qui m'eût soulagé, savoir les bougies, et cela fit trêve à mes angéliques amours : car, outre qu'on n'est guère amoureux quand on souffre, mon imagination, qui s'anime à la campagne et sous les arbres, languit et meurt dans la chambre

et sous les solives d'un plancher. J'ai souvent regretté
qu'il n'existât pas des dryades; c'eût infailliblement été
parmi elles que j'aurais fixé mon attachement.

D'autres tracas domestiques vinrent en même temps
augmenter mes chagrins. Mme Le Vasseur, en me fai-
sant les plus beaux compliments du monde, aliénait de
moi sa fille tant qu'elle pouvait. Je reçus des lettres de
mon ancien voisinage, qui m'apprirent que la bonne
vieille avait fait à mon insu plusieurs dettes au nom de
Thérèse, qui le savait et qui ne m'en avait rien dit. Les
dettes à payer me fâchaient beaucoup moins que le
secret qu'on m'en avait fait. Eh! comment celle pour
qui je n'eus jamais aucun secret pouvait-elle en avoir
pour moi? Peut-on dissimuler quelque chose aux gens
qu'on aime? La coterie holbachique, qui ne me voyait
faire aucun voyage à Paris, commençait à craindre tout
de bon que je ne me plusse en campagne, et que je ne
fusse assez fou pour y demeurer. Là commencèrent les
tracasseries par lesquelles on cherchait à me rappeler
indirectement à la ville. Diderot, qui ne voulait pas se
montrer sitôt lui-même, commença par me détacher
Deleyre, à qui j'avais procuré sa connaissance, lequel
recevait et me transmettait les impressions que voulait
lui donner Diderot, sans que lui, Deleyre, en vît le vrai
but.

Tout semblait concourir à me tirer de ma douce et
folle rêverie. Je n'étais pas guéri de mon attaque, quand
je reçus un exemplaire du poème sur la ruine de Lis-
bonne que je supposai m'être envoyé par l'auteur. Cela
me mit dans l'obligation de lui écrire, et de lui parler
de sa pièce. Je le fis par une lettre qui a été imprimée
longtemps après, sans mon aveu, comme il sera dit ci-
après.

Frappé de voir ce pauvre homme, accablé, pour ainsi
dire, de prospérités et de gloire, déclamer toutefois amè-
rement contre les misères de cette vie, et trouver tou-
jours que tout était mal, je formai l'insensé projet de le
faire rentrer en lui-même, et de lui prouver que tout
était bien. Voltaire, en paraissant toujours croire en
Dieu, n'a réellement jamais cru qu'au Diable, puisque
son Dieu prétendu n'est qu'un être malfaisant qui, selon

lui, ne prend de plaisir qu'à nuire. L'absurdité de cette
doctrine, qui saute aux yeux, est surtout révoltante dans
un homme comblé des biens de toute espèce, qui, du
sein du bonheur, cherche à désespérer ses semblables
par l'image affreuse et cruelle de toutes les calamités
dont il est exempt. Autorisé plus que lui à compter et
peser les maux de la vie humaine, j'en fis l'équitable
examen, et je lui prouvai que de tous ces maux, il n'y
en avait pas un dont la Providence, ne fût disculpée, et
qui n'eût sa source dans l'abus que l'homme a fait de
ses facultés plus que dans la nature elle-même. Je le
traitai dans cette lettre avec tous les égards, toute la
considération, tout le ménagement, et je puis dire avec
tout le respect possibles. Cependant, lui connaissant un
amour-propre extrêmement irritable, je ne lui envoyai
pas cette lettre à lui-même, mais au docteur Tronchin,
son médecin et son ami, avec plein pouvoir de la don-
ner ou supprimer, selon ce qu'il trouverait le plus
convenable. Tronchin donna la lettre. Voltaire me
répondit en peu de lignes qu'étant malade et garde-
malade lui-même, il remettait à un autre temps sa
réponse, et ne dit pas un mot sur la question. Tronchin,
en m'envoyant cette lettre, en joignit une où il marquait
peu d'estime pour celui qui la lui avait remise. Je n'ai
jamais publié ni même montré ces deux lettres, n'aimant
point à faire parade de ces sortes de petits triomphes ;
mais elles sont en originaux dans mes recueils. (Liasse A,
nos 20 et 21.) Depuis lors Voltaire a publié cette réponse
qu'il m'avait promise, mais qu'il ne m'a pas envoyée.
Elle n'est autre que le roman de *Candide*, dont je ne puis
parler, parce que je ne l'ai pas lu.

Toutes ces distractions m'auraient dû guérir radicale-
ment de mes fantasques amours, et c'était peut-être un
moyen que le Ciel m'offrait d'en prévenir les suites
funestes : mais ma mauvaise étoile fut la plus forte, et
à peine recommençai-je à sortir, que mon cœur, ma tête
et mes pieds reprirent les mêmes routes. Je dis les
mêmes, à certains égards ; car mes idées, un peu moins
exaltées, restèrent cette fois sur la terre, mais avec un
choix si exquis de tout ce qui pouvait s'y trouver d'ai-
mable en tout genre, que cette élite n'était guère moins

chimérique que le monde imaginaire que j'avais abandonné.

1. Je me figurai l'amour, l'amitié, les deux idoles de mon cœur, sous les plus ravissantes images. Je me plus à les orner de tous les charmes du sexe que j'avais toujours adoré. J'imaginai deux amies plutôt que deux amis, parce que si l'exemple est plus rare, il est aussi plus aimable. Je les douai de deux caractères analogues, mais différents ; de deux figures non pas parfaites, mais de mon goût, qu'animaient la bienveillance et la sensibilité. Je fis l'une brune et l'autre blonde, l'une vive et l'autre douce, l'une sage et l'autre faible ; mais d'une si touchante faiblesse, que la vertu semblait y gagner. Je donnai à l'une des deux un amant dont l'autre fut la tendre amie, et même quelque chose de plus ; mais je n'admis ni rivalité ni querelle, ni jalousie, parce que tout sentiment pénible me coûte à imaginer, et que je ne voulais ternir ce riant tableau par rien qui dégradât la nature. Epris de mes deux charmants modèles, je m'identifiais avec l'amant et l'ami le plus qu'il m'était possible ; mais je le fis aimable et jeune, lui donnant au surplus les vertus et les défauts que je me sentais.

Pour placer mes personnages dans un séjour qui leur convînt, je passai successivement en revue les plus beaux lieux que j'eusse vus dans mes voyages, mais je ne trouvai point de bocage assez frais, point de paysage assez touchant à mon gré. Les vallées de la Thessalie m'auraient pu contenter, si je les avais vues ; mais mon imagination fatiguée à inventer voulait quelque lieu réel qui pût lui servir de point d'appui, et me faire illusion sur la réalité des habitants que j'y voulais mettre. Je songeai longtemps aux îles Borromées, dont l'aspect délicieux m'avait transporté ; mais j'y trouvai trop d'ornement et d'art pour mes personnages. Il me fallait cependant un lac, et je finis par choisir celui autour duquel mon cœur n'a jamais cessé d'errer. Je me fixai sur la partie des bords de ce lac à laquelle depuis longtemps mes vœux ont placé ma résidence dans le bonheur imaginaire auquel le sort m'a borné. Le lieu natal de ma pauvre Maman avait encore pour moi un attrait de prédilection. Le contraste des positions, la richesse et la variété

des sites, la magnificence, la majesté de l'ensemble qui ravit les sens, émeut le cœur, élève l'âme, achevèrent de me déterminer, et j'établis à Vevey mes jeunes pupilles. Voilà tout ce que j'imaginai du premier bond; le reste n'y fut ajouté que dans la suite.

Je me bornai longtemps à un plan si vague, parce qu'il suffisait pour remplir mon imagination d'objets agréables, et mon cœur de sentiments dont il aime à se nourrir. Ces fictions, à force de revenir, prirent enfin plus de consistance, et se fixèrent dans mon cerveau sous une forme déterminée. Ce fut alors que la fantaisie me prit d'exprimer sur le papier quelques-unes des situations qu'elles m'offraient, et rappelant tout ce que j'avais senti dans ma jeunesse, de donner ainsi l'essor en quelque sorte au désir d'aimer que je n'avais pu satisfaire, et dont je me sentais dévoré.

Je jetai d'abord sur le papier quelques lettres éparses sans suite et sans liaison, et lorsque je m'avisai de les vouloir coudre, j'y fus souvent fort embarrassé. Ce qu'il y a de peu croyable et de très vrai est que les deux premières parties ont été écrites presque en entier de cette manière, sans que j'eusse aucun plan bien formé, et même sans prévoir qu'un jour je serais tenté d'en faire un ouvrage en règle. Aussi voit-on que ces deux parties, formées après coup de matériaux qui n'ont pas été taillés pour la place qu'ils occupent, sont pleines d'un remplissage verbeux, qu'on ne trouve pas dans les autres.

Au plus fort de mes douces rêveries, j'eus une visite de Mme d'Houdetot, la première qu'elle m'eût faite en sa vie, mais qui malheureusement ne fut pas la dernière, comme on verra ci-après. La comtesse d'Houdetot était fille de feu M. de Bellegarde, fermier-général, sœur de M. d'Epinay et de MM. de Lalive et de La Briche, qui depuis ont été tous deux introducteurs des ambassadeurs. J'ai parlé de la connaissance que je fis avec elle étant fille. Depuis son mariage, je ne la vis qu'aux fêtes de la Chevrette, chez Mme d'Epinay, sa belle-sœur. Ayant souvent passé plusieurs jours avec elle, tant à la Chevrette qu'à Epinay, non seulement je la trouvai toujours très aimable, mais je crus lui voir aussi pour moi de la bienveillance. Elle aimait assez à se promener avec

moi; nous étions marcheurs l'un et l'autre, et l'entretien
ne tarissait pas entre nous. Cependant je n'allai jamais
la voir à Paris, quoiqu'elle m'en eût prié et même solli-
cité plusieurs fois. Ses liaisons avec M. de Saint-Lam-
bert, avec qui je commençais d'en avoir, me la rendirent
encore plus intéressante, et c'était pour m'apporter des
nouvelles de cet ami, qui pour lors était je crois à Mahon,
qu'elle vint me voir à l'Ermitage.

Cette visite eut un peu l'air d'un début de roman. Elle
s'égara dans la route. Son cocher, quittant le chemin qui
tournait, voulut traverser en droiture, du moulin de
Clairvaux à l'Ermitage : son carrosse s'embourba dans le
fond du vallon; elle voulut descendre et faire le reste du
trajet à pied. Sa mignonne chaussure fut bientôt percée;
elle enfonçait dans la crotte; ses gens eurent toutes les
peines du monde à la dégager, et enfin elle arriva à
l'Ermitage en bottes, et perçant l'air d'éclats de rire,
auxquels je mêlai les miens en la voyant arriver. Il fallut
changer de tout; Thérèse y pourvut, et je l'engageai
d'oublier la dignité pour faire une collation rustique dont
elle se trouva fort bien. Il était tard, elle resta peu;
mais l'entrevue fut si gaie qu'elle y prit goût et parut
disposée à revenir. Elle n'exécuta pourtant ce projet que
l'année suivante; mais, hélas! ce retard ne me garantit de
rien.

Je passai l'automne à une occupation dont on ne se
douterait pas, à la garde du fruit de M. d'Epinay. L'Er-
mitage était le réservoir des eaux du parc de la Che-
vrette. Il y avait un jardin clos de murs, et garni d'espa-
liers et d'autres arbres, qui donnaient plus de fruits à
M. d'Epinay que son potager de la Chevrette, quoiqu'on
lui en volât les trois quarts. Pour n'être pas un hôte
absolument inutile, je me chargeai de la direction du
jardin et de l'inspection du jardinier. Tout alla bien
jusqu'au temps des fruits; mais à mesure qu'ils mûris-
saient, je les voyais disparaître, sans savoir ce qu'ils
étaient devenus. Le jardinier m'assura que c'étaient les
loirs qui mangeaient tout. Je fis la guerre aux loirs, j'en
détruisis beaucoup, et le fruit n'en disparaissait pas
moins. Je guettai si bien, qu'enfin je trouvai que le
jardinier lui-même était le grand loir. Il logeait à Mont-

morency, d'où il venait les nuits, avec sa femme et ses
enfants, enlever les dépôts de fruits qu'il avait faits
pendant la journée, et qu'il faisait vendre à la halle à
Paris aussi publiquement que s'il eût eu un jardin à lui.
Ce misérable que je comblais de bienfaits, dont Thérèse
habillait les enfants, et dont je nourrissais presque le
père, qui était mendiant, nous dévalisait aussi aisément
qu'effrontément, aucun des trois n'étant assez vigilant
pour y mettre ordre; et dans une seule nuit il parvint
à vider ma cave, où je ne trouvai rien le lendemain.
Tant qu'il ne parut s'adresser qu'à moi, j'endurai tout;
mais voulant rendre compte du fruit, je fus obligé d'en
dénoncer le voleur. Mme d'Epinay me pria de le payer,
de le mettre dehors, et d'en chercher un autre; ce que
je fis. Comme ce grand coquin rôdait toutes les nuits
autour de l'Ermitage, armé d'un gros bâton ferré qui
avait l'air d'une massue, et suivi d'autres vauriens de
son espèce, pour rassurer les Gouverneuses que cet
homme effrayait terriblement, je fis coucher son suc-
cesseur toutes les nuits à l'Ermitage, et, cela ne les tran-
quillisant pas encore, je fis demander à Mme d'Epinay
un fusil que je tins dans la chambre du jardinier, avec
charge à lui de ne s'en servir qu'au besoin, si l'on ten-
tait de forcer la porte ou d'escalader le jardin, et de ne
tirer qu'à poudre, uniquement pour effrayer les voleurs.
C'était assurément la moindre précaution que pût
prendre, pour la sûreté commune, un homme incom-
modé, ayant à passer l'hiver au milieu des bois, seul avec
deux femmes timides. Enfin, je fis l'acquisition d'un
petit chien pour servir de sentinelle. Deleyre m'étant
venu voir dans ce temps-là, je lui contai mon cas, et ris
avec lui de mon appareil militaire.

De retour à Paris, il en voulut amuser Diderot à son
tour, et voilà comment la coterie holbachique apprit que
je voulais tout de bon passer l'hiver à l'Ermitage. Cette
constance, qu'ils n'avaient pu se figurer, les désorienta,
et en attendant qu'ils imaginassent quelque autre tra-
casserie pour me rendre mon séjour déplaisant [*], ils me

[* J'admire en ce moment ma stupidité de n'avoir pas vu, quand
j'écrivais ceci, que le dépit avec lequel les holbachiens me virent aller
et rester à la campagne regardait principalement la mère Le Vasseur,

détachèrent, par Diderot, le même Deleyre, qui, d'abord, ayant trouvé mes précautions toutes simples, finit par les trouver inconséquentes à mes principes, et pis que ridicules, dans des lettres où il m'accablait de plaisanteries amères, et assez piquantes pour m'offenser, si mon humeur eût été tournée de ce côté-là. Mais alors, saturé de sentiments affectueux et tendres, et n'étant susceptible d'aucun autre, je ne voyais dans ses aigres sarcasmes que le mot pour rire, et ne le trouvais que folâtre où tout autre l'eût trouvé extravagant.

A force de vigilance et de soins, je parvins à garder si bien le jardin, que, quoique la récolte du fruit eût presque manqué cette année, le produit fut triple de celui des années précédentes, et il est vrai que je ne m'épargnais point pour le préserver, jusqu'à escorter les envois que je faisais à la Chevrette et à Epinay, jusqu'à porter des paniers moi-même, et je me souviens que nous en portâmes un si lourd, la tante et moi, que, prêts à succomber sous le faix, nous fûmes contraints de nous reposer de dix en dix pas, et n'arrivâmes que tout en nage.

Quand la mauvaise saison commença de me renfermer au logis, je voulus reprendre mes occupations casanières; il ne me fut pas possible. Je ne voyais partout que les deux charmantes amies, que leur ami, leurs entours, le pays qu'elles habitaient, qu'objets créés ou embellis pour elles par mon imagination. Je n'étais plus un moment à moi-même, le délire ne me quittait plus. Après beaucoup d'efforts inutiles pour écarter de moi toutes ces fictions, je fus enfin tout à fait séduit par elles, et je ne m'occupai plus qu'à tâcher d'y mettre quelque ordre et quelque suite, pour en faire une espèce de roman.

Mon grand embarras était la honte de me démentir ainsi moi-même si nettement et si hautement. Après les principes sévères que je venais d'établir avec tant de fracas, après les maximes austères que j'avais si forte-

qu'ils n'avaient plus sous la main pour les guider dans leurs systèmes d'imposture par des points fixes de temps et de lieux. Cette idée qui me vient si tard, éclaircit parfaitement la bizarrerie de leur conduite, qui dans toute autre supposition est inexplicable.]

ment prêchées, après tant d'invectives mordantes contre les livres efféminés qui respiraient l'amour et la mollesse, pouvait-on rien imaginer de plus inattendu, de plus choquant, que de me voir tout d'un coup m'inscrire de ma propre main parmi les auteurs de ces livres que j'avais si durement censurés ? Je sentais cette inconséquence dans toute sa force, je me la reprochais, j'en rougissais, je m'en dépitais : mais tout cela ne put suf-fire pour me ramener à la raison. Subjugué complète-ment, il fallut me soumettre à tout risque, et me résoudre à braver le qu'en dira-t-on; sauf à délibérer dans la suite si je me résoudrais à montrer mon ouvrage ou non : car je ne supposais pas encore que j'en vinsse à le publier.

Ce parti pris, je me jette à plein collier dans mes rêve-ries, et à force de les tourner et retourner dans ma tête, j'en forme enfin l'espèce de plan dont on a vu l'exécu-tion. C'était assurément le meilleur parti qui se pût tirer de mes folies : l'amour du bien, qui n'est jamais sorti de mon cœur, les tourna vers des objets utiles, et dont la morale eût pu faire son profit. Mes tableaux voluptueux auraient perdu toutes leurs grâces, si le doux coloris de l'innocence y eût manqué. Une fille faible est un objet de pitié, que l'amour peut rendre intéressant, et qui souvent n'est pas moins aimable : mais qui peut supporter sans indignation le spectacle des mœurs à la mode ? et qu'y a-t-il de plus révoltant que l'orgueil d'une femme infidèle, qui, foulant ouvertement aux pieds tous ses devoirs, prétend que son mari soit péné-tré de reconnaissance de la grâce qu'elle lui accorde de vouloir bien ne pas se laisser prendre sur le fait ? Les êtres parfaits ne sont pas dans la nature, et leurs leçons ne sont pas assez près de nous. Mais qu'une jeune per-sonne, née avec un cœur aussi tendre qu'honnête, se laisse vaincre à l'amour étant fille, et retrouve, étant femme, des forces pour le vaincre à son tour, et rede-venir vertueuse, quiconque vous dira que ce tableau dans sa totalité est scandaleux et n'est pas utile est un menteur et un hypocrite; ne l'écoutez pas.

Outre cet objet de mœurs et d'honnêteté conjugale, qui tient radicalement à tout l'ordre social, je m'en fis

un plus secret de concorde et de paix publique, objet plus grand, plus important peut-être en lui-même, et du moins pour le moment où l'on se trouvait. L'orage excité par l'*Encyclopédie*, loin de se calmer, était alors dans sa plus grande force. Les deux partis, déchaînés l'un contre l'autre avec la dernière fureur, ressemblaient plutôt à des loups enragés, acharnés à s'entre-déchirer, qu'à des chrétiens et des philosophes qui veulent réciproquement s'éclairer, se convaincre, et se ramener dans la voie de la vérité. Il ne manquait peut-être à l'un et l'autre que des chefs remuants qui eussent du crédit, pour dégénérer en guerre civile, et Dieu sait ce qu'eût produit une guerre civile de religion, où l'intolérance la plus cruelle était au fond la même des deux côtés. Ennemi né de tout esprit de parti, j'avais dit franchement aux uns et aux autres des vérités dures qu'ils n'avaient pas écoutées. Je m'avisai d'un autre expédient, qui, dans ma simplicité, me parut admirable : c'était d'adoucir leur haine réciproque en détruisant leurs préjugés, et de montrer à chaque parti le mérite et la vertu dans l'autre, dignes de l'estime publique et du respect de tous les mortels. Ce projet peu sensé, qui supposait de la bonne foi dans les hommes, et par lequel je tombai dans le défaut que je reprochais à l'abbé de Saint-Pierre, eut le succès qu'il devait avoir; il ne rapprocha point les partis, et ne les réunit que pour m'accabler. En attendant que l'expérience m'eût fait sentir ma folie, je m'y livrai, j'ose le dire, avec un zèle digne du motif qui me l'inspirait, et je dessinai les deux caractères de Wolmar et de Julie, dans un ravissement qui me faisait espérer de parvenir à les rendre aimables tous les deux, et, qui plus est, l'un par l'autre.

Content d'avoir grossièrement esquissé mon plan, je revins aux situations de détail que j'avais tracées; et de l'arrangement que je leur donnai résultèrent les deux premières parties de la *Julie*, que je fis et mis au net durant cet hiver avec un plaisir inexprimable, employant pour cela le plus beau papier doré, de la poudre d'azur et d'argent pour sécher l'écriture, de la nonpareille bleue pour coudre mes cahiers, enfin ne trouvant rien d'assez galant, rien d'assez mignon pour les charmantes filles

dont je raffolais comme un autre Pygmalion. Tous les soirs, au coin de mon feu, je lisais et relisais ces deux parties aux Gouverneuses. La fille, sans rien dire, sanglotait avec moi d'attendrissement; la mère, qui ne trouvant point là de compliments, n'y comprenait rien, restait tranquille, et se contentait dans les moments de silence, de me répéter toujours : *Monsieur, cela est bien beau.*

Mme d'Epinay, inquiète de me savoir seul en hiver au milieu des bois, dans une maison isolée, envoyait très souvent savoir de mes nouvelles. Jamais je n'eus de si vrais témoignages de son amitié pour moi, et jamais la mienne n'y répondit plus vivement. J'aurais tort de ne pas spécifier, parmi ces témoignages, qu'elle m'envoya son portrait, et qu'elle me demanda des instructions pour avoir le mien, peint par La Tour, et qui avait été exposé au Salon. Je ne dois pas non plus omettre une autre de ses attentions, qui paraîtra risible, mais qui fait [trait] à l'histoire de mon caractère, par l'impression qu'elle fit sur moi. Un jour qu'il gelait très fort, en ouvrant un paquet qu'elle m'envoyait, de plusieurs commissions dont elle s'était chargée, j'y trouvai un petit jupon de dessous, de flanelle d'Angleterre, qu'elle me marquait avoir porté, et dont elle voulait que je me fisse faire un gilet. Le tour de son billet était charmant, plein de caresse et de naïveté. Ce soin, plus qu'amical, me parut si tendre, comme si elle se fût dépouillée pour me vêtir, que dans mon émotion je baisai vingt fois, en pleurant, le billet et le jupon. Thérèse me croyait devenu fou. Il est singulier que, de toutes les marques d'amitié que Mme d'Epinay m'a prodiguées, aucune ne m'a jamais touché comme celle-là, et que même depuis notre rupture je n'y ai jamais repensé sans attendrissement. J'ai longtemps conservé son petit billet, et je l'aurais encore s'il n'eût eu le sort de mes autres lettres du même temps.

Quoique, mes rétentions me laissassent alors peu de relâche en hiver, et qu'une partie de celui-ci je fusse réduit à l'usage des sondes, ce fut pourtant, à tout prendre, la saison que, depuis ma demeure en France, j'ai passée avec le plus de douceur et de tranquillité.

Durant quatre ou cinq mois que le mauvais temps me
tint davantage à l'abri des survenants, je savourai, plus
que je n'ai fait avant et depuis, cette vie indépendante,
égale et simple, dont la jouissance ne faisait pour moi
qu'augmenter le prix, sans autre compagnie que celle des
deux Gouverneuses en réalité, et celle des deux cousines
en idée. C'est alors surtout que je me félicitais chaque
jour davantage du parti que j'avais eu le bon sens de
prendre, sans égard aux clameurs de mes amis, fâchés
de me voir affranchi de leur tyrannie; et quand j'appris
l'attentat d'un forcené, quand Deleyre et Mme d'Epinay
me parlaient dans leurs lettres du trouble et de l'agita-
tion qui régnaient dans Paris, combien je remerciai le
Ciel de m'avoir éloigné de ces spectacles d'horreurs et
de crimes qui n'eussent fait que nourrir, qu'aigrir
l'humeur bilieuse que l'aspect des désordres publics
m'avait donnée; tandis que, ne voyant plus autour de
ma retraite que des objets riants et doux, mon cœur
ne se livrait qu'à des sentiments aimables. Je note ici
avec complaisance le cours des derniers moments pai-
sibles qui m'ont été laissés. Le printemps qui suivit
cet hiver si calme vit éclore le germe des malheurs qui
me restent à décrire, et dans le tissu desquels on ne
verra plus d'intervalle semblable, où j'aie eu le loisir
de respirer.

Je crois pourtant me rappeler que durant cet intervalle
de paix et jusqu'au fond de ma solitude, je ne restai pas
tout à fait tranquille de la part des Holbachiens. Diderot
me suscita quelque tracasserie, et je suis fort trompé si ce
n'est durant cet hiver que parut *Le Fils naturel*, dont
j'aurai bientôt à parler. Outre que par des causes qu'on
saura dans la suite, il m'est resté peu de monuments sûrs
de cette époque, ceux mêmes qu'on m'a laissés sont très
peu précis quant aux dates. Diderot ne datait jamais ses
lettres. Mme d'Epinay, Mme d'Houdetot, ne dataient
guère les leurs que du jour de la semaine, et Deleyre
faisait comme elles le plus souvent. Quand j'ai voulu
ranger ces lettres dans leur ordre, il a fallu suppléer,
en tâtonnant, des dates incertaines, sur lesquelles je ne
puis compter. Ainsi, ne pouvant fixer avec certitude le
commencement de ces brouilleries, j'aime mieux rap-

porter ci-après dans un seul article tout ce que je m'en puis rappeler.

Le retour du printemps avait redoublé mon tendre délire, et dans mes érotiques transports, j'avais composé pour les dernières parties de la *Julie* plusieurs lettres qui se sentent du ravissement dans lequel je les écrivis. Je puis citer entre autres celles de l'Elysée et de la promenade sur le lac, qui, si je m'en souviens bien, sont à la fin de la quatrième partie. Quiconque, en lisant ces deux lettres, ne sent pas amollir et fondre son cœur dans l'attendrissement qui me les dicta, doit fermer le livre : il n'est pas fait pour juger des choses de sentiment.

Précisément dans le même temps, j'eus de Mme d'Houdetot une seconde visite imprévue. En l'absence de son mari, qui était capitaine de gendarmerie, et de son amant, qui servait aussi, elle était venue à Eaubonne, au milieu de la vallée de Montmorency, où elle avait loué une assez jolie maison. Ce fut de là qu'elle vint faire à l'Ermitage une nouvelle excursion. A ce voyage, elle était à cheval et en homme. Quoique je n'aime guère ces sortes de mascarades, je fus pris à l'air romanesque de celle-là, et, pour cette fois, ce fut de l'amour. Comme il fut le premier et l'unique en toute ma vie, et que ses suites le rendront à jamais mémorable et terrible à mon souvenir, qu'il me soit permis d'entrer dans quelques détails sur cet article.

Mme la comtesse d'Houdetot approchait de la trentaine, et n'était point belle ; son visage était marqué de la petite vérole ; son teint manquait de finesse, elle avait la vue basse et les yeux un peu ronds : mais elle avait l'air jeune avec tout cela, et sa physionomie, à la fois vive et douce, était caressante. Elle avait une forêt de grands cheveux noirs, naturellement bouclés, qui lui tombaient au jarret ; sa taille était mignonne, et elle mettait dans tous ses mouvements de la gaucherie et de la grâce tout à la fois. Elle avait l'esprit très naturel et très agréable ; la gaieté, l'étourderie et la naïveté s'y mariaient heureusement : elle abondait en saillies charmantes qu'elle ne recherchait point et qui partaient quelquefois malgré elle. Elle avait plusieurs talents agréables, jouait du clavecin, dansait bien, faisait d'assez jolis vers. Pour

son caractère, il était angélique; la douceur d'âme en
faisait le fond; mais, hors la prudence et la force, il
rassemblait toutes les vertus. Elle était surtout d'une
telle sûreté dans le commerce, d'une telle fidélité dans
la société, que ses ennemis même n'avaient pas besoin
de se cacher d'elle. J'entends par ses ennemis ceux ou
plutôt celles qui la haïssaient; car, pour elle, elle n'avait
pas un cœur qui pût haïr, et je crois que cette conformité
contribua beaucoup à me passionner pour elle. Dans les
confidences de la plus intime amitié, je ne lui ai jamais
ouï parler mal des absents, pas même de sa belle-sœur.
Elle ne pouvait ni déguiser ce qu'elle pensait à personne,
ni même contraindre aucun de ses sentiments, et je suis
persuadé qu'elle parlait de son amant à son mari même,
comme elle en parlait à ses amis, à ses connaissances, et
à tout le monde indifféremment. Enfin, ce qui prouve
sans réplique la pureté et la sincérité de son excellent
naturel, c'est qu'étant sujette aux plus énormes distrac-
tions et aux plus visibles étourderies, il lui en échappait
souvent de très imprudentes pour elle-même, mais jamais
d'offensantes pour qui que ce fût.

On l'avait mariée très jeune et malgré elle au comte
d'Houdetot, homme de condition, bon militaire, mais
joueur, chicaneur, très peu aimable, et qu'elle n'a jamais
aimé. Elle trouva dans M. de Saint-Lambert tous les
mérites de son mari, avec des qualités plus agréables, de
l'esprit, des vertus, des talents. S'il faut pardonner
quelque chose aux mœurs du siècle, c'est sans doute
un attachement que sa durée épure, que ses effets
honorent, et qui ne s'est cimenté que par une estime
réciproque.

C'était un peu par goût, à ce que j'ai pu croire, mais
beaucoup pour complaire à Saint-Lambert, qu'elle venait
me voir. Il l'y avait exhortée, et il avait raison de croire
que l'amitié qui commençait à s'établir entre nous ren-
drait cette société agréable à tous les trois. Elle savait
que j'étais instruit de leurs liaisons, et pouvant me par-
ler de lui sans gêne, il était naturel qu'elle se plût avec
moi. Elle vint, je la vis : j'étais ivre d'amour sans objet;
cette ivresse fascina mes yeux, cet objet se fixa sur elle;
je vis ma Julie en Mme d'Houdetot, et bientôt je ne

vis plus que Mme d'Houdetot, mais revêtue de toutes
les perfections dont je venais d'orner l'idole de mon
cœur. Pour m'achever, elle me parla de Saint-Lambert
en amante passionnée. Force contagieuse de l'amour! en
l'écoutant, en me sentant auprès d'elle, j'étais saisi d'un
frémissement délicieux, que je n'avais éprouvé jamais
auprès de personne. Elle parlait, et je me sentais ému;
je croyais ne faire que m'intéresser à ses sentiments,
quand j'en prenais de semblables; j'avalais à longs traits
la coupe empoisonnée, dont je ne sentais encore que la
douceur. Enfin, sans que je m'en aperçusse et sans qu'elle
s'en aperçût, elle m'inspira pour elle-même tout ce qu'elle
exprimait pour son amant. Hélas! ce fut bien tard, ce fut
bien cruellement brûler d'une passion non moins vive
que malheureuse pour une femme dont le cœur était
plein d'un autre amour.

Malgré les mouvements extraordinaires que j'avais
éprouvés auprès d'elle, je ne m'aperçus pas d'abord de
ce qui m'était arrivé : ce ne fut qu'après son départ que,
voulant penser à Julie, je fus frappé de ne pouvoir plus
penser qu'à Mme d'Houdetot. Alors mes yeux se dessil-
lèrent; je sentis mon malheur, j'en gémis, mais je n'en
prévis pas les suites.

J'hésitai longtemps sur la manière dont je me condui-
rais avec elle, comme si l'amour véritable laissait assez
de raison pour suivre des délibérations. Je n'étais pas
déterminé quand elle revint me prendre au dépourvu.
Pour lors j'étais instruit. La honte, compagne du mal,
me rendit muet, tremblant devant elle; je n'osais ouvrir
la bouche ni lever les yeux; j'étais dans un trouble
inexprimable, qu'il était impossible qu'elle ne vît pas.
Je pris le parti de le lui avouer, et de lui en laisser deviner
la cause : c'était la lui dire assez clairement.

Si j'eusse été jeune et aimable, et que dans la suite
Mme d'Houdetot eût été faible, je blâmerais ici sa
conduite : mais tout cela n'étant pas, je ne puis que
l'applaudir et l'admirer. Le parti qu'elle prit était égale-
ment celui de la générosité et de la prudence. Elle ne
pouvait s'éloigner brusquement de moi sans en dire la
cause à Saint-Lambert, qui l'avait lui-même engagée à
me voir; c'était exposer deux amis à une rupture, et

peut-être à un éclat qu'elle voulait éviter. Elle avait pour
moi de l'estime et de la bienveillance. Elle eut pitié de
ma folie; sans la flatter, elle la plaignit et tâcha de m'en
guérir. Elle était bien aise de conserver à son amant et
à elle-même un ami dont elle faisait cas : elle ne me par-
lait de rien avec plus de plaisir que de l'intime et douce
société que nous pouvions former entre nous trois,
quand je serais devenu raisonnable; elle ne se bornait
pas toujours à ces exhortations amicales, et ne m'épar-
gnait pas au besoin les reproches plus durs que j'avais
bien mérités.

Je me les épargnais encore moins moi-même. Sitôt que
je fus seul, je revins à moi; j'étais plus calme après avoir
parlé : l'amour connu de celle qui l'inspire en devient
plus supportable. La force avec laquelle je me reprochais
le mien m'en eût dû guérir, si la chose eût été possible.
Quels puissants motifs n'appelai-je point à mon aide
pour l'étouffer! Mes mœurs, mes sentiments, mes prin-
cipes, la honte, l'infidélité, le crime, l'abus d'un dépôt
confié par l'amitié, le ridicule enfin de brûler à mon âge
de la passion la plus extravagante pour un objet dont le
cœur préoccupé ne pouvait ni me rendre aucun retour,
ni me laisser aucun espoir : passion de plus, qui, loin
d'avoir rien à gagner par la constance, devenait moins
souffrable de jour en jour.

Qui croirait que cette dernière considération, qui devait
ajouter du poids à toutes les autres, fut celle qui les
éluda ? Quel scrupule, pensai-je, puis-je me faire d'une
folie nuisible à moi seul ? Suis-je donc un jeune cavalier
fort à craindre pour Mme d'Houdetot ? Ne dirait-on pas,
à mes présomptueux remords, que ma galanterie, mon
air, ma parure, vont la séduire ? Eh! pauvre Jean-
Jacques, aime à ton aise, en sûreté de conscience, et ne
crains pas que tes soupirs nuisent à Saint-Lambert.

On a vu que jamais je ne fus avantageux, même dans
ma jeunesse. Cette façon de penser était dans mon tour
d'esprit, elle flattait ma passion; c'en fut assez pour m'y
livrer sans réserve, et rire même de l'impertinent scru-
pule que je croyais m'être fait par vanité plus que par
raison. Grande leçon pour les âmes honnêtes, que le vice
n'attaque jamais à découvert, mais qu'il trouve le moyen

de surprendre, en se masquant toujours de quelque sophisme, et souvent de quelque vertu.

Coupable sans remords, je le fus bientôt sans mesure, et de grâce, qu'on voie comment ma passion suivit la trace de mon naturel pour m'entraîner enfin dans l'abîme. D'abord elle prit un air humble pour me rassurer, et pour me rendre entreprenant, elle poussa cette humilité jusqu'à la défiance. Mme d'Houdetot, sans cesser de me rappeler à mon devoir, à la raison, sans jamais flatter un moment ma folie, me traitait au reste avec la plus grande douceur, et prit avec moi le ton de l'amitié la plus tendre. Cette amitié m'eût suffi, je le proteste, si je l'avais crue sincère; mais la trouvant trop vive pour être vraie, n'allai-je pas me fourrer dans la tête que l'amour, désormais si peu concevable à mon âge, à mon maintien, m'avait avili aux yeux de Mme d'Houdetot; que cette jeune folle ne voulait que se divertir de moi et de mes douceurs surannées; qu'elle en avait fait confidence à Saint-Lambert, et que l'indignation de mon infidélité ayant fait entrer son amant dans ses vues, ils s'entendaient tous les deux pour achever de me faire tourner la tête et me persifler? Cette bêtise, qui m'avait fait extravaguer à vingt-six ans, auprès de Mme de Larnage, que je ne connaissais pas, m'eût été pardonnable à quarante-cinq, auprès de Mme d'Houdetot, si j'eusse ignoré qu'elle et son amant étaient trop honnêtes gens l'un et l'autre pour se faire un aussi barbare amusement.

Mme d'Houdetot continuait à me faire des visites que je ne tardai pas à lui rendre. Elle aimait à marcher, ainsi que moi : nous faisions de longues promenades dans un pays enchanté. Content d'aimer et de l'oser dire, j'aurais été dans la plus douce situation, si mon extravagance n'en eût détruit tout le charme. Elle ne comprit rien d'abord à la sotte humeur avec laquelle je recevais ses caresses : mais mon cœur, incapable de savoir jamais rien cacher de ce qui s'y passe, ne lui laissa pas longtemps ignorer mes soupçons; elle en voulut rire; cet expédient ne réussit pas; des transports de rage en auraient été l'effet : elle changea de ton. Sa compatissante douceur fut invincible; elle me fit des reproches qui me pénétrèrent; elle me témoigna, sur mes injustes craintes, des

inquiétudes dont j'abusai. J'exigeai des preuves qu'elle ne se moquait pas de moi. Elle vit qu'il n'y avait nul autre moyen de me rassurer. Je devins pressant, le pas était délicat. Il est étonnant, il est unique peut-être qu'une femme ayant pu venir jusqu'à marchander, s'en soit tirée à si bon compte. Elle ne me refusa rien de ce que la plus tendre amitié pouvait accorder. Elle ne m'accorda rien qui pût la rendre infidèle, et j'eus l'humiliation de voir que l'embrasement dont ses légères faveurs allumaient mes sens n'en porta jamais aux siens la moindre étincelle.

J'ai dit quelque part qu'il ne faut rien accorder aux sens, quand on veut leur refuser quelque chose. Pour connaître combien cette maxime se trouva fausse avec Mme d'Houdetot, et combien elle eut raison de compter sur elle-même, il faudrait entrer dans les détails de nos longs et fréquents tête-à-tête, et les suivre dans toute leur vivacité durant quatre mois que nous passâmes ensemble dans une intimité presque sans exemple entre deux amis de différents sexes, qui se renferment dans les bornes dont nous ne sortîmes jamais. Ah! si j'avais tardé si longtemps à sentir le véritable amour, qu'alors mon cœur et mes sens lui payèrent bien l'arrérage! et quels sont donc les transports qu'on doit éprouver auprès d'un objet aimé qui nous aime, si même un amour non partagé peut en inspirer de pareils?

Mais j'ai tort de dire un amour non partagé; le mien l'était en quelque sorte; il était égal des deux côtés, quoiqu'il ne fût pas réciproque. Nous étions ivres d'amour l'un et l'autre, elle pour son amant, moi pour elle; nos soupirs, nos délicieuses larmes se confondaient. Tendres confidents l'un de l'autre, nos sentiments avaient tant de rapports, qu'il était impossible qu'ils ne se mêlassent pas en quelque chose; et toutefois, au milieu de cette dangereuse ivresse, jamais elle ne s'est oubliée un moment; et moi je proteste, je jure que si, quelquefois égaré par mes sens, j'ai tenté de la rendre infidèle, jamais je ne l'ai véritablement désiré. La véhémence de ma passion la contenait par elle-même. Le devoir des privations avait exalté mon âme. L'éclat de toutes les vertus ornait à mes yeux l'idole de mon cœur; en souiller

la divine image eût été l'anéantir. J'aurais pu commettre le crime, il a cent fois été commis dans mon cœur; mais avilir ma Sophie? Ah! cela se pouvait-il jamais? Non, non; je le lui ai cent fois dit à elle-même, eussé-je été le maître de me satisfaire, sa propre volonté l'eût-elle mise à ma discrétion, hors quelques courts moments de délire, j'aurais refusé d'être heureux à ce prix. Je l'aimais trop pour vouloir la posséder.

Il y a près d'une lieue de l'Ermitage à Eaubonne; dans mes fréquents voyages, il m'est arrivé quelquefois d'y coucher; un soir, après avoir soupé tête-à-tête, nous allâmes nous promener au jardin par un très beau clair de lune. Au fond de ce jardin était un assez grand taillis, par où nous fûmes chercher un joli bosquet orné d'une cascade dont je lui avais donné l'idée, et qu'elle avait fait exécuter. Souvenir immortel d'innocence et de jouissance! Ce fut dans ce bosquet, qu'assis avec elle sur un banc de gazon, sous un acacia tout chargé de fleurs, je trouvai, pour rendre les mouvements de mon cœur, un langage vraiment digne d'eux. Ce fut la première et l'unique fois de ma vie; mais je fus sublime, si l'on peut nommer ainsi tout ce que l'amour le plus tendre et le plus ardent peut porter d'aimable et de séduisant dans un cœur d'homme. Que d'enivrantes larmes je versai sur ses genoux! Que je lui en fis verser malgré elle! Enfin, dans un transport involontaire, elle s'écria: Non, jamais homme ne fut si aimable, et jamais amant n'aima comme vous! Mais votre ami Saint-Lambert nous écoute, et mon cœur ne saurait aimer deux fois. Je me tus en soupirant; je l'embrassai; quel embrassement! Mais ce fut tout. Il y avait six mois qu'elle vivait seule, c'est-à-dire loin de son amant et de son mari; il y en avait trois que je la voyais presque tous les jours, et toujours l'amour en tiers entre elle et moi. Nous avions soupé tête-à-tête, nous étions seuls, dans un bosquet, au clair de la lune, et après deux heures de l'entretien le plus vif et le plus tendre, elle sortit au milieu de la nuit de ce bosquet et des bras de son ami, aussi intacte, aussi pure de corps et de cœur qu'elle y était entrée. Lecteurs, pesez toutes ces circonstances; je n'ajouterai rien de plus.

Et qu'on n'aille pas s'imaginer qu'ici mes sens me

laissaient tranquille, comme auprès de Thérèse et de
Maman. Je l'ai déjà dit, c'était de l'amour cette fois, et
l'amour dans toute son énergie et dans toutes ses fureurs.
Je ne décrirai ni les agitations, ni les frémissements, ni
les palpitations, ni les mouvements convulsifs, ni les
défaillances de cœur que j'éprouvais continuellement;
on en pourra juger par l'effet que sa seule image
faisait sur moi. J'ai dit qu'il y avait loin de l'Ermitage
à Eaubonne : je passais par les coteaux d'Andilly, qui
sont charmants. Je rêvais en marchant à celle que j'allais
voir, à l'accueil caressant qu'elle me ferait, au baiser
qui m'attendait à mon arrivée. Ce seul baiser, ce baiser
funeste, avant même de le recevoir, m'embrasait le sang
à tel point, que ma tête se troublait, un éblouissement
m'aveuglait, mes genoux tremblants ne pouvaient me
soutenir; j'étais forcé de m'arrêter, de m'asseoir; toute
ma machine était dans un désordre inconcevable : j'étais
prêt à m'évanouir. Instruit du danger, je tâchais, en
partant, de me distraire et de penser à autre chose. Je
n'avais pas fait vingt pas que les mêmes souvenirs et
tous les accidents qui en étaient la suite revenaient
m'assaillir sans qu'il me fût possible de m'en délivrer,
et de quelque façon que je m'y sois pu prendre, je ne
crois pas qu'il me soit jamais arrivé de faire seul ce trajet
impunément. J'arrivais à Eaubonne, faible, épuisé, rendu,
me soutenant à peine. A l'instant que je la voyais, tout
était réparé, je ne sentais plus auprès d'elle que l'impor-
tunité d'une vigueur inépuisable et toujours inutile. Il
y avait sur ma route, à la vue d'Eaubonne, une terrasse
agréable, appelée le mont Olympe, où nous nous ren-
dions quelquefois, chacun de notre côté. J'arrivais le
premier; j'étais fait pour l'attendre; mais que cette attente
me coûtait cher! Pour me distraire, j'essayais d'écrire
avec mon crayon des billets que j'aurais pu tracer du plus
pur de mon sang : je n'en ai pu jamais achever un qui
fût lisible. Quand elle en trouvait quelqu'un dans la
niche dont nous étions convenus, elle n'y pouvait voir
autre chose que l'état vraiment déplorable où j'étais en
l'écrivant. Cet état, et surtout sa durée, pendant trois
mois d'irritation continuelle et de privation, me jeta
dans un épuisement dont je n'ai pu me tirer de plusieurs

années, et finit par me donner une descente que j'emporterai ou qui m'emportera au tombeau. Telle a été la seule jouissance amoureuse de l'homme du tempérament le plus combustible, mais le plus timide en même temps, que peut-être la nature ait jamais produit. Tels ont été les derniers beaux jours qui m'aient été comptés sur la terre : ici commence le long tissu des malheurs de ma vie, et l'on verra peu d'interruption.

On a vu, dans tout le cours de ma vie, que mon cœur, transparent comme le cristal, n'a jamais su cacher durant une minute entière un sentiment un peu vif qui s'y fût réfugié. Qu'on juge s'il me fut possible de cacher longtemps mon amour pour Mme d'Houdetot. Notre intimité frappait tous les yeux, nous n'y mettions ni secret ni mystère. Elle n'était pas de nature à en avoir besoin, et comme Mme d'Houdetot avait pour moi l'amitié la plus tendre, qu'elle ne se reprochait point, que j'avais pour elle une estime dont personne ne connaissait mieux que moi toute la justice ; elle, franche, distraite, étourdie ; moi, vrai, maladroit, fier, impatient, emporté, nous donnions encore sur nous, dans notre trompeuse sécurité, beaucoup plus de prise que nous n'aurions fait si nous eussions été coupables. Nous allions l'un et l'autre à la Chevrette, nous nous y trouvions souvent ensemble, quelquefois même par rendez-vous. Nous y vivions à notre ordinaire, nous promenant tous les jours tête à tête, en parlant de nos amours, de nos devoirs, de notre ami, de nos innocents projets, dans le parc, vis-à-vis l'appartement de Mme d'Epinay, sous ses fenêtres, d'où, ne cessant de nous examiner, et se croyant bravée, elle assouvissait son cœur, par ses yeux, de rage et d'indignation.

Les femmes ont toutes l'art de cacher leur fureur, surtout quand elle est vive ; Mme d'Epinay, violente, mais réfléchie, possède surtout cet art éminemment. Elle feignit de ne rien voir, de ne rien soupçonner, et dans le même temps qu'elle redoublait avec moi d'attentions, de soins, et presque d'agaceries, elle affectait d'accabler sa belle-sœur de procédés malhonnêtes, et de marques d'un dédain qu'elle semblait vouloir me communiquer. On juge bien qu'elle ne réussissait pas ; mais j'étais au

supplice. Déchiré de sentiments contraires, en même temps que j'étais touché de ses caresses, j'avais peine à contenir ma colère quand je la voyais manquer à Mme d'Houdetot. La douceur angélique de celle-ci lui faisait tout endurer sans se plaindre, et même sans lui en savoir plus mauvais gré. Elle était d'ailleurs souvent si distraite, et toujours si peu sensible à ces choses-là, que la moitié du temps elle ne s'en apercevait pas.

J'étais si préoccupé de ma passion, que ne voyant rien que Sophie (c'était un des noms de Mme d'Houdetot), je ne remarquais pas même que j'étais devenu la fable de toute la maison et des survenants. Le baron d'Holbach, qui n'était jamais venu, que je sache, à la Chevrette, fut au nombre de ces derniers. Si j'eusse été aussi défiant que je le suis devenu dans la suite, j'aurais fort soupçonné Mme d'Epinay d'avoir arrangé ce voyage pour lui donner l'amusant cadeau de voir le Citoyen amoureux. Mais j'étais alors si bête, que je ne voyais pas même ce qui crevait les yeux à tout le monde. Toute ma stupidité ne m'empêcha pourtant pas de trouver au Baron l'air plus content, plus jovial qu'à son ordinaire. Au lieu de me regarder noir, selon la coutume, il me lâchait cent propos goguenards, auxquels je ne comprenais rien. J'ouvrais de grands yeux sans rien répondre. Mme d'Epinay se tenait les côtés de rire : je ne savais sur quelle herbe ils avaient marché. Comme rien ne passait encore les bornes de la plaisanterie, tout ce que j'aurais eu de mieux à faire, si je m'en étais aperçu, eût été de m'y prêter. Mais il est vrai qu'à travers la railleuse gaieté du Baron, l'on voyait briller dans ses yeux une maligne joie, qui m'aurait peut-être inquiété, si je l'eusse aussi bien remarquée alors que je me la rappelai dans la suite.

Un jour que j'allai voir Mme d'Houdetot à Eaubonne, au retour d'un de ses voyages de Paris, je la trouvai triste, et je vis qu'elle avait pleuré. Je fus obligé de me contraindre, parce que Mme de Blainville, sœur de son mari, était là; mais sitôt que je pus trouver un moment, je lui marquai mon inquiétude. Ah! me dit-elle en soupirant, je crains bien que vos folies ne me coûtent le repos de mes jours. Saint-Lambert est instruit et m'a instruite. Il me rend justice, mais il a de l'humeur, dont,

qui pis est, il me cache une partie. Heureusement je ne lui ai rien tu de nos liaisons, qui se sont faites sous ses auspices. Mes lettres étaient pleines de vous, ainsi que mon cœur : je ne lui ai caché que votre amour insensé, dont j'espérais vous guérir, et dont, sans m'en parler, je vois qu'il me fait un crime. On nous a desservis; l'on m'a fait tort; mais n'importe. Ou rompons tout à fait, ou soyez tel que vous devez être. Je ne veux plus rien avoir à cacher à mon amant.

Ce fut là le premier moment où je fus sensible à la honte de me voir humilié, par le sentiment de ma faute, devant une jeune femme dont j'éprouvais les justes reproches et dont j'aurais dû être le mentor. L'indignation que j'en ressentis contre moi-même eût suffi peut-être pour surmonter ma faiblesse, si la tendre compassion que m'en inspirait la victime n'eût encore amolli mon cœur. Hélas! était-ce le moment de pouvoir l'endurcir, lorsqu'il était inondé par des larmes qui le pénétraient de toutes parts ? Cet attendrissement se changea bientôt en colère contre les vils délateurs qui n'avaient vu que le mal d'un sentiment criminel, mais involontaire, sans croire, sans imaginer même la sincère honnêteté de cœur qui le rachetait. Nous ne restâmes pas longtemps en doute sur la main d'où partait le coup.

Nous savions l'un et l'autre que Mme d'Epinay était en commerce de lettres avec Saint-Lambert. Ce n'était pas le premier orage qu'elle avait suscité à Mme d'Houdetot, dont elle avait fait mille efforts pour le détacher, et que les succès de quelques-uns de ces efforts faisaient trembler par la suite. D'ailleurs Grimm, qui, ce me semble, avait suivi M. de Castries à l'armée, était en Westphalie, aussi bien que Saint-Lambert; ils se voyaient quelquefois. Grimm avait fait près de Mme d'Houdetot quelques tentatives qui n'avaient pas réussi. Grimm, très piqué, cessa tout à fait de la voir. Qu'on juge du sang-froid avec lequel, modeste comme on sait qu'il l'est, il lui supposait des préférences pour un homme plus âgé que lui, et dont lui Grimm, depuis qu'il fréquentait les grands, ne parlait plus que comme de son protégé.

Mes soupçons sur Mme d'Epinay se changèrent en certitude quand j'appris ce qui s'était passé chez moi. Quand

j'étais à la Chevrette, Thérèse y venait souvent, soit pour m'apporter mes lettres, soit pour me rendre des soins nécessaires à ma mauvaise santé. Mme d'Epinay lui avait demandé si nous ne nous écrivions pas, Mme d'Houdetot et moi. Sur son aveu, Mme d'Epinay la pressa de lui remettre les lettres de Mme d'Houdetot, l'assurant qu'elle les recachetterait si bien qu'il n'y paraîtrait pas. Thérèse, sans montrer combien cette proposition la scandalisait et même sans m'avertir, se contenta de mieux cacher les lettres qu'elle m'apportait : précaution très heureuse, car Mme d'Epinay la faisait guetter à son arrivée, et l'attendant au passage, poussa plusieurs fois l'audace jusqu'à chercher dans sa bavette. Elle fit plus : s'étant un jour invitée à venir avec M. de Margency dîner à l'Ermitage, pour la première fois depuis que j'y demeurais, elle prit le temps que je me promenais avec Margency pour entrer dans mon cabinet avec la mère et la fille, et les presser de lui montrer les lettres de Mme d'Houdetot. Si la mère eût su où elles étaient, les lettres étaient livrées ; mais heureusement, la fille seule le savait, et nia que j'en eusse conservé aucune. Mensonge assurément plein d'honnêteté, de fidélité, de générosité, tandis que la vérité n'eût été qu'une perfidie. Mme d'Epinay, voyant qu'elle ne pouvait la séduire, s'efforça de l'irriter par la jalousie, en lui reprochant sa facilité et son aveuglement. Comment pouvez-vous, lui dit-elle, ne pas voir qu'ils ont entre eux un commerce criminel ? Si, malgré tout ce qui frappe vos yeux, vous avez besoin d'autres preuves, prêtez-vous donc à ce qu'il faut faire pour les avoir : vous dites qu'il déchire les lettres de Mme d'Houdetot aussitôt qu'il les a lues. Eh bien ! recueillez avec soin les pièces, et donnez-les-moi ; je me charge de les rassembler. Telles étaient les leçons que mon amie donnait à ma compagne.

Thérèse eut la discrétion de me taire assez longtemps toutes ces tentatives ; mais voyant mes perplexités, elle se crut obligée à me tout dire, afin que, sachant à qui j'avais affaire, je prisse mes mesures pour me garantir des trahisons qu'on me préparait. Mon indignation, ma fureur ne peut se décrire. Au lieu de dissimuler avec Mme d'Epinay, à son exemple, et de me servir de contre-ruses, je me livrai sans mesure à l'impétuosité de mon naturel, et avec

mon étourderie ordinaire, j'éclatai tout ouvertement. On peut juger de mon imprudence par les lettres suivantes, qui montrent suffisamment la manière de procéder de l'un et de l'autre en cette occasion.

Billet de Mme d'Epinay. Liasse A, N° 44.

« Pourquoi donc ne vous vois-je pas, mon cher ami ?
« Je suis inquiète de vous. Vous m'aviez tant promis de
« ne faire qu'aller et venir de l'Ermitage ici ! Sur cela je
« vous ai laissé libre ; et point du tout, vous laissez passer
« huit jours. Si on ne m'avait pas dit que vous étiez en
« bonne santé, je vous croirais malade. Je vous attendais
« avant-hier ou hier, et je ne vous vois point arriver. Mon
« Dieu ! qu'avez-vous donc ? Vous n'avez point d'affaires ;
« vous n'avez pas non plus de chagrins, car je me flatte
« que vous seriez venu sur-le-champ me les confier. Vous
« êtes donc malade ? Tirez-moi d'inquiétude bien vite, je
« vous en prie. Adieu, mon cher ami ; que cet adieu me
« donne un bonjour de vous. »

Réponse

Ce mercredi matin.

« Je ne puis rien vous dire encore. J'attends d'être
« mieux instruit, et je le serai tôt ou tard. En attendant,
« soyez sûre que l'innocence accusée trouvera un défen-
« seur assez ardent pour donner quelque repentir aux
« calomniateurs, quels qu'ils soient. »

Second billet de la même. Liasse A, N° 45.

« Savez-vous que votre lettre m'effraye ? Qu'est-ce
« qu'elle veut donc dire ? Je l'ai relue plus de vingt-cinq
« fois. En vérité je n'y comprends rien. J'y vois seulement
« que vous êtes inquiet et tourmenté, et que vous atten-
« dez que vous ne le soyez plus pour m'en parler. Mon
« cher ami, est-ce là ce dont nous étions convenus ?
« Qu'est donc devenue cette amitié, cette confiance ? et
« comment l'ai-je perdue ? Est-ce contre moi ou pour moi
« que vous êtes fâché ? Quoi qu'il en soit, venez dès ce
« soir, je vous en conjure : souvenez-vous que vous m'avez
« promis il n'y a pas huit jours de ne rien garder sur le

« cœur, et de me parler sur-le-champ. Mon cher ami,
« je vis dans cette confiance... Tenez, je viens encore de
« lire votre lettre : je n'y conçois pas davantage, mais elle
« me fait trembler. Il me semble que vous êtes cruelle-
« ment agité. Je voudrais vous calmer, mais comme
« j'ignore le sujet de vos inquiétudes, je ne sais que vous
« dire, sinon que me voilà tout aussi malheureuse que
« vous jusqu'à ce que je vous aie vu. Si vous n'êtes pas
« ici ce soir à six heures, je pars demain pour l'Ermitage,
« quelque temps qu'il fasse, et dans quelque état que je
« sois ; car je ne saurais tenir à cette inquiétude. Bonjour,
« mon cher bon ami. A tout hasard je risque de vous dire,
« sans savoir si vous en avez besoin ou non, de tâcher de
« prendre garde et d'arrêter les progrès que fait l'inquié-
« tude dans la solitude. Une mouche devient un monstre.
« Je l'ai souvent éprouvé. »

Réponse
Ce mercredi soir.

« Je ne puis vous aller voir ni recevoir votre visite,
« tant que durera l'inquiétude où je suis. La confiance
« dont vous parlez n'est plus, et il ne vous sera pas aisé
« de la recouvrer. Je ne vois à présent dans votre empres-
« sement que le désir de tirer des aveux d'autrui quelque
« avantage qui convienne à vos vues ; et mon cœur, si
« prompt à s'épancher dans un cœur qui s'ouvre pour le
« recevoir, se ferme à la ruse et à la finesse. Je reconnais
« votre adresse ordinaire dans la difficulté que vous trou-
« vez à comprendre mon billet. Me croyez-vous assez
« dupe pour penser que vous ne l'ayez pas compris ? Non ;
« mais je saurai vaincre vos subtilités à force de franchise.
« Je vais m'expliquer plus clairement, afin que vous
« m'entendiez encore moins.

« Deux amants bien unis et dignes de s'aimer me sont
« chers ; je m'attends bien que vous ne saurez pas qui je
« veux dire, à moins que je ne vous les nomme. Je présume
« qu'on a tenté de les désunir, et que c'est de moi qu'on
« s'est servi pour donner de la jalousie à l'un des deux.
« Le choix n'est pas fort adroit, mais il a paru commode à
« la méchanceté, et cette méchanceté, c'est vous que j'en
« soupçonne. J'espère que ceci devient plus clair.

« Ainsi donc la femme que j'estime le plus aurait, de
« mon su, l'infamie de partager son cœur et sa personne
« entre deux amants, et moi celle d'être un de ces deux
« lâches ? Si je savais qu'un seul moment de la vie vous
« eussiez pu penser ainsi d'elle et de moi, je vous haïrais
« jusqu'à la mort. Mais c'est de l'avoir dit, et non de
« l'avoir cru, que je vous taxe. Je ne comprends pas, en
« pareil cas, auquel c'est des trois que vous avez voulu
« nuire; mais si vous aimez le repos, craignez d'avoir eu
« le malheur de réussir. Je n'ai caché ni à vous ni à elle
« tout le mal que je pense de certaines liaisons; mais je
« veux qu'elles finissent par un moyen aussi honnête que
« sa cause, et qu'un amour illégitime se change en une
« éternelle amitié. Moi, qui ne fis jamais de mal à per-
« sonne, servirais-je innocemment à en faire à mes amis ?
« Non; je ne vous le pardonnerais jamais, je deviendrais
« votre irréconciliable ennemi. Vos secrets seuls seraient
« respectés, car je ne serai jamais un homme sans foi.

« Je n'imagine pas que les perplexités où je suis puissent
« durer bien longtemps. Je ne tarderai pas à savoir si je
« me suis trompé. Alors j'aurai peut-être de grands torts
« à réparer, et je n'aurai rien fait en ma vie de si bon cœur.
« Mais savez-vous comment je rachèterai mes fautes
« durant le peu de temps qui me reste à passer près de
« vous ? En faisant ce que nul autre ne fera que moi; en
« vous disant franchement ce qu'on pense de vous dans le
« monde, et les brèches que vous avez à réparer à votre
« réputation. Malgré tous les prétendus amis qui vous
« entourent, quand vous m'aurez vu partir, vous pourrez
« dire adieu à la vérité; vous ne trouverez plus personne
« qui vous la dise. »

Troisième billet de la même. Liasse A, N° 46.

« Je n'entendais pas votre lettre de ce matin : je vous
« l'ai dit, parce que cela était. J'entends celle de ce soir;
« n'ayez pas peur que j'y réponde jamais : je suis trop
« pressée de l'oublier, et quoique vous me fassiez pitié,
« je n'ai pu me défendre de l'amertume dont elle me
« remplit l'âme. Moi! user de ruse, de finesse avec vous;
« moi! accusée de la plus noire des infamies! Adieu; je

« regrette que vous ayez la... Adieu : je ne sais pas ce que
« je dis... Adieu : je serai bien pressée de vous pardonner.
« Vous viendrez quand vous voudrez; vous serez reçu
« mieux que ne l'exigeraient vos soupçons. Dispensez-
« vous seulement de vous mettre en peine de ma réputa-
« tion. Peu m'importe celle qu'on me donne. Ma conduite
« est bonne, et cela me suffit. Au surplus, j'ignorais absolu-
« ment ce qui est arrivé aux deux personnes qui me sont
« aussi chères qu'à vous. »

Cette dernière lettre me tira d'un terrible embarras,
et me replongea dans un autre qui n'était guère moindre.
Quoique toutes ces lettres et réponses fussent allées et
venues dans l'espace d'un jour, avec une extrême rapidité,
cet intervalle avait suffi pour en mettre entre mes trans-
ports de fureur, et pour me laisser réfléchir sur l'énor-
mité de mon imprudence. Mme d'Houdetot ne m'avait
rien tant recommandé que de rester tranquille, et de lui
laisser le soin de se tirer seule de cette affaire, et d'éviter,
surtout dans le moment même, toute rupture et tout éclat,
et moi, par les insultes les plus ouvertes et les plus atroces,
j'allais achever de porter la rage dans le cœur d'une
femme qui n'y était déjà que trop disposée. Je ne devais
naturellement attendre de sa part qu'une réponse si fière,
si dédaigneuse, si méprisante, que je n'aurais pu, sans la
plus indigne lâcheté, m'abstenir de quitter sa maison sur-
le-champ. Heureusement, plus adroite encore que je
n'étais emporté, elle évita, par le tour de sa réponse, de me
réduire à cette extrémité. Mais il fallait ou sortir, ou
l'aller voir sur-le-champ; l'alternative était inévitable. Je
pris le dernier parti, fort embarrassé de ma contenance
dans l'explication que je prévoyais. Car comment s'en
tirer sans compromettre ni Mme d'Houdetot, ni Thérèse ?
Et malheur à celle que j'aurais nommée! Il n'y avait rien
que la vengeance d'une femme implacable et intrigante
ne me fît craindre pour celle qui en serait l'objet. C'était
pour prévenir ce malheur que je n'avais parlé que de
soupçons dans mes lettres, afin d'être dispensé d'énoncer
mes preuves. Il est vrai que cela rendait mes emporte-
ments plus inexcusables, nuls simples soupçons ne pou-
vant m'autoriser à traiter une femme, et surtout une amie,

comme je venais de traiter Mme d'Epinay. Mais ici commence la grande et noble tâche que j'ai dignement remplie, d'expier mes fautes et mes faiblesses cachées en me chargeant de fautes plus graves, dont j'étais incapable, et que je ne commis jamais.

Je n'eus pas à soutenir la prise que j'avais redoutée, et j'en fus quitte pour la peur. A mon abord, Mme d'Epinay me sauta au cou, en fondant en larmes. Cet accueil inattendu, et de la part d'une ancienne amie, m'émut extrêmement; je pleurai beaucoup aussi. Je lui dis quelques mots qui n'avaient pas grand sens; elle m'en dit quelques-uns qui en avaient encore moins, et tout finit là. On avait servi; nous allâmes à table, où, dans l'attente de l'explication que je croyais remise après le souper, je fis mauvaise figure, car je suis tellement subjugué par la moindre inquiétude qui m'occupe, que je ne la saurais cacher aux moins clairvoyants. Mon air embarrassé devait lui donner du courage; cependant elle ne risqua point l'aventure : il n'y eut pas plus d'explication après le souper qu'avant. Il n'y en eut pas plus le lendemain, et nos silencieux tête-à-tête ne furent remplis que de choses indifférentes, ou de quelques propos honnêtes de ma part, par lesquels, lui témoignant ne pouvoir encore rien prononcer sur le fondement de mes soupçons, je lui protestais avec bien de la vérité que, s'ils se trouvaient mal fondés, ma vie entière serait employée à réparer leur injustice. Elle ne marqua pas la moindre curiosité de savoir précisément quels étaient ces soupçons, ni comment ils m'étaient venus, et tout notre racommodement, tant de sa part que de la mienne, consista dans l'embrassement du premier abord. Puisqu'elle était seule offensée, au moins dans la forme, il me parut que ce n'était pas à moi de chercher un éclaircissement qu'elle ne cherchait pas elle-même, et je m'en retournai comme j'étais venu. Continuant au reste à vivre avec elle comme auparavant, j'oubliai bientôt presque entièrement cette querelle, et je crus bêtement qu'elle l'oubliait elle-même, parce qu'elle paraissait ne s'en plus souvenir.

Ce ne fut pas là, comme on verra bientôt, le seul chagrin que m'attira ma faiblesse; mais j'en avais d'autres non moins sensibles, que je ne m'étais point attirés, et

qui n'avaient pour cause que le désir de m'arracher de ma solitude *, à force de m'y tourmenter. Ceux-ci me venaient de la part de Diderot et des Holbachiens. Depuis mon établissement à l'Ermitage, Diderot n'avait cessé de m'y harceler, soit par lui-même, soit par Deleyre, et je vis bientôt, aux plaisanteries de celui-ci sur mes courses boscaresques, avec quel plaisir ils avaient travesti l'ermite en galant berger. Mais il n'était pas question de cela dans mes prises avec Diderot; elles avaient des causes plus graves. Après la publication du *Fils naturel*, il m'en avait envoyé un exemplaire, que j'avais lu avec l'intérêt et l'attention qu'on donne aux ouvrages d'un ami. En lisant l'espèce de poétique en dialogue qu'il y a jointe, je fus surpris, et même un peu contristé, d'y trouver, parmi plusieurs choses désobligeantes, mais tolérables, contre les solitaires, cette âpre et dure sentence, sans aucun adoucissement : *Il n'y a que le méchant qui soit seul.* Cette sentence est équivoque, et présente deux sens, ce me semble : l'un très vrai, l'autre très faux; puisqu'il est même impossible qu'un homme qui est et veut être seul puisse et veuille nuire à personne, et par conséquent qu'il soit un méchant. La sentence en elle-même exigeait donc une interprétation; elle l'exigeait bien plus encore de la part d'un auteur qui, lorsqu'il imprimait cette sentence, avait un ami retiré dans une solitude. Il me paraissait choquant et malhonnête, ou d'avoir oublié, en la publiant, cet ami solitaire, ou, s'il s'en était souvenu, de n'avoir pas fait, du moins en maxime générale, l'honorable et juste exception qu'il devait non seulement à cet ami, mais à tant de sages respectés, qui dans tous les temps ont cherché le calme et la paix dans la retraite, et dont, pour la première fois depuis que le monde existe, un écrivain s'avise, avec un seul trait de plume, de faire indistinctement autant de scélérats.

J'aimais tendrement Diderot; je l'estimais sincèrement, et je comptais avec une entière confiance sur les mêmes

* C'est-à-dire d'en arracher la vieille dont on avait besoin pour arranger le complot. Il est étonnant que, durant tout ce long orage, ma stupide confiance m'ait empêché de comprendre que ce n'était point moi, mais elle, qu'on voulait ravoir à Paris.

sentiments de sa part. Mais excédé de son infatigable obstination à me contrarier éternellement sur mes goûts, mes penchants, ma manière de vivre, sur tout ce qui n'intéressait que moi seul; révolté de voir un homme plus jeune que moi vouloir à toute force me gouverner comme un enfant; rebuté de sa facilité à promettre et de sa négligence à tenir; ennuyé de tant de rendez-vous donnés et manqués de sa part, et de sa fantaisie d'en donner toujours de nouveaux pour y manquer derechef; gêné de l'attendre inutilement trois ou quatre fois par mois, les jours marqués par lui-même, et de dîner seul le soir, après être allé au-devant de lui jusqu'à Saint-Denis, et l'avoir attendu toute la journée, j'avais déjà le cœur plein de ses torts multipliés. Ce dernier me parut plus grave, et me navra davantage. Je lui écrivis pour m'en plaindre, mais avec une douceur et un attendrissement qui me fit inonder mon papier de mes larmes; et ma lettre était assez touchante pour avoir dû lui en tirer. On ne devinerait jamais quelle fut sa réponse sur cet article; la voici mot pour mot. *Liasse A, n° 33.*

« Je suis bien aise que mon ouvrage vous ait plu, qu'il « vous ait touché. Vous n'êtes pas de mon avis sur les « Ermites; dites-en tant de bien qu'il vous plaira, vous « serez le seul au monde dont j'en penserai : encore y « aurait-il bien à dire là-dessus, si l'on pouvait vous « parler sans vous fâcher. Une femme de quatre-vingts « ans, etc. On m'a dit une phrase d'une lettre du fils de « Mme d'Epinay, qui a dû vous peiner beaucoup, ou « je connais mal le fond de votre âme. »

Il faut expliquer les deux dernières phrases de cette lettre.

Au commencement de mon séjour à l'Ermitage, Mme Le Vasseur parut s'y déplaire et trouver l'habitation trop seule. Ses propos là-dessus m'étant revenus, je lui offris de la renvoyer à Paris si elle s'y plaisait davantage; d'y payer son loyer, et d'y prendre le même soin d'elle que si elle était encore avec moi. Elle rejeta mon offre, me protesta qu'elle se plaisait fort à l'Ermitage, que l'air de la campagne lui faisait du bien; et l'on voyait

que cela était vrai, car elle y rajeunissait, pour ainsi dire,
et s'y portait beaucoup mieux qu'à Paris. Sa fille m'assura
même qu'elle eût été dans le fond très fâchée que nous
quittassions l'Ermitage, qui réellement était un séjour
charmant, aimant fort le petit tripotage du jardin et des
fruits, dont elle avait le maniement; mais qu'elle avait
dit ce qu'on lui avait fait dire, pour tâcher de m'engager
à retourner à Paris.

Cette tentative n'ayant pas réussi, ils tâchèrent d'obte-
nir par le scrupule l'effet que la complaisance n'avait pas
produit, et me firent un crime de garder là cette vieille
femme, loin des secours dont elle pouvait avoir besoin à
son âge; sans songer qu'elle et beaucoup d'autres vieilles
gens, dont l'excellent air du pays prolonge la vie, pou-
vaient tirer ces secours de Montmorency, que j'avais à
ma porte, et comme s'il n'y avait des vieillards qu'à
Paris, et que partout ailleurs ils fussent hors d'état de
vivre. Mme Le Vasseur, qui mangeait beaucoup, et avec
une extrême voracité, était sujette à des débordements de
bile et à de fortes diarrhées, qui lui duraient quelques
jours, et lui servaient de remède. A Paris, elle n'y faisait
jamais rien, et laissait agir la nature. Elle en usait de même
à l'Ermitage, sachant bien qu'il n'y avait rien de mieux à
faire. N'importe : parce qu'il n'y avait pas des médecins
et des apothicaires à la campagne, c'était vouloir sa
mort que de l'y laisser, quoiqu'elle s'y portât très bien.
Diderot aurait dû déterminer à quel âge il n'est plus
permis, sous peine d'homicide, de laisser vivre les vieilles
gens hors de Paris.

C'était là une des deux accusations atroces sur les-
quelles il ne m'exceptait pas de sa sentence, qu'il n'y
avait que le méchant qui fût seul; et c'était ce que
signifiait son exclamation pathétique et l'*et cætera* qu'il
y avait bénignement ajouté : *Une femme de quatre-
vingts ans! etc.*

Je crus ne pouvoir mieux répondre à ce reproche qu'en
m'en rapportant à Mme Le Vasseur elle-même. Je la
priai d'écrire naturellement son sentiment à Mme d'Epi-
nay. Pour la mettre plus à son aise, je ne voulus point
voir sa lettre, et je lui montrai celle que je vais transcrire,
et que j'écrivais à Mme d'Epinay, au sujet d'une réponse

que j'avais voulu faire à une autre lettre de Diderot
encore plus dure, et qu'elle m'avait empêché d'envoyer.

<div align="right">Ce jeudi.</div>

« Mme Le Vasseur doit vous écrire, ma bonne amie;
« je l'ai priée de vous dire sincèrement ce qu'elle pense.
« Pour la mettre bien à son aise, je lui ai dit que je ne
« voulais point voir sa lettre, et je vous prie de ne me rien
« dire de ce qu'elle contient.

« Je n'enverrai pas ma lettre, puisque vous vous y
« opposez; mais, me sentant très grièvement offensé, il y
« aurait, à convenir que j'ai tort, une bassesse, et une
« fausseté que je ne saurais me permettre. L'Evangile
« ordonne bien à celui qui reçoit un soufflet d'offrir
« l'autre joue, mais non pas de demander pardon. Vous
« souvenez-vous de cet homme de la comédie qui crie
« au meurtre en donnant des coups de bâton ? Voilà le
« rôle du philosophe.

« Ne vous flattez pas de l'empêcher de venir par le
« mauvais temps qu'il fait. Sa colère lui donnera le temps
« et les forces que l'amitié lui refuse, et ce sera la première
« fois de sa vie qu'il sera venu le jour qu'il avait promis.
« Il s'excédera pour venir me répéter de bouche les
« injures qu'il me dit dans ses lettres; je ne les endurerai
« rien moins que patiemment. Il s'en retournera être
« malade à Paris; et moi, je serai, selon l'usage, un homme
« fort odieux. Que faire ? Il faut souffrir.

« Mais n'admirez-vous pas la sagesse de cet homme
« qui voulait me venir prendre à Saint-Denis, en fiacre,
« y dîner, me ramener en fiacre. (Liasse A, No 33), et à
« qui, huit jours après (Liasse A, no 34), sa fortune ne
« permet plus d'aller à l'Ermitage autrement qu'à pied ?
« Il n'est pas absolument impossible, pour parler son
« langage, que ce soit là le ton de la bonne foi; mais, en ce
« cas, il faut qu'en huit jours il soit arrivé d'étranges
« changements dans sa fortune.

« Je prends part au chagrin que vous donne la maladie
« de madame votre mère; mais vous voyez que votre
« peine n'approche pas de la mienne. On souffre moins
« encore à voir malades les personnes qu'on aime, qu'in-
« justes et cruelles.

« Adieu, ma bonne amie; voici la dernière fois que je
« vous parlerai de cette malheureuse affaire. Vous me
« parlez d'aller à Paris, avec un sang-froid qui me réjoui-
« rait dans un autre temps. »

J'écrivis à Diderot ce que j'avais fait au sujet de
Mme Le Vasseur, sur la proposition de Mme d'Epinay
elle-même; et Mme Le Vasseur ayant choisi, comme on
peut bien croire, de rester à l'Ermitage, où elle se portait
très bien, où elle avait toujours compagnie, et où elle
vivait très agréablement, Diderot, ne sachant plus de quoi
me faire un crime, m'en fit un de cette précaution de ma
part, et ne laissa pas de m'en faire un autre de la conti-
nuation du séjour de Mme Le Vasseur à l'Ermitage,
quoique cette continuation fût de son choix, et qu'il
n'eût tenu, et ne tînt toujours qu'à elle, de retourner vivre
à Paris, avec les mêmes secours de ma part qu'elle avait
auprès de moi.

Voilà l'explication du premier reproche de la lettre de
Diderot n° 33. Celle du second est dans sa lettre n° 34.
« Le Lettré » (c'était un nom de plaisanterie donné par
Grimm au fils de Mme d'Epinay), « le Lettré a dû vous
« écrire qu'il y avait sur le rempart vingt pauvres qui
« mouraient de faim et de froid, et qui attendaient le
« liard que vous leur donniez. C'est un échantillon de
« notre petit babil et si vous entendiez le reste, il vous
« amuserait comme cela. »

Voici ma réponse à ce terrible argument dont Diderot
paraissait si fier :

« Je crois avoir répondu au *Lettré*, c'est-à-dire au fils
« d'un fermier général, que je ne plaignais pas les pauvres
« qu'il avait aperçus sur le rempart attendant mon liard;
« qu'apparemment il les en avait amplement dédommagés;
« que je l'établissais mon substitut; que les pauvres de
« Paris n'auraient pas à se plaindre de cet échange; que
« je n'en trouverais pas aisément un aussi bon pour ceux
« de Montmorency, qui en avaient beaucoup plus besoin.
« Il y a ici un bon vieillard respectable, qui après avoir
« passé sa vie à travailler, ne le pouvant plus, meurt
« de faim sur ses vieux jours. Ma conscience est plus

« contente des deux sols que je lui donne tous les lundis
« que de cent liards que j'aurais distribués à tous les
« gueux du rempart. Vous êtes plaisants, vous autres phi-
« losophes, quand vous regardez tous les habitants des
« villes comme les seuls hommes auxquels vos devoirs
« vous lient. C'est à la campagne qu'on apprend à aimer
« et servir l'humanité; on n'apprend qu'à la mépriser
« dans les villes. »

Tels étaient les singuliers scrupules sur lesquels un
homme d'esprit avait l'imbécillité de me faire sérieuse-
ment un crime de mon éloignement de Paris, et prétendait
me prouver, par mon propre exemple, qu'on ne pouvait
vivre hors de la capitale sans être un méchant homme.
Je ne comprends pas aujourd'hui comment j'eus la bêtise
de lui répondre et de me fâcher, au lieu de lui rire au
nez pour toute réponse. Cependant les décisions de
Mme d'Epinay et les clameurs de la coterie holbachique
avaient tellement fasciné les esprits en sa faveur, que je
passais généralement pour avoir tort dans cette affaire, et
que Mme d'Houdetot elle-même, grande enthousiaste de
Diderot, voulut que j'allasse le voir à Paris, et que je fisse
toutes les avances d'un raccommodement, qui, tout sin-
cère et entier qu'il fut de ma part, se trouva pourtant peu
durable. L'argument victorieux sur mon cœur dont elle
se servit fut qu'en ce moment Diderot était malheureux.
Outre l'orage excité contre l'*Encyclopédie*, il en essuyait
alors un très violent au sujet de sa pièce, que, malgré la
petite histoire qu'il avait mise à la tête, on l'accusait d'avoir
prise en entier de Goldoni. Didcrot, plus sensible encore
aux critiques que Voltaire, en était alors accablé. Mme de
Graffigny avait même eu la méchanceté de faire courir le
bruit que j'avais rompu avec lui à cette occasion. Je trou-
vai qu'il y avait de la justice et de la générosité de prouver
publiquement le contraire, et j'allai passer deux jours non
seulement avec lui, mais chez lui. Ce fut, depuis mon éta-
blissement à l'Ermitage, mon second voyage à Paris.
J'avais fait le premier pour courir au pauvre Gauffe-
court, qui eut une attaque d'apoplexie dont il n'a jamais
été bien remis, et durant laquelle je ne quittai pas son
chevet qu'il ne fût hors d'affaire.

Diderot me reçut bien. Que l'embrassement d'un ami peut effacer de torts! Quel ressentiment peut après cela rester dans le cœur? Nous eûmes peu d'explications. Il n'en est pas besoin pour des invectives réciproques. Il n'y a qu'une chose à faire, savoir de les oublier. Il n'y avait point eu de procédés souterrains, du moins qui fussent à ma connaissance : ce n'était pas comme avec Mme d'Epinay. Il me montra le plan du *Père de famille*. Voilà, lui dis-je, la meilleure défense du *Fils naturel*. Gardez le silence, travaillez cette pièce avec soin, et puis jetez-la tout d'un coup au nez de vos ennemis pour toute réponse. Il le fit et s'en trouva bien. Il y avait près de six mois que je lui avais envoyé les deux premières parties de la *Julie*, pour m'en dire son avis. Il ne les avait pas encore lues. Nous en lûmes un cahier ensemble. Il trouva tout cela *feuillu*, ce fut son terme; c'est-à-dire chargé de paroles et redondant. Je l'avais déjà bien senti moi-même : mais c'était le bavardage de la fièvre; je ne l'ai jamais pu corriger. Les dernières parties ne sont pas comme cela. La quatrième surtout, et la sixième, sont des chefs-d'œuvre de diction.

Le second jour de mon arrivée, il voulut absolument me mener souper chez M. d'Holbach. Nous étions loin de compte; car je voulais même rompre l'accord du manuscrit de chimie, dont je m'indignais d'avoir l'obligation à cet homme-là. Diderot l'emporta sur tout. Il me jura que M. d'Holbach m'aimait de tout son cœur; qu'il fallait lui pardonner un ton qu'il prenait avec tout le monde, et dont ses amis avaient plus à souffrir que personne. Il me représenta que refuser le produit de ce manuscrit, après l'avoir accepté deux ans auparavant, était un affront au donateur qu'il n'avait pas mérité, et que ce refus pourrait même être mésinterprété, comme un secret reproche d'avoir attendu si longtemps d'en conclure le marché. Je vois d'Holbach tous les jours, ajouta-t-il; je connais mieux que vous l'état de son âme. Si vous n'aviez pas lieu d'en être content, croyez-vous votre ami capable de vous conseiller une bassesse? Bref, avec ma faiblesse ordinaire, je me laissai subjuguer, et nous allâmes souper chez le Baron, qui me reçut à son ordinaire. Mais sa femme me reçut froidement, et presque malhonnêtement.

Je ne reconnus plus cette aimable Caroline qui marquait avoir pour moi tant de bienveillance étant fille. J'avais cru sentir dès longtemps auparavant que depuis que Grimm fréquentait la maison d'Aine, on ne m'y voyait plus d'aussi bon œil.

Tandis que j'étais à Paris, Saint-Lambert y arriva de l'armée. Comme je n'en savais rien, je ne le vis qu'après mon retour en campagne, d'abord à la Chevrette, et ensuite à l'Ermitage, où il vint avec Mme d'Houdetot me demander à dîner. On peut juger si je les reçus avec plaisir! Mais j'en pris bien plus encore à voir leur bonne intelligence. Content de n'avoir pas troublé leur bonheur, j'en étais heureux moi-même; et je puis jurer que durant toute ma folle passion, mais surtout en ce moment, quand j'aurais pu lui ôter Mme d'Houdetot, je ne l'aurais pas voulu faire, et je n'en aurais pas même été tenté. Je la trouvais si aimable, aimant Saint-Lambert, que je m'imaginais à peine qu'elle eût pu l'être autant en m'aimant moi-même; et sans vouloir troubler leur union, tout ce que j'ai le plus véritablement désiré d'elle dans mon délire était qu'elle se laissât aimer. Enfin, de quelque violente passion que j'aie brûlé pour elle, je trouvais aussi doux d'être le confident que l'objet de ses amours, et je n'ai jamais un moment regardé son amant comme mon rival, mais toujours comme mon ami. On dira que ce n'était pas encore là de l'amour : soit, mais c'était donc plus.

Pour Saint-Lambert, il se conduisit en honnête homme et judicieux : comme j'étais le seul coupable, je fus aussi le seul puni, et même avec indulgence. Il me traita durement, mais amicalement, et je vis que j'avais perdu quelque chose dans son estime, mais rien dans son amitié. Je m'en consolai, sachant que l'une me serait bien plus facile à recouvrer que l'autre, et qu'il était trop sensé pour confondre une faiblesse involontaire et passagère avec un vice de caractère. S'il y avait de ma faute dans tout ce qui s'était passé, il y en avait bien peu. Etait-ce moi qui avais recherché sa maîtresse ? N'était-ce pas lui qui me l'avait envoyée ? N'était-ce pas elle qui m'avait cherché ? Pouvais-je éviter de la recevoir ? Que pouvais-je faire ? Eux seuls avaient fait le mal, et c'était moi qui l'avais souffert. A ma place, il en eût fait autant que moi, peut-être pis :

car enfin, quelque fidèle, quelque estimable que fût
Mme d'Houdetot, elle était femme; il était absent; les
occasions étaient fréquentes, les tentations étaient vives,
et il lui eût été bien difficile de se défendre toujours avec
le même succès contre un homme plus entreprenant.
C'était assurément beaucoup pour elle et pour moi, dans
une pareille situation, d'avoir pu poser des limites que
nous ne nous soyons jamais permis de passer.

Quoique je me rendisse, au fond de mon cœur, un
témoignage assez honorable, tant d'apparences étaient
contre moi, que l'invincible honte qui me domina tou-
jours me donnait devant lui tout l'air d'un coupable, et
il en abusait pour m'humilier. Un seul trait peindra cette
position réciproque. Je lui lisais, après le dîner, la lettre
que j'avais écrite l'année précédente à Voltaire, et dont
lui Saint-Lambert avait entendu parler. Il s'endormit
durant la lecture, et moi, jadis si fier, aujourd'hui si sot, je
n'osai jamais interrompre ma lecture, et continuai de lire
tandis qu'il continuait de ronfler. Telles étaient mes indi-
gnités, et telles étaient ses vengeances; mais sa générosité
ne lui permit jamais de les exercer qu'entre nous trois.

Quand il fut reparti, je trouvai Mme d'Houdetot fort
changée à mon égard. J'en fus surpris comme si je n'avais
pas dû m'y attendre; j'en fus touché plus que je n'aurais
dû l'être, et cela me fit beaucoup de mal. Il semblait que
tout ce dont j'attendais ma guérison ne fît qu'enfoncer
dans mon cœur davantage le trait qu'enfin j'ai plutôt brisé
qu'arraché.

J'étais déterminé tout à fait à me vaincre, et à ne rien
épargner pour changer ma folle passion en une amitié
pure et durable. J'avais fait pour cela les plus beaux pro-
jets du monde, pour l'exécution desquels j'avais besoin du
concours de Mme d'Houdetot. Quand je voulus lui parler,
je la trouvai distraite, embarrassée; je sentis qu'elle avait
cessé de se plaire avec moi, et je vis clairement qu'il s'était
passé quelque chose qu'elle ne voulait pas me dire, et que
je n'ai jamais su. Ce changement, dont il me fut impos-
sible d'obtenir l'explication, me navra. Elle me rede-
manda ses lettres; je les lui rendis toutes avec une fidélité
dont elle me fit l'injure de douter un moment. Ce doute
fut encore un déchirement inattendu pour mon cœur,

qu'elle devait si bien connaître. Elle me rendit justice, mais ce ne fut pas sur-le-champ ; je compris que l'examen du paquet que je lui avais rendu lui avait fait sentir son tort : je vis même qu'elle se le reprochait, et cela me fit regagner quelque chose. Elle ne pouvait retirer ses lettres sans me rendre les miennes. Elle me dit qu'elle les avait brûlées ; j'en osai douter à mon tour, et j'avoue que j'en doute encore. Non, l'on ne met point au feu de pareilles lettres. On a trouvé brûlantes celles de la *Julie*. Eh Dieu ! qu'aurait-on donc dit de celles-là ! Non, non jamais celle qui peut inspirer une pareille passion n'aura le courage d'en brûler les preuves. Mais je ne crains pas non plus qu'elle en ait abusé : je ne l'en crois pas capable ; et de plus, j'y avais mis bon ordre. La sotte mais vive crainte d'être persiflé m'avait fait commencer cette correspondance sur un ton qui mît mes lettres à l'abri des communications. Je portai jusqu'à la tutoyer la familiarité que j'y pris dans mon ivresse : mais quel tutoiement ! elle n'en devait sûrement pas être offensée. Cependant elle s'en plaignit plusieurs fois, mais sans succès : ses plaintes ne faisaient que réveiller mes craintes, et d'ailleurs je ne pouvais me résoudre à rétrograder. Si ces lettres sont encore en être, et qu'un jour elles soient vues, on connaîtra comment j'ai aimé.

La douleur que me causa le refroidissement de Mme d'Houdetot, et la certitude de ne l'avoir pas mérité, me firent prendre le singulier parti de m'en plaindre à Saint-Lambert même. En attendant l'effet de la lettre que je lui écrivis à ce sujet, je me jetai dans les distractions que j'aurais dû chercher plus tôt. Il y eut des fêtes à la Chevrette, pour lesquelles je fis de la musique. Le plaisir de me faire honneur auprès de Mme d'Houdetot d'un talent qu'elle aimait, excita ma verve, et un autre objet contribuait encore à l'animer, savoir : le désir de montrer que l'auteur du *Devin du village* savait la musique, car je m'apercevais depuis longtemps que quelqu'un travaillait en secret à rendre cela douteux, du moins quant à la composition. Mon début à Paris, les épreuves où j'y avais été mis à diverses fois, tant chez M. Dupin que chez M. de la Poplinière, quantité de musique que j'y avais composée pendant quatorze ans au milieu des plus

célèbres artistes, et sous leurs yeux, enfin l'opéra des
Muses galantes, celui même du *Devin*, un motet que j'avais
fait pour Mlle Fel, et qu'elle avait chanté au Concert spi-
rituel, tant de conférences que j'avais eues sur ce bel art
avec les plus grands maîtres, tout semblait devoir prévenir
ou dissiper un pareil doute. Il existait cependant, même
à la Chevrette, et je voyais que M. d'Epinay n'en était
pas exempt. Sans paraître m'apercevoir de cela, je me
chargeai de lui composer un motet pour la dédicace de la
chapelle de la Chevrette, et je le priai de me fournir des
paroles de son choix. Il chargea de Linant, le gouverneur
de son fils, de les faire. De Linant arrangea des paroles
convenables au sujet, et huit jours après qu'elles m'eurent
été données le motet fut achevé. Pour cette fois, le dépit
fut mon Apollon, et jamais musique plus étoffée ne sortit
de mes mains. Les paroles commencent par ces mots :
Ecce sedes hic Tonantis *. La pompe du début répond aux
paroles, et toute la suite du motet est d'une beauté de
chant qui frappa tout le monde. J'avais travaillé en grand
orchestre. D'Epinay rassembla les meilleurs symphoni-
stes. Mme Bruna, chanteuse italienne, chanta le motet
et fut bien accompagnée. Le motet eut un si grand succès
qu'on l'a donné dans la suite au Concert spirituel, où, mal-
gré les sourdes cabales et l'indigne exécution, il a eu deux
fois les mêmes applaudissements. Je donnai pour la fête
de M. d'Epinay l'idée d'une espèce de pièce, moitié
drame, moitié pantomime, que Mme d'Epinay composa,
et dont je fis encore la musique. Grimm, en arrivant,
entendit parler de mes succès harmoniques. Une heure
après, on n'en parla plus : mais du moins on ne mit plus
en question, que je sache, si je savais la composition.

A peine Grimm fut-il à la Chevrette, où déjà je ne me
plaisais pas trop, qu'il acheva de m'en rendre le séjour
insupportable, par des airs que je ne vis jamais à per-
sonne, et dont je n'avais pas même l'idée. La veille de
son arrivée on me délogea de la chambre de faveur que
j'occupais, contiguë à celle de Mme d'Epinay ; on la pré-
para pour M. Grimm, et on m'en donna une autre plus

* J'ai appris depuis que ces paroles étaient de Santeuil et que
M. de Linant se les était doucement appropriées.

éloignée. Voilà, dis-je en riant à Mme d'Epinay, com-
ment les nouveaux venus déplacent les anciens. Elle parut
embarrassée. J'en compris mieux la raison dès le même
soir, en apprenant qu'il y avait entre sa chambre et celle
que je quittais une porte masquée de communication,
qu'elle avait jugé inutile de me montrer. Son commerce
avec Grimm n'était ignoré de personne, ni chez elle, ni
dans le public, pas même de son mari : cependant, loin
d'en convenir avec moi, confident de secrets qui lui
importaient beaucoup davantage, et dont elle était bien
sûre, elle s'en défendit toujours très fortement. Je com-
pris que cette réserve venait de Grimm, qui, dépositaire
de tous mes secrets, ne voulut pas que je le fusse d'aucun
des siens.

Quelque prévention que mes anciens sentiments, qui
n'étaient pas éteints, et le mérite réel de cet homme-là,
me donnassent en sa faveur, elle ne put tenir contre les
soins qu'il prit pour la détruire. Son abord fut celui du
comte de Tuffière ; à peine daigna-t-il me rendre le salut ;
il ne m'adressa pas une seule fois la parole, et me corrigea
bientôt de la lui adresser, en ne me répondant point du
tout. Il passait partout le premier, prenait partout la pre-
mière place, sans jamais faire aucune attention à moi.
Passe pour cela, s'il n'y eût pas mis une affectation cho-
quante : mais on en jugera par un seul trait pris entre
mille. Un soir Mme d'Epinay, se trouvant un peu incom-
modée, dit qu'on lui portât un morceau dans sa chambre,
et monta pour souper au coin de son feu. Elle me proposa
de monter avec elle ; je le fis. Grimm vint ensuite. La
petite table était déjà mise ; il n'y avait que deux couverts.
On sert : Mme d'Epinay prend sa place à l'un des coins
du feu ; M. Grimm prend un fauteuil, s'établit à l'autre
coin, tire la petite table entre eux deux, déplie sa serviette
et se met en devoir de manger, sans me dire un seul mot.
Mme d'Epinay rougit, et, pour l'engager à réparer sa
grossièreté, m'offre sa propre place. Il ne dit rien, ne me
regarda pas. Ne pouvant approcher du feu, je pris le parti
de me promener par la chambre, en attendant qu'on
m'apportât un couvert. Il me laissa souper au bout de
la table, loin du feu, sans me faire la moindre honnêteté,
à moi incommodé, son aîné, son ancien dans la maison,

qui l'y avais introduit, et à qui même, comme favori de la dame, il eût dû faire les honneurs. Toutes ses manières avec moi répondaient fort bien à cet échantillon. Il ne me traitait pas précisément comme son inférieur ; il me regardait comme nul. J'avais peine à reconnaître là l'ancien cuistre qui, chez le prince de Saxe-Gotha, se tenait honoré de mes regards. J'en avais encore plus à concilier ce profond silence, et cette morgue insultante, avec la tendre amitié qu'il se vantait d'avoir pour moi, près de tous ceux qu'il savait en avoir eux-mêmes. Il est vrai qu'il ne la témoignait guère que pour me plaindre de ma fortune, dont je ne me plaignais point, pour compatir à mon triste sort, dont j'étais content, et pour se lamenter de me voir me refuser durement aux soins bienfaisants qu'il disait vouloir me rendre. C'était avec cet art qu'il faisait admirer sa tendre générosité, blâmer mon ingrate misanthropie, et qu'il accoutumait insensiblement tout le monde à n'imaginer entre un protecteur tel que lui, et un malheureux tel que moi, que des liaisons de bienfaits d'une part, et d'obligations de l'autre, sans y supposer, même dans les possibles, une amitié d'égal à égal. Pour moi, j'ai cherché vainement en quoi je pouvais être obligé à ce nouveau patron. Je lui avais prêté de l'argent, il ne m'en prêta jamais ; je l'avais gardé dans sa maladie, à peine me venait-il voir dans les miennes ; je lui avais donné tous mes amis, il ne m'en donna jamais aucun des siens ; je l'avais prôné de tout mon pouvoir. Il... s'il m'a prôné, c'est moins publiquement, et c'est d'une autre manière. Jamais il ne m'a rendu ni même offert aucun service d'aucune espèce. Comment était-il donc mon Mécène ? Comment étais-je son protégé ? Cela me passait, et me passe encore.

Il est vrai, que, du plus au moins, il était arrogant avec tout le monde, mais avec personne aussi brutalement qu'avec moi. Je me souviens qu'une fois Saint-Lambert faillit à lui jeter son assiette à la tête, sur une espèce de démenti qu'il lui donna en pleine table, en lui disant grossièrement : *Cela n'est pas vrai.* A son ton naturellement tranchant, il ajouta la suffisance d'un parvenu, et devint même ridicule à force d'être impertinent. Le commerce des grands l'avait séduit au point de se donner à

lui-même des airs qu'on ne voit qu'aux moins sensés d'entre eux. Il n'appelait jamais son laquais que par *Eh !* comme si sur le nombre de ses gens, Monseigneur n'eût pas su lequel était de garde. Quand il lui donnait des commissions, il lui jetait l'argent par terre, au lieu de le lui donner dans la main. Enfin, oubliant tout à fait qu'il était un homme, il le traitait avec un mépris si choquant, avec un dédain si dur en toute chose, que ce pauvre garçon, qui était un fort bon sujet, que Mme d'Epinay lui avait donné, quitta son service, sans autre grief que l'impossibilité d'endurer de pareils traitements : c'était le La Fleur de ce nouveau Glorieux.

Aussi fat qu'il était vain, avec ses gros yeux troubles et sa figure dégingandée, il avait des prétentions près des femmes, et depuis sa farce avec Mlle Fel, il passait auprès de plusieurs d'entre elles pour un homme à grands sentiments. Cela l'avait mis à la mode, et lui avait donné du goût pour la propreté de femme : il se mit à faire le beau ; sa toilette devint une grande affaire ; tout le monde sut qu'il mettait du blanc, et moi, qui n'en croyais rien, je commençai de le croire, non seulement par l'embellissement de son teint, et pour avoir trouvé des tasses de blanc sur sa toilette, mais sur ce qu'entrant un matin dans sa chambre je le trouvai brossant ses ongles avec une petite vergette faite exprès ; ouvrage qu'il continua fièrement devant moi. Je jugeai qu'un homme qui passe deux heures tous les matins à brosser ses ongles peut bien passer quelques instants à remplir de blanc les creux de sa peau. Le bon homme Gauffecourt, qui n'était pas sac-à-diable, l'avait assez plaisamment surnommé *Tiran-le-Blanc*.

Tout cela n'était que des ridicules, mais bien antipathiques à mon caractère. Ils achevèrent de me rendre suspect le sien. J'eus peine à croire qu'un homme à qui la tête tournait de cette façon pût conserver un cœur bien placé. Il ne se piquait de rien tant que de sensibilité d'âme et d'énergie de sentiment. Comment cela s'accordait-il avec des défauts qui sont propres aux petites âmes ? Comment les vifs et continuels élans que fait hors de lui-même un cœur sensible peuvent-ils le laisser s'occuper sans cesse de tant de petits soins pour sa petite

personne ? Eh! mon Dieu! celui qui sent embraser son
cœur de ce feu céleste cherche à l'exhaler, et veut montrer
le dedans. Il voudrait mettre son cœur sur son visage; il
n'imaginera jamais d'autre fard.

Je me rappelai le sommaire de sa morale, que
Mme d'Epinay m'avait dit, et qu'elle avait adopté. Ce
sommaire consistait en un seul article; savoir, que l'unique
devoir de l'homme est de suivre en tout les penchants
de son cœur. Cette morale, quand je l'appris, me donna
terriblement à penser, quoique je ne la prisse alors que
pour un jeu d'esprit. Mais je vis bientôt que ce principe
était réellement la règle de sa conduite, et je n'en eus que
trop, dans la suite, la preuve à mes dépens. C'est la doc-
trine intérieure dont Diderot m'a tant parlé, mais qu'il
ne m'a jamais expliquée.

Je me rappelai les fréquents avis qu'on m'avait donnés,
il y avait plusieurs années, que cet homme était faux,
qu'il jouait le sentiment, et surtout qu'il ne m'aimait pas.
Je me souvins de plusieurs petites anecdotes que
m'avaient là-dessus racontées M. de Francueil et Mme de
Chenonceaux, qui ne l'estimaient ni l'un ni l'autre, et qui
devaient le connaître, puisque Mme de Chenonceaux
était fille de Mme de Rochechouart, intime amie du
feu comte de Friese, et que M. de Francueil, très lié alors
avec le vicomte de Polignac, avait beaucoup vécu au
Palais-Royal, précisément quand Grimm commençait à
s'y introduire. Tout Paris fut instruit de son désespoir
après la mort du comte de Friese. Il s'agissait de soutenir
la réputation qu'il s'était donnée après les rigueurs de
Mlle Fel, et dont j'aurais vu la forfanterie mieux que per-
sonne, si j'eusse alors été moins aveuglé. Il fallut l'en-
traîner à l'hôtel de Castries, où il joua dignement son
rôle, livré à la plus mortelle affliction. Là tous les matins il
allait dans le jardin pleurer à son aise, tenant sur ses yeux
son mouchoir baigné de larmes, tant qu'il était en vue de
l'hôtel; mais, au détour d'une certaine allée, des gens
auxquels il ne songeait pas le virent mettre à l'instant le
mouchoir dans sa poche, et tirer un livre. Cette observa-
tion, qu'on répéta, fut bientôt publique dans tout Paris,
et presque aussitôt oubliée. Je l'avais oubliée moi-même;
un fait qui me regardait servit à me la rappeler. J'étais

à l'extrémité dans mon lit, rue de Grenelle : il était à la campagne ; il vint un matin me voir tout essoufflé, disant qu'il venait d'arriver à l'instant même ; je sus un moment après qu'il était arrivé de la veille, et qu'on l'avait vu au spectacle le même jour.

Il me revint mille faits de cette espèce ; mais une observation que je fus surpris de faire si tard me frappa plus que tout cela. J'avais donné à Grimm tous mes amis sans exception, ils étaient tous devenus les siens. Je pouvais si peu me séparer de lui, que j'aurais à peine voulu me conserver l'entrée d'une maison où il ne l'aurait pas eue. Il n'y eut que Mme de Créqui qui refusa de l'admettre, et qu'aussi je cessai presque de voir depuis ce temps-là. Grimm, de son côté, se fit d'autres amis, tant de son estoc que de celui du comte de Friese. De tous ces amis-là, jamais un seul n'est devenu le mien, jamais il ne m'a dit un mot pour m'engager de faire au moins leur connaissance, et de tous ceux que j'ai quelquefois rencontrés chez lui, jamais un seul ne m'a marqué la moindre bienveillance, pas même le comte de Friese, chez lequel il demeurait, et avec lequel il m'eût par conséquent été très agréable de former quelque liaison, ni le comte de Schomberg, son parent, avec lequel Grimm était encore plus familier.

Voici plus : mes propres amis, dont je fis les siens, et qui tous m'étaient tendrement attachés avant cette connaissance, changèrent sensiblement pour moi quand elle fut faite. Il ne m'a jamais donné aucun des siens ; je lui ai donné tous les miens, et il a fini par me les tous ôter. Si ce sont là des effets de l'amitié, quels seront donc ceux de la haine ?

Diderot même, au commencement, m'avertit plusieurs fois que Grimm, à qui je donnais tant de confiance, n'était pas mon ami. Dans la suite il changea de langage, quand lui-même eut cessé d'être le mien.

La manière dont j'avais disposé de mes enfants n'avait besoin du concours de personne. J'en instruisis cependant mes amis, uniquement pour les en instruire, pour ne pas paraître à leurs yeux meilleur que je n'étais. Ces amis étaient au nombre de trois : Diderot, Grimm, Mme d'Epinay ; Duclos, le plus digne de ma confidence,

fut le seul à qui je ne la fis pas. Il la sut cependant; par
qui ? Je l'ignore. Il n'est guère probable que cette infi-
délité soit venue de Mme d'Epinay, qui savait qu'en
l'imitant, si j'en eusse été capable, j'avais de quoi m'en
venger cruellement. Restent Grimm et Diderot, alors si
unis en tant de choses, surtout contre moi, qu'il est plus
que probable que ce crime leur fut commun. Je parie-
rais que Duclos, à qui je n'ai pas dit mon secret, et qui,
par conséquent, en était le maître, est le seul qui me l'ait
gardé.

Grimm et Diderot dans leur projet de m'ôter les Gou-
verneuses, avaient fait effort pour le faire entrer dans
leurs vues : il s'y refusa toujours avec dédain. Ce ne fut
que dans la suite que j'appris de lui tout ce qui s'était
passé entre eux à cet égard; mais j'en appris dès lors
assez par Thérèse pour voir qu'il y avait à tout cela
quelque dessein secret, et qu'on voulait disposer de moi,
sinon contre mon gré, du moins à mon insu, ou bien
qu'on voulait faire servir ces deux personnes d'instru-
ment à quelque dessein caché. Tout cela n'était assuré-
ment pas de la droiture. L'opposition de Duclos le
prouve sans réplique. Croira qui voudra que c'était de
l'amitié.

Cette prétendue amitié m'était aussi fatale au-dedans
qu'au-dehors. Les longs et fréquents entretiens avec
Mme Le Vasseur depuis plusieurs années avaient changé
sensiblement cette femme à mon égard, et ce change-
ment ne m'était assurément pas favorable. De quoi
traitaient-ils donc dans ces singuliers tête-à-tête ? Pour-
quoi ce profond mystère ? La conversation de cette
vieille femme était-elle donc assez agréable pour la
prendre ainsi en bonne fortune, et assez importante
pour en faire un si grand secret ? Depuis trois ou quatre
ans que ces colloques duraient, ils m'avaient paru
risibles : en y repensant alors je commençai de m'en
étonner. Cet étonnement eût été jusqu'à l'inquiétude,
si j'avais su dès lors ce que cette femme me préparait.

Malgré le prétendu zèle pour moi dont Grimm se
targuait au-dehors, et difficile à concilier avec le ton
qu'il prenait vis-à-vis de moi-même, il ne me revenait
rien de lui, d'aucun côté, qui fût à mon avantage, et la

commisération qu'il feignait d'avoir pour moi tendait bien moins à me servir qu'à m'avilir. Il m'ôtait même, autant qu'il était en lui, la ressource du métier que je m'étais choisi, en me décriant comme un mauvais copiste, et je conviens qu'il disait en cela la vérité; mais ce n'était pas à lui de la dire. Il prouvait que ce n'était pas plaisanterie, en se servant d'un autre copiste, et en ne me laissant aucune des pratiques qu'il pouvait m'ôter. On eût dit que son projet était de me faire dépendre de lui et de son crédit pour ma subsistance, et d'en tarir la source jusqu'à ce que j'en fusse réduit là.

Tout cela résumé, ma raison fit taire enfin mon ancienne prévention qui parlait encore : je jugeai son caractère au moins très suspect, et quant à son amitié, je la décidai fausse. Puis, résolu de ne le plus voir, j'en avertis Mme d'Epinay, appuyant ma résolution de plusieurs faits sans réplique, mais que j'ai maintenant oubliés.

Elle combattit fortement cette résolution, sans savoir trop que dire aux raisons sur lesquelles elle était fondée. Elle ne s'était pas encore concertée avec lui. Mais le lendemain, au lieu de s'expliquer verbalement avec moi, elle me remit une lettre très adroite, qu'ils avaient minutée ensemble, et par laquelle, sans entrer dans aucun détail des faits, elle le justifiait par son caractère concentré, et, me faisant un crime de l'avoir soupçonné de perfidie envers son ami, m'exhortait à me raccommoder avec lui. Cette lettre qu'on trouvera dans la liasse A no 48, m'ébranla. Dans une conversation que nous eûmes ensuite, et où je la trouvai mieux préparée qu'elle ne l'était la première fois, j'achevai de me laisser vaincre; j'en vins à croire que je pouvais avoir mal jugé, et qu'en ce cas j'avais réellement, envers un ami, des torts graves que je devais réparer. Bref, comme j'avais déjà fait plusieurs fois avec Diderot, avec le baron d'Holbach, moitié gré, moitié faiblesse, je fis toutes les avances que j'avais droit d'exiger; j'allai chez M. Grimm comme un autre George Dandin, lui faire excuse des offenses qu'il m'avait faites, toujours dans cette fausse persuasion qui m'a fait faire en ma vie mille bassesses auprès de mes feints amis, qu'il n'y a point de haine qu'on ne désarme

à force de douceur et de bons procédés, au lieu qu'au contraire la haine des méchants ne fait que s'animer davantage par l'impossibilité de trouver sur quoi la fonder, et le sentiment de leur propre injustice n'est qu'un grief de plus contre celui qui en est l'objet. J'ai, sans sortir de ma propre histoire, une preuve bien forte de cette maxime dans Grimm et dans Tronchin, devenus mes deux implacables ennemis par goût, par plaisir, par fantaisie, sans pouvoir alléguer aucun tort d'aucune espèce que j'aie eu jamais avec aucun des deux*, et dont la rage s'accroît de jour en jour, comme celle des tigres, par la facilité qu'ils trouvent à l'assouvir.

Je m'attendais que, confus de ma condescendance et de mes avances, Grimm me recevrait les bras ouverts, avec la plus tendre amitié. Il me reçut en empereur romain, avec une morgue que je n'avais jamais vue à personne. Je n'étais point du tout préparé à cet accueil. Quand, dans l'embarras d'un rôle si peu fait pour moi, j'eus rempli, en peu de mots, et d'un air timide, l'objet qui m'amenait près de lui, avant de me recevoir en grâce, il prononça, avec beaucoup de majesté, une longue harangue qu'il avait préparée, et qui contenait la nombreuse énumération de ses rares vertus, et surtout dans l'amitié. Il appuya longtemps sur une chose qui d'abord me frappa beaucoup; c'est qu'on lui voyait toujours conserver les mêmes amis. Tandis qu'il parlait, je me disais tout bas qu'il serait bien cruel pour moi de faire seul exception à cette règle. Il y revint si souvent et avec tant d'affectation qu'il me fit penser que s'il ne suivait en cela que les sentiments de son cœur, il serait moins frappé de cette maxime, et qu'il s'en faisait un art utile à ses vues dans les moyens de parvenir. Jusqu'alors j'avais été dans le même cas, j'avais conservé toujours tous mes amis; depuis ma plus tendre enfance je n'en avais pas perdu un seul, si ce n'est par la mort,

* Je n'ai donné, dans la suite, au dernier le surnom de Jongleur que longtemps après son inimitié déclarée, et les sanglantes persécutions qu'il m'avait suscitées à Genève et ailleurs. J'ai même bientôt supprimé ce nom quand je me suis vu tout à fait sa victime. Les basses vengeances sont indignes de mon cœur et la haine n'y prend jamais pied.

et cependant je n'en avais pas fait jusqu'alors la réflexion; ce n'était pas une maxime que je me fusse prescrite. Puisque c'était un avantage alors commun à l'un et à l'autre, pourquoi donc s'en targuait-il par préférence, si ce n'est qu'il songeait d'avance à me l'ôter? Il s'attacha ensuite à m'humilier par les preuves de la préférence que nos amis communs lui donnaient sur moi. Je connaissais aussi bien que lui cette préférence; la question était à quel titre il l'avait obtenue; si c'était à force de mérite ou d'adresse, en s'élevant lui-même ou en cherchant à me rabaisser. Enfin, quand il eut mis, à son gré, entre lui et moi toute la distance qui pouvait donner du prix à la grâce qu'il m'allait faire, il m'accorda le baiser de paix dans un léger embrassement qui ressemblait à l'accolade que le roi donne aux nouveaux chevaliers. Je tombais des nues, j'étais ébahi, je ne savais que dire, je ne trouvais pas un mot. Toute cette scène eut l'air de la réprimande qu'un précepteur fait à son disciple, en lui faisant grâce du fouet. Je n'y pense jamais sans sentir combien sont trompeurs les jugements fondés sur l'apparence, auxquels le vulgaire donne tant de poids, et combien souvent l'audace et la fierté sont du côté du coupable, la honte et l'embarras du côté de l'innocent.

Nous étions réconciliés; c'était toujours un soulagement pour mon cœur, que toute querelle jette dans des angoisses mortelles. On se doute bien qu'une pareille réconciliation ne changea pas ses manières; elle m'ôta seulement le droit de m'en plaindre. Aussi pris-je le parti d'endurer tout, et de ne dire plus rien.

Tant de chagrins, coup sur coup, me jetèrent dans un accablement qui ne me laissait guère la force de reprendre l'empire de moi-même. Sans réponse de Saint-Lambert, négligé de Mme d'Houdetot, n'osant plus m'ouvrir à personne, je commençai de craindre qu'en faisant de l'amitié l'idole de mon cœur, je n'eusse employé ma vie à sacrifier à des chimères. Epreuve faite, il ne restait de toutes mes liaisons que deux hommes qui eussent conservé toute mon estime, et à qui mon cœur pût donner sa confiance : Duclos, que depuis ma retraite à l'Ermitage j'avais perdu de vue, et Saint-Lambert. Je crus ne pouvoir bien réparer mes torts envers ce dernier

qu'en lui déchargeant mon cœur sans réserve, et je résolus de lui faire pleinement mes confessions en tout ce qui ne compromettait pas sa maîtresse. Je ne doute pas que ce choix ne fût encore un piège de ma passion, pour me tenir plus rapproché d'elle; mais il est certain que je me serais jeté dans les bras de son amant sans réserve, que je me serais mis pleinement sous sa conduite et que j'aurais poussé la franchise aussi loin qu'elle pouvait aller. J'étais prêt à lui écrire une seconde lettre, à laquelle j'étais sûr qu'il aurait répondu, quand j'appris la triste cause de son silence sur la première. Il n'avait pu soutenir jusqu'au bout les fatigues de cette campagne. Mme d'Epinay m'apprit qu'il venait d'avoir une attaque de paralysie, et Mme d'Houdetot, que son affliction finit par rendre malade elle-même, et qui fut hors d'état de m'écrire sur-le-champ, me marqua deux ou trois jours après, de Paris où elle était alors, qu'il se faisait porter à Aix-la-Chapelle pour y prendre les bains. Je ne dis pas que cette triste nouvelle m'affligea comme elle; mais je doute que le serrement de cœur qu'elle me donna fût moins pénible que sa douleur et ses larmes. Le chagrin de le savoir dans cet état, augmenté par la crainte que l'inquiétude n'eût contribué à l'y mettre, me toucha plus que tout ce qui m'était arrivé jusqu'alors, et je sentis cruellement qu'il me manquait, dans ma propre estime, la force dont j'avais besoin pour supporter tant de déplaisir. Heureusement, ce généreux ami ne me laissa pas longtemps dans cet accablement; il ne m'oublia pas, malgré son attaque, et je ne tardai pas d'apprendre par lui-même que j'avais trop mal jugé de ses sentiments et de son état. Mais il est temps d'en venir à la grande révolution de ma destinée, à la catastrophe qui a partagé ma vie en deux parties si différentes, et qui d'une bien légère cause a tiré de si terribles effets.

Un jour que je ne songeais à rien moins, Mme d'Epinay m'envoya chercher. En entrant, j'aperçus dans ses yeux et dans toute sa contenance un air de trouble dont je fus d'autant plus frappé, que cet air ne lui était point ordinaire, personne au monde ne sachant mieux qu'elle gouverner son visage et ses mouvements. Mon ami, me dit-elle, je pars pour Genève; ma poitrine est en mauvais

état, ma santé se délabre au point que, toute chose ces-
sante, il faut que j'aille voir et consulter Tronchin.
Cette résolution, si brusquement prise et à l'entrée de la
mauvaise saison, m'étonna d'autant plus que je l'avais
quittée trente-six heures auparavant sans qu'il en fût
question. Je lui demandai qui elle emmènerait avec elle.
Elle me dit qu'elle emmènerait son fils avec M. de
Linant, et puis elle ajouta négligemment : Et vous, mon
Ours, ne viendrez-vous pas aussi ? Comme je ne crus
pas qu'elle parlât sérieusement, sachant que dans la
saison où nous entrions j'étais à peine en état de sortir
de ma chambre, je plaisantai sur l'utilité du cortège d'un
malade pour un autre malade ; elle parut elle-même n'en
avoir pas fait tout de bon la proposition, et il n'en fut
plus question. Nous ne parlâmes plus que des prépara-
tifs de son voyage, dont elle s'occupait avec beaucoup
de vivacité, étant résolue à partir dans quinze jours.

Je n'avais pas besoin de beaucoup de pénétration
pour comprendre qu'il y avait à ce voyage un motif
secret qu'on me taisait. Ce secret, qui n'en était un dans
toute la maison que pour moi, fut découvert dès le len-
demain par Thérèse, à qui Teissier, le maître d'hôtel,
qui le savait de la femme de chambre, le révéla. Quoique
je ne doive pas ce secret à Mme d'Epinay, puisque je
ne le tiens pas d'elle, il est trop lié avec ceux que j'en
tiens pour que je puisse l'en séparer : ainsi je me tairai
sur cet article. Mais ces secrets, qui jamais ne sont sortis,
ni ne sortiront, de ma bouche ni de ma plume, ont été
sus de trop de gens pour pouvoir être ignorés dans tous
les entours de Mme d'Epinay.

Instruit du vrai motif de ce voyage, j'aurais reconnu
la secrète impulsion d'une main ennemie, dans la ten-
tative de m'y faire le chaperon de Mme d'Epinay ; mais
elle avait si peu insisté, que je persistai à ne point regar-
der cette tentative comme sérieuse, et je ris seulement
du beau personnage que j'aurais fait là, si j'eusse eu la
sottise de m'en charger. Au reste, elle gagna beaucoup
à mon refus, car elle vint à bout d'engager son mari
même à l'accompagner.

Quelques jours après, je reçus de Diderot le billet que
je vais transcrire. Ce billet seulement plié en deux, de

manière que tout le dedans se lisait sans peine, me fut
adressé chez Mme d'Epinay, et recommandé à M. de
Linant, le gouverneur du fils et le confident de la
mère.

Billet de Diderot. Liasse A, n° 52.

« Je suis fait pour vous aimer et pour vous donner du
« chagrin. J'apprends que Mme d'Epinay va à Genève,
« et je n'entends point dire que vous l'accompagniez.
« Mon ami, content de Mme d'Epinay, il faut partir avec
« elle; mécontent, il faut partir beaucoup plus vite. Etes-
« vous surchargé du poids des obligations que vous lui
« avez : voilà une occasion de vous acquitter en partie
« et de vous soulager. Trouverez-vous une autre occasion
« dans votre vie de lui témoigner votre reconnais-
« sance ? Elle va dans un pays où elle sera comme tombée
« des nues. Elle est malade, elle aura besoin d'amuse-
« ment et de distraction. L'hiver! voyez, mon ami.
« L'objection de votre santé peut être beaucoup plus
« forte que je ne la crois. Mais êtes-vous plus mal aujour-
« d'hui que vous ne l'étiez il y a un mois, et que vous ne
« le serez au commencement du printemps ? Ferez-vous
« dans trois mois d'ici le voyage plus commodément
« qu'aujourd'hui ? Pour moi, je vous avoue que si je ne
« pouvais supporter la chaise, je prendrais un bâton et
« je la suivrais. Et puis ne craignez-vous pas qu'on ne
« mésinterprète votre conduite ? On vous soupçonnera
« ou d'ingratitude, ou d'un autre motif secret. Je sais
« bien que, quoi que vous fassiez, vous aurez toujours
« pour vous le témoignage de votre conscience, mais ce
« témoignage suffit-il seul, et est-il permis de négliger
« jusqu'à certain point celui des autres hommes ? Au
« reste, mon ami, c'est pour m'acquitter avec vous, et
« avec moi que je vous écris ce billet. S'il vous déplaît,
« jetez-le au feu, et qu'il n'en soit non plus question que
« s'il n'eût jamais été écrit. Je vous salue, vous aime, et
« vous embrasse. »

Le tremblement de colère, l'éblouissement qui me
gagnaient en lisant ce billet, et qui me permirent à peine

de l'achever, ne m'empêchèrent pas d'y remarquer l'adresse avec laquelle Diderot y affectait un ton plus doux, plus caressant, plus honnête que dans toutes ses autres lettres, dans lesquelles il me traitait tout au plus de mon cher, sans daigner m'y donner le nom d'ami. Je vis aisément le ricochet par lequel me venait ce billet, dont la suscription, la forme et la marche décelaient même assez maladroitement le détour : car nous nous écrivions ordinairement par la poste ou par le messager de Montmorency, et ce fut la première et l'unique fois qu'il se servit de cette voie-là.

Quand le premier transport de mon indignation me permit d'écrire, je lui traçai précipitamment la réponse suivante, que je portai sur-le-champ, de l'Ermitage où j'étais pour lors, à la Chevrette, pour la montrer à Mme d'Epinay, à qui, dans mon aveugle colère, je la voulus lire moi-même, ainsi que le billet de Diderot.

« Mon cher ami, vous ne pouvez savoir ni la force « des obligations que je puis avoir à Mme d'Epinay, ni « jusqu'à quel point elles me lient, ni si elle a réellement « besoin de moi dans son voyage, ni si elle désire que je « l'accompagne, ni s'il m'est possible de le faire, ni les « raisons que je puis avoir de m'en abstenir. Je ne refuse « pas de discuter avec vous tous ces points; mais, en « attendant, convenez que me prescrire si affirmativement « ce que je dois faire, sans vous être mis en état d'en « juger, c'est, mon cher philosophe, opiner en franc « étourdi. Ce que je vois de pis à cela est que votre avis « ne vient pas de vous. Outre que je suis peu d'humeur « à me laisser mener sous votre nom par le tiers et le « quart, je trouve à ces ricochets certains détours qui ne « vont pas à votre franchise, et dont vous ferez bien, « pour vous et pour moi, de vous abstenir désormais.

« Vous craignez qu'on n'interprète mal ma conduite; « mais je défie un cœur comme le vôtre d'oser mal pen- « ser du mien. D'autres, peut-être, parleraient mieux « de moi si je leur ressemblais davantage. Que Dieu me « préserve de me faire approuver d'eux! Que les méchants « m'épient et m'interprètent : Rousseau n'est pas fait « pour les craindre, ni Diderot pour les écouter.

« Si votre billet m'a déplu, vous voulez que je le jette
« au feu, et qu'il n'en soit plus question! Pensez-vous
« qu'on oublie ainsi ce qui vient de vous ? Mon cher,
« vous faites aussi bon marché de mes larmes, dans les
« peines que vous me donnez, que de ma vie et ma santé
« dans les soins que vous m'exhortez à prendre. Si vous
« pouviez vous corriger de cela, votre amitié m'en serait
« plus douce, et j'en deviendrais moins à plaindre. »

En entrant dans la chambre de Mme d'Epinay, je
trouvai Grimm avec elle, et j'en fus charmé. Je leur lus
à haute et claire voix mes deux lettres avec une intré-
pidité dont je ne me serais pas cru capable, et j'y ajoutai,
en finissant quelques discours qui ne la démentaient pas.
A cette audace inattendue dans un homme, ordinaire-
ment si craintif, je les vis l'un et l'autre atterrés, aba-
sourdis, ne répondant pas un mot; je vis surtout cet
homme arrogant baisser les yeux à terre, et n'oser sou-
tenir les étincelles de mes regards; mais dans le même
instant, au fond de son cœur, il jurait ma perte, et je
suis sûr qu'ils la concertèrent avant de se séparer.

Ce fut peu après dans ce temps-là que je reçus enfin
par Mme d'Houdetot la réponse de Saint-Lambert
(Liasse A, no 57), datée encore de Wolfenbuttel, peu de
jours après son accident, à ma lettre qui avait tardé long-
temps en route. Cette réponse m'apporta des consola-
tions, dont j'avais grand besoin dans ce moment-là, par
les témoignages d'estime et d'amitié dont elle était
pleine, et qui me donnèrent le courage et la force de les
mériter. Dès ce moment je fis mon devoir; mais il est
constant que si Saint-Lambert se fût trouvé moins sensé,
moins généreux, moins honnête homme, j'étais perdu
sans retour.

La saison devenait mauvaise, et l'on commençait à
quitter la campagne. Mme d'Houdetot me marqua le jour
où elle comptait venir faire ses adieux à la vallée, et me
donna rendez-vous à Eaubonne. Ce jour se trouva par
hasard le même où Mme d'Epinay quittait la Chevrette
pour aller à Paris achever les préparatifs de son voyage.
Heureusement elle partit le matin, et j'eus le temps
encore, en la quittant, d'aller dîner avec sa belle-sœur.

J'avais la lettre de Saint-Lambert dans ma poche; je la relus plusieurs fois en marchant. Cette lettre me servit d'égide contre ma faiblesse. Je fis et tins la résolution de ne voir plus en Mme d'Houdetot que mon amie et la maîtresse de mon ami, et je passai tête-à-tête avec elle quatre ou cinq heures dans un calme délicieux, préférable infiniment, même quant à la jouissance, à ces accès de fièvre ardente que jusqu'alors j'avais eus auprès d'elle. Comme elle savait trop que mon cœur n'était pas changé, elle fut sensible aux efforts que j'avais faits pour me vaincre; elle m'en estima davantage, et j'eus le plaisir de voir que son amitié pour moi n'était point éteinte. Elle m'annonça le prochain retour de Saint-Lambert, qui, quoique assez bien rétabli de son attaque, n'était plus en état de soutenir les fatigues de la guerre, et quittait le service pour venir vivre paisiblement auprès d'elle. Nous formâmes le projet charmant d'une étroite société entre nous trois, et nous pouvions espérer que l'exécution de ce projet serait durable, vu que tous les sentiments qui peuvent unir des cœurs sensibles et droits en faisaient la base, et que nous rassemblions à nous trois assez de talents et de connaissances pour nous suffire à nous-mêmes, et n'avoir besoin d'aucun supplément étranger. Hélas! en me livrant à l'espoir d'une si douce vie, je ne songeais guère à celle qui m'attendait.

Nous parlâmes ensuite de ma situation présente avec Mme d'Epinay. Je lui montrai la lettre de Diderot, avec ma réponse : je lui détaillai tout ce qui s'était passé à ce sujet, et je lui déclarai la résolution où j'étais de quitter l'Ermitage. Elle s'y opposa vivement, et par des raisons toute[s]-puissantes sur mon cœur. Elle me témoigna combien elle aurait désiré que j'eusse fait le voyage de Genève, prévoyant qu'on ne manquerait pas de la compromettre dans mon refus : ce que la lettre de Diderot semblait annoncer d'avance. Cependant, comme elle savait mes raisons aussi bien que moi-même, elle n'insista pas sur cet article; mais elle me conjura d'éviter tout éclat, à quelque prix que ce pût être, et de pallier mon refus de raisons assez plausibles pour éloigner l'injuste soupçon qu'elle pût y avoir part. Je lui dis qu'elle

ne m'imposait pas une tâche aisée, mais que résolu d'expier mes torts au prix même de ma réputation, je voulais donner la préférence à la sienne, en tout ce que l'honneur me permettait d'endurer. On connaîtra bientôt si j'ai su remplir cet engagement.

Je le puis jurer, loin que ma passion malheureuse eût rien perdu de sa force, je n'aimai jamais ma Sophie aussi vivement, aussi tendrement que je fis ce jour-là. Mais telle fut l'impression que firent sur moi la lettre de Saint-Lambert, le sentiment du devoir et l'horreur de la perfidie que, durant toute cette entrevue, mes sens me laissèrent pleinement en paix auprès d'elle, et que je ne fus pas même tenté de lui baiser la main. En partant, elle m'embrassa devant ses gens. Ce baiser, si différent de ceux que je lui avais dérobés quelquefois sous les feuillages, me fut garant que j'avais repris l'empire de moi-même : je suis presque assuré que si mon cœur avait eu le temps de se raffermir dans le calme, il ne me fallait pas trois mois pour être guéri radicalement.

Ici finissent mes liaisons personnelles avec Mme d'Houdetot. Liaisons dont chacun a pu juger sur les apparences selon les dispositions de son propre cœur, mais dans lesquelles la passion que m'inspira cette aimable femme, passion la plus vive peut-être qu'aucun homme ait jamais sentie, s'honorera toujours, entre le ciel et nous, des rares et pénibles sacrifices faits par tous deux au devoir, à l'honneur, à l'amour et à l'amitié. Nous nous étions trop élevés aux yeux l'un de l'autre pour pouvoir nous avilir aisément. Il faudrait être indigne de toute estime pour se résoudre à en perdre une de si haut prix, et l'énergie même des sentiments qui pouvaient nous rendre coupables fut ce qui nous empêcha de le devenir.

C'est ainsi qu'après une si longue amitié pour l'une de ces deux femmes, et un si vif amour pour l'autre, je leur fis séparément mes adieux en un même jour : à l'une pour ne la revoir de ma vie, à l'autre pour ne la revoir que deux fois dans les occasions que je dirai ci-après.

Après leur départ, je me trouvai dans un grand embarras pour remplir tant de devoirs pressants et contradic-

toires, suite de mes imprudences. Si j'eusse été dans mon état naturel, après la proposition et le refus de ce voyage de Genève, je n'avais qu'à rester tranquille, et tout était dit. Mais j'en avais sottement fait une affaire qui ne pouvait rester dans l'état où elle était, et je ne pouvais me dispenser de toute ultérieure explication qu'en quittant l'Ermitage; ce que je venais de promettre à Mme d'Houdetot de ne pas faire, au moins pour le moment présent. De plus, elle avait exigé que j'excusasse auprès de mes soi-disant amis le refus de ce voyage, afin qu'on ne lui imputât pas ce refus. Cependant je n'en pouvais alléguer la véritable cause sans outrager Mme d'Epinay, à qui je devais certainement de la reconnaissance, après tout ce qu'elle avait fait pour moi. Tout bien considéré, je me trouvai dans la dure, mais indispensable alternative de manquer à Mme d'Epinay, à Mme d'Houdetot, ou à moi-même, et je pris le dernier parti. Je le pris hautement, pleinement, sans tergiverser, et avec une générosité digne assurément de laver les fautes qui m'avaient réduit à cette extrémité. Ce sacrifice, dont mes ennemis ont su tirer parti, et qu'ils attendaient peut-être, a fait la ruine de ma réputation, et m'a ôté, par leurs soins, l'estime publique; mais il m'a rendu la mienne, et m'a consolé dans mes malheurs. Ce n'est pas la dernière fois, comme on verra, que j'ai fait de pareils sacrifices, ni la dernière aussi qu'on s'en est prévalu pour m'accabler.

Grimm était le seul qui parût n'avoir pris aucune part dans cette affaire; ce fut à lui que je résolus de m'adresser. Je lui écrivis une longue lettre dans laquelle j'exposai le ridicule de vouloir me faire un devoir de ce voyage de Genève, l'inutilité, l'embarras même dont j'y aurais été à Mme d'Epinay, et les inconvénients qu'il en aurait résulté pour moi-même. Je ne résistai pas, dans cette lettre, à la tentation de lui laisser voir que j'étais instruit, et qu'il me paraissait singulier qu'on prétendît que c'était à moi de faire ce voyage, tandis que lui-même s'en dispensait, et qu'on ne faisait pas mention de lui. Cette lettre, où, faute de pouvoir dire nettement mes raisons, je fus forcé de battre souvent la campagne, m'aurait donné dans le public l'apparence de bien des torts; mais elle était un exemple de retenue et de discrétion pour les

gens qui, comme Grimm, étaient au fait des choses que j'y taisais, et qui justifiaient pleinement ma conduite. Je ne craignis pas même de mettre un préjugé de plus contre moi, en prêtant l'avis de Diderot à mes autres amis, pour insinuer que Mme d'Houdetot avait pensé de même, comme il était vrai, et taisant que, sur mes raisons, elle avait changé d'avis. Je ne pouvais mieux la disculper du soupçon de conniver avec moi qu'en paraissant, sur ce point, mécontent d'elle.

Cette lettre finissait par un acte de confiance dont tout autre homme aurait été touché ; car en exhortant Grimm à peser mes raisons et à me marquer après cela son avis, je lui marquais que cet avis serait suivi, quel qu'il pût être, et c'était mon intention, eût-il même opiné pour mon départ ; car M. d'Epinay s'étant fait le conducteur de sa femme dans ce voyage, le mien prenait alors un coup d'œil tout différent : au lieu que c'était moi d'abord qu'on voulût charger de cet emploi, et qu'il ne fût question de lui qu'après mon refus.

La réponse de Grimm se fit attendre ; elle fut singulière. Je vais la transcrire ici. Voyez (Liasse A, n° 59) :

« Le départ de Mme d'Epinay est reculé ; son fils est « malade, il faut attendre qu'il soit rétabli. Je rêverai à « votre lettre. Tenez-vous tranquille à votre Ermitage. « Je vous ferai passer mon avis à temps. Comme elle ne « partira sûrement pas de quelques jours, rien ne presse. « En attendant, si vous le jugez à propos, vous pouvez « lui faire vos offres, quoique cela me paraisse encore « assez égal. Car, connaissant votre position aussi bien « que vous-même, je ne doute point qu'elle ne réponde « à vos offres comme elle doit, et tout ce que je vois à « gagner à cela, c'est que vous pourrez dire à ceux qui « vous pressent que si vous n'avez pas été, ce n'est pas « faute de vous être offert. Au reste, je ne vois pas pour-« quoi vous voulez absolument que le Philosophe soit le « porte-voix de tout le monde, et parce que son avis est « que vous partiez, pourquoi vous imaginez que tous vos « amis prétendent la même chose. Si vous écrivez à « Mme d'Epinay, sa réponse peut vous servir de réplique « à tous ces amis, puisqu'il vous tient tant au cœur de

« leur répliquer. Adieu : je salue Mme Le Vasseur et le
« Criminel *. »

Frappé d'étonnement en lisant cette lettre, je cherchais
avec inquiétude ce qu'elle pouvait signifier, et je ne
trouvais rien. Comment! au lieu de me répondre avec
simplicité sur la mienne, il prend du temps pour y rêver,
comme si celui qu'il avait déjà pris ne lui avait pas suffi.
Il m'avertit même de la suspension dans laquelle il veut
me tenir, comme s'il s'agissait d'un profond problème à
résoudre, ou comme s'il importait à ses vues de m'ôter
tout moyen de pénétrer son sentiment, jusqu'au moment
qu'il voudrait me le déclarer. Que signifient donc ces
précautions, ces retardements, ces mystères ? Est-ce
ainsi qu'on répond à la confiance ? Cette allure est-elle
celle de la droiture et de la bonne foi ? Je cherchais en
vain quelque interprétation favorable à cette conduite,
je n'en trouvais point. Quel que fût son dessein, s'il
m'était contraire, sa position en facilitait l'exécution, sans
que, par la mienne, il me fût possible d'y mettre obstacle.
En faveur dans la maison d'un grand prince, répandu
dans le monde, donnant le ton à nos communes sociétés,
dont il était l'oracle, il pouvait, avec son adresse ordinaire,
disposer à son aise toutes ses machines; et moi, seul
dans mon Ermitage, loin de tout, sans avis de personne,
sans aucune communication, je n'avais d'autre parti
que d'attendre et rester en paix. Seulement j'écrivis à
Mme d'Epinay, sur la maladie de son fils, une lettre aussi
honnête qu'elle pouvait l'être, mais où je ne donnais pas
dans le piège de lui offrir de partir avec elle.

Après des siècles d'attente dans la cruelle incertitude
où cet homme barbare m'avait plongé, j'appris au bout
de huit ou dix jours que Mme d'Epinay était partie, et je
reçus de lui une seconde lettre. Elle n'était que de sept à
huit lignes, que je n'achevai pas de lire... c'était une rup-
ture, mais dans des termes tels que la plus infernale haine
les peut dicter, et qui même devenaient bêtes à force de

* M. Le Vasseur, que sa femme menait un peu rudement, l'appe-
lait le *Lieutenant Criminel*. M. Grimm donnait par plaisanterie le
même [nom] à la fille; et, pour abréger, il lui plut d'en retrancher le
premier mot.

vouloir être offensants. Il me défendait sa présence
comme il m'aurait défendu ses Etats. Il ne manquait à
sa lettre, pour faire rire, que d'être lue avec plus de
sang-froid. Sans la transcrire, sans même en achever la
lecture, je la lui renvoyai sur-le-champ avec celle-ci :

« Je me refusais à ma juste défiance; j'achève trop tard
« de vous connaître.
« Voilà donc la lettre que vous vous êtes donné le
« loisir de méditer. Je vous la renvoie, elle n'est pas pour
« moi. Vous pouvez montrer la mienne à toute la terre,
« et me haïr ouvertement; ce sera de votre part une faus-
« seté de moins. »

Ce que je lui disais, qu'il pouvait montrer ma précé-
dente lettre, se rapportait à un article de la sienne sur
lequel on pourra juger de la profonde adresse qu'il mit
à toute cette affaire.
J'ai dit que pour gens qui n'étaient pas au fait, ma
lettre pouvait donner sur moi bien des prises. Il le vit
avec joie; mais comment se prévaloir de cet avantage
sans se compromettre ? En montrant cette lettre, il s'expo-
sait au reproche d'abuser de la confiance de son ami.
Pour sortir de cet embarras, il imagina de rompre avec
moi, de la façon la plus piquante qu'il fût possible, et de
me faire valoir dans sa lettre la grâce qu'il me faisait de
ne pas montrer la mienne. Il était bien sûr que, dans l'in-
dignation de ma colère, je me refuserais à sa feinte discré-
tion, et lui permettrais de montrer ma lettre à tout le
monde : c'était précisément ce qu'il voulait, et tout arriva
comme il l'avait arrangé. Il fit courir ma lettre dans tout
Paris, avec des commentaires de sa façon, qui pourtant
n'eurent pas tout le succès qu'il s'en était promis. On ne
trouva pas que la permission de montrer ma lettre, qu'il
avait su m'extorquer, l'exemptât du blâme de m'avoir si
légèrement pris au mot pour me nuire. On demandait
toujours quels torts personnels j'avais avec lui, pour auto-
riser une si violente haine. Enfin l'on trouvait que, quand
j'aurais eu de tels torts qui l'auraient obligé de rompre,
l'amitié, même éteinte, avait encore des droits qu'il aurait
dû respecter. Mais malheureusement Paris est frivole; ces

remarques du moment s'oublient, l'absent infortuné se néglige ; l'homme qui prospère en impose par sa présence ; le jeu de l'intrigue et de la méchanceté se soutient, se renouvelle, et bientôt son effet sans cesse renaissant efface tout ce qui l'a précédé.

Voilà comment, après m'avoir si longtemps trompé, cet homme enfin quitta pour moi son masque, persuadé que, dans l'état où il avait amené les choses, il cessait d'en avoir besoin. Soulagé de la crainte d'être injuste envers ce misérable, je l'abandonnai à son propre cœur, et cessai de penser à lui. Huit jours après avoir reçu cette lettre, je reçus de Mme d'Epinay sa réponse, datée de Genève, à ma précédente (Liasse B, n° 10). Je compris, au ton qu'elle y prenait pour la première fois de sa vie, que l'un et l'autre, comptant sur le succès de leurs mesures, agissaient de concert, et que, me regardant comme un homme perdu sans ressource, ils se livraient désormais sans risque au plaisir d'achever de m'écraser.

Mon état, en effet, était des plus déplorables. Je voyais s'éloigner de moi tous mes amis, sans qu'il me fût possible de savoir ni comment ni pourquoi. Diderot, qui se vantait de me rester, de me rester seul, et qui depuis trois mois me promettait une visite, ne venait point. L'hiver commençait à se faire sentir, et avec lui les atteintes de mes maux habituels. Mon tempérament, quoique vigoureux, n'avait pu soutenir les combats de tant de passions contraires. J'étais dans un épuisement qui ne me laissait ni force ni courage pour résister à rien. Quand mes engagements, quand les continuelles représentations de Diderot et de Mme d'Houdetot m'auraient permis en ce moment de quitter l'Ermitage, je ne savais ni où aller ni comment me traîner. Je restais immobile et stupide, sans pouvoir agir ni penser. La seule idée d'un pas à faire, d'une lettre à écrire, d'un mot à dire, me faisait frémir. Je ne pouvais cependant laisser la lettre de Mme d'Epinay sans réplique, à moins de m'avouer digne des traitements dont elle et son ami m'accablaient. Je pris le parti de lui notifier mes sentiments et mes résolutions, ne doutant pas un moment que, par humanité, par générosité, par bienséance, par les bons sentiments

que j'avais cru voir en elle, malgré les mauvais, elle ne
s'empressât d'y souscrire. Voici ma lettre :

A l'Ermitage, le 23 novembre 1757.

« Si l'on mourait de douleur, je ne serais pas en vie.
« Mais enfin j'ai pris mon parti. L'amitié est éteinte entre
« nous, Madame ; mais celle qui n'est plus garde encore
« des droits que je sais respecter. Je n'ai point oublié vos
« bontés pour moi et vous pouvez compter de ma part
« sur toute la reconnaissance qu'on peut avoir pour quel-
« qu'un qu'on ne doit plus aimer. Toute autre explication
« serait inutile : j'ai pour moi ma conscience, et vous
« renvoie à la vôtre.

« J'ai voulu quitter l'Ermitage, et je le devais. Mais
« on prétend qu'il faut que j'y reste jusqu'au printemps ;
« et puisque mes amis le veulent, j'y resterai jusqu'au
« printemps, si vous y consentez. »

Cette lettre écrite et partie, je ne pensai plus qu'à me
tranquilliser à l'Ermitage, en y soignant ma santé, tâchant
de recouvrer des forces, et de prendre des mesures pour
en sortir au printemps, sans bruit et sans afficher une rup-
ture. Mais ce n'était pas là le compte de M. Grimm et de
Mme d'Epinay, comme on verra dans un moment.

Quelques jours après, j'eus enfin le plaisir de recevoir
de Diderot cette visite si souvent promise et manquée.
Elle ne pouvait venir plus à propos ; c'était mon plus
ancien ami, c'était presque le seul qui me restât ; on peut
juger du plaisir que j'eus à le voir dans ces circonstances.
J'avais le cœur plein, je l'épanchai dans le sien. Je l'éclai-
rai sur beaucoup de faits qu'on lui avait tus, déguisés ou
supposés. Je lui appris, de tout ce qui s'était passé, ce qu'il
m'était permis de lui dire. Je n'affectai point de lui taire
ce qu'il ne savait que trop, qu'un amour aussi malheu-
reux qu'insensé avait été l'instrument de ma perte ; mais
je ne convins jamais que Mme d'Houdetot en fût instruite,
ou du moins que je le lui eusse déclaré. Je lui parlai des
indignes manœuvres de Mme d'Epinay pour surprendre
les lettres très innocentes que sa belle-sœur m'écrivait. Je
voulus qu'il apprît ces détails de la bouche même des per-

sonnes qu'elle avait tenté de séduire. Thérèse le lui fit
exactement : mais que devins-je quand ce fut le tour de
la mère, et que je l'entendis déclarer et soutenir que *rien
de cela n'était à sa connaissance*. Ce furent ses termes, et
jamais elle ne s'en départit. Il n'y avait pas quatre jours
qu'elle m'en avait répété le récit à moi-même, et elle me
dément en face, devant mon ami. Ce trait me parut déci-
sif, et je sentis alors vivement mon imprudence d'avoir
gardé si longtemps une pareille femme auprès de moi. Je
ne m'étendis point en invectives contre elle; à peine dai-
gnai-je lui dire quelques mots de mépris. Je sentis ce que
je devais à la fille, dont l'inébranlable droiture contrastait
avec l'indigne lâcheté de la mère. Mais dès lors mon parti
fut pris sur le compte de la vieille, et je n'attendis que le
moment de l'exécuter.

Ce moment vint plus tôt que je ne l'avais attendu. Le
10 décembre, je reçus de Mme d'Epinay réponse à ma
précédente lettre. En voici le contenu :

A Genève, le 1er décembre 1757. (Liasse B, no 11.)

« Après vous avoir donné, pendant plusieurs années,
« toutes les marques possibles d'amitié et d'intérêt, il ne
« me reste qu'à vous plaindre. Vous êtes malheureux. Je
« désire que votre conscience soit aussi tranquille que
« la mienne. Cela pourrait être nécessaire au repos de
« votre vie.

« Puisque vous vouliez quitter l'Ermitage, et que vous
« le deviez, je suis étonnée que vos amis vous aient retenu.
« Pour moi, je ne consulte point les miens sur mes devoirs,
« et je n'ai plus rien à vous dire sur les vôtres. »

Un congé si imprévu, mais si nettement prononcé, ne
me laissa pas un instant à balancer. Il fallait sortir sur-le-
champ, quelque temps qu'il fît, en quelque état que je
fusse, dussé-je coucher dans les bois et sur la neige, dont
la terre était alors couverte, et quoi que pût dire et faire
Mme d'Houdetot; car je voulais bien lui complaire en
tout, mais non pas jusqu'à l'infamie.

Je me trouvai dans le plus terrible embarras où j'aie
été de mes jours; mais ma résolution était prise : je jurai,

quoi qu'il arrivât, de ne pas coucher à l'Ermitage le hui-
tième jour. Je me mis en devoir de sortir mes effets, déter-
miné à les laisser en plein champ plutôt que de ne pas
rendre les clefs dans la huitaine; car je voulais surtout
que tout fût fait avant qu'on pût écrire à Genève et rece-
voir réponse. J'étais d'un courage que je ne m'étais jamais
senti : toutes mes forces étaient revenues. L'honneur et
l'indignation m'en rendirent sur lesquelles Mme d'Epi-
nay n'avait pas compté. La fortune aida mon audace.
M. Mathas, procureur fiscal de M. le prince de Condé,
entendit parler de mon embarras. Il me fit offrir une
petite maison qu'il avait à son jardin de Mont-Louis, à
Montmorency. J'acceptai avec empressement et recon-
naissance. Le marché fut bientôt fait; je fis en hâte
acheter quelques meubles, avec ceux que j'avais déjà,
pour nous coucher, Thérèse et moi. Je fis charrier mes
effets à grand'peine et à grands frais : malgré la glace et
la neige, mon déménagement fut fait dans deux jours, et
le quinze décembre je rendis les clefs de l'Ermitage, après
avoir payé les gages du jardinier, ne pouvant payer mon
loyer.

Quant à Mme Le Vasseur, je lui déclarai qu'il fallait
nous séparer : sa fille voulut m'ébranler; je fus inflexible.
Je la fis partir pour Paris, dans la voiture du messager,
avec tous les effets et meubles que sa fille et elle avaient
en commun. Je lui donnai quelque argent, et je m'enga-
geai à lui payer son loyer chez ses enfants ou ailleurs, à
pourvoir à sa subsistance autant qu'il me serait possible,
et à ne jamais la laisser manquer de pain, tant que j'en
aurais moi-même.

Enfin, le surlendemain de mon arrivée à Mont-Louis
j'écrivis à Mme d'Epinay la lettre suivante :

A Montmorency, le 17 décembre 1757.

« Rien n'est si simple et si nécessaire, Madame, que de
« déloger de votre maison quand vous n'approuvez pas
« que j'y reste. Sur votre refus de consentir que je pas-
« sasse à l'Ermitage le reste de l'hiver, je l'ai donc quitté le
« quinze décembre. Ma destinée était d'y entrer malgré
« moi, et d'en sortir de même. Je vous remercie du séjour

« que vous m'avez engagé d'y faire, et je vous en remer-
« cierais davantage, si je l'avais payé moins cher. Au reste,
« vous avez raison de me croire malheureux; personne
« au monde ne sait mieux que vous combien je dois
« l'être. Si c'est un malheur de se tromper sur le choix
« de ses amis, c'en est un autre non moins cruel de revenir
« d'une erreur si douce. »

Tel est le narré fidèle de ma demeure à l'Ermitage, et
des raisons qui m'en ont fait sortir. Je n'ai pu couper ce
récit, et il importait de le suivre avec la plus grande exac-
titude, cette époque de ma vie ayant eu sur la suite une
influence qui s'étendra jusqu'à mon dernier jour.

LIVRE DIXIÈME

La force extraordinaire qu'une effervescence passagère m'avait donnée pour quitter l'Ermitage m'abandonna sitôt que j'en fus dehors. A peine fus-je établi dans ma nouvelle demeure, que de vives et fréquentes attaques de mes rétentions se compliquèrent avec l'incommodité nouvelle d'une descente qui me tourmentait depuis quelque temps, sans que je susse que c'en était une. Je tombai bientôt dans les plus cruels accidents. Le médecin Thierry, mon ancien ami, vint me voir et m'éclaira sur mon ancien état. Les sondes, les bougies, les bandages, tout l'appareil des infirmités de l'âge rassemblé autour de moi, me fit durement sentir qu'on n'a plus le cœur jeune impunément quand le corps a cessé de l'être. La belle saison ne me rendit point mes forces, et je passai toute l'année 1758 dans un état de langueur qui me fit croire que je touchais à la fin de ma carrière. J'en voyais approcher le terme avec une sorte d'empressement. Revenu des chimères de l'amitié, détaché de tout ce qui m'avait fait aimer la vie, je n'y voyais plus rien qui pût me la rendre agréable : je n'y voyais plus que des maux et des misères qui m'empêchaient de jouir de moi. J'aspirais au moment d'être libre et d'échapper à mes ennemis. Mais reprenons le fil des événements.

Il paraît que ma retraite à Montmorency déconcerta Mme d'Epinay ; vraisemblablement elle ne s'y était pas attendue. Mon triste état, la rigueur de la saison, l'abandon général où je me trouvais, tout leur faisait croire, à Grimm et à elle, qu'en me poussant à la dernière extrémité, ils me réduiraient à crier merci, et à m'avilir aux dernières bassesses, pour être laissé dans l'asile dont

l'honneur m'ordonnait de sortir. Je délogeai si brusque-
ment qu'ils n'eurent pas le temps de prévenir le coup, et
il ne leur resta plus que le choix de jouer à quitte ou
double, et d'achever de me perdre ou de tâcher de me
ramener. Grimm prit le premier parti, mais je crois que
Mme d'Epinay eût préféré l'autre; et j'en juge par sa
réponse à ma dernière lettre, où elle radoucit beaucoup le
ton qu'elle avait pris dans les précédentes, et où elle sem-
blait ouvrir la porte à un raccommodement. Le long
retard de cette réponse qu'elle me fit attendre un mois
entier, indique assez l'embarras où elle se trouvait pour
lui donner un tour convenable, et les délibérations dont
elle la fit précéder. Elle ne pouvait s'avancer plus loin
sans se commettre : mais après ses lettres précédentes, et
après ma brusque sortie de sa maison, l'on ne peut
qu'être frappé du soin qu'elle prend dans cette lettre de
n'y pas laisser glisser un seul mot désobligeant. Je vais la
transcrire en entier, afin qu'on en juge.

(Liasse B, n° 23.) A Genève, le 17 janvier 1758.

« Je n'ai reçu votre lettre du 17 décembre, Monsieur,
« qu'hier. On me l'a envoyée dans une caisse remplie de
« différentes choses, qui a été tout ce temps en chemin.
« Je ne répondrai qu'à l'apostille : quant à la lettre, je
« ne l'entends pas bien, et si nous étions dans le cas de
« nous expliquer, je voudrais bien mettre tout ce qui s'est
« passé sur le compte d'un malentendu. Je reviens à
« l'apostille. Vous pouvez vous rappeler, Monsieur, que
« nous étions convenus que les gages du jardinier de
« l'Ermitage passeraient par vos mains, pour lui mieux
« faire sentir qu'il dépendait de vous, et pour vous éviter
« des scènes aussi ridicules et indécentes qu'en avait fait
« son prédécesseur. La preuve en est que les premiers
« quartiers de ses gages vous ont été remis, et que j'étais
« convenue avec vous, peu de jours avant mon départ, de
« vous faire rembourser vos avances. Je sais que vous
« en fîtes d'abord difficulté; mais ces avances, je vous
« avais prié de les faire; il était simple de m'acquitter, et
« nous en convînmes. Cahouet m'a marqué que vous
« n'avez point voulu recevoir cet argent. Il y a assuré-

« ment du quiproquo là-dedans. Je donne ordre qu'on
« vous le reporte, et je ne vois pas pourquoi vous voudriez
« payer mon jardinier, malgré nos conventions, et au-
« delà même du terme que vous avez habité l'Ermitage.
« Je compte donc, Monsieur, que vous rappelant tout ce
« que j'ai l'honneur de vous dire, vous ne refuserez pas
« d'être remboursé de l'avance que vous avez bien voulu
« faire pour moi. »

Après tout ce qui s'était passé, ne pouvant plus prendre
de confiance en Mme d'Epinay, je ne voulus point
renouer avec elle; je ne répondis point à cette lettre, et
notre correspondance finit là. Voyant mon parti pris, elle
prit le sien, et entrant alors dans toutes les vues de Grimm
et de la coterie holbachique, elle unit ses efforts aux leurs
pour me couler à fond. Tandis qu'ils travaillaient à Paris,
elle travaillait à Genève. Grimm, qui dans la suite alla l'y
joindre, acheva ce qu'elle avait commencé. Tronchin,
qu'ils n'eurent pas de peine à gagner, les seconda puis-
samment et devint le plus furieux de mes persécuteurs,
sans avoir jamais eu de moi, non plus que Grimm, le
moindre sujet de plainte. Tous trois d'accord semèrent
sourdement dans Genève le germe qu'on y vit éclore
quatre ans après.

Ils eurent plus de peine à Paris, où j'étais plus connu,
et où les cœurs, moins disposés à la haine, n'en reçurent
pas si aisément les impressions. Pour porter leurs coups
avec plus d'adresse, ils commencèrent par débiter que
c'était moi qui les avais quittés. Voyez la lettre de Deleyre
(Liasse B, n° 30). De là, feignant d'être toujours mes amis,
ils semaient adroitement leurs accusations malignes,
comme des plaintes de l'injustice de leur ami. Cela faisait
que, moins en garde, on était plus porté à les écouter et
à me blâmer. Les sourdes accusations de perfidie et d'in-
gratitude se débitaient avec plus de précaution, et par là
même avec plus d'effet. Je sus qu'ils m'imputaient des
noirceurs atroces, sans jamais pouvoir apprendre en quoi
ils les faisaient consister. Tout ce que je pus déduire de
la rumeur publique fut qu'elle se réduisait à ces quatre
crimes capitaux : 1. Ma retraite à la campagne; 2. Mon
amour pour Mme d'Houdetot; 3. Refus d'accompagner

à Genève Mme d'Epinay; 4. Sortie de l'Ermitage. S'ils y ajoutèrent d'autres griefs, ils prirent leurs mesures si justes, qu'il m'a été parfaitement impossible d'apprendre jamais quel en était le sujet.

C'est donc ici que je crois pouvoir fixer l'établissement d'un système adopté depuis par ceux qui disposent de moi avec un progrès et un succès si rapides, qu'il tiendrait du prodige pour qui ne saurait pas quelle facilité tout ce qui favorise la malignité des hommes trouve à s'établir. Il faut tâcher d'expliquer en peu de mots ce que cet obscur et profond système a de visible à mes yeux.

Avec un nom déjà célèbre et connu dans toute l'Europe, j'avais conservé la simplicité de mes premiers goûts. La mortelle aversion pour tout ce qui s'appelait parti, faction, cabale, m'avait maintenu libre, indépendant, sans autre chaîne que les attachements de mon cœur. Seul, étranger, isolé, sans appui, sans famille, ne tenant qu'à mes principes et à mes devoirs, je suivais avec intrépidité les routes de la droiture, ne flattant, ne ménageant jamais personne aux dépens de la justice et de la vérité. De plus, retiré depuis deux ans dans la solitude, sans correspondance de nouvelles, sans relation des affaires du monde, sans être instruit ni curieux de rien, je vivais à quatre lieues de Paris, aussi séparé de cette capitale par mon incurie, que je l'aurais été par les mers dans l'île de Tinian.

Grimm, Diderot, d'Holbach, au contraire, au centre du tourbillon, vivaient répandus dans le plus grand monde, et s'en partageaient presque entre eux toutes les sphères. Grands, beaux esprits, gens de lettres, gens de robe, femmes, ils pouvaient de concert se faire écouter partout. On doit voir déjà l'avantage que cette position donne à trois hommes bien unis contre un quatrième dans celle où je me trouvais. Il est vrai que Diderot et d'Holbach n'étaient pas (du moins je ne puis le croire) gens à tramer des complots bien noirs; l'un n'en avait pas la méchanceté, ni l'autre l'habileté : mais c'était en cela même que la partie était mieux liée. Grimm seul formait son plan dans sa tête, et n'en montrait aux deux autres que ce qu'ils avaient besoin de voir pour concourir à l'exécution. L'ascendant qu'il avait pris sur eux rendait

ce concours facile, et l'effet du tout répondait à la supériorité de son talent.

Ce fut avec ce talent supérieur que, sentant l'avantage qu'il pouvait tirer de nos positions respectives, il forma le projet de renverser ma réputation de fond en comble, et de m'en faire une tout[e] opposée, sans se compromettre, en commençant par élever autour de moi un édifice de ténèbres qu'il me fût impossible de percer pour éclairer ses manœuvres et pour le démasquer.

Cette entreprise était difficile, en ce qu'il en fallait pallier l'iniquité aux yeux de ceux qui devaient y concourir. Il fallait tromper les honnêtes gens; il fallait écarter de moi tout le monde, ne pas me laisser un seul ami, ni petit ni grand. Que dis-je! il ne fallait pas laisser percer un seul mot de vérité jusqu'à moi. Si un seul homme généreux me fût venu dire : « Vous faites le vertueux, cependant voilà comment on vous traite, et voilà sur quoi l'on vous juge : « qu'avez-vous à dire ? » la vérité triomphait et Grimm était perdu. Il le savait, mais il a sondé son propre cœur, et n'a estimé les hommes que ce qu'ils valent. Je suis fâché, pour l'honneur de l'humanité, qu'il ait calculé si juste.

En marchant dans ces souterrains, ses pas, pour être sûrs, devaient être lents. Il y a douze ans qu'il suit son plan, et le plus difficile reste encore à faire : c'est d'abuser le public entier. Il y reste des yeux qui l'ont suivi de plus près qu'il ne pense. Il le craint, et n'ose encore exposer sa trame au grand jour *. Mais il a trouvé le peu difficile moyen d'y faire entrer la puissance, et cette puissance dispose de moi. Soutenu de cet appui, il avance avec moins de risque. Les satellites de la puissance se piquant peu de droiture pour l'ordinaire, et beaucoup moins de franchise, il n'a plus guère à craindre l'indiscrétion de quelque homme de bien; car il a besoin surtout que je sois environné de ténèbres impénétrables, et que son complot me soit toujours caché, sachant bien qu'avec quelque art qu'il en ait ourdi la trame, elle ne soutiendrait jamais mes regards. Sa grande adresse est de paraître me ménager

* Depuis que ceci est écrit, il a franchi le pas avec le plus plein et le plus inconvenable succès. Je crois que c'est Tronchin qui lui en a donné le courage et les moyens.

en me diffamant, et de donner encore à sa perfidie l'air
de la générosité.

Je sentis les premiers effets de ce système par les
sourdes accusations de la coterie holbachique, sans qu'il
me fût possible de savoir ni de conjecturer même en quoi
consistaient ces accusations. Deleyre me disait dans ses
lettres qu'on m'imputait des noirceurs. Diderot me disait
plus mystérieusement la même chose, et quand j'entrais
en explication avec l'un et l'autre, tout se réduisait aux
chefs d'accusation ci-devant notés. Je sentais un refroi-
dissement graduel dans les lettres de Mme d'Houdetot.
Je ne pouvais attribuer ce refroidissement à Saint-Lam-
bert, qui continuait à m'écrire avec la même amitié, et
qui me vint même voir après son retour. Je ne pouvais
non plus m'en imputer la faute, puisque nous nous
étions séparés très contents l'un de l'autre, et qu'il ne
s'était rien passé de ma part, depuis ce temps-là, que mon
départ de l'Ermitage, dont elle avait elle-même senti la
nécessité. Ne sachant donc à quoi m'en prendre de ce
refroidissement, dont elle ne convenait pas, mais sur
lequel mon cœur ne prenait pas le change, j'étais inquiet
de tout. Je savais qu'elle ménageait extrêmement sa
belle-sœur et Grimm, à cause de leurs liaisons avec Saint-
Lambert; je craignais leurs œuvres. Cette agitation rou-
vrit mes plaies et rendit ma correspondance orageuse,
au point de l'en dégoûter tout à fait. J'entrevoyais mille
choses cruelles, sans rien voir distinctement. J'étais dans
la position la plus insupportable pour un homme dont
l'imagination s'allume aisément. Si j'eusse été tout à fait
isolé, si je n'avais rien su du tout, je serais devenu plus
tranquille; mais mon cœur tenait encore à des attache-
ments par lesquels mes ennemis avaient sur moi mille
prises, et les faibles rayons qui perçaient dans mon asile
ne servaient qu'à me laisser voir la noirceur des mys-
tères qu'on me cachait.

J'aurais succombé, je n'en doute point, à ce tourment
trop cruel, trop insupportable à mon naturel ouvert et
franc qui, par l'impossibilité de cacher mes sentiments,
me fait tout craindre de ceux qu'on me cache, si très heu-
reusement il ne se fût présenté des objets assez intéres-
sants à mon cœur pour faire une diversion salutaire à

ceux qui m'occupaient malgré moi. Dans la dernière visite que Diderot m'avait faite à l'Ermitage, il m'avait parlé de l'article *Genève*, que d'Alembert avait mis dans l'*Encyclopédie;* il m'avait appris que cet article, concerté avec des Genevois du haut étage, avait pour but l'établissement de la comédie à Genève; qu'en conséquence les mesures étaient prises, et que cet établissement ne tarderait pas d'avoir lieu. Comme Diderot paraissait trouver tout cela fort bien, qu'il ne doutait pas du succès, et que j'avais avec lui trop d'autres débats pour disputer encore sur cet article, je ne lui dis rien; mais indigné de tout ce manège de séduction dans ma patrie, j'attendais avec impatience le volume de l'*Encyclopédie* où était cet article, pour voir s'il n'y aurait pas moyen d'y faire quelque réponse qui pût parer ce malheureux coup. Je reçus le volume peu après mon établissement à Mont-Louis, et je trouvai l'article fait avec beaucoup d'adresse et d'art, et digne de la plume dont il était parti. Cela ne me détourna pourtant pas de vouloir y répondre, et malgré l'abattement où j'étais, malgré mes chagrins et mes maux, la rigueur de la saison et l'incommodité de ma nouvelle demeure, dans laquelle je n'avais pas encore eu le temps de m'arranger, je me mis à l'ouvrage avec un zèle qui surmonta tout.

Pendant un hiver assez rude, au mois de février, et dans l'état que j'ai décrit ci-devant, j'allai tous les jours passer deux heures le matin, et autant l'après-dîner, dans un donjon tout ouvert, que j'avais au bout du jardin où était mon habitation. Ce donjon, qui terminait une allée en terrasse, donnait sur la vallée et l'étang de Montmorency, et m'offrait, pour terme du point de vue, le simple, mais respectable château de Saint-Gratien, retraite du vertueux Catinat. Ce fut dans ce lieu, pour lors glacé, que, sans abri contre le vent et la neige, et sans autre feu que celui de mon cœur, je composai, dans l'espace de trois semaines, ma *Lettre à d'Alembert sur les Spectacles*. C'est ici (car la *Julie* n'était pas à moitié faite) le premier de mes écrits où j'aie trouvé des charmes dans le travail. Jusqu'alors l'indignation de la vertu m'avait tenu lieu d'Apollon; la tendresse et la douceur d'âme m'en tinrent lieu cette fois. Les injustices dont je n'avais été que spec-

tateur m'avaient irrité; celles dont j'étais devenu l'objet m'attristèrent, et cette tristesse sans fiel n'était que celle d'un cœur trop aimant, trop tendre, qui, trompé par ceux qu'il avait crus de sa trempe, était forcé de se retirer au-dedans de lui. Plein de tout ce qui venait de m'arriver, encore ému de tant de violents mouvements, le mien mêlait le sentiment de ses peines aux idées que la méditation de mon sujet m'avait fait naître; mon travail se sentit de ce mélange. Sans m'en apercevoir, j'y décrivis ma situation actuelle; j'y peignis Grimm, Mme d'Epinay, Mme d'Houdetot, Saint-Lambert, moi-même. En l'écrivant, que je versai de délicieuses larmes! Hélas! on y sent trop que l'amour, cet amour fatal dont je m'efforçais de guérir, n'était pas encore sorti de mon cœur. A tout cela, se mêlait un certain attendrissement sur moi-même, qui me sentais mourant, et qui croyais faire au public mes derniers adieux. Loin de craindre la mort, je la voyais approcher avec joie; mais j'avais regret de quitter mes semblables, sans qu'ils sentissent tout ce que je valais, sans qu'ils sussent combien j'aurais mérité d'être aimé d'eux, s'ils m'avaient connu davantage. Voilà les secrètes causes du ton singulier qui règne dans cet ouvrage, et qui tranche si prodigieusement avec celui du précédent *.

Je retouchais et mettais au net cette lettre, et je me disposais à la faire imprimer, quand, après un long silence, j'en reçus une de Mme d'Houdetot, qui me plongea dans une affliction nouvelle, la plus sensible que j'eusse encore éprouvée. Elle m'apprenait dans cette lettre (Liasse B, n° 34) que ma passion pour elle était connue dans tout Paris; que j'en avais parlé à des gens qui l'avaient rendue publique; que ces bruits, parvenus à son amant, avaient failli lui coûter la vie; qu'enfin il lui rendait justice, et que leur paix était faite; mais qu'elle lui devait, ainsi qu'à elle-même et au soin de sa réputation, de rompre avec moi tout commerce : m'assurant, au reste, qu'ils ne cesseraient jamais l'un et l'autre de s'intéresser à moi, qu'ils me défendraient dans le public, et qu'elle enverrait de temps en temps savoir de mes nouvelles.

* *Le Discours sur l'inégalité.*

Et toi aussi, Diderot, m'écriai-je ? Indigne ami!... Je ne pus cependant me résoudre à le juger encore. Ma faiblesse était connue d'autres gens qui pouvaient l'avoir fait parler. Je voulus douter... mais bientôt je ne pus plus. Saint-Lambert fit peu après un acte digne de sa générosité. Il jugeait, connaissant assez mon âme, en quel état je devais être, trahi d'une partie de mes amis, et délaissé des autres. Il vint me voir. La première fois il avait peu de temps à me donner. Il revint. Malheureusement, ne l'attendant pas, je ne me trouvai pas chez moi. Thérèse, qui s'y trouva, eut avec lui un entretien de plus de deux heures, dans lequel ils se dirent mutuellement beaucoup de faits dont il m'importait que lui et moi fussions informés. La surprise avec laquelle j'appris par lui que personne ne doutait dans le monde que je n'eusse vécu avec Mme d'Epinay comme Grimm y vivait maintenant, ne peut être égalée que par celle qu'il eut lui-même, en apprenant combien ce bruit était faux. Saint-Lambert, au grand déplaisir de la dame, était dans le même cas que moi, et tous les éclaircissements qui résultèrent de cet entretien achevèrent d'éteindre en moi tout regret d'avoir rompu sans retour avec elle. Par rapport à Mme d'Houdetot, il détailla à Thérèse plusieurs circonstances qui n'étaient connues ni d'elle ni même de Mme d'Houdetot, que je savais seul, que je n'avais dites qu'au seul Diderot, sous le sceau de l'amitié, et c'était précisément Saint-Lambert qu'il avait choisi pour lui en faire la confidence. Ce dernier trait me décida, et, résolu de rompre avec Diderot pour jamais, je ne délibérai plus que sur la manière : car je m'étais aperçu que les ruptures secrètes tournaient à mon préjudice, en ce qu'elles laissaient le masque de l'amitié à mes plus cruels ennemis.

Les règles de bienséance établies dans le monde sur cet article semblent dictées par l'esprit de mensonge et de trahison. Paraître encore l'ami d'un homme dont on a cessé de l'être, c'est se réserver des moyens de lui nuire, en surprenant les honnêtes gens. Je me rappelai que, quand l'illustre Montesquieu rompit avec le P. de Tournemine, il se hâta de le déclarer hautement, en disant à tout le monde : N'écoutez ni le P. de Tournemine, ni moi, parlant l'un de l'autre; car nous avons cessé d'être amis.

Cette conduite fut très applaudie, et tout le monde en
loua la franchise et la générosité. Je résolus de suivre
avec Diderot le même exemple; mais comment de ma
retraite publier cette rupture authentiquement, et pour-
tant sans scandale ? Je m'avisai d'insérer, par forme de
note, dans mon ouvrage, un passage du livre de l'*Ecclé-
siastique*, qui déclarait cette rupture, et même le sujet,
assez clairement pour quiconque était au fait, et ne signi-
fiait rien pour le reste du monde; m'attachant, au sur-
plus, à ne désigner dans l'ouvrage, l'ami auquel je renon-
çais, qu'avec l'honneur qu'on doit toujours rendre, à
l'amitié même éteinte. On peut voir tout cela dans l'ou-
vrage même.

Il n'y a qu'heur et malheur dans ce monde, et il semble
que tout acte de courage soit un crime dans l'adversité.
Le même trait qu'on avait admiré dans Montesquieu ne
m'attira que blâme et reproche. Sitôt que mon ouvrage
fut imprimé et que j'en eus des exemplaires, j'en envoyai
un à Saint-Lambert, qui, la veille même, m'avait écrit, au
nom de Mme d'Houdetot et au sien, un billet plein de la
plus tendre amitié (Liasse B, n° 37). Voici la lettre qu'il
m'écrivit en me renvoyant mon exemplaire :

Eaubonne, 10 octobre 1758. (Liasse B, n° 38.)

« En vérité, Monsieur, je ne puis accepter le présent
« que vous venez de me faire. A l'endroit de votre préface,
« où, à l'occasion de Diderot, vous citez un passage de
« l'*Ecclésiaste* (il se trompe, c'est de l'*Ecclésiastique*), le
« livre m'est tombé des mains. Après les conversations
« de cet été, vous m'avez paru convaincu que Diderot
« était innocent des prétendues indiscrétions que vous lui
« imputiez. Il peut avoir des torts avec vous : je l'ignore;
« mais je sais bien qu'ils ne vous donnent pas le droit de
« lui faire une insulte publique. Vous n'ignorez pas les
« persécutions qu'il essuie, et vous allez mêler la voix d'un
« ancien ami aux cris de l'envie. Je ne puis vous dissi-
« muler, Monsieur, combien cette atrocité me révolte. Je
« ne vis point avec Diderot, mais je l'honore, et je sens
« vivement le chagrin que vous donnez à un homme à
« qui, du moins vis-à-vis de moi, vous n'avez jamais

« reproché qu'un peu de faiblesse. Monsieur, nous diffé-
« rons trop de principes pour nous convenir jamais.
« Oubliez mon existence; cela ne doit pas être difficile.
« Je n'ai jamais fait aux hommes ni le bien ni le mal dont
« on se souvient longtemps. Je vous promets, moi, Mon-
« sieur, d'oublier votre personne, et de ne me souvenir
« que de vos talents. »

Je ne me sentis pas moins déchiré qu'indigné de cette
lettre, et dans l'excès de ma misère, retrouvant enfin ma
fierté, je lui répondis par le billet suivant :

A Montmorency, le 11 octobre 1758.

« Monsieur, en lisant votre lettre, je vous ai fait l'hon-
« neur d'en être surpris, et j'ai eu la bêtise d'en être ému;
« mais je l'ai trouvée indigne de réponse.
« Je ne veux point continuer les copies de Mme d'Hou-
« detot. S'il ne lui convient pas de garder ce qu'elle a,
« elle peut me le renvoyer, je lui rendrai son argent. Si
« elle le garde, il faut toujours qu'elle envoie chercher le
« reste de son papier et de son argent. Je la prie de me
« rendre en même temps le prospectus dont elle est dépo-
« sitaire. Adieu, Monsieur. »

Le courage dans l'infortune irrite les cœurs lâches,
mais il plaît aux cœurs généreux. Il paraît que ce billet
fit rentrer Saint-Lambert en lui-même, et qu'il eut
regret à ce qu'il avait fait; mais trop fier à son tour pour en
revenir ouvertement, il saisit, il prépara peut-être le
moyen d'amortir le coup qu'il m'avait porté. Quinze
jours après, je reçus de M. d'Epinay la lettre suivante :

Ce jeudi 26. (Liasse B, n° 10.)

« J'ai reçu, Monsieur, le livre que vous avez eu la
« bonté de m'envoyer; je le lis avec le plus grand plaisir.
« C'est le sentiment que j'ai toujours éprouvé à la lecture
« de tous les ouvrages qui sont sortis de votre plume.
« Recevez-en tous mes remerciements. J'aurais été vous
« les faire moi-même, si mes affaires m'eussent permis de

« demeurer quelque temps dans votre voisinage; mais
« j'ai bien peu habité la Chevrette cette année. M. et
« Mme Dupin viennent m'y demander à dîner dimanche
« prochain. Je compte que MM. de Saint-Lambert, de
« Francueil, et Mme d'Houdetot seront de la partie; vous
« me feriez un vrai plaisir, Monsieur, si vous vouliez être
« des nôtres. Toutes les personnes que j'aurai chez moi
« vous désirent, et seront charmées de partager avec moi
« le plaisir de passer avec vous une partie de la journée.

« J'ai l'honneur d'être, avec la plus parfaite considé-
« ration, etc. »

Cette lettre me donna d'horribles battements de cœur.
Après avoir fait depuis un an la nouvelle de Paris, l'idée
de m'aller donner en spectacle vis-à-vis de Mme d'Hou-
detot me faisait trembler, et j'avais peine à trouver assez
de courage pour soutenir cette épreuve. Cependant, puis-
qu'elle et Saint-Lambert le voulaient bien, puisque
d'Epinay parlait au nom de tous les conviés, et qu'il n'en
nommait aucun que je ne fusse bien aise de voir, je ne
crus point, après tout, me compromettre en acceptant
un dîner où j'étais en quelque sorte invité par tout le
monde. Je promis donc. Le dimanche il fit mauvais.
M. d'Epinay m'envoya son carrosse, et j'allai.

Mon arrivée fit sensation. Je n'ai jamais reçu d'accueil
plus caressant. On eût dit que toute la compagnie sentait
combien j'avais besoin d'être rassuré. Il n'y a que les
cœurs français qui connaissent ces sortes de délicatesses.
Cependant, je trouvai plus de monde que je ne m'y étais
attendu. Entre autres, le comte d'Houdetot, que je ne
connaissais point du tout, et sa sœur, Mme de Blainville,
dont je me serais bien passé. Elle était venue plusieurs
fois l'année précédente à Eaubonne, et sa belle-sœur, dans
nos promenades solitaires, l'avait souvent laissée s'en-
nuyer à garder le mulet. Elle en avait nourri contre moi
un ressentiment qu'elle satisfit durant ce dîner tout à son
aise; car on sent que la présence du comte d'Houdetot
et de Saint-Lambert ne mettait pas les rieurs de mon
côté, et qu'un homme embarrassé dans les entretiens les
plus faciles n'était pas fort brillant dans celui-là. Je n'ai
jamais tant souffert, ni fait plus mauvaise contenance, ni

reçu d'atteintes plus imprévues. Enfin, quand on fut sorti
de table, je m'éloignai de cette mégère; j'eus le plaisir de
voir Saint-Lambert et Mme d'Houdetot s'approcher de
moi, et nous causâmes ensemble une partie de l'après-
midi, de choses indifférentes, à la vérité, mais avec la
même familiarité qu'avant mon égarement. Ce procédé
ne fut pas perdu dans mon cœur, et si Saint-Lambert y
eût pu lire, il en eût sûrement été content. Je puis jurer
que, quoique, en arrivant, la vue de Mme d'Houdetot
m'eût donné des palpitations jusqu'à la défaillance, en
m'en retournant je ne pensai presque pas à elle : je ne fus
occupé que de Saint-Lambert.

Malgré les malins sarcasmes de Mme de Blainville, ce
dîner me fit grand bien, et je me félicitai fort de ne m'y
être pas refusé. J'y reconnus non seulement que les
intrigues de Grimm et des Holbachiens n'avaient point
détaché de moi mes anciennes connaissances *, mais, ce
qui me flatta davantage encore, que les sentiments de
Mme d'Houdetot et de Saint-Lambert étaient moins
changés que je n'avais cru; et je compris enfin qu'il y
avait plus de jalousie que de mésestime dans l'éloigne-
ment où il la tenait de moi. Cela me consola et me tran-
quillisa. Sûr de n'être pas un objet de mépris pour ceux
qui l'étaient de mon estime, j'en travaillai sur mon
propre cœur avec plus de courage et de succès. Si je ne
vins pas à bout d'y éteindre entièrement une passion
coupable et malheureuse, j'en réglai du moins si bien les
restes, qu'ils ne m'ont pas fait faire une seule faute
depuis ce temps-là. Les copies de Mme d'Houdetot,
qu'elle m'engagea de reprendre, mes ouvrages que je
continuai de lui envoyer quand ils paraissaient, m'atti-
rèrent encore de sa part, de temps à autre, quelques mes-
sages et billets indifférents, mais obligeants. Elle fit même
plus, comme on verra dans la suite, et la conduite réci-
proque de tous les trois, quand notre commerce eut cessé,
peut servir d'exemple de la manière dont les honnêtes
gens se séparent, quand il ne leur convient plus de se
voir.

* Voilà ce que, dans la simplicité de mon cœur, je croyais encore
quand j'écrivais mes confessions.

Un autre avantage que me procura ce dîner fut qu'on en parla dans Paris, et qu'il servit de réfutation sans réplique au bruit que répandaient partout mes ennemis, que j'étais brouillé mortellement avec tous ceux qui s'y trouvèrent, et surtout avec M. d'Epinay. En quittant l'Ermitage, je lui avais écrit une lettre de remerciement très honnête, à laquelle il répondit non moins honnêtement, et les attentions mutuelles ne cessèrent point, tant avec lui qu'avec M. de Lalive, son frère, qui même vint me voir à Montmorency, et m'envoya ses gravures. Hors les deux belles-sœurs de Mme d'Houdetot, je n'ai jamais été mal avec personne de sa famille.

Ma *Lettre à d'Alembert* eut un grand succès. Tous mes ouvrages en avaient eu; mais celui-ci me fut plus favorable. Il apprit au public à se défier des insinuations de la coterie holbachique. Quand j'allai à l'Ermitage, elle prédit avec sa suffisance ordinaire que je n'y tiendrais pas trois mois. Quand elle vit que j'y en avais tenu vingt, et que, forcé d'en sortir, je fixais encore ma demeure à la campagne, elle soutint que c'était obstination pure; que je m'ennuyais à la mort dans ma retraite, mais que, rongé d'orgueil, j'aimais mieux y périr victime de mon opiniâtreté, que de m'en dédire et de revenir à Paris. La *Lettre à d'Alembert* respirait une douceur d'âme qu'on sentit n'être point jouée. Si j'eusse été rongé d'humeur dans ma retraite, mon ton s'en serait senti. Il en régnait dans tous les écrits que j'avais faits à Paris; il n'en régnait plus dans le premier que j'avais fait à la campagne. Pour ceux qui savent observer, cette remarque était décisive. On vit que j'étais rentré dans mon élément.

Cependant ce même ouvrage, tout plein de douceur qu'il était, me fit encore, par ma balourdise et par mon malheur ordinaire, un nouvel ennemi parmi les gens de lettres. J'avais fait connaissance avec Marmontel chez M. de la Poplinière, et cette connaissance s'était entretenue chez le Baron. Marmontel faisait alors le *Mercure de France*. Comme j'avais la fierté de ne point envoyer mes ouvrages aux auteurs périodiques, et que je voulais cependant lui envoyer celui-ci, sans qu'il crût que c'était à ce titre, ni pour qu'il en parlât dans le *Mercure*, j'écrivis sur son exemplaire que ce n'était point pour l'auteur du

Mercure, mais pour M. Marmontel. Je crus lui faire un
très beau compliment; il crut y voir une cruelle offense, et
devint mon irréconciliable ennemi. Il écrivit contre cette
même lettre avec politesse, mais avec un fiel qui se sent
aisément, et depuis lors il n'a manqué aucune occasion
de me nuire dans la société, et de me maltraiter indirecte-
ment dans ses ouvrages : tant le très irritable amour-
propre des gens de lettres est difficile à ménager, et tant
on doit avoir soin de ne rien laisser, dans les compliments
qu'on leur fait, qui puisse même avoir la moindre appa-
rence équivoque.

Devenu tranquille de tous les côtés, je profitai du
loisir et de l'indépendance où je me trouvais pour
reprendre mes travaux avec plus de suite. J'achevai cet
hiver la *Julie*, et je l'envoyai à Rey, qui la fit imprimer
l'année suivante. Ce travail fut cependant encore inter-
rompu par une petite diversion, et même assez désa-
gréable. J'appris qu'on préparait à l'Opéra une nouvelle
remise du *Devin du village*. Outré de voir ces gens-là dis-
poser arrogamment de mon bien, je repris le mémoire
que j'avais envoyé à M. d'Argenson, et qui était demeuré
sans réponse, et l'ayant retouché, je le fis remettre par
M. Sellon, résident de Genève, avec une lettre dont il
voulut bien se charger, à M. le comte de Saint-Florentin,
qui avait remplacé M. d'Argenson dans le département
de l'Opéra. M. de Saint-Florentin promit une réponse et
n'en fit aucune. Duclos, à qui j'écrivis ce que j'avais fait,
en parla aux *petits violons*, qui offrirent de me rendre, non
mon opéra, mais mes entrées, dont je ne pouvais plus
profiter. Voyant que je n'avais d'aucun côté aucune jus-
tice à espérer, j'abandonnai cette affaire, et la direction de
l'Opéra, sans répondre à mes raisons ni les écouter, a
continué de disposer comme de son propre bien et de
faire son profit du *Devin du village*, qui très incontesta-
blement n'appartient qu'à moi seul *.

Depuis que j'avais secoué le joug de mes tyrans, je
menais une vie assez égale et paisible; privé du charme
des attachements trop vifs, j'étais libre aussi du poids de

* Il lui appartient depuis lors par un nouvel accord qu'elle a fait
avec moi tout nouvellement.

leurs chaînes. Dégoûté des amis protecteurs, qui vou-
laient absolument disposer de ma destinée et m'asservir
à leurs prétendus bienfaits malgré moi, j'étais résolu de
m'en tenir désormais aux liaisons de simple bienveillance,
qui, sans gêner la liberté, font l'agrément de la vie, et dont
une mise d'égalité fait le fondement. J'en avais de cette
espèce autant qu'il m'en fallait pour goûter les douceurs
de la liberté, sans en souffrir la dépendance, et, sitôt que
j'eus essayé de ce genre de vie, je sentis que c'était celui
qui me convenait à mon âge, pour finir mes jours dans le
calme, loin de l'orage, des brouilleries et des tracasseries,
où je venais d'être à demi submergé.

Durant mon séjour à l'Ermitage, et depuis mon établisse-
ment à Montmorency, j'avais fait à mon voisinage
quelques connaissances qui m'étaient agréables, et qui ne
m'assujettissaient à rien. A leur tête était le jeune Loyseau
de Mauléon, qui débutant alors au barreau, ignorait quelle
y serait sa place. Je n'eus pas comme lui ce doute. Je lui
marquai bientôt la carrière illustre qu'on le voit fournir
aujourd'hui. Je lui prédis que, s'il se rendait sévère sur
le choix des causes, et qu'il ne fût jamais que le défenseur
de la justice et de la vertu, son génie, élevé par ce senti-
ment sublime, égalerait celui des plus grands orateurs. Il
a suivi mon conseil, et il en a senti l'effet. Sa défense de
M. de Portes est digne de Démosthène. Il venait tous les
ans à un quart de lieue de l'Ermitage passer les vacances
à Saint-Brice, dans le fief de Mauléon, appartenant à sa
mère, et où jadis avait logé le grand Bossuet. Voilà un
fief dont une succession de pareils maîtres rendrait la
noblesse difficile à soutenir.

J'avais, au même village de Saint-Brice, le libraire
Guérin, homme d'esprit, lettré, aimable, et de la haute
volée dans son état. Il me fit faire aussi connaissance avec
Jean Néaulme, libraire d'Amsterdam, son correspondant
et son ami, qui dans la suite imprima l'*Emile*.

J'avais, plus près encore que Saint-Brice, M. Maltor,
curé de Groslay, plus fait pour être homme d'Etat et
ministre que curé de village, et à qui l'on eût donné tout
au moins un diocèse à gouverner, si les talents décidaient
des places. Il avait été secrétaire du comte Du Luc, et
avait connu très particulièrement Jean-Baptiste Rousseau.

Aussi plein d'estime pour la mémoire de cet illustre banni que d'horreur pour celle du fourbe Saurin, il savait sur l'un et sur l'autre beaucoup d'anecdotes curieuses, que Séguy n'avait pas mises dans la vie encore manuscrite du premier, et il m'assurait que le comte Du Luc, loin d'avoir eu jamais à s'en plaindre, avait conservé jusqu'à la fin de sa vie la plus ardente amitié pour lui. M. Maltor, à qui M. de Vintimille avait donné cette retraite assez bonne, après la mort de son patron, avait été employé jadis dans beaucoup d'affaires dont il avait, quoique vieux, la mémoire encore présente, et dont il raisonnait très bien. Sa conversation, non moins instructive qu'amusante, ne sentait point son curé de village : il joignait le ton d'un homme du monde aux connaissances d'un homme de cabinet. Il était, de tous mes voisins permanents, celui dont la société m'était le plus agréable, et que j'ai eu le plus de regret de quitter.

J'avais à Montmorency les Oratoriens, et entre autres le P. Bertier, professeur de physique, auquel, malgré quelque léger vernis de pédanterie, je m'étais attaché par un certain air de bonhomie que je lui trouvais. J'avais cependant peine à concilier cette grande simplicité avec le désir et l'art qu'il avait de se fourrer partout, chez les grands, chez les femmes, chez les dévots, chez les philosophes ; il savait se faire tout à tous. Je me plaisais fort avec lui. J'en parlais à tout le monde. Apparemment ce que j'en disais lui revint. Il me remerciait un jour, en ricanant, de l'avoir trouvé bon homme. Je trouvai dans son sourire je ne sais quoi de sardonique qui changea totalement sa physionomie à mes yeux, et qui m'est souvent revenu depuis lors dans la mémoire. Je ne peux pas mieux comparer ce sourire qu'à celui de Panurge achetant les moutons de Dindenaut. Notre connaissance avait commencé peu de temps après mon arrivée à l'Ermitage, où il me venait voir très souvent. J'étais déjà établi à Montmorency, quand il en partit pour retourner demeurer à Paris. Il y voyait souvent Mme Le Vasseur. Un jour que je ne pensais à rien moins, il m'écrivit de la part de cette femme, pour m'informer que M. Grimm offrait de se charger de son entretien, et pour me demander la permission d'accepter cette offre. J'appris qu'elle consistait

en une pension de trois cents livres, et que Mme Le Vasseur devait venir demeurer à Deuil, entre la Chevrette et Montmorency. Je ne dirai pas l'impression que fit sur moi cette nouvelle, qui aurait été moins surprenante si Grimm avait eu dix mille livres de rente ou quelque relation plus facile à comprendre avec cette femme, et qu'on ne m'eût pas fait un si grand crime de l'avoir amenée à la campagne, où cependant il lui plaisait maintenant de la ramener, comme si elle était rajeunie depuis ce temps-là. Je compris que la bonne vieille ne me demandait cette permission dont elle aurait bien pu se passer si je l'avais refusée, qu'afin de ne pas s'exposer à perdre ce que je lui donnais de mon côté. Quoique cette charité me parût très extraordinaire, elle ne me frappa pas alors autant qu'elle a fait dans la suite. Mais quand j'aurais su tout ce que j'ai pénétré depuis, je n'en aurais pas moins donné mon consentement comme je fis, et comme j'étais obligé de faire, à moins de renchérir sur l'offre de M. Grimm. Depuis lors le P. Bertier me guérit un peu de l'imputation de bonhomie, qui lui avait paru si plaisante, et dont je l'avais si étourdiment chargé.

Ce même P. Bertier avait la connaissance de deux hommes qui recherchèrent aussi la mienne, je ne sais pourquoi; car il y avait assurément peu de rapport entre leurs goûts et les miens. C'étaient des enfants de Melchisédech, dont on ne connaissait ni le pays ni la famille, ni probablement le vrai nom. Ils étaient jansénistes, et passaient pour des prêtres déguisés, peut-être à cause de leur façon ridicule de porter les rapières auxquelles ils étaient attachés. Le mystère prodigieux qu'ils mettaient à toutes leurs allures leur donnait un air de chefs de parti et je n'ai jamais douté qu'ils ne fissent la *Gazette ecclésiastique*. L'un, grand, bénin, patelin, s'appelait M. Ferrand; l'autre, petit, trapu, ricaneur, pointilleux, s'appelait M. Minard. Ils se traitaient de cousins. Ils logeaient à Paris avec d'Alembert, chez sa nourrice, appelée Mme Rousseau, et ils avaient pris à Montmorency un petit appartement pour y passer les étés. Ils faisaient leur ménage eux-mêmes, sans domestique et sans commissionnaire. Ils avaient alternativement chacun sa semaine pour aller aux provisions, faire la cuisine et balayer la

maison. D'ailleurs ils se tenaient assez bien ; nous mangions quelquefois les uns chez les autres. Je ne sais pas pourquoi ils se souciaient de moi ; pour moi, je ne me souciais d'eux que parce qu'ils jouaient aux échecs ; et, pour obtenir une pauvre petite partie, j'endurais quatre heures d'ennui. Comme ils se fourraient partout et voulaient se mêler de tout, Thérèse les appelait *les Commères*, et ce nom leur est demeuré à Montmorency.

Telles étaient avec mon hôte, M. Mathas, qui était un bon homme, mes principales connaissances de campagne. Il m'en restait assez à Paris pour y vivre, quand je voudrais, avec agrément, hors de la sphère des gens de lettres, où je ne comptais que le seul Duclos pour ami : car Deleyre était encore trop jeune, et quoique, après avoir vu de près les manœuvres de la clique philosophique à mon égard, il s'en fût tout à fait détaché, du moins je le crus ainsi, je ne pouvais encore oublier la facilité qu'il avait eue à se faire auprès de moi le porte-voix de tous ces gens-là.

J'avais d'abord mon ancien et respectable ami M. Roguin. C'était un ami du bon temps, que je ne devais point à mes écrits, mais à moi-même, et que pour cette raison j'ai toujours conservé. J'avais le bon Lenieps, mon compatriote, et sa fille alors vivante, Mme Lambert. J'avais un jeune Genevois, appelé Coindet, bon garçon, ce me semblait, soigneux, officieux, zélé, mais ignorant, confiant, gourmand, avantageux, qui m'était venu voir dès le commencement de ma demeure à l'Ermitage, et, sans autre introducteur que lui-même, s'était bientôt établi chez moi, malgré moi. Il avait quelque goût pour le dessin, et connaissait les artistes. Il me fut utile pour les estampes de la *Julie ;* il se chargea de la direction des dessins et des planches, et s'acquitta bien de cette commission.

J'avais la maison de M. Dupin, qui, moins brillante que durant les beaux jours de Mme Dupin, ne laissait pas d'être encore, par le mérite des maîtres, et par le choix du monde qui s'y rassemblait, une des meilleures maisons de Paris. Comme je ne leur avais préféré personne, que je ne les avais quittés que pour vivre libre, ils n'avaient point cessé de me voir avec amitié, et j'étais sûr d'être

en tout temps bien reçu de Mme Dupin. Je la pouvais même compter pour une de mes voisines de campagne, depuis qu'ils s'étaient fait un établissement à Clichy, où j'allais quelquefois passer un jour ou deux, et où j'aurais été davantage, si Mme Dupin et Mme de Chenonceaux avaient vécu de meilleure intelligence. Mais la difficulté de se partager dans la même maison, entre deux femmes qui ne sympathisaient pas, me rendait Clichy trop gênant. Attaché à Mme de Chenonceaux d'une amitié plus égale et plus familière, j'avais le plaisir de la voir plus à mon aise à Deuil, presque à ma porte, où elle avait loué une petite maison, et même chez moi, où elle me venait voir assez souvent.

J'avais Mme de Créqui, qui, s'étant jetée dans la haute dévotion, avait cessé de voir les d'Alembert, les Marmontel, et la plupart des gens de lettres, excepté, je crois, l'abbé Trublet, manière alors de demi-cafard, dont elle était même assez ennuyée. Pour moi, qu'elle avait recherché, je ne perdis ni sa bienveillance ni sa correspondance. Elle m'envoya des poulardes du Mans aux étrennes, et sa partie était faite pour venir me voir l'année suivante, quand un voyage de Mme de Luxembourg croisa le sien. Je lui dois ici une place à part; elle en aura toujours une distinguée dans mes souvenirs.

J'avais un homme qu'excepté Roguin, j'aurais dû mettre le premier en compte : mon ancien confrère et ami de Carrio, ci-devant secrétaire titulaire de l'ambassade d'Espagne à Venise, puis en Suède, où il fut, par sa cour, chargé des affaires, et enfin nommé réellement secrétaire d'ambassade à Paris. Il me vint surprendre à Montmorency, lorsque je m'y attendais le moins. Il était décoré d'un ordre d'Espagne dont j'ai oublié le nom, avec une belle croix en pierreries. Il avait été obligé, dans ses preuves, d'ajouter une lettre à son nom de Carrio, et portait celui de chevalier de Carrion. Je le trouvai toujours le même, le même excellent cœur, l'esprit de jour en jour plus aimable. J'aurais repris avec lui la même intimité qu'auparavant, si Coindet, s'interposant entre nous à son ordinaire, n'eût profité de mon éloignement pour s'insinuer à ma place et en mon nom dans sa confiance, et me supplanter à force de zèle à me servir.

La mémoire de Carrion me rappelle celle d'un de mes voisins de campagne, dont j'aurais d'autant plus de tort de ne pas parler, que j'en ai à confesser un bien inexcusable envers lui. C'était l'honnête M. Le Blond, qui m'avait rendu service à Venise, et qui, étant venu faire un voyage en France avec sa famille, avait loué une maison de campagne à La Briche, non loin de Montmorency *. Sitôt que j'appris qu'il était mon voisin, j'en fus dans la joie de mon cœur, et me fis encore plus une fête qu'un devoir d'aller lui rendre visite. Je partis pour cela dès le lendemain. Je fus rencontré par des gens qui me venaient voir moi-même, et avec lesquels il fallut retourner. Deux jours après, je pars encore; il avait dîné à Paris avec toute sa famille. Une troisième fois il était chez lui : j'entendis des voix de femmes, je vis à la porte un carrosse qui me fit peur. Je voulais du moins, pour la première fois, le voir à mon aise, et causer avec lui de nos anciennes liaisons. Enfin je remis si bien ma visite de jour à autre, que la honte de remplir si tard un pareil devoir fit que je ne le remplis point du tout : après avoir osé tant attendre, je n'osai plus me montrer. Cette négligence, dont M. Le Blond ne put qu'être justement indigné, donna vis-à-vis de lui l'air de l'ingratitude à ma paresse; et cependant je sentais mon cœur si peu coupable, que si j'avais pu faire à M. Le Blond quelque vrai plaisir, même à son insu, je suis bien sûr qu'il ne m'eût pas trouvé paresseux. Mais l'indolence, la négligence, et les délais dans les petits devoirs à remplir, m'ont plus fait de tort que de grands vices. Mes pires fautes ont été d'omission : j'ai rarement fait ce qu'il ne fallait pas faire, et malheureusement j'ai plus rarement encore fait ce qu'il fallait.

Puisque me voilà revenu à mes connaissances de Venise, je n'en dois pas oublier une qui s'y rapporte et que je n'avais interrompue, ainsi que les autres, que depuis beaucoup moins de temps. C'est celle de M. de Jonville, qui avait continué, depuis son retour de Gênes, à me faire beaucoup d'amitiés. Il aimait fort à me voir et à causer avec moi des affaires d'Italie et des folies de M. de

* Quand j'écrivais ceci, plein de mon ancienne et aveugle confiance, j'étais bien loin de soupçonner le vrai motif et l'effet de ce voyage de Paris.

Montaigu, dont il savait, de son côté, bien des traits par les bureaux des affaires étrangères, dans lesquels il avait beaucoup de liaisons. J'eus le plaisir aussi de revoir chez lui mon ancien camarade Dupont, qui avait acheté une charge dans sa province, et dont les affaires le ramenaient quelquefois à Paris. M. de Jonville devint peu à peu si empressé de m'avoir qu'il en devint même gênant, et, quoique nous logeassions dans des quartiers fort éloignés, il y avait du bruit entre nous quand je passais une semaine entière sans aller dîner chez lui. Quand il allait à Jonville, il m'y voulait toujours emmener ; mais y étant une fois allé passer huit jours, qui me parurent fort longs, je n'y voulus plus retourner. M. de Jonville était assurément un honnête et galant homme, aimable même à certains égards ; mais il avait peu d'esprit, il était beau, tant soit peu Narcisse, et passablement ennuyeux. Il avait un recueil singulier, et peut-être unique au monde, dont il s'occupait beaucoup, et dont il occupait aussi ses hôtes, qui quelquefois s'en amusaient moins que lui. C'était une collection très complète de tous les vaudevilles de la cour et de Paris, depuis plus de cinquante ans, où l'on trouvait beaucoup d'anecdotes qu'on aurait inutilement cherchées ailleurs. Voilà des Mémoires pour l'histoire de France, dont on ne s'aviserait guère chez toute autre nation.

Un jour, au fort de notre meilleure intelligence, il me fit un accueil si froid, si glaçant, si peu dans son ton ordinaire, qu'après lui avoir donné occasion de s'expliquer, et même l'en avoir prié, je sortis de chez lui avec la résolution, que j'ai tenue, de n'y plus remettre les pieds ; car on ne me voit guère où j'ai été une fois mal reçu, et il n'y avait point ici de Diderot qui plaidât pour M. de Jonville. Je cherchai vainement dans ma tête quel tort je pouvais avoir avec lui : je ne trouvai rien. J'étais sûr de n'avoir jamais parlé de lui ni des siens que de la façon la plus honorable, car je lui étais sincèrement attaché, et outre que je n'en avais que du bien à dire, ma plus inviolable maxime a toujours été de ne parler qu'avec honneur des maisons que je fréquentais.

Enfin, à force de ruminer, voici ce que je conjecturai. La dernière fois que nous nous étions vus, il m'avait donné à souper chez des filles de sa connaissance, avec

deux ou trois commis des affaires étrangères, gens très aimables, et qui n'avaient point du tout l'air ni le ton libertin, et je puis jurer que de mon côté la soirée se passa à méditer assez tristement sur le malheureux sort de ces créatures. Je ne payai pas mon écot, parce que M. de Jonville nous donnait à souper, et je ne donnai rien à ces filles, parce que je ne leur fis point gagner, comme à la *Padoana*, le paiement que j'aurais pu leur offrir. Nous sortîmes tous assez gais et de très bonne intelligence. Sans être retourné chez ces filles, j'allai trois ou quatre jours après dîner chez M. de Jonville, que je n'avais pas revu depuis lors, et qui me fit l'accueil que j'ai dit. N'en pouvant imaginer d'autre cause que quelque malentendu relatif à ce souper, et voyant qu'il ne voulait pas s'expliquer, je pris mon parti et cessai de le voir ; mais je continuai de lui envoyer mes ouvrages : il me fit faire souvent des compliments, et l'ayant un jour rencontré au chauffoir de la Comédie, il me fit, sur ce que je n'allais plus le voir, des reproches obligeants qui ne m'y ramenèrent pas. Ainsi cette affaire avait plus l'air d'une bouderie que d'une rupture. Toutefois ne l'ayant pas revu, et n'ayant plus ouï parler de lui depuis lors, il eût été trop tard pour y retourner au bout d'une interruption de plusieurs années. Voilà pourquoi M. de Jonville n'entre point ici dans ma liste, quoique j'eusse assez longtemps fréquenté sa maison.

Je n'enflerai point la même liste de beaucoup d'autres connaissances moins familières, ou qui, par mon absence, avaient cessé de l'être, et que je ne laissai pas de voir quelquefois en campagne, tant chez moi qu'à mon voisinage, telles, par exemple, que les abbés de Condillac, de Mably, MM. de Mairan, de Lalive, de Boisgelou, Watelet, Ancelet, et d'autres qu'il serait trop long de nommer. Je passerai légèrement aussi sur celle de M. de Margency, gentilhomme ordinaire du roi, ancien membre de la coterie holbachique, qu'il avait quittée ainsi que moi, et ancien ami de Mme d'Epinay, dont il s'était détaché ainsi que moi, ni sur celle de son ami Desmahis, auteur célèbre, mais éphémère, de la comédie de *l'Impertinent*. Le premier était mon voisin de campagne, sa terre de Margency étant près de Montmorency. Nous étions d'anciennes

connaissances; mais le voisinage et une certaine confor-
mité d'expérience nous rapprochèrent davantage. Le
second mourut peu après. Il avait du mérite et de l'esprit :
mais il était un peu l'original de sa comédie, un peu fat
auprès des femmes, et n'en fut pas extrêmement regretté.

Mais je ne puis omettre une correspondance nouvelle
de ce temps-là, qui a trop influé sur le reste de ma vie pour
que je néglige d'en marquer le commencement. Il s'agit
de M. de Lamoignon de Malesherbes, premier président
de la cour des aides, chargé pour lors de la librairie, qu'il
gouvernait avec autant de lumières que de douceur, et
à la grande satisfaction des gens de lettres. Je ne l'avais
pas été voir à Paris une seule fois; cependant j'avais tou-
jours éprouvé de sa part les facilités les plus obligeantes,
quant à la censure, et je savais qu'en plus d'une occasion
il avait fort malmené ceux qui écrivaient contre moi. J'eus
de nouvelles preuves de ses bontés au sujet de l'impression
de la *Julie;* car les épreuves d'un si grand ouvrage étant
fort coûteuses à faire venir d'Amsterdam par la poste,
il permit, ayant ses ports francs, qu'elles lui fussent adres-
sées, et il me les envoyait franches aussi, sous le contre-
seing de M. le Chancelier, son père. Quand l'ouvrage fut
imprimé, il n'en permit le débit dans le royaume qu'en
suite d'une édition qu'il en fit faire à mon profit, malgré
moi-même : comme ce profit eût été de ma part un vol
fait à Rey, à qui j'avais vendu mon manuscrit, non seule-
ment je ne voulus point accepter le présent qui m'était
destiné pour cela sans son aveu, qu'il accorda très géné-
reusement, mais je voulus partager avec lui les cent pis-
toles à quoi monta ce présent et dont il ne voulut rien.
Pour ces cent pistoles, j'eus le désagrément, dont M. de
Malesherbes ne m'avait pas prévenu, de voir horrible-
ment mutiler mon ouvrage, et empêcher le débit de la
bonne édition jusqu'à ce que la mauvaise fût écoulée.

J'ai toujours regardé M. de Malesherbes comme un
homme d'une droiture à toute épreuve. Jamais rien de
ce qui m'est arrivé ne m'a fait douter un moment de sa
probité : mais aussi faible qu'honnête, il nuit quelquefois
aux gens pour lesquels il s'intéresse, à force de les vouloir
préserver. Non seulement il fit retrancher plus de cent
pages dans l'édition de Paris, mais il fit un retranchement

qui pouvait porter le nom d'infidélité dans l'exemplaire de
la bonne édition qu'il envoya à Mme de Pompadour. Il est
dit quelque part, dans cet ouvrage, que la femme d'un
charbonnier est plus digne de respect que la maîtresse
d'un prince. Cette phrase m'était venue dans la chaleur
de la composition, sans aucune application, je le jure. En
relisant l'ouvrage, je vis qu'on ferait cette application.
Cependant, par la très imprudente maxime de ne rien
ôter par égard aux applications qu'on pouvait faire, quand
j'avais dans ma conscience le témoignage de ne les avoir
pas faites en écrivant, je ne voulus point ôter cette phrase,
et je me contentai de substituer le mot *prince* au mot *roi*,
que j'avais d'abord mis. Cet adoucissement ne parut pas
suffisant à M. de Malesherbes : il retrancha la phrase
entière, dans un carton qu'il fit imprimer exprès, et coller
aussi proprement qu'il fut possible dans l'exemplaire de
Mme de Pompadour. Elle n'ignora pas ce tour de passe-
passe. Il se trouva de bonnes âmes qui l'en instruisirent.
Pour moi, je ne l'appris que longtemps après, lorsque je
commençais d'en sentir les suites.

N'est-ce point encore ici la première origine de la
haine couverte, mais implacable, d'une autre dame, qui
était dans un cas pareil, sans que j'en susse rien, ni même
que je la connusse, quand j'écrivis ce passage ? Quand le
livre se publia, la connaissance était faite, et j'étais très
inquiet. Je le dis au chevalier de Lorenzy, qui se moqua
de moi, et m'assura que cette dame en était si peu offen-
sée, qu'elle n'y avait pas même fait attention. Je le crus un
peu légèrement peut-être, et je me tranquillisai fort mal à
propos.

Je reçus, à l'entrée de l'hiver, une nouvelle marque
des bontés de M. de Malesherbes, à laquelle je fus fort
sensible, quoique je ne jugeasse pas à propos d'en pro-
fiter. Il y avait une place vacante dans le *Journal des
Savants*. Margency m'écrivit pour me la proposer comme
de lui-même. Mais il me fut aisé de comprendre, par le
tour de sa lettre (Liasse C, n° 33), qu'il était instruit et
autorisé, et lui-même me marqua dans la suite (Liasse C,
n° 47) qu'il avait été chargé de me faire cette offre. Le
travail de cette place était peu de chose. Il ne s'agissait que
de deux extraits par mois, dont on m'apporterait les

livres, sans être obligé jamais à aucun voyage de Paris, pas
même pour faire au magistrat une visite de remerciement.
J'entrais par là dans une société de gens de lettres du pre-
mier mérite, MM. de Mairan, Clairaut, de Guignes, et
l'abbé Barthélemy, dont la connaissance était déjà faite
avec les deux premiers, et très bonne à faire avec les deux
autres. Enfin, pour un travail si peu pénible, et que je pou-
vais faire si commodément, il y avait un honoraire de huit
cents francs attaché à cette place. Je délibérai quelques
heures avant que de me déterminer, et je puis jurer que la
[seule chose qui me fit balancer fut la] crainte de fâcher
Margency et de déplaire à M. de Malesherbes. Mais enfin
la gêne insupportable de ne pouvoir travailler à mon
heure et d'être commandé par le temps ; bien plus encore
la certitude de mal remplir les fonctions dont il fallait me
charger, l'emportèrent sur tout, et me déterminèrent à
refuser une place pour laquelle je n'étais pas propre. Je
savais que tout mon talent ne venait que d'une certaine
chaleur d'âme sur les matières que j'avais à traiter, et qu'il
n'y avait que l'amour du grand, du vrai, du beau, qui pût
animer mon génie. Et que m'auraient importé les sujets
de la plupart des livres que j'aurais à extraire, et les livres
mêmes ? Mon indifférence pour la chose eût glacé ma
plume et abruti mon esprit. On s'imaginait que je pouvais
écrire par métier, comme tous les autres gens de lettres,
au lieu que je ne sus jamais écrire que par passion. Ce
n'était assurément pas là ce qu'il fallait au *Journal des
Savants*. J'écrivis donc à Margency une lettre de remer-
ciement, tournée avec toute l'honnêteté possible, dans
laquelle je lui fis si bien le détail de mes raisons, qu'il ne
se peut pas que ni lui ni M. de Malesherbes aient cru qu'il
entrât ni humeur ni orgueil dans mon refus. Aussi l'ap-
prouvèrent-ils l'un et l'autre, sans m'en faire moins bon
visage, et le secret fut si bien gardé sur cette affaire que le
public n'en a jamais eu le moindre vent.

Cette proposition ne venait pas dans un moment favo-
rable pour me la faire agréer. Car depuis quelque temps
je formais le projet de quitter tout à fait la littérature, et
surtout le métier d'auteur. Tout ce qui venait de m'arriver
m'avait absolument dégoûté des gens de lettres, et j'avais
éprouvé qu'il était impossible de courir la même carrière,

sans avoir quelques liaisons avec eux. Je ne l'étais guère
moins des gens du monde, et en général de la vie mixte
que je venais de mener, moitié à moi-même, et moitié à
des sociétés pour lesquelles je n'étais point fait. Je sentais
plus que jamais, et par une constante expérience, que
toute association inégale est toujours désavantageuse au
parti faible. Vivant avec des gens opulents, et d'un autre
état que celui que j'avais choisi, sans tenir maison comme
eux, j'étais obligé de les imiter en bien des choses, et de
menues dépenses, qui n'étaient rien pour eux, étaient
pour moi non moins ruineuses qu'indispensables. Qu'un
autre homme aille dans une maison de campagne, il est
servi par son laquais, tant à table que dans sa chambre;
il l'envoie chercher tout ce dont il a besoin : n'ayant rien
à faire directement avec les gens de la maison, ne les
voyant même pas, il ne leur donne des étrennes que quand
et comme il lui plaît; mais moi, seul, sans domestique,
j'étais à la merci de ceux de la maison, dont il fallait
nécessairement capter les bonnes grâces, pour n'avoir pas
beaucoup à souffrir, et, traité comme l'égal de leur maître,
il en fallait aussi traiter les gens comme tel, et même faire
pour eux plus qu'un autre, parce qu'en effet, j'en avais
bien plus besoin. Passe encore quand il y a peu de domes-
tiques; mais, dans les maisons où j'allais il y en avait beau-
coup, tous très rogues, très fripons, très alertes, j'entends
pour leur intérêt, et les coquins savaient faire en sorte que
j'avais successivement besoin de tous. Les femmes de
Paris, qui ont tant d'esprit, n'ont aucune idée juste sur
cet article, et à force de vouloir économiser ma bourse,
elles me ruinaient. Si je soupais en ville un peu loin de
chez moi, au lieu de souffrir que j'envoyasse chercher un
fiacre, la dame de la maison faisait mettre des chevaux
pour me ramener; elle était fort aise de m'épargner les
vingt-quatre sols du fiacre; quant à l'écu que je donnais
au laquais et au cocher, elle s'y songeait pas. Une femme
m'écrivait-elle de Paris à l'Ermitage ou à Montmorency,
ayant regret aux quatre sols de port que sa lettre m'aurait
coûté, elle me l'envoyait par un de ses gens, qui arrivait à
pied tout en nage, et à qui je donnais à dîner et un écu
qu'il avait assurément bien gagné. Me proposait-elle
d'aller passer huit ou quinze jours avec elle à sa cam-

pagne, elle se disait en elle-même : ce sera toujours une économie pour ce pauvre garçon; pendant ce temps-là sa nourriture ne lui coûtera rien. Elle ne songeait pas qu'aussi, durant ce temps-là, je ne travaillais point; que mon ménage, et mon loyer et mon linge et mes habits, n'en allai[en]t pas moins; que je payais mon barbier à double, et qu'il ne laissait pas de m'en coûter chez elle plus qu'il ne m'en aurait coûté chez moi. Quoique je bornasse mes petites largesses aux seules maisons où je vivais d'habitude, elles ne laissaient pas de m'être ruineuses. Je puis assurer que j'ai bien versé vingt-cinq écus chez Mme d'Houdetot, à Eaubonne, où je n'ai couché que quatre ou cinq fois, et plus de cent pistoles, tant à Epinay qu'à la Chevrette, pendant les cinq ou six ans que j'y fus le plus assidu. Ces dépenses sont inévitables pour un homme de mon humeur, qui ne sait se pourvoir de rien, ni s'ingénier sur rien, ni supporter l'aspect d'un valet qui grogne, et qui vous sert en rechignant. Chez Mme Dupin même, où j'étais de la maison, et où je rendais mille services aux domestiques, je n'ai jamais reçu les leurs qu'à la pointe de mon argent. Dans la suite, il a fallu renoncer tout à fait à ces petites libéralités que [ma situation ne m'a plus permis de faire, et c'est alors qu'on m'a fait sentir] bien plus durement encore l'inconvénient de fréquenter des gens d'un autre état que le sien.

Encore si cette vie eût été de mon goût, je me serais consolé d'une dépense onéreuse, consacrée à mes plaisirs : mais se ruiner pour s'ennuyer était trop insupportable; et j'avais si bien senti le poids de ce train de vie que, profitant de l'intervalle de liberté où je me trouvais pour lors, j'étais déterminé à le perpétuer, à renoncer totalement à la grande société, à la composition des livres, à tout commerce de littérature, et à me renfermer, pour le reste de mes jours, dans la sphère étroite et paisible pour laquelle je me sentais né.

Le produit de la *Lettre à d'Alembert* et de *La Nouvelle Héloïse* avait un peu remonté mes finances, qui s'étaient fort épuisées à l'Ermitage. Je me voyais environ mille écus devant moi. L'*Emile*, auquel je m'étais mis tout de bon, quand j'eus achevé l'*Héloïse*, était fort avancé, et son produit devait au moins doubler cette somme. Je

formai le projet de placer ce fonds, de manière à me faire une petite rente viagère qui pût, avec ma copie, me faire subsister sans plus écrire. J'avais encore deux ouvrages sur le chantier. Le premier était mes *Institutions politiques*. J'examinai l'état de ce livre, et je trouvai qu'il demandait encore plusieurs années de travail. Je n'eus pas le courage de le poursuivre et d'attendre qu'il fût achevé pour exécuter ma résolution. Ainsi, renonçant à cet ouvrage, je résolus d'en tirer ce qui pouvait se détacher, puis de brûler tout le reste, et poussant ce travail avec zèle, sans interrompre celui de l'*Emile*, je mis, en moins de deux ans, la dernière main au *Contrat social*.

Restait le *Dictionnaire de Musique*. C'était un travail de manœuvre, qui pouvait se faire en tout temps, et qui n'avait pour objet qu'un produit pécuniaire. Je me réservai de l'abandonner, ou de l'achever à mon aise, selon que mes autres ressources rassemblées me rendraient celles-là nécessaire ou superflue. A l'égard de la *Morale sensitive*, dont l'entreprise était restée en esquisse, je l'abandonnai totalement.

Comme j'avais en dernier projet, si je pouvais me passer tout à fait de la copie, celui de m'éloigner de Paris, où l'affluence des survenants rendait ma subsistance coûteuse, et m'ôtait le temps d'y pourvoir, pour prévenir dans ma retraite l'ennui dans lequel on dit que tombe un auteur quand il a quitté la plume, je me réservais une occupation qui pût remplir le vide de ma solitude, sans me tenter de plus rien faire imprimer de mon vivant. Je ne sais par quelle fantaisie Rey me pressait depuis longtemps d'écrire les Mémoires de ma vie. Quoiqu'ils ne fussent pas jusqu'alors fort intéressants par les faits, je sentis qu'ils pouvaient le devenir par la franchise que j'étais capable d'y mettre, et je résolus d'en faire un ouvrage unique par une véracité sans exemple, afin qu'au moins une fois on pût voir un homme tel qu'il était en dedans. J'avais toujours ri de la fausse naïveté de Montaigne, qui, faisant semblant d'avouer ses défauts, a grand soin de ne s'en donner que d'aimables; tandis que je sentais, moi qui me suis cru toujours, et qui me crois encore, à tout prendre, le meilleur des hommes, qu'il n'y a point d'intérieur humain, si pur qu'il puisse

être, qui ne recèle quelque vice odieux. Je savais qu'on me peignait dans le public sous des traits si peu semblables aux miens, et quelquefois si difformes, que, malgré le mal dont je ne voulais rien taire, je ne pouvais que gagner encore à me montrer tel que j'étais. D'ailleurs, cela ne se pouvant faire sans laisser voir aussi d'autres gens tels qu'ils étaient, et par conséquent, cet ouvrage ne pouvant paraître qu'après ma mort et celle de beaucoup d'autres, cela m'enhardissait davantage à faire mes confessions dont jamais je n'aurais à rougir devant personne. Je résolus donc de consacrer mes loisirs à bien exécuter cette entreprise, et je me mis à recueillir les lettres et papiers qui pouvaient guider ou réveiller ma mémoire, regrettant fort tout ce que j'avais déchiré, brûlé, perdu jusqu'alors.

Ce projet de retraite absolue, un des plus sensés que j'eusse jamais faits, était fortement empreint dans mon esprit, et déjà je travaillais à son exécution, quand le Ciel, qui me préparait une autre destinée, me jeta dans un nouveau tourbillon.

Montmorency, cet ancien et beau patrimoine de l'illustre maison de ce nom, ne lui appartient plus depuis la confiscation. Il a passé, par la sœur du duc Henri, dans la maison de Condé, qui a changé le nom de Montmorency en celui d'Enghien, et ce duché n'a d'autre château qu'une vieille tour, où l'on tient les archives, et où l'on reçoit les hommages des vassaux. Mais on voit à Montmorency ou Enghien une maison particulière, bâtie par Crozat, dit le *pauvre*, laquelle, ayant la magnificence des plus superbes châteaux, en mérite et en porte le nom. L'aspect imposant de ce bel édifice, la terrasse sur laquelle il est bâti, sa vue unique peut-être au monde, son vaste salon peint d'une excellente main, son jardin planté par le célèbre Le Nôtre, tout cela forme un tout dont la majesté frappante a pourtant je ne sais quoi de simple, qui soutient et nourrit l'admiration. M. le Maréchal duc de Luxembourg, qui occupait alors cette maison, venait tous les ans dans ce pays, où jadis ses pères étaient les maîtres, passer en deux fois cinq ou six semaines, comme simple habitant, mais avec un éclat qui ne dégénérait point de l'ancienne splendeur de sa

maison. Au premier voyage qu'il y fit depuis mon éta-
blissement à Montmorency, M. et Mme la Maréchale
envoyèrent un valet de chambre me faire compliment de
leur part, et m'inviter à souper chez eux toutes les fois
que cela me ferait plaisir. A chaque fois qu'ils revinrent,
ils ne manquèrent point de réitérer le même compliment
et la même invitation. Cela me rappelait Mme de Bezen-
val m'envoyant dîner à l'office. Les temps étaient chan-
gés; mais j'étais demeuré le même. Je ne voulais point
qu'on m'envoyât dîner à l'office, et je me souciais peu
de la table des grands. J'aurais mieux aimé qu'ils me
laissassent pour ce que j'étais, sans me fêter et sans
m'avilir. Je répondis honnêtement et respectueusement
aux politesses de M. et Mme de Luxembourg; mais je
n'acceptai pas leurs offres, et tant mes incommodités
que mon humeur timide et mon embarras à parler me
faisant frémir à la seule idée de me présenter dans une
assemblée de gens de la cour, je n'allai pas même au
château faire une visite de remerciement, quoique je
comprisse assez que c'était ce qu'on cherchait, et que
tout cet empressement était plutôt une affaire de curio-
sité que de bienveillance.

Cependant les avances continuèrent, et allèrent même
en augmentant. Mme la comtesse de Boufflers, qui était
fort liée avec Mme la Maréchale, étant venue à Mont-
morency envoya savoir de mes nouvelles, et me propo-
ser de me venir voir. Je répondis comme je devais,
mais je ne démarrai point. Au voyage de Pâques de
l'année suivante 1759, le chevalier de Lorenzi, qui était
de la cour de M. le prince de Conti et de la société de
Mme de Luxembourg, vint me voir plusieurs fois :
nous fîmes connaissance; il me pressa d'aller au château :
je n'en fis rien. Enfin, un après-midi que je ne songeais
à rien moins, je vis arriver M. le Maréchal de Luxem-
bourg, suivi de cinq ou six personnes. Pour lors il n'y
eut plus moyen de m'en dédire, et je ne pus éviter, sous
peine d'être un arrogant et un malappris, de lui rendre
sa visite, et d'aller faire ma cour à Mme la Maréchale,
de la part de laquelle il m'avait comblé des choses les
plus obligeantes. Ainsi commencèrent, sous de funestes
auspices, des liaisons dont je ne pus plus longtemps me

défendre, mais qu'un pressentiment trop bien fondé me fit redouter jusqu'à ce que j'y fusse engagé.

Je craignais excessivement Mme de Luxembourg. Je savais qu'elle était aimable. Je l'avais vue plusieurs fois au spectacle, et chez Mme Dupin, il y avait dix ou douze ans, lorsqu'elle était duchesse de Boufflers et qu'elle brillait encore de sa première beauté. Mais elle passait pour méchante, et dans une aussi grande dame, cette réputation me faisait trembler. A peine l'eus-je vue que je fus subjugué. Je la trouvai charmante, de ce charme à l'épreuve du temps, le plus fait pour agir sur mon cœur. Je m'attendais à lui trouver un entretien mordant et plein d'épigrammes. Ce n'était point cela, c'était beaucoup mieux. La conversation de Mme de Luxembourg ne pétille pas d'esprit. Ce ne sont pas des saillies, et ce n'est pas même proprement de la finesse : mais c'est une délicatesse exquise, qui ne frappe jamais, et qui plaît toujours. Ses flatteries sont d'autant plus enivrantes qu'elles sont plus simples; on dirait qu'elles lui échappent sans qu'elle y pense, et que c'est son cœur qui s'épanche, uniquement parce qu'il est trop rempli. Je crus m'apercevoir, dès la première visite, que, malgré mon air gauche et mes lourdes phrases, je ne lui déplaisais pas. Toutes les femmes de la cour savent vous persuader cela, quand elles veulent, vrai ou non; mais toutes ne savent pas, comme Mme de Luxembourg, vous rendre cette persuasion si douce qu'on ne s'avise plus d'en vouloir douter. Dès le premier jour, ma confiance en elle eût été aussi entière qu'elle ne tarda pas à le devenir, si Mme la duchesse de Montmorency, sa belle-fille, jeune folle, assez maligne, et, je pense, un peu tracassière, ne se fût avisée de m'entreprendre, et, tout au travers de force éloges de sa maman, et de feintes agaceries pour son propre compte, ne m'eût mis en doute si je n'étais pas persiflé.

Je me serais peut-être difficilement rassuré sur cette crainte auprès des deux dames, si les extrêmes bontés de M. le Maréchal ne m'eussent confirmé que les leurs étaient sérieuses. Rien de plus surprenant, vu mon caractère timide, que la promptitude avec laquelle je le pris au mot, sur le pied d'égalité où il voulut se mettre avec

moi, si ce n'est peut-être celle avec laquelle il me prit au mot lui-même, sur l'indépendance absolue dans laquelle je voulais vivre. Persuadés l'un et l'autre que j'avais raison d'être content de mon état et de n'en vouloir pas changer, ni lui ni Mme de Luxembourg n'ont paru vouloir s'occuper un instant de ma bourse ou de ma fortune; quoique je ne pusse douter du tendre intérêt qu'ils prenaient à moi tous les deux, jamais ils ne m'ont proposé de place et ne m'ont offert leur crédit, si ce n'est une seule fois que Mme de Luxembourg parut désirer que je voulusse entrer à l'Académie française. J'alléguai ma religion; elle me dit que ce n'était pas un obstacle, ou qu'elle s'engageait à le lever. Je répondis que, quelque honneur que ce fût pour moi d'être membre d'un corps si illustre, ayant refusé à M. de Tressan, et en quelque sorte au Roi de Pologne, d'entrer dans l'Académie de Nancy, je ne pouvais plus honnêtement entrer dans aucune. Mme de Luxembourg n'insista pas, et il n'en fut plus reparlé. Cette simplicité de commerce avec de si grands seigneurs et qui pouvaient tout en ma faveur, M. de Luxembourg étant et méritant bien d'être l'ami particulier du Roi, contraste bien singulièrement avec les continuels soucis, non moins importuns qu'officieux, des amis protecteurs que je venais de quitter, et qui cherchaient moins à me servir qu'à m'avilir.

Quand M. le Maréchal m'était venu voir à Mont-Louis, je l'avais reçu avec peine, lui et sa suite, dans mon unique chambre, non parce que je fus obligé de le faire asseoir au milieu de mes assiettes sales et de mes pots cassés, mais parce que mon plancher pourri tombait en ruine, et que je craignais que le poids de sa suite ne l'effondrât tout à fait. Moins occupé de mon propre danger que de celui que l'affabilité de ce bon seigneur lui faisait courir, je me hâtai de le tirer de là, pour le mener, malgré le froid qu'il faisait encore, à mon Donjon, tout ouvert et sans cheminée. Quand il y fut, je lui dis la raison qui m'avait engagé à l'y conduire : il la redit à Mme la Maréchale, et l'un et l'autre me pressèrent, en attendant qu'on referait mon plancher, d'accepter un logement au château, ou, si je l'ai-

mais mieux, dans un édifice isolé, qui était au milieu du parc, et qu'on appelait le petit Château. Cette demeure enchantée mérite qu'on en parle.

Le parc ou jardin de Montmorency n'est pas en plaine, comme celui de la Chevrette. Il est inégal, montueux, mêlé de collines et d'enfoncements, dont l'habile artiste a tiré parti pour varier les bosquets, les ornements, les eaux, les points de vue, et multiplier, pour ainsi dire, à force d'art et de génie, un espace en lui-même assez resserré. Ce parc est couronné dans le haut par la terrasse et le château; dans le bas il forme une gorge qui s'ouvre et s'élargit vers la vallée, et dont l'angle est rempli par une grande pièce d'eau. Entre l'orangerie qui occupe cet élargissement et cette pièce d'eau entourée de coteaux, bien décorés de bosquets et d'arbres, est le petit Château dont j'ai parlé. Cet édifice et le terrain qui l'entoure appartenaient jadis au célèbre Le Brun, qui se plut à le bâtir et le décorer avec ce goût exquis d'ornements et d'architecture dont ce grand peintre s'était nourri. Ce château depuis lors a été rebâti, mais toujours sur le dessin du premier maître. Il est petit, simple, mais élégant. Comme il est dans un fond, entre le bassin de l'orangerie et la grande pièce d'eau, par conséquent sujet à l'humidité, on l'a percé dans son milieu d'un péristyle à jour entre deux étages de colonnes, par lequel l'air jouant dans tout l'édifice le maintient sec malgré sa situation. Quand on regarde ce bâtiment de la hauteur opposée qui lui fait perspective, il paraît absolument environné d'eau, et l'on croit voir une île enchantée, ou la plus jolie des trois îles Borromées, appelée *Isola bella*, dans le lac Majeur.

Ce fut dans cet édifice solitaire qu'on me donna le choix d'un des quatre appartements complets qu'il contient, outre le rez-de-chaussée, composé d'une salle de bal, d'une salle de billard, et d'une cuisine. Je pris le plus petit et le plus simple au-dessus de la cuisine que j'eus aussi. Il était d'une propreté charmante; l'ameublement en était blanc et bleu. C'est dans cette profonde et délicieuse solitude qu'au milieu des bois et des eaux, aux concerts des oiseaux de toute espèce, au parfum de la fleur d'orange, je composai dans une

continuelle extase le cinquième livre de l'*Emile*, dont je dus en grande partie le coloris assez frais à la vive impression du local où je l'écrivais.

Avec quel empressement je courais tous les matins au lever du soleil respirer un air embaumé sur le péristyle! Quel bon café au lait j'y prenais tête-à-tête avec ma Thérèse! Ma chatte et mon chien nous faisaient compagnie. Ce seul cortège m'eût suffi pour toute ma vie, sans éprouver jamais un moment d'ennui. J'étais là dans le Paradis terrestre; j'y vivais avec autant d'innocence, et j'y goûtais le même bonheur.

Au voyage de juillet, M. et Mme de Luxembourg me marquèrent tant d'attention, et me firent tant de caresses, que, logé chez eux et comblé de leurs bontés, je ne pus moins faire que d'y répondre en les voyant assidûment. Je ne les quittais presque point : j'allais le matin faire ma cour à Mme la Maréchale; j'y dînais; j'allais l'après-midi me promener avec M. le Maréchal; mais je n'y soupais pas, à cause du grand monde, et qu'on y soupait trop tard pour moi. Jusqu'alors tout était convenable, et il n'y avait point de mal encore, si j'avais su m'en tenir là. Mais je n'ai jamais su garder un milieu dans mes attachements, et remplir simplement des devoirs de société. J'ai toujours été tout, ou rien; bientôt je fus tout; et me voyant fêté, gâté par des personnes de cette considération, je passai les bornes, et me pris pour eux d'une amitié qu'il n'est permis d'avoir que pour ses égaux. J'en mis toute la familiarité dans mes manières, tandis qu'ils ne se relâchèrent jamais dans les leurs de la politesse à laquelle ils m'avaient accoutumé. Je n'ai pourtant jamais été très à mon aise avec Mme la Maréchale. Quoique je ne fusse pas parfaitement rassuré sur son caractère, je le redoutais moins que son esprit. C'était par là surtout qu'elle m'en imposait. Je savais qu'elle était difficile en conversations, et qu'elle avait le droit de l'être. Je savais que les femmes, et surtout les grandes dames, veulent absolument être amusées, qu'il vaudrait mieux les offenser que les ennuyer, et je jugeais, par ses commentaires sur ce qu'avaient dit les gens qui venaient de partir, de ce qu'elle devait penser de mes balourdises. Je m'avisai d'un supplément, pour

me sauver auprès d'elle l'embarras de parler; ce fut de
lire. Elle avait ouï parler de la *Julie;* elle savait qu'on
l'imprimait; elle marqua de l'empressement de voir cet
ouvrage; j'offris de le lui lire; elle accepta. Tous les
matins je me rendais chez elle sur les dix heures; M. de
Luxembourg y venait; on fermait la porte. Je lisais à côté
de son lit, et je compassai si bien mes lectures, qu'il y
y en aurait eu pour tout le voyage, quand même il n'au-
rait pas été interrompu *. Le succès de cet expédient
passa mon attente. Mme de Luxembourg s'engoua de la
Julie et de son auteur; elle ne parlait que de moi, ne
s'occupait que de moi, me disait des douceurs toute la
journée, m'embrassait dix fois le jour. Elle voulut que
j'eusse toujours ma place à table à côté d'elle, et quand
quelques seigneurs voulaient prendre cette place, elle
leur disait que c'était la mienne, et les faisait mettre
ailleurs. On peut juger de l'impression que ces manières
charmantes faisaient sur moi, que les moindres marques
d'affection subjuguent. Je m'attachais réellement à elle,
à proportion de l'attachement qu'elle me témoignait.
Toute ma crainte, en voyant cet engouement, et me sen-
tant si peu d'agrément dans l'esprit pour le soutenir,
était qu'il ne se changeât en dégoût, et malheureusement
pour moi cette crainte ne fut que trop bien fondée.

Il fallait qu'il y eût une opposition naturelle entre son
tour d'esprit et le mien, puisque, indépendamment des
foules de balourdises qui m'échappaient à chaque ins-
tant dans la conversation, dans mes lettres mêmes, et
lorsque j'étais le mieux avec elle, il se trouvait des choses
qui lui déplaisaient sans que je puisse imaginer pour-
quoi. Je n'en citerai qu'un exemple, et j'en pourrais citer
vingt. Elle sut que je faisais pour Mme d'Houdetot une
copie de l'*Héloïse* à tant la page. Elle en voulut avoir
une sur le même pied. Je la lui promis, et la mettant par
là du nombre de mes pratiques, je lui écrivis quelque
chose d'obligeant et d'honnête à ce sujet; du moins
telle était mon intention. Voici sa réponse, qui me fit
tomber des nues :

* La perte d'une grande bataille, qui affligea beaucoup le Roi,
força M. de Luxembourg de retourner précipitamment à la Cour.

A Versailles, ce mardi. (Liasse C, n° 43.)

« Je suis ravie, je suis contente; votre lettre m'a fait
« un plaisir infini, et je me presse pour vous le mander et
« pour vous en remercier.

« Voici les propres termes de votre lettre : *Quoique vous*
« *soyez sûrement une très bonne pratique, je me fais quelque*
« *peine de prendre de votre argent : régulièrement, ce serait*
« *à moi de payer le plaisir que j'aurais de travailler pour*
« *vous.* Je ne vous en dis pas davantage. Je me plains de
« ce que vous ne me parlez jamais de votre santé. Rien
« ne m'intéresse davantage. Je vous aime de tout mon
« cœur; et c'est, je vous assure, bien tristement que je
« vous le mande, car j'aurais bien du plaisir à vous le
« dire, moi-même. M. de Luxembourg vous aime et vous
« embrasse de tout son cœur. »

En recevant cette lettre, je me hâtai d'y répondre, en
attendant plus ample examen, pour protester contre
toute interprétation désobligeante, et après m'être occupé
quelques jours à cet examen, avec l'inquiétude qu'on
peut concevoir, et toujours sans y rien comprendre, voici
quelle fut enfin ma dernière réponse à ce sujet :

A Montmorency, le 8 décembre 1759.

« Depuis ma dernière lettre, j'ai examiné cent et cent
« fois le passage en question. Je l'ai considéré par son
« sens propre et naturel; je l'ai considéré par tous les
« sens qu'on peut lui donner, et je vous avoue, Madame
« la Maréchale, que je ne sais plus si c'est moi qui vous
« dois des excuses, ou si ce n'est point vous qui m'en
« devez. »

Il y a maintenant dix ans que ces lettres ont été écrites.
J'y ai souvent repensé depuis ce temps-là, et telle est
encore aujourd'hui ma stupidité sur cet article, que je
n'ai pu parvenir à sentir ce qu'elle avait pu trouver
dans ce passage, je ne dis pas d'offensant, mais même
qui pût lui déplaire.

A propos de cet exemplaire manuscrit de l'*Héloïse* que
voulut avoir Mme de Luxembourg, je dois dire ici ce

que j'imaginai pour lui donner quelque avantage marqué qui le distinguât de tout autre. J'avais écrit à part *Les aventures de Milord Edouard*, et j'avais balancé longtemps à les insérer, soit en entier, soit par extrait, dans cet ouvrage, où elles me paraissaient manquer. Je me déterminai enfin à les retrancher tout à fait, parce que, n'étant pas du ton de tout le reste, elles en auraient gâté la touchante simplicité. J'eus une autre raison bien plus forte, quand je connus Mme de Luxembourg : c'est qu'il y avait dans ces aventures une marquise romaine d'un caractère très odieux, dont quelques traits, sans lui être applicables, auraient pu lui être appliqués par ceux qui ne la connaissaient que de réputation. Je me félicitai donc beaucoup du parti que j'avais pris, et m'y confirmai. Mais, dans l'ardent désir d'enrichir son exemplaire de quelque chose qui ne fût dans aucun autre, n'allai-je pas songer à ces malheureuses aventures, et former le projet d'en faire l'extrait pour l'y ajouter ? Projet insensé, dont on ne peut expliquer l'extravagance que par l'aveugle fatalité qui m'entraînait à ma perte !

Quos vult perdere Juppiter dementat.

J'eus la stupidité de faire cet extrait avec bien du soin, bien du travail, et de lui envoyer ce morceau comme la plus belle chose du monde, en la prévenant toutefois, comme il était vrai, que j'avais brûlé l'original, que l'extrait était pour elle seule, et ne serait jamais vu de personne, à moins qu'elle ne le montrât elle-même ; ce qui, loin de lui prouver ma prudence et ma discrétion, comme je croyais faire, n'était que l'avertir du jugement que je portais moi-même sur l'application des traits dont elle aurait pu s'offenser. Mon imbécillité fut telle, que je ne doutais pas qu'elle ne fût enchantée de mon procédé. Elle ne me fit pas là-dessus les grands compliments que j'en attendais, et jamais, à ma très grande surprise, elle ne me parla du cahier que je lui avais envoyé. Pour moi, toujours charmé de ma conduite dans cette affaire, ce ne fut que longtemps après que je jugeai, sur d'autres indices, de l'effet qu'elle avait produit.

J'eus encore, en faveur de son manuscrit, une autre idée plus raisonnable, mais qui, par des effets plus éloignés, ne m'a guère été moins nuisible; tant tout concourt à l'œuvre de la destinée quand elle appelle un homme au malheur! Je pensai d'orner ce manuscrit des dessins des estampes de la *Julie*, lesquels dessins se trouvèrent être du même format que le manuscrit. Je demandai à Coindet ses dessins, qui m'appartenaient à toutes sortes de titres, et d'autant plus que je lui avais abandonné le produit des planches, lesquelles eurent un grand débit. Coindet est aussi rusé que je le suis peu. A force de se faire demander ces dessins, il parvint à savoir ce que j'en voulais faire. Alors sous prétexte d'ajouter quelques ornements à ces dessins, il se les fit laisser, et finit par les présenter lui-même.

Ego versiculos feci, tulit alter honores.

Cela acheva de l'introduire à l'hôtel de Luxembourg sur un certain pied. Depuis mon établissement au petit Château, il m'y venait voir très souvent, et toujours dès le matin, surtout quand M. et Mme de Luxembourg étaient à Montmorency. Cela faisait que, pour passer avec lui la journée, je n'allais point au château. On me reprocha ces absences; j'en dis la raison. On me pressa d'amener M. Coindet : je le fis. C'était ce que le drôle avait cherché. Ainsi, grâce aux bontés excessives qu'on avait pour moi, un commis de M. Thelluson, qui voulait bien lui donner quelquefois sa table quand il n'avait personne à dîner, se trouva tout d'un coup admis à celle d'un maréchal de France, avec les princes, les duchesses, et tout ce qu'il y avait de grand à la cour. Je n'oublierai jamais qu'un jour qu'il était obligé de retourner à Paris de bonne heure, M. le Maréchal dit après le dîner à la compagnie : Allons nous promener sur le chemin de Saint-Denis, nous accompagnerons M. Coindet. Le pauvre garçon n'y tint pas; sa tête s'en alla tout à fait. Pour moi, j'avais le cœur si ému, que je ne pus dire un seul mot. Je suivais par-derrière, pleurant comme un enfant, et mourant d'envie de baiser les pas de ce bon Maréchal. Mais la suite de cette histoire de copie m'a

fait anticiper ici sur les temps. Reprenons-les dans leur ordre, autant que ma mémoire me le permettra.

Sitôt que la petite maison de Mont-Louis fut prête, je la fis meubler proprement, simplement, et retournai m'y établir, ne pouvant renoncer à cette loi que je m'étais faite, en quittant l'Ermitage, d'avoir toujours mon logement à moi; mais je ne pus me résoudre non plus à quitter mon appartement du petit Château. J'en gardai la clef, et, tenant beaucoup aux jolis déjeuners du péristyle, j'allais souvent y coucher, et j'y passais quelquefois deux ou trois jours comme à une maison de campagne. J'étais peut-être alors le particulier de l'Europe le mieux et le plus agréablement logé. Mon hôte, M. Mathas, qui était le meilleur homme du monde, m'avait absolument laissé la direction des réparations de Mont-Louis et voulut que je disposasse de ses ouvriers, sans même qu'il s'en mêlât. Je trouvai donc le moyen de me faire, d'une seule chambre au premier, un appartement complet, composé d'une chambre, d'une antichambre et d'une garde-robe. Au rez-de-chaussée étaient la cuisine et la chambre de Thérèse. Le Donjon me servait de cabinet, au moyen d'une bonne cloison vitrée et d'une cheminée qu'on y fit faire. Je m'amusai, quand j'y fus, à orner la terrasse qu'ombrageaient déjà deux rangs de jeunes tilleuls; j'y en fis ajouter deux, pour faire un cabinet de verdure, j'y fis poser une table et des bancs de pierre : je l'entourai de lilas, de seringa, de chèvrefeuille; j'y fis faire une belle plate-bande de fleurs parallèle aux deux rangs d'arbres, et cette terrasse, plus élevée que celle du château, dont la vue était du moins aussi belle, et sur laquelle j'avais apprivoisé des multitudes d'oiseaux, me servait de salle de compagnie pour recevoir M. et Mme de Luxembourg, M. le duc de Villeroy, M. le prince de Tingry, M. le marquis d'Armentières, Mme la duchesse de Montmorency, Mme la duchesse de Boufflers, Mme la comtesse de Valentinois, Mme la comtesse de Boufflers, et d'autres personnes de ce rang, qui, du château, ne dédaignaient pas de faire, par une montée très fatigante, le pèlerinage de Mont-Louis. Je devais à la faveur de M. et Mme de Luxembourg toutes ces visites; je le sentais, et

mon cœur leur en faisait bien l'hommage. C'est dans un
de ces transports d'attendrissement que je dis une fois
à M. de Luxembourg en l'embrassant : Ah! monsieur le
Maréchal, je haïssais les grands avant que de vous con-
naître, et je les hais davantage encore depuis que vous
me faites si bien sentir combien il leur serait aisé de se
faire adorer.

Au reste, j'interpelle tous ceux qui m'ont vu durant
cette époque, s'ils se sont jamais aperçus que cet éclat
m'ait un instant ébloui, que la vapeur de cet encens
m'ait porté à la tête; s'ils m'ont vu moins uni dans mon
maintien, moins simple dans mes manières, moins liant
avec le peuple, moins familier avec mes voisins, moins
prompt à rendre service à tout le monde, quand je l'ai
pu, sans me rebuter jamais des importunités sans nombre,
et souvent déraisonnables, dont j'étais sans cesse acca-
blé. Si mon cœur m'attirait au château de Montmorency
par mon sincère attachement pour les maîtres, il me
ramenait de même à mon voisinage goûter les douceurs
de cette vie égale et simple hors de laquelle il n'est point
de bonheur pour moi. Thérèse avait fait amitié avec la
fille d'un maçon, mon voisin, nommé Pilleu; je la fis
de même avec le père, et après avoir le matin dîné au
château, non sans gêne, mais pour complaire à Mme la
Maréchale, avec quel empressement je revenais le soir
souper avec le bonhomme Pilleu et sa famille, tantôt
chez lui, tantôt chez moi.

Outre, ces deux logements, j'en eus bientôt un troi-
sième à l'hôtel de Luxembourg, dont les maîtres me
pressèrent si fort d'aller les y voir quelquefois, que j'y
consentis, malgré mon aversion pour Paris, où je n'avais
été, depuis ma retraite à l'Ermitage, que les deux seules
fois dont j'ai parlé. Encore n'y allais-je que les jours
convenus, uniquement pour souper et m'en retourner
le lendemain matin. J'entrais et je sortais par le jardin
qui donnait sur le boulevard; de sorte que je pouvais
dire, avec la plus exacte vérité, que je n'avais pas mis
le pied sur le pavé de Paris.

Au sein de cette prospérité passagère se préparait de
loin la catastrophe qui devait en marquer la fin. Peu de
temps après mon retour à Mont-Louis, j'y fis, et bien

malgré moi, comme à l'ordinaire, une nouvelle connais-
sance qui fait encore époque dans mon histoire. On
jugera dans la suite si c'est en bien ou en mal. C'est
Mme la marquise de Verdelin, ma voisine, dont le mari
venait d'acheter une maison de campagne à Soisy, près
de Montmorency. Mlle d'Ars, fille du comte d'Ars,
homme de condition, mais pauvre, avait épousé M. de
Verdelin, vieux, laid, sourd, dur, brutal, jaloux, balafré,
borgne, au demeurant bon homme, quand on savait le
prendre et possesseur de quinze à vingt mille livres de
rente, auxquelles on la maria. Ce mignon, jurant, criant,
grondant, tempêtant, et faisant pleurer sa femme toute
la journée, finissait par faire toujours ce qu'elle voulait,
et cela pour la faire enrager, attendu qu'elle savait lui
persuader que c'était lui qui le voulait, et que c'était
elle qui ne le voulait pas. M. de Margency, dont j'ai
parlé, était l'ami de madame, et devint celui de monsieur.
Il y avait quelques années qu'il leur avait loué son châ-
teau de Margency, près d'Eaubonne et d'Andilly, et ils
y étaient précisément durant mes amours pour
Mme d'Houdetot. Mme d'Houdetot et Mme de Ver-
delin se connaissaient par Mme d'Aubeterre, leur com-
mune amie, et comme le jardin de Margency était sur
le passage de Mme d'Houdetot pour aller au Mont-
Olympe, sa promenade favorite, Mme de Verdelin lui
donna une clef pour passer. A la faveur de cette clef,
j'y passais souvent avec elle; mais je n'aimais point les
rencontres imprévues, et quand Mme de Verdelin
se trouvait par hasard sur notre passage, je les laissais
ensemble sans lui rien dire, et j'allais toujours devant.
Ce procédé peu galant n'avait pas dû me mettre en bon
prédicament auprès d'elle. Cependant, quand elle fut à
Soisy, elle ne laissa pas de me rechercher. Elle me vint
voir plusieurs fois à Mont-Louis, sans me trouver, et,
voyant que je ne lui rendais pas sa visite, elle s'avisa,
pour m'y forcer, de m'envoyer des pots de fleurs pour
ma terrasse. Il fallut bien l'aller remercier : c'en fut
assez. Nous voilà liés.

 Cette liaison commença par être orageuse, comme
toutes celles que je faisais malgré moi. Il n'y régna même
jamais un vrai calme. Le tour d'esprit de Mme de Ver-

delin était par trop antipathique avec le mien. Les traits malins et les épigrammes partent chez elle avec tant de simplicité, qu'il faut une attention continuelle, et pour moi très fatigante, pour sentir quand on est persiflé. Une niaiserie, qui me revient, suffira pour en juger. Son frère venait d'avoir le commandement d'une frégate en course contre les Anglais. Je parlais de la manière d'armer cette frégate sans nuire à sa légèreté. Oui, dit-elle d'un ton tout uni, l'on ne prend de canons que ce qu'il en faut pour se battre. Je l'ai rarement ouï parler en bien de quelqu'un de ses amis absents, sans glisser quelque mot à leur charge. Ce qu'elle ne voyait pas en mal, elle le voyait en ridicule, et son ami Margency n'était pas excepté. Ce que je trouvais encore en elle d'insupportable était la gêne continuelle de ses petits envois, de ses petits cadeaux, de ses petits billets, auxquels il fallait me battre les flancs pour répondre, et toujours nouveaux embarras pour remercier ou pour refuser. Cependant, à force de la voir, je finis par m'attacher à elle. Elle avait ses chagrins, ainsi que moi. Les confidences réciproques nous rendirent intéressants nos tête-à-tête. Rien ne lie tant les cœurs que la douceur de pleurer ensemble. Nous nous cherchions pour nous consoler, et ce besoin m'a souvent fait passer sur beaucoup de choses. J'avais mis tant de dureté dans ma franchise avec elle, qu'après avoir montré quelquefois si peu d'estime pour son caractère, il fallait réellement en avoir beaucoup pour croire qu'elle pût sincèrement me pardonner. Voici un échantillon des lettres que je lui ai quelquefois écrites, et dont il est à noter que jamais, dans aucune de ses réponses, elle n'a paru piquée en aucune façon :

A Montmorency, le 5 novembre.

« Vous me dites, Madame, que vous ne vous êtes pas « bien expliquée, pour me faire entendre que je m'ex-« plique mal. Vous me parlez de votre prétendue bêtise « pour me faire sentir la mienne. Vous vous vantez de « n'être qu'une bonne femme, comme si vous aviez peur « d'être prise au mot, et vous me faites des excuses pour « m'apprendre que je vous en dois. Oui, Madame, je le

« sais bien, c'est moi, qui suis une bête, un bon homme,
« et pis encore s'il est possible ; c'est moi qui choisis mal
« mes termes, au gré d'une belle dame française, qui
« fait autant d'attention aux paroles et qui parle aussi
« bien que vous. Mais considérez que je les prends
« dans le sens commun de la langue, sans être au fait
« ou en souci des honnêtes acceptions qu'on leur donne
« dans les vertueuses sociétés de Paris. Si quelquefois
« mes expressions sont équivoques, je tâche que ma
« conduite en détermine le sens », etc. Le reste de la
lettre est à peu près sur le même ton. Voyez-en la réponse
(Liasse D, n° 41), et jugez de l'incroyable modération
d'un cœur de femme, qui peut n'avoir pas plus de res-
sentiment d'une pareille lettre que cette réponse n'en
laisse paraître, et qu'elle ne m'en a jamais témoigné.
Coindet, entr[epren]ant, hardi jusqu'à l'effronterie, et
qui se tenait à l'affût de tous mes amis, ne tarda pas à
s'introduire en mon nom chez Mme de Verdelin, et y
fut bientôt, à mon insu, plus familier que moi-même.
C'était un singulier corps que ce Coindet. Il se pré-
sentait de ma part chez toutes mes connaissances, s'y
établissait, y mangeait sans façon. Transporté de zèle
pour mon service, il ne parlait jamais de moi que les
larmes aux yeux : mais quand il me venait voir, il gardait
le plus profond silence sur toutes ces liaisons, et sur tout
ce qu'il savait devoir m'intéresser. Au lieu de me dire ce
qu'il avait appris, ou dit, ou vu, qui m'intéressait, il
m'écoutait, m'interrogeait même. Il ne savait jamais rien
de Paris que ce que je lui en apprenais : enfin, quoique
tout le monde me parlât de lui, jamais il ne me parlait
de personne : il n'était secret et mystérieux qu'avec son
ami. Mais laissons, quant à présent, Coindet et Mme de
Verdelin. Nous y reviendrons dans la suite.

Quelque temps après mon retour à Mont-Louis,
La Tour, le peintre, vint m'y voir, et m'apporta mon
portrait en pastel, qu'il avait exposé au Salon il y avait
quelques années. Il avait voulu me donner ce portrait,
que je n'avais pas accepté. Mais Mme d'Epinay, qui
m'avait donné le sien et qui voulait avoir celui-là,
m'avait engagé à le lui redemander. Il avait pris du
temps pour le retoucher. Dans cet intervalle vint ma

rupture avec Mme d'Epinay; je lui rendis son portrait, et n'étant plus question de lui donner le mien, je le mis dans ma chambre au petit Château. M. de Luxembourg l'y vit, et le trouva bien; je le lui offris, il l'accepta; je le lui envoyai. Ils comprirent, lui et Mme la Maréchale, que je serais bien aise d'avoir les leurs. Ils les firent faire en miniature, de très bonne main, les firent enchâsser dans une boîte à bonbons, de cristal de roche, montée en or, et m'en firent le cadeau d'une façon très galante, dont je fus enchanté. Mme de Luxembourg ne voulut jamais consentir que son portrait occupât le dessus de la boîte. Elle m'avait reproché plusieurs fois que j'aimais mieux M. de Luxembourg qu'elle, et je ne m'en étais point défendu, parce que cela était vrai. Elle me témoigna bien galamment, mais bien clairement, par cette façon de placer son portrait, qu'elle n'oubliait pas cette préférence.

Je fis, à peu près dans ce même temps, une sottise qui ne contribua pas à me conserver ses bonnes grâces. Quoique je ne connusse point du tout M. de Silhouette, et que je fusse peu porté à l'aimer, j'avais une grande opinion de son administration. Lorsqu'il commença d'appesantir sa main sur les financiers, je vis qu'il n'entamait pas son opération dans un temps favorable; je n'en fis pas des vœux moins ardents pour son succès, et quand j'appris qu'il était déplacé, je lui écrivis dans mon intrépide étourderie la lettre suivante, qu'assurément je n'entreprends pas de justifier :

A Montmorency, le 2 décembre 1759.

« Daignez, Monsieur, recevoir l'hommage d'un soli-
« taire qui n'est pas connu de vous, mais qui vous estime
« par vos talents, qui vous respecte par votre adminis-
« tration, et qui vous a fait l'honneur de croire qu'elle ne
« vous resterait pas longtemps. Ne pouvant sauver l'Etat
« qu'aux dépens de la Capitale qui l'a perdu, vous avez
« bravé les cris des gagneurs d'argent. En vous voyant
« écraser ces misérables, je vous enviais votre place; en
« vous la voyant quitter sans vous être démenti, je vous
« admire. Soyez content de vous, monsieur, elle vous

« laisse un honneur dont vous jouirez longtemps sans
« concurrent. Les malédictions des fripons sont la gloire
« de l'homme juste. »

Mme de Luxembourg qui savait que j'avais écrit cette
lettre, m'en parla au voyage de Pâques ; je la lui montrai ;
elle en souhaita une copie, je la lui donnai ; mais j'igno-
rais, en la lui donnant, qu'elle était un de ces gagneurs
d'argent qui s'intéressaient aux sous-fermes et qui
avaient fait déplacer Silhouette. On eût dit, à toutes mes
balourdises, que j'allais excitant à plaisir la haine d'une
femme aimable et puissante, à laquelle, dans le vrai, je
m'attachais davantage de jour en jour, et dont j'étais
bien éloigné de vouloir m'attirer la disgrâce, quoique je
fisse, à force de gaucheries, tout ce qu'il fallait pour cela.
Je crois qu'il est assez superflu d'avertir que c'est à elle
que se rapporte l'histoire de l'opiate de M. Tronchin,
dont j'ai parlé dans má première partie : l'autre dame
était Mme de Mirepoix. Elles ne m'en ont jamais reparlé
ni fait le moindre semblant de s'en souvenir, ni l'une
ni l'autre ; mais de présumer que Mme de Luxembourg
ait pu l'oublier réellement, c'est ce qui me paraît bien
difficile, quand même on ne saurait rien des événements
subséquents. Pour moi, je m'étourdissais sur l'effet de
mes bêtises, par le témoignage que je me rendais de
n'en avoir fait aucune à dessein de l'offenser : comme si
jamais femme en pouvait pardonner de pareilles, même
avec la plus parfaite certitude que la volonté n'y a pas
eu la moindre part.

Cependant, quoiqu'elle parût ne rien voir, ne rien
sentir, et que je ne trouvasse encore ni diminution dans
son empressement, ni changement dans ses manières, la
continuation, l'augmentation même d'un pressentiment
trop bien fondé, me faisait trembler sans cesse que
l'ennui ne succédât bientôt à cet engouement. Pouvais-je
attendre d'une si grande dame une constance à l'épreuve
de mon peu d'adresse à la soutenir ? Je ne savais pas
même lui cacher ce pressentiment sourd qui m'inquié-
tait, et ne me rendait que plus maussade. On en jugera
par la lettre suivante, qui contient une bien singulière
prédiction.

N.-B. Cette lettre, sans date dans mon brouillon, est du mois d'octobre 1760 au plus tard.

« Que vos bontés sont cruelles! Pourquoi troubler la
« paix d'un solitaire qui renonçait aux plaisirs de la vie
« pour n'en plus sentir les ennuis? J'ai passé mes jours
« à chercher en vain des attachements solides. Je n'en ai
« pu former dans les conditions auxquelles je pouvais
« atteindre; est-ce dans la vôtre que j'en dois chercher?
« L'ambition ni l'intérêt ne me tentent pas; je suis peu
« vain, peu craintif; je puis résister à tout, hors aux
« caresses. Pourquoi m'attaquez-vous tous deux par un
« faible qu'il faut vaincre, puisque, dans la distance qui
« nous sépare, les épanchements des cœurs sensibles ne
« doivent pas rapprocher le mien de vous? La recon-
« naissance suffira-t-elle pour un cœur qui ne connaît
« pas deux manières de se donner, et ne se sent capable
« que d'amitié? D'amitié, Madame la Maréchale! Ah!
« voilà mon malheur! Il est beau à vous, à Monsieur le Maré-
« chal, d'employer ce terme : mais je suis insensé de
« vous prendre au mot. Vous vous jouez, moi je m'at-
« tache, et la fin du jeu me prépare de nouveaux regrets.
« Que je hais tous vos titres, et que je vous plains de
« les porter! Vous me semblez si dignes de goûter les
« charmes de la vie privée! Que n'habitez-vous Clarens!
« J'irais y chercher le bonheur de ma vie; mais le châ-
« teau de Montmorency, mais l'Hôtel de Luxembourg!
« Est-ce là qu'on doit voir Jean-Jacques? Est-ce là
« qu'un ami de l'égalité doit porter les affections d'un
« cœur sensible qui, payant ainsi l'estime qu'on lui
« témoigne, croit rendre autant qu'il reçoit? Vous êtes
« bonne et sensible aussi, je le sais, je l'ai vu; j'ai
« regret de n'avoir pu plus tôt le croire; mais dans
« le rang où vous êtes, dans votre manière de vivre,
« rien ne peut faire une impression durable, et tant
« d'objets nouveaux s'effacent mutuellement qu'aucun
« ne demeure. Vous m'oublierez, Madame, après m'avoir
« mis hors d'état de vous imiter. Vous aurez beaucoup
« fait pour me rendre malheureux, et pour être inexcu-
« sable. »

Je lui joignais là M. de Luxembourg, afin de rendre le compliment moins dur pour elle; car, au reste, je me sentais si sûr de lui, qu'il ne m'était pas même venu dans l'esprit une seule crainte sur la durée de son amitié. Rien de ce qui m'intimidait de la part de Mme la Maréchale ne s'est un moment étendu jusqu'à lui. Je n'ai jamais eu la moindre défiance sur son caractère, que je savais être faible, mais sûr. Je ne craignais pas plus de sa part un refroidissement que je n'en attendais un attachement héroïque. La simplicité, la familiarité de nos manières l'un avec l'autre, marquait combien nous comptions réciproquement sur nous. Nous avions raison tous deux : j'honorerai, je chérirai, tant que je vivrai, la mémoire de ce digne seigneur, et, quoi qu'on ait pu faire pour le détacher de moi, je suis aussi certain qu'il est mort mon ami, que si j'avais reçu son dernier soupir.

Au second voyage de Montmorency de l'année 1760, la lecture de la *Julie* étant finie, j'eus recours à celle de l'*Emile*, pour me soutenir auprès de Mme de Luxembourg; mais cela ne réussit pas si bien, soit que la matière fût moins de son goût, soit que tant de lecture l'ennuyât à la fin. Cependant, comme elle me reprochait de me laisser duper par mes libraires, elle voulut que je lui laissasse le soin de faire imprimer cet ouvrage, afin d'en tirer un meilleur parti. J'y consentis, sous l'expresse condition qu'il ne s'imprimerait point en France, et c'est sur quoi nous eûmes une longue dispute, moi, prétendant que la permission tacite était impossible à obtenir, imprudente même à demander, et ne voulant point permettre autrement l'impression dans le royaume; elle, soutenant que cela ne ferait pas même une difficulté à la censure, dans le système que le gouvernement avait adopté. Elle trouva le moyen de faire entrer dans ses vues M. de Malesherbes, qui m'écrivit à ce sujet une longue lettre, toute de sa main, pour me prouver que la profession de foi du Vicaire savoyard était précisément une pièce faite pour avoir partout l'approbation du genre humain, et celle de la Cour dans la circonstance. Je fus surpris de voir ce magistrat, toujours si craintif, devenir si coulant dans cette affaire. Comme l'impression d'un livre qu'il approuvait était par cela

seul légitime, je n'avais plus d'objection à faire contre celle de cet ouvrage. Cependant, par un scrupule extraordinaire, j'exigeai toujours que l'ouvrage s'imprimerait en Hollande, et même par le libraire Néaulme que je ne me contentai pas d'indiquer, mais que j'en prévins; consentant, au reste, que l'édition se fît au profit d'un libraire français, et que, quand elle serait faite, on la débitât, soit à Paris, soit où l'on voudrait, attendu que ce débit ne me regardait pas. Voilà exactement ce qui fut convenu entre Mme de Luxembourg et moi, après quoi je lui remis mon manuscrit.

Elle avait amené à ce voyage sa petite-fille, Mlle de Boufflers, aujourd'hui Mme la duchesse de Lauzun. Elle s'appelait Amélie. C'était une charmante personne. Elle avait vraiment une figure, une douceur, une timidité virginale. Rien de plus aimable et de plus intéressant que sa figure, rien de plus tendre et de plus chaste que les sentiments qu'elle inspirait. D'ailleurs c'était une enfant; elle n'avait pas onze ans. Mme la Maréchale, qui la trouvait trop timide, faisait ses efforts pour l'animer. Elle me permit plusieurs fois de lui donner un baiser; ce que je fis avec ma maussaderie ordinaire. Au lieu des gentillesses qu'un autre eût dites à ma place, je restais là muet, interdit, et je ne sais lequel était le plus honteux, de la pauvre petite ou de moi. Un jour je la rencontrai seule dans l'escalier du petit Château : elle venait de voir Thérèse, avec laquelle sa gouvernante était encore. Faute de savoir que lui dire, je lui proposai un baiser, que, dans l'innocence de son cœur, elle ne refusa pas, en ayant reçu un le matin même par l'ordre de sa grand'maman et en sa présence. Le lendemain, lisant l'*Emile* au chevet de Mme la Maréchale, je tombai précisément sur un passage où je censure, avec raison, ce que j'avais fait la veille. Elle trouva la réflexion très juste, et dit là-dessus quelque chose de fort sensé, qui me fit rougir. Que je maudis mon incroyable bêtise, qui m'a si souvent donné l'air vil et coupable, quand je n'étais que sot et embarrassé! Bêtise qu'on prend même pour une fausse excuse dans un homme qu'on sait n'être pas sans esprit. Je puis jurer que dans ce baiser si répréhensible, ainsi que dans les autres, le cœur et les sens de

Mlle Amélie n'étaient pas plus purs que les miens, et je puis jurer même que si, dans ce moment, j'avais pu éviter sa rencontre, je l'aurais fait; non qu'elle ne me fît grand plaisir à voir, mais par l'embarras de trouver en passant quelque mot agréable à lui dire. Comment se peut-il qu'un enfant même intimide un homme que le pouvoir des rois n'a pas effrayé ? Quel parti prendre ? Comment se conduire, dénué de tout impromptu dans l'esprit ? Si je me force à parler aux gens que je rencontre, je dis une balourdise infailliblement : si je ne dis rien, je suis un misanthrope, un animal farouche, un ours. Une totale imbécillité m'eût été bien plus favorable; mais les talents dont j'ai manqué dans le monde ont fait les instruments de ma perte des talents que j'eus à part moi.

A la fin de ce même voyage, Mme de Luxembourg fit une bonne œuvre à laquelle j'eus quelque part. Diderot ayant très imprudemment offensé Mme la princesse de Robecq, fille de M. de Luxembourg, Palissot, qu'elle protégeait, la vengea par la comédie des *Philosophes*, dans laquelle je fus tourné en ridicule et Diderot extrêmement maltraité. L'auteur m'y ménagea davantage, moins, je pense, à cause de l'obligation qu'il m'avait, que de peur de déplaire au père de sa protectrice dont il savait que j'étais aimé. Le libraire Duchesne, qu'alors je ne connaissais point, m'envoya cette pièce quand elle fut imprimée, et je soupçonne que ce fut par l'ordre de Palissot, qui crut peut-être que je verrais avec plaisir déchirer un homme avec lequel j'avais rompu. Il se trompa fort. En rompant avec Diderot, que je croyais moins méchant qu'indiscret et faible, j'ai toujours conservé dans l'âme de l'attachement pour lui, même de l'estime, et du respect pour notre ancienne amitié, que je sais avoir été longtemps aussi sincère de sa part que de la mienne. C'est tout autre chose avec Grimm, homme faux par son caractère, qui ne m'aima jamais, qui n'est pas même capable d'aimer, et qui, de gaîté de cœur, sans aucun sujet de plainte, et seulement pour contenter sa noire jalousie, s'est fait, sous le masque, mon plus cruel calomniateur. Celui-ci n'est plus rien pour moi : l'autre sera toujours mon ancien ami. Mes

entrailles s'émurent à la vue de cette odieuse pièce ; je n'en pus supporter la lecture, et, sans l'achever, je la renvoyai à Duchesne avec la lettre suivante :

A Montmorency, le 21 mai 1760.

« En parcourant, Monsieur, la pièce que vous m'avez
« envoyée, j'ai frémi de m'y voir loué. Je n'accepte point
« cet horrible présent. Je suis persuadé qu'en me l'en-
« voyant vous n'avez point voulu me faire une injure ;
« mais vous ignorez ou vous avez oublié que j'ai eu l'hon-
« neur d'être l'ami d'un homme respectable, indignement
« noirci et calomnié dans ce libelle. »

Duchesne montra cette lettre. Diderot, qu'elle aurait dû toucher, s'en dépita. Son amour-propre ne put me pardonner la supériorité d'un procédé généreux, et je sus que sa femme se déchaînait partout contre moi, avec une aigreur qui m'affectait peu, sachant qu'elle était connue de tout le monde pour une harengère.

Diderot, à son tour, trouva un vengeur dans l'abbé Morellet, qui fit contre Palissot un petit écrit imité du *Petit Prophète*, et intitulé *La Vision*. Il offensa très imprudemment dans cet écrit Mme de Robecq, dont les amis le firent mettre à la Bastille ; car pour elle, naturellement peu vindicative, et pour lors mourante, je suis persuadé qu'elle ne s'en mêla pas.

D'Alembert, qui était fort lié avec l'abbé Morellet, m'écrivit pour m'engager à prier Mme de Luxembourg de solliciter sa liberté, lui promettant, en reconnaissance, des louanges dans l'*Encyclopédie* *. Voici ma réponse :

« Je n'ai pas attendu votre lettre, Monsieur, pour
« témoigner à Mme la Maréchale de Luxembourg la peine
« que me faisait la détention de l'abbé Morellet. Elle sait
« l'intérêt que j'y prends, elle saura celui que vous y
« prenez, et il lui suffirait, pour y prendre intérêt elle-
« même, de savoir que c'est un homme de mérite. Au
« surplus, quoique elle et M. le Maréchal m'honorent

* Cette lettre avec plusieurs autres a disparu à l'Hôtel de Luxembourg tandis que mes papiers y étaient en dépôt.

« d'une bienveillance qui fait la consolation de ma vie,
« et que le nom de votre ami soit près d'eux une recom-
« mandation pour l'abbé Morellet, j'ignore jusqu'à quel
« point il leur convient d'employer en cette occasion le
« crédit attaché à leur rang et la considération due à leurs
« personnes. Je ne suis pas même persuadé que la ven-
« geance en question regarde Mme la princesse de Robecq
« autant que vous paraissez le croire, et quand cela serait,
« on ne doit pas s'attendre que le plaisir de la vengeance
« appartienne aux philosophes exclusivement, et que
« quand ils voudront être femmes, les femmes seront
« philosophes.

« Je vous rendrai compte de ce que m'aura dit
« Mme de Luxembourg quand je lui aurai montré votre
« lettre. En attendant, je crois la connaître assez pour
« pouvoir vous assurer d'avance que, quand elle aurait le
« plaisir de contribuer à l'élargissement de l'abbé Morel-
« let, elle n'accepterait point le tribut de reconnaissance
« que vous lui promettez dans l'*Encyclopédie*, quoiqu'elle
« s'en tînt honorée, parce qu'elle ne fait point le bien
« pour la louange, mais pour contenter son bon cœur. »

Je n'épargnai rien pour exciter le zèle et la commisé-
ration de Mme de Luxembourg en faveur du pauvre
captif, et je réussis. Elle fit un voyage à Versailles exprès
pour voir M. le comte de Saint-Florentin, et ce voyage
abrégea celui de Montmorency, que M. le Maréchal fut
obligé de quitter en même temps, pour se rendre à Rouen,
où le Roi l'envoyait comme gouverneur de Normandie,
au sujet de quelques mouvements du Parlement qu'on
voulait contenir. Voici la lettre que m'écrivit
Mme de Luxembourg, le surlendemain de son départ :

A Versailles, ce mercredi. (Liasse D, n° 23.)

« M. de Luxembourg est parti hier à six heures du
« matin. Je ne sais pas encore si j'irai. J'attends de ses
« nouvelles, parce qu'il ne sait pas lui-même combien de
« temps il y sera. J'ai vu M. de Saint-Florentin, qui est
« le mieux disposé pour l'abbé Morellet; mais il y trouve
« des obstacles dont il espère cependant triompher à son

« premier travail avec le Roi, qui sera la semaine pro-
« chaine. J'ai demandé aussi en grâce qu'on ne l'exilât
« point, parce qu'il en était question ; on voulait l'envoyer
« à Nancy. Voilà, Monsieur, ce que j'ai pu obtenir ; mais
« je vous promets que je ne laisserai pas M. de Saint-
« Florentin en repos que l'affaire ne soit finie comme vous
« le désirez. Que je vous dise donc à présent le chagrin
« que j'ai eu de vous quitter si tôt ; mais je me flatte que
« vous n'en doutez pas. Je vous aime de tout mon cœur
« et pour toute ma vie. »

Quelques jours après je reçus ce billet de d'Alembert,
qui me donna une véritable joie :

Ce 1er août. (Liasse D, no 26.)

« Grâce à vos soins, mon cher Philosophe, l'abbé est
« sorti de la Bastille, et sa détention n'aura point d'autres
« suites. Il part pour la campagne, et vous fait, ainsi que
« moi, mille remerciements et compliments. *Vale et me*
« *ama.* »

L'abbé m'écrivit aussi, quelques jours après, une lettre
de remerciement (Liasse D, no 29), qui ne me parut pas
respirer une certaine effusion de cœur, et dans laquelle
il semblait exténuer en quelque sorte le service que je lui
avais rendu ; et, à quelque temps de là, je trouvai que
d'Alembert et lui m'avaient en quelque sorte je ne dirai
pas supplanté, mais succédé auprès de Mme de Luxem-
bourg, et que j'avais perdu près d'elle autant qu'ils
avaient gagné. Cependant je suis bien éloigné de soup-
çonner l'abbé Morellet d'avoir contribué à ma disgrâce ;
je l'estime trop pour cela. Quant à M. d'Alembert, je
n'en dis rien ici : j'en reparlerai dans la suite.
J'eus dans le même temps une autre affaire, qui occa-
sionna la dernière lettre que j'ai écrite à M. de Voltaire :
lettre dont il a jeté les hauts cris, comme d'une insulte
abominable, mais qu'il n'a jamais montrée à personne. Je
suppléerai ici à ce qu'il n'a pas voulu faire.
L'abbé Trublet que je connaissais un peu, mais que
j'avais très peu vu, m'écrivit, le 13 juin 1760 (Liasse D,
no 11), pour m'avertir que M. Formey, son ami et corres-

pondant, avait imprimé dans son Journal ma lettre à
M. de Voltaire sur le désastre de Lisbonne. L'abbé Tru-
blet voulait savoir comment cette impression s'était pu
faire, et dans son tour d'esprit finet et jésuitique, me
demandait mon avis sur la réimpression de cette lettre,
sans vouloir me dire le sien. Comme je hais souveraine-
ment les ruseurs de cette espèce, je lui fis les remercie-
ments que je lui devais, mais j'y mis un ton dur qu'il sen-
tis, et qui ne l'empêcha pas de me pateliner encore en
deux ou trois lettres, jusqu'à ce qu'il sût tout ce qu'il
avait voulu savoir.

Je compris bien, quoi qu'en pût dire Trublet, que
Formey n'avait point trouvé cette lettre imprimée, et que
la première impression en venait de lui. Je le connaissais
pour un effronté pillard, qui, sans façon, se faisait un
revenu des ouvrages des autres, quoiqu'il n'y eût pas mis
encore l'impudence incroyable d'ôter d'un livre déjà
publié le nom de l'auteur, d'y mettre le sien, et de le
vendre à son profit *. Mais comment ce manuscrit lui
était-il parvenu ? C'était là la question, qui n'était pas
difficile à résoudre, mais dont j'eus la simplicité d'être
embarrassé. Quoique Voltaire fût honoré par excès dans
cette lettre, comme enfin, malgré ses procédés mal-
honnêtes, il eût été fondé à se plaindre, si je l'avais fait
imprimer sans son aveu, je pris le parti de lui écrire à ce
sujet. Voici cette seconde lettre, à laquelle il ne fit aucune
réponse, et dont, pour mettre sa brutalité plus à l'aise, il
fit semblant d'être irrité jusqu'à la fureur.

A Montmorency, le 17 juin 1760.

« Je ne pensais pas, Monsieur, me trouver jamais en
« correspondance avec vous. Mais apprenant que la lettre
« que je vous écrivis en 1756 a été imprimée à Berlin,
« je dois vous rendre compte de ma conduite à cet égard
« et je remplirai ce devoir avec vérité et simplicité.

« Cette lettre, vous ayant été réellement adressée, n'était
« point destinée à l'impression. Je la communiquai sous
« condition, à trois personnes à qui les droits de l'amitié
« ne me permettaient pas de rien refuser de semblable,

* C'est ainsi qu'il s'est dans la suite approprié l'*Emile*.

« et à qui les mêmes droits permettaient encore moins
« d'abuser de leur dépôt en violant leur promesse. Ces
« trois personnes sont Mme de Chenonceaux, belle-fille
« de Mme Dupin, Mme la comtesse d'Houdetot, et un
« Allemand nommé M. Grimm. Mme de Chenonceaux
« souhaitait que cette lettre fût imprimée, et me demanda
« mon consentement pour cela. Je lui dis qu'il dépendait
« du vôtre. Il vous fut demandé, vous le refusâtes, et il
« n'en fut plus question.

« Cependant M. l'abbé Trublet, avec qui je n'ai nulle
« espèce de liaison, vient de m'écrire, par une attention
« pleine d'honnêteté, qu'ayant reçu les feuilles d'un
« journal de M. Formey, il y avait lu cette même lettre,
« avec un avis dans lequel l'éditeur dit, sous la date du
« 23 octobre 1759, qu'il l'a trouvée, il y a quelques
« semaines, chez les libraires de Berlin, et que, comme
« c'est une de ces feuilles volantes qui disparaissent bien-
« tôt sans retour, il a cru lui devoir donner place dans son
« journal.

« Voilà, Monsieur, tout ce que j'en sais. Il est très sûr
« que jusqu'ici l'on n'avait pas même ouï parler à Paris
« de cette lettre. Il est très sûr que l'exemplaire, soit
« manuscrit, soit imprimé, tombé dans les mains de
« M. Formey n'a pu venir que de vous, ce qui n'est pas
« vraisemblable, ou d'une des trois personnes que je viens
« de nommer. Enfin il est très sûr que les deux dames
« sont incapables d'une pareille infidélité. Je n'en puis
« savoir davantage de ma retraite. Vous avez des corres-
« pondances au moyen desquelles il vous serait aisé, si
« la chose en valait la peine, de remonter à la source et
« de vérifier le fait.

« Dans la même lettre, M. l'abbé Trublet me marque
« qu'il tient la feuille en réserve, et ne la prêtera point
« sans mon consentement, qu'assurément je ne donnerai
« pas. Mais cet exemplaire peut n'être pas le seul à Paris.
« Je souhaite, Monsieur, que cette lettre n'y soit pas
« imprimée, et je ferai de mon mieux pour cela; mais si
« je ne pouvais éviter qu'elle ne le fût, et qu'instruit à
« temps je pusse avoir la préférence, alors je n'hésiterais
« pas à la faire imprimer moi-même. Cela me paraît
« juste et naturel.

« Quant à votre réponse à la même lettre, elle n'a été
« communiquée à personne, et vous pouvez compter
« qu'elle ne sera point imprimée sans votre aveu, qu'assu-
« rément je n'aurai point l'indiscrétion de vous demander,
« sachant bien que ce qu'un homme écrit à un autre, il
« ne l'écrit pas au public. Mais si vous en vouliez faire
« une pour être publiée, et me l'adresser, je vous promets
« de la joindre fidèlement à ma lettre, et de n'y pas répli-
« quer un seul mot.

« Je ne vous aime point, Monsieur; vous m'avez fait
« les maux qui pouvaient m'être les plus sensibles, à moi
« votre disciple et votre enthousiaste. Vous avez perdu
« Genève pour le prix de l'asile que vous y avez reçu;
« vous avez aliéné de moi mes concitoyens pour le prix
« des applaudissements que je vous ai prodigués parmi
« eux : c'est vous qui me rendez le séjour de mon pays
« insupportable; c'est vous qui me ferez mourir en terre
« étrangère, privé de toutes les consolations des mourants,
« et jeté pour tout honneur dans une voirie, tandis que
« tous les honneurs qu'un homme peut attendre vous
« accompagneront dans mon pays. Je vous hais, enfin,
« puisque vous l'avez voulu; mais je vous hais en homme
« encore plus digne de vous aimer si vous l'aviez voulu.
« De tous les sentiments dont mon cœur était pénétré
« pour vous, il n'y reste que l'admiration qu'on ne peut
« refuser à votre beau génie, et l'amour de vos écrits. Si je
« ne puis honorer en vous que vos talents, ce n'est pas ma
« faute. Je ne manquerai jamais au respect qui leur est
« dû ni aux procédés que ce respect exige. »

Au milieu de toutes ces petites tracasseries littéraires,
qui me confirmaient de plus en plus dans ma résolution,
je reçus le plus grand honneur que les lettres m'aient
attiré, et auquel j'ai été le plus sensible, dans la visite que
M. le prince de Conti daigna me faire par deux fois, l'une
au petit Château, et l'autre à Mont-Louis. Il choisit
même toutes les deux fois le temps que Mme de Luxem-
bourg n'était pas à Montmorency, afin de rendre plus
manifeste qu'il n'y venait que pour moi. Je n'ai jamais
douté que je ne dusse les premières bontés de ce prince à
Mme de Luxembourg et à Mme de Boufflers; mais je ne

doute pas non plus que je ne doive à ses propres senti-
ments et à moi-même celles dont il n'a cessé de m'honorer
depuis lors *.

Comme mon appartement de Mont-Louis était très
petit, et que la situation du Donjon était charmante, j'y
conduisis le prince qui, pour comble de grâce, voulut
que j'eusse l'honneur de faire sa partie aux échecs. Je
savais qu'il gagnait le chevalier de Lorenzi, qui était plus
fort que moi. Cependant, malgré les signes et les gri-
maces du chevalier et des assistants, que je ne fis pas sem-
blant de voir, je gagnai les deux parties que nous jou-
âmes. En finissant, je lui dis d'un ton respectueux, mais
grave : Monseigneur, j'honore trop Votre Altesse Séré-
nissime, pour ne la pas gagner toujours aux échecs. Ce
grand prince, plein d'esprit et de lumières, et si digne de
n'être pas adulé, sentit en effet, du moins je le pense,
qu'il n'y avait là que moi qui le traitasse en homme, et j'ai
tout lieu de croire qu'il m'en a vraiment su bon gré.

Quand il m'en aurait su mauvais gré, je ne me repro-
cherais pas de n'avoir voulu le tromper en rien, et je
n'ai pas assurément à me reprocher non plus d'avoir mal
répondu dans mon cœur à ses bontés, mais bien d'y avoir
répondu quelquefois de mauvaise grâce, tandis qu'il met-
tait lui-même une grâce infinie dans la manière de me
les marquer. Peu de jours après, il me fit envoyer un
panier de gibier, que je reçus comme je devais. A quelque
temps de là, il m'en fit envoyer un autre, et l'un de ses
officiers des chasses écrivit par ses ordres que c'était de la
chasse de Son Altesse, et du gibier tiré de sa propre main.
Je le reçus encore ; mais j'écrivis à Mme de Boufflers que je
n'en recevrais plus. Cette lettre fut généralement blâmée,
et méritait de l'être. Refuser des présents en gibier d'un
prince du sang, qui de plus met tant d'honnêteté dans
l'envoi, est moins la délicatesse d'un homme fier qui veut
conserver son indépendance, que la rusticité d'un malap-
pris qui se méconnaît. Je n'ai jamais relu cette lettre dans
mon recueil sans en rougir, et sans me reprocher de l'avoir
écrite. Mais enfin je n'ai pas entrepris mes confessions

* Remarquez la persé[vé]rance de cette aveugle et stupide confiance,
au milieu de tous les traitements qui devaient le plus m'en désabuser.
Elle n'a cessé que depuis mon retour à Paris en 1770.

pour taire mes sottises, et celle-là me révolte trop moi-
même, pour qu'il me soit permis de la dissimuler.

Si je ne fis pas celle de devenir son rival, il s'en fallut
de peu : car alors Mme de Boufflers était encore sa maî-
tresse, et je n'en savais rien. Elle me venait voir assez
souvent avec le chevalier de Lorenzi. Elle était belle et
jeune encore ; elle affectait l'esprit romain, et moi, je l'eus
toujours romanesque ; cela se tenait d'assez près. Je faillis
me prendre ; je crois qu'elle le vit : le chevalier le vit aussi ;
du moins il m'en parla, et de manière à ne pas me décou-
rager. Mais pour le coup je fus sage, et il en était temps,
à cinquante ans. Plein de la leçon que je venais de donner
aux barbons dans ma *Lettre à d'Alembert*, j'eus honte d'en
profiter si mal moi-même ; d'ailleurs, apprenant ce que
j'avais ignoré, il aurait fallu que la tête m'eût tourné pour
porter si haut mes concurrences. Enfin, mal guéri peut-
être encore de ma passion pour Mme d'Houdetot, je sentis
que plus rien ne la pouvait remplacer dans mon cœur, et
je fis mes adieux à l'amour pour le reste de ma vie. Au
moment où j'écris ceci, je viens d'avoir d'une jeune
femme, qui avait ses vues, des agaceries bien dangereuses
et avec des yeux bien inquiétants : mais si elle a fait sem-
blant d'oublier mes douze lustres, pour moi, je m'en suis
souvenu. Après m'être tiré de ce pas, je ne crains plus de
chutes, et je réponds de moi pour le reste de mes
jours.

Mme de Boufflers, s'étant aperçue de l'émotion qu'elle
m'avait donnée, put s'apercevoir aussi que j'en avais
triomphé. Je ne suis ni assez fou ni assez vain pour croire
avoir pu lui inspirer du goût, à mon âge ; mais, sur cer-
tains propos qu'elle tint à Thérèse, j'ai cru lui avoir ins-
piré de la curiosité ; si cela est, et qu'elle ne m'ait pas par-
donné cette curiosité frustrée, il faut avouer que j'étais
bien né pour être victime de mes faiblesses, puisque
l'amour vainqueur me fut si funeste, et que l'amour vaincu
me le fut encore plus.

Ici finit le recueil de lettres qui m'a servi de guide dans
ces deux livres. Je ne vais plus marcher que sur la trace
de mes souvenirs, mais ils sont tels dans cette cruelle
époque, et la forte impression m'en est si bien restée, que,
perdu dans la mer immense de mes malheurs, je ne puis

oublier les détails de mon premier naufrage, quoique ses suites ne m'offrent plus que des souvenirs confus. Ainsi je puis marcher dans le livre suivant avec encore assez d'assurance. Si je vais plus loin, ce ne sera plus qu'en tâtonnant.

LIVRE ONZIÈME

Quoique la *Julie*, qui depuis longtemps était sous presse, ne parût point encore à la fin de 1760, elle commençait à faire grand bruit. Mme de Luxembourg en avait parlé à la cour, Mme d'Houdetot à Paris. Cette dernière avait même obtenu de moi, pour Saint-Lambert, la permission de la faire lire en manuscrit au Roi de Pologne, qui en avait été enchanté. Duclos, à qui je l'avais aussi fait lire, en avait parlé à l'Académie. Tout Paris était dans l'impatience de voir ce roman : les libraires de la rue Saint-Jacques et celui du Palais-Royal étaient assiégés de gens qui en demandaient des nouvelles. Il parut enfin, et son succès, contre l'ordinaire, répondit à l'empressement avec lequel il avait été attendu. Mme la Dauphine, qui l'avait lu des premières, en parla à M. de Luxembourg comme d'un ouvrage ravissant. Les sentiments furent partagés chez les gens de lettres : mais, dans le monde, il n'y eut qu'un avis, et les femmes surtout s'enivrèrent et du livre et de l'auteur, au point qu'il y en avait peu, même dans les hauts rangs, dont je n'eusse fait la conquête, si je l'avais entrepris. J'ai de cela des preuves que je ne veux pas écrire, et qui, sans avoir eu besoin de l'expérience, autorisent mon opinion. Il est singulier que ce livre ait mieux réussi en France que dans le reste de l'Europe, quoique les Français, hommes et femmes, n'y soient pas fort bien traités. Tout au contraire de mon attente, son moindre succès fut en Suisse, et son plus grand à Paris. L'amitié, l'amour, la vertu, règnent-ils donc à Paris plus qu'ailleurs ? Non, sans doute; mais il y règne encore ce sens exquis qui transporte le cœur à leur image, et qui nous fait chérir dans les autres les

sentiments purs, tendres, honnêtes, que nous n'avons plus. La corruption désormais est partout la même : il n'existe plus ni mœurs, ni vertus en Europe, mais s'il existe encore quelque amour pour elles, c'est à Paris qu'on doit le chercher *.

Il faut, à travers tant de préjugés et de passions factices, savoir bien analyser le cœur humain pour y démêler les vrais sentiments de la nature. Il faut une délicatesse de tact, qui ne s'acquiert que dans l'éducation du grand monde, pour sentir, si j'ose ainsi dire, les finesses de cœur dont cet ouvrage est rempli. Je mets sans crainte sa quatrième partie à côté de la *Princesse de Clèves*, et je dis que si ces deux morceaux n'eussent été lus qu'en province, on n'aurait jamais senti tout leur prix. Il ne faut donc pas s'étonner si le plus grand succès de ce livre fut à la cour. Il abonde en traits vifs, mais voilés, qui doivent y plaire, parce qu'on est plus exercé à les pénétrer. Il faut pourtant ici distinguer encore. Cette lecture n'est assurément pas propre à cette sorte de gens d'esprit qui n'ont que de la ruse, qui ne sont fins que pour pénétrer le mal et qui ne voient rien du tout où il n'y a que du bien à voir. Si, par exemple, la *Julie* eût été publiée en certain pays que je pense, je suis sûr que personne n'en eût achevé la lecture, et qu'elle serait morte en naissant.

J'ai rassemblé la plupart des lettres qui me furent écrites sur cet ouvrage dans une liasse qui est entre les mains de Mme de Nadaillac. Si jamais ce recueil paraît, on y verra des choses bien singulières, et une opposition de jugement qui montre ce que c'est que d'avoir à faire au public. La chose qu'on y a le moins vue, et qui en fera toujours un ouvrage unique, est la simplicité du sujet et la chaîne de l'intérêt qui, concentré entre trois personnes, se soutient durant six volumes, sans épisode, sans aventure romanesque, sans méchanceté d'aucune espèce, ni dans les personnages, ni dans les actions. Diderot a fait de grands compliments à Richardson sur la prodigieuse variété de ses tableaux et sur la multitude de ses personnages. Richardson a, en effet, le mérite de les avoir tous bien caractérisés : mais, quant à leur nombre, il a cela

* J'écrivais ceci en 1769.

de commun avec les plus insipides romanciers, qui suppléent à la stérilité de leurs idées à force de personnages et d'aventures. Il est aisé de réveiller l'attention, en présentant incessamment et des événements inouïs et de nouveaux visages, qui passent comme les figures de la lanterne magique : mais de soutenir toujours cette attention sur les mêmes objets, et sans aventures merveilleuses, cela certainement est plus difficile; et si, toute chose égale, la simplicité du sujet ajoute à la beauté de l'ouvrage, les romans de Richardson, supérieurs en tant d'autres choses, ne sauraient, sur cet article, entrer en parallèle, avec le mien. Il est mort, cependant, je le sais, et j'en sais la cause; mais il ressuscitera.

Toute ma crainte était [qu'à force de simplicité] ma marche ne fût ennuyeuse, et que je n'eusse pu nourrir assez l'intérêt, pour le soutenir jusqu'au bout. Je fus rassuré par un fait qui seul m'a plus flatté que tous les compliments qu'a pu m'attirer cet ouvrage.

Il parut au commencement du carnaval. Le colporteur le porta à Mme la princesse de Talmont *, un jour de bal de l'Opéra. Après souper, elle se fit habiller pour y aller, et, en attendant l'heure, elle se mit à lire le nouveau roman. A minuit, elle ordonna qu'on mît ses chevaux, et continua de lire. On vint lui dire que ses chevaux étaient mis; elle ne répondit rien. Ses gens, voyant qu'elle s'oubliait, vinrent avertir qu'il était deux heures. Rien ne presse encore, dit-elle, en lisant toujours. Quelque temps après, sa montre étant arrêtée, elle sonna pour savoir quelle heure il était. On lui dit qu'il était quatre heures. Cela étant, dit[-elle], il est trop tard, pour aller au bal; qu'on ôte mes chevaux. Elle se fit déshabiller, et passa le reste de la nuit à lire.

Depuis qu'on me raconta ce trait, j'ai toujours désiré de voir Mme de Talmont, non seulement pour savoir d'elle-même s'il est exactement vrai, mais aussi parce que j'ai toujours cru qu'on ne pouvait prendre un intérêt si vif à l'*Héloïse* sans avoir ce sixième sens, ce sens moral, dont si peu de cœurs sont doués, et sans lequel nul ne saurait entendre le mien.

* Ce n'est pas elle, mais une autre dame dont j'ignore le nom.

Ce qui me rendit les femmes si favorables fut la per-
suasion où elles furent que j'avais écrit ma propre his-
toire, et que j'étais moi-même le héros de ce roman. Cette
croyance était si bien établie, que Mme de Polignac
écrivit à Mme de Verdelin pour la prier de m'engager à
lui laisser voir le portrait de Julie. Tout le monde était
persuadé qu'on ne pouvait exprimer si vivement des
sentiments qu'on n'aurait point éprouvés, ni peindre ainsi
les transports de l'amour que d'après son propre cœur.
En cela l'on avait raison, et il est certain que j'écrivis ce
roman dans les plus brûlantes extases : mais on se trompait
en pensant qu'il avait fallu des objets réels pour les pro-
duire ; on était loin de concevoir à quel point je puis
m'enflammer pour des êtres imaginaires. Sans quelques
réminiscences de jeunesse et Mme d'Houdetot, les
amours que j'ai sentis et décrits n'auraient été qu'avec des
sylphides. Je ne voulus ni confirmer ni détruire une
erreur qui m'était avantageuse. On peut voir dans la
préface en dialogue que je fis imprimer à part comment
je laissai là-dessus le public en suspens. Les rigoristes
disent que j'aurais dû déclarer la vérité tout rondement.
Pour moi, je ne vois pas ce qui m'y pouvait obliger, et je
crois qu'il y aurait eu plus de bêtise que de franchise à
cette déclaration faite sans nécessité.

A peu près dans le même temps parut *la Paix perpé-
tuelle*, dont l'année précédente j'avais cédé le manuscrit
à un certain M. de Bastide, auteur d'un journal appelé *Le
Monde*, dans lequel il voulait, bon gré mal gré, fourrer
tous mes manuscrits. Il était de la connaissance de
M. Duclos et vint en son nom me presser de lui aider à
remplir *Le Monde*. Il avait ouï parler de la *Julie* et voulait
que je la misse dans son journal : il voulait que j'y misse
l'*Emile ;* il aurait voulu que j'y misse *le Contrat social*, s'il
en eût soupçonné l'existence. Enfin, excédé de ses impor-
tunités, je pris le parti de lui céder pour douze louis mon
Extrait de la Paix perpétuelle. Notre accord était qu'il
s'imprimerait dans son journal, mais, sitôt qu'il fut pro-
priétaire de ce manuscrit, il jugea à propos de le faire
imprimer à part avec quelques retranchements que le
censeur exigea. Qu'eût-ce été si j'y avais joint mon juge-
ment sur cet ouvrage, dont très heureusement je ne parlai

point à M. de Bastide, et qui n'entra point dans notre
marché ? Ce jugement est encore en manuscrit parmi mes
papiers. Si jamais il voit le jour, on y verra combien les
plaisanteries et le ton suffisant de Voltaire à ce sujet m'ont
dû faire rire, moi qui voyais si bien la portée de ce pauvre
homme dans les matières politiques dont il se mêlait de
parler.

Au milieu de mes succès dans le public, et de la faveur
des dames, je me sentais déchoir à l'hôtel de Luxembourg,
non pas auprès de M. le Maréchal, qui semblait même
redoubler chaque jour de bontés et d'amitiés pour moi,
mais auprès de Mme la Maréchale. Depuis que je n'avais
plus rien à lui dire, son appartement m'était moins
ouvert, et durant les voyages de Montmorency, quoique,
je me présentasse assez exactement, je ne la voyais plus
guère qu'à table. Ma place n'y était même plus aussi
marquée à côté d'elle. Comme elle ne me l'offrait plus,
qu'elle me parlait peu, et que je n'avais pas non plus
grand'chose à lui dire, j'aimais autant prendre une autre
place, où j'étais plus à mon aise, surtout le soir, car machi-
nalement je prenais peu à peu l'habitude de me placer
plus près de M. le Maréchal.

A propos du soir, je me souviens d'avoir dit que je ne
soupais pas au château, et cela était vrai dans le commen-
cement de la connaissance; mais comme M. de Luxem-
bourg ne dînait point et ne se mettait pas même à table,
il arriva de là qu'au bout de plusieurs mois, et déjà très
familier dans la maison, je n'avais encore jamais mangé
avec lui. Il eut la bonté d'en faire la remarque. Cela me
détermina d'y souper quelquefois, quand il y avait peu
de monde, et je m'en trouvais très bien, vu qu'on dînait
presque en l'air, et, comme on dit, sur le bout du banc :
au lieu que le souper était très long, parce qu'on s'y repo-
sait avec plaisir, au retour d'une longue promenade; très
bon, parce que M. de Luxembourg était gourmand, et
très agréable parce que Mme de Luxembourg en faisait
les honneurs à charmer. Sans cette explication l'on enten-
drait difficilement la fin d'une lettre de M. de Luxem-
bourg (Liasse C, n° 36) où il me dit qu'il se rappelle avec
délices nos promenades, *surtout*, ajoute-t-il, quand en
rentrant les soirs dans la cour nous n'y trouvions point de

traces de roues de carrosses; c'est que, comme on passait
tous les matins le râteau sur le sable de la cour pour effa-
cer les ornières, je jugeais par le nombre de ces traces du
monde qui était survenu dans l'après-midi.

Cette année 1761 mit le comble aux pertes continuelles
que fit ce bon seigneur, depuis que j'avais l'honneur de le
voir : comme si les maux que me préparait la destinée
eussent dû commencer par l'homme pour qui j'avais le
plus d'attachement et qui en était le plus digne. La pre-
mière année il perdit sa sœur, Mme la duchesse de Ville-
roy; la seconde, il perdit sa fille, Mme la princesse de
Robecq; la troisième, il perdit dans le duc de Montmo-
rency, son fils unique, et dans le comte de Luxembourg,
son petit-fils, les seuls et derniers soutiens de sa branche
et de son nom. Il supporta toutes ces pertes avec un cou-
rage apparent; mais son cœur ne cessa de saigner en
dedans tout le reste de sa vie, et sa santé ne fit plus que
décliner. La mort imprévue et tragique de son fils dut lui
être d'autant plus sensible, qu'elle arriva précisément au
moment où le Roi venait de lui accorder pour son fils, et
de lui promettre pour son petit-fils, la survivance de sa
charge de capitaine des Gardes du corps. Il eut la dou-
leur de voir s'éteindre peu à peu ce dernier, enfant de la
plus grande espérance, et cela par l'aveugle confiance de la
mère au médecin, qui fit périr ce pauvre enfant d'inanition,
avec des médecines pour toute nourriture. Hélas! si j'en
eusse été cru, le grand-père et le petit-fils seraient tous
deux encore en vie. Que ne dis-je point, que n'écrivis-je
point à M. le Maréchal, que de représentations ne fis-je
point à Mme de Montmorency, sur le régime plus qu'aus-
tère que, sur la foi de son médecin, elle faisait observer à
son fils! Mme de Luxembourg, qui pensait comme moi, ne
voulait point usurper l'autorité de la mère; M. de Luxem-
bourg, homme doux et faible, n'aimait point à contrarier.
Mme de Montmorency avait dans Bordeu une foi dont
son fils finit par être la victime. Que ce pauvre enfant était
aise quand il pouvait obtenir la permission de venir à
Mont-Louis avec Mme de Boufflers, demander à goûter à
Thérèse, et mettre quelque aliment dans son estomac
affamé! Combien je déplorais en moi-même les misères
de la grandeur, quand je voyais cet unique héritier d'un

si grand bien, d'un si grand nom, de tant de titres et de dignités, dévorer avec l'avidité d'un mendiant un pauvre petit morceau de pain! Enfin, j'eus beau dire et beau faire, le médecin triompha et l'enfant mourut de faim.

La même confiance aux charlatans qui fit périr le petit-fils creusa le tombeau du grand-père, et il s'y joignit de plus la pusillanimité de vouloir se dissimuler les infirmités de l'âge. M. de Luxembourg avait eu par intervalles quelque douleur au gros doigt de pied; il en eut une atteinte à Montmorency, qui lui donna de l'insomnie et un peu de fièvre. J'osai prononcer le mot de goutte; Mme de Luxembourg me tança. Le valet de chambre, chirurgien de M. le Maréchal, soutint que ce n'était pas la goutte, et se mit à panser la partie souffrante avec du baume tranquille. Malheureusement la douleur se calma, et quand elle revint, on ne manqua pas d'employer le même remède qui l'avait calmée; la constitution s'altéra, les maux augmentèrent, et les remèdes en même raison. Mme de Luxembourg, qui vit bien enfin que c'était la goutte, s'opposa à cet insensé traitement. On se cacha d'elle, et M. de Luxembourg périt par sa faute au bout de quelques années, pour avoir voulu s'obstiner à guérir. Mais n'anticipons point de si loin sur les malheurs : combien j'en ai d'autres à narrer avant celui-là!

Il est singulier avec quelle fatalité tout ce que je pouvais dire et faire semblait fait pour déplaire à Mme de Luxembourg, lors même que j'avais le plus à cœur de conserver sa bienveillance. Les afflictions que M. de Luxembourg éprouvait coup sur coup ne faisaient que m'attacher à lui davantage, et par conséquent à Mme de Luxembourg : car ils m'ont toujours paru si sincèrement unis, que les sentiments qu'on avait pour l'un s'étendaient nécessairement à l'autre. M. le Maréchal vieillissait. Son assiduité à la cour, les soins qu'elle entraînait, les chasses continuelles, la fatigue surtout du service durant son quartier, auraient demandé la vigueur d'un jeune homme, et je ne voyais plus rien qui pût soutenir la sienne dans cette carrière. Puisque ses dignités devaient être dispersées, et son nom éteint après lui, peu lui importait de continuer une vie laborieuse, dont l'objet principal avait été de ménager la faveur du prince à ses enfants. Un jour

que nous n'étions que nous trois, et qu'il se plaignait des
fatigues de la cour en homme que ses pertes avaient
découragé, j'osai lui parler de retraite, et lui donner le
conseil que Cinéas donnait à Pyrrhus; il soupira, et ne
répondit pas décisivement. Mais au premier moment où
Mme de Luxembourg me vit en particulier, elle me
relança vivement sur ce conseil, qui me parut l'avoir
alarmée. Elle ajouta une chose dont je sentis la justesse,
et qui me fit renoncer à retoucher jamais la même corde :
c'est que la longue habitude de vivre à la cour devenait un
vrai besoin, que c'était même en ce moment une dissi-
pation pour M. de Luxembourg, et que la retraite que
je lui conseillais serait moins un repos pour lui qu'un exil,
où l'oisiveté, l'ennui, la tristesse, achèveraient bientôt
de le consumer. Quoiqu'elle dût voir qu'elle m'avait per-
suadé, quoiqu'elle dût compter sur la promesse que je lui
fis et que je lui tins, elle ne parut jamais bien tranquillisée
à cet égard, et je me suis rappelé que depuis lors mes tête-
à-tête avec M. le Maréchal avaient été plus rares et
presque toujours interrompus.

Tandis que ma balourdise et mon guignon me nui-
saient ainsi de concert auprès d'elle, les gens qu'elle
voyait et qu'elle aimait le plus ne m'y servaient pas.
L'abbé de Boufflers surtout, jeune homme aussi brillant
qu'il soit possible de l'être, ne me parut jamais bien dis-
posé pour moi, et, non seulement il est le seul de la
société de Mme la Maréchale qui ne m'ait jamais mar-
qué la moindre attention, mais j'ai cru m'apercevoir qu'à
tous les voyages qu'il fit à Montmorency je perdais
quelque chose auprès d'elle, et il est vrai que, sans même
qu'il le voulût, c'était assez de sa seule présence : tant la
grâce et le sel de ses gentillesses appesantissaient encore
mes lourds *spropositi*. Les deux premières années, il
n'était presque pas venu à Montmorency, et, par l'indul-
gence de Mme la Maréchale, je m'étais passablement sou-
tenu : mais sitôt qu'il parut un peu de suite, je fus écrasé
sans retour. J'aurais voulu me réfugier sous son aile, et
faire en sorte qu'il me prît en amitié; mais la même mauss-
saderie qui me faisait un besoin de lui plaire m'empêcha
d'y réussir, et ce que je fis pour cela maladroitement
acheva de me perdre auprès de Mme la Maréchale, sans

m'être utile auprès de lui. Avec autant d'esprit, il eût pu
réussir à tout; mais l'impossibilité de s'appliquer et le
goût de la dissipation ne lui ont permis d'acquérir que
des demi-talents en tout genre. En revanche, il en a beau-
coup, et c'est tout ce qu'il faut dans le grand monde où il
veut briller. Il fait très bien de petits vers, écrit très bien
de petites lettres, va jouaillant un peu du cistre et bar-
bouillant un peu de peinture au pastel. Il s'avisa de vou-
loir faire le portrait de Mme de Luxembourg : ce portrait
était horrible. Elle prétendait qu'il ne lui ressemblait
point du tout, et cela était vrai. Le traître d'abbé me
consulta, et moi, comme un sot et comme un menteur,
je dis que le portrait ressemblait. Je voulais cajoler l'abbé;
mais je ne cajolais pas Mme la Maréchale, qui mit ce trait
sur ses registres, et l'abbé, ayant fait son coup, se moqua
de moi. J'appris, par ce succès de mon tardif coup d'es-
sai, à ne plus me mêler de vouloir flagorner et flatter mal-
gré Minerve.

Mon talent était de dire aux hommes des vérités utiles
mais dures, avec assez d'énergie et de courage; il fallait
m'y tenir. Je n'étais point né, je ne dis pas pour flatter,
mais pour louer. La maladresse des louanges que j'ai voulu
donner m'a fait plus de mal que l'âpreté de mes censures.
J'en ai à citer un exemple si terrible, que ses suites ont
non seulement fait ma destinée pour le reste de ma vie,
mais décideront peut-être de ma réputation dans toute la
postérité.

Durant les voyages de Montmorency, M. de Choiseul
venait quelquefois souper au château. Il y vint un jour
que j'en sortais. On parla de moi. M. de Luxembourg
lui conta mon histoire de Venise avec M. de Montaigu.
M. de Choiseul dit que c'était dommage que j'eusse aban-
donné cette carrière, et que si j'y voulais rentrer il ne
demandait pas mieux que de m'occuper. M. de Luxem-
bourg me redit cela; j'y fus d'autant plus sensible, que je
n'avais pas accoutumé d'être gâté par les ministres, et il
n'est pas sûr que, malgré mes résolutions, si ma santé
m'eût permis d'y songer, j'eusse évité d'en faire de nou-
veau la folie. L'ambition n'eut jamais chez moi que les
courts intervalles où toute autre passion me laissait libre,
mais un de ces intervalles eût suffi pour me rengager.

Cette bonne intention de M. de Choiseul, m'affection-
nant à lui, accrut l'estime que, sur quelques opérations
de son ministère, j'avais conçue pour ses talents, et le
Pacte de famille, en particulier, me parut annoncer un
homme d'Etat du premier ordre. Il gagnait encore dans
mon esprit au peu de cas que je faisais de ses prédéces-
seurs, sans excepter Mme de Pompadour, que je regar-
dais comme une façon de premier ministre, et quand le
bruit courut que, d'elle ou de lui, l'un des deux expulse-
rait l'autre, je crus faire des vœux pour la gloire de la
France en en faisant pour que M. de Choiseul triomphât.
Je m'étais senti de tout temps pour Mme de Pompadour
de l'antipathie, même quand, avant sa fortune, je l'avais
vue chez Mme de la Poplinière, portant encore le nom de
Mme d'Etioles. Depuis lors, j'avais été mécontent de son
silence au sujet de Diderot, et de tous ses procédés par
rapport à moi, tant au sujet des *Fêtes de Ramire* et des
Muses galantes, qu'au sujet du *Devin du village*, qui ne
m'avait valu, dans aucun genre de produit, des avantages
proportionnés à ses succès, et, dans toutes les occasions, je
l'avais toujours trouvée très peu disposée à m'obliger, ce
qui n'empêcha pas le chevalier de Lorenzi de me propo-
ser de faire quelque chose à la louange de cette dame, en
m'insinuant que cela pourrait m'être utile. Cette propo-
sition m'indigna d'autant plus, que je vis bien qu'il ne la
faisait pas de son chef; sachant que cet homme, nul par
lui-même, ne pense et n'agit que par l'impulsion d'au-
trui. Je sais trop peu me contraindre pour avoir pu lui
cacher mon dédain pour sa proposition, ni à personne
mon peu de penchant pour la favorite; elle le connaissait,
j'en étais sûr, et tout cela mêlait mon intérêt propre à mon
inclination naturelle, dans les vœux que je faisais pour
M. de Choiseul. Prévenu d'estime pour ses talents, qui
étaient tout ce que je connaissais de lui, plein de recon-
naissance pour sa bonne volonté, ignorant d'ailleurs tota-
lement dans ma retraite ses goûts et sa manière de vivre,
je le regardais d'avance comme le vengeur du public et le
mien, et mettant alors la dernière main au *Contrat social*,
j'y marquai, dans un seul trait, ce que je pensais des pré-
cédents ministères, et de celui qui commençait à les
éclipser. Je manquai, dans cette occasion, à ma plus

constante maxime, et de plus, je ne songeai pas que, quand on veut louer ou blâmer fortement dans un même article, sans nommer les gens, il faut tellement approprier la louange à ceux qu'elle regarde, que le plus ombrageux amour-propre ne puisse y trouver de quiproquo. J'étais là-dessus dans une si folle sécurité qu'il ne me vint pas même à l'esprit que quelqu'un pût prendre le change. On verra bientôt si j'eus raison.

Une de mes chances était d'avoir toujours dans mes liaisons des femmes auteurs. Je croyais au moins, parmi les grands, éviter cette chance. Point du tout : elle m'y suivit encore. Mme de Luxembourg ne fut pourtant jamais, que je sache, atteinte de cette manie; mais Mme la comtesse de Boufflers le fut. Elle fit une tragédie en prose, qui fut d'abord lue, promenée, et prônée dans la société de M. le prince de Conti, et sur laquelle, non contente de tant d'éloges, elle voulut aussi me consulter pour avoir le mien. Elle l'eut, mais modéré, tel que le méritait l'ouvrage. Elle eut, de plus, l'avertissement, que je crus lui devoir, que sa pièce, intitulée *L'Esclave généreux*, avait un très grand rapport à une pièce anglaise assez peu connue, mais pourtant traduite, intitulée *Oroonoko*. Mme de Boufflers me remercia de l'avis, en m'assurant toutefois que sa pièce ne ressemblait point du tout à l'autre. Je n'ai jamais parlé de ce plagiat à personne au monde qu'à elle seule, et cela pour remplir un devoir qu'elle m'avait imposé; cela ne m'a pas empêché de me rappeler souvent depuis lors le sort de celui que remplit Gil Blas près de l'Evêque prédicateur.

Outre l'abbé de Boufflers, qui ne m'aimait pas, outre Mme de Boufflers, auprès de laquelle j'avais des torts que jamais les femmes ni les auteurs ne pardonnent, tous les autres amis de Mme la Maréchale m'ont toujours paru peu disposés à être des miens, entre autres M. le président Hénault, lequel, enrôlé parmi les auteurs, n'était pas exempt de leurs défauts; entre autres aussi Mme du Deffand et Mlle de Lespinasse, toutes deux en grande liaison avec Voltaire, et intimes amies de d'Alembert, avec lequel la dernière a même fini par vivre, s'entend en tout bien et en tout honneur, et cela ne peut même s'entendre autrement. J'avais d'abord commencé par m'intéresser

fort à Mme du Deffand, que la perte de ses yeux faisait
aux miens un objet de commisération; mais sa manière de
vivre, si contraire à la mienne, que l'heure du lever de l'un
était presque celle du coucher de l'autre; sa passion sans
bornes pour le petit bel esprit, l'importance qu'elle don-
nait, soit en bien, soit en mal, aux moindres torche-culs
qui paraissaient; le despotisme et l'emportement de ses
oracles, son engouement outré pour ou contre toutes
choses, qui ne lui permettait de parler de rien qu'avec des
convulsions; ses préjugés incroyables, son invincible obs-
tination, l'enthousiasme de déraison où la portait l'opiniâ-
treté de ses jugements passionnés; tout cela me rebuta
bientôt des soins que je voulais lui rendre; je la négligeai;
elle s'en aperçut : c'en fut assez pour la mettre en fureur,
et quoique je sentisse assez combien une femme de ce
caractère pouvait être à craindre, j'aimai mieux encore
m'exposer au fléau de sa haine qu'à celui de son amitié.

Ce n'était pas assez d'avoir si peu d'amis dans la société
de Mme de Luxembourg, si je n'avais des ennemis dans
sa famille. Je n'en eus qu'un, mais qui, par la position
où je me trouve aujourd'hui, en vaut cent. Ce n'était assu-
rément pas M. le duc de Villeroy, son frère; car non seu-
lement il m'était venu voir, mais il m'avait invité plusieurs
fois d'aller à Villeroy, et comme j'avais répondu à cette
invitation avec autant de respect et d'honnêteté qu'il
m'avait été possible, partant de cette réponse vague
comme d'un consentement, il avait arrangé avec M. et
Mme de Luxembourg un voyage d'une quinzaine de
jours dont je devais être, et qui me fut proposé. Comme
les soins qu'exigeait ma santé ne me permettaient pas
alors de me déplacer sans risque, je priai M. de Luxem-
bourg de vouloir bien me dégager. On peut voir par sa
réponse (Liasse D, nᵒ 3) que cela se fit de la meilleure
grâce du monde, et M. le duc de Villeroy ne m'en témoi-
gna pas moins de bonté qu'auparavant. Son neveu et son
héritier, le jeune marquis de Villeroy, ne participa pas à
la bienveillance dont m'honorait son oncle, ni aussi, je
l'avoue, au respect que j'avais pour lui. Ses airs éventés
me le rendirent insupportable, et mon air froid m'attira
son aversion. Il fit même un soir à table, une incartade
dont je me tirai mal, parce que je suis bête, sans aucune

présence d'esprit, et que la colère, au lieu d'aiguiser le
peu que j'en ai, me l'ôte. J'avais un chien qu'on m'avait
donné tout jeune, presque à mon arrivée à l'Ermitage,
et que j'avais alors appelé *Duc*. Ce chien, non beau, mais
rare en son espèce, duquel j'avais fait mon compagnon,
mon ami, et qui certainement méritait mieux ce titre que
la plupart de ceux qui l'ont pris, était devenu célèbre au
château de Montmorency, par son naturel aimant, sen-
sible, et par l'attachement que nous avions l'un pour
l'autre ; mais par une pusillanimité fort sotte, j'avais
changé son nom en celui de *Turc*, comme s'il n'y avait
pas des multitudes de chiens qui s'appellent *Marquis*,
sans qu'aucun marquis s'en fâche. Le marquis de Ville-
roy, qui sut ce changement de nom, me poussa tellement
là-dessus, que je fus obligé de conter en pleine table ce
que j'avais fait. Ce qu'il y avait d'offensant pour le nom
de duc, dans cette histoire, n'était pas tant de le lui avoir
donné que de le lui avoir ôté. Le pis fut qu'il y avait là
plusieurs ducs ; M. de Luxembourg l'était, son fils
l'était. Le marquis de Villeroy, fait pour le devenir, et qui
l'est aujourd'hui, jouit avec une cruelle joie de l'embarras
où il m'avait mis, et de l'effet qu'avait produit cet
embarras. On m'assura le lendemain que sa tante l'avait
très vivement tancé là-dessus, et l'on peut juger si cette
réprimande, en la supposant réelle, a dû beaucoup rac-
commoder mes affaires auprès de lui.

Je n'avais pour appui contre tout cela, tant à l'Hôtel
de Luxembourg qu'au Temple, que le seul chevalier de
Lorenzi, qui fit profession d'être mon ami ; mais il l'était
encore plus de d'Alembert, à l'ombre duquel il passait
chez les femmes pour un grand géomètre. Il était d'ail-
leurs le sigisbée, ou plutôt le complaisant de Mme la
comtesse de Boufflers, très amie elle-même de d'Alembert,
et le chevalier de Lorenzi n'avait d'existence et ne pensait
que par elle. Ainsi, loin que j'eusse au dehors quelque
contrepoids à mon ineptie pour me soutenir auprès de
Mme de Luxembourg, tout ce qui l'approchait semblait
concourir à me nuire dans son esprit. Cependant, outre
l'*Emile* dont elle avait voulu se charger, elle me donna
dans le même temps une autre marque d'intérêt et de
bienveillance, qui me fit croire que, même en s'ennuyant

de moi, elle me conservait et me conserverait toujours l'amitié qu'elle m'avait tant de fois promise pour toute la vie.

Sitôt que j'avais cru pouvoir compter sur ce sentiment de sa part, j'avais commencé par soulager mon cœur auprès d'elle de l'aveu de toutes mes fautes; ayant pour maxime inviolable, avec mes amis, de me montrer à leurs yeux exactement tel que je suis, ni meilleur, ni pire. Je lui avais déclaré mes liaisons avec Thérèse, et tout ce qui en avait résulté, sans omettre de quelle façon j'avais disposé de mes enfants. Elle avait reçu mes confessions très bien, trop bien même, en m'épargnant les censures que je méritais, et, ce qui m'émut surtout vivement, fut de voir les bontés qu'elle prodiguait à Thérèse, lui faisant de petits cadeaux, l'envoyant chercher, l'exhortant à l'aller voir, la recevant avec cent caresses, et l'embrassant très souvent devant tout le monde. Cette pauvre fille était dans des transports de joie et de reconnaissance qu'assurément je partageais bien; les amitiés dont M. et Mme de Luxembourg me comblaient en elle me touchant bien plus vivement encore que celles qu'ils me faisaient directement.

Pendant assez longtemps les choses en restèrent là; mais enfin Mme la Maréchale poussa la bonté jusqu'à vouloir retirer un de mes enfants. Elle savait que j'avais fait mettre un chiffre dans les langes de l'aîné; elle me demanda le double de ce chiffre, je le lui donnai. Elle employa pour cette recherche La Roche, son valet de chambre et son homme de confiance, qui fit de vaines perquisitions, et ne trouva rien, quoique au bout de douze ou quatorze ans seulement, si les registres des Enfants-Trouvés étaient bien en ordre, ou que la recherche eût été bien faite, ce chiffre n'eût pas dû être introuvable. Quoi qu'il en soit, je fus moins fâché de ce mauvais succès que je ne l'aurais été si j'avais suivi cet enfant dès sa naissance. Si à l'aide du renseignement on m'eût présenté quelque enfant pour le mien, le doute si ce l'était bien en effet, si on ne lui en substituait point un autre, m'eût resserré le cœur par l'incertitude, et je n'aurais point goûté dans tout son charme le vrai sentiment de la nature : il a besoin, pour se soutenir, au moins

durant l'enfance, d'être appuyé sur l'habitude. Le long éloignement d'un enfant qu'on ne connaît pas encore affaiblit, anéantit enfin les sentiments paternels et maternels, et jamais on n'aimera celui qu'on a mis en nourrice comme celui qu'on a nourri sous ses yeux. La réflexion que je fais ici peut exténuer mes torts dans leurs effets, mais c'est en les aggravant dans leur source.

Il n'est peut-être pas inutile de remarquer que, par l'entremise de Thérèse, ce même La Roche fit connaissance avec Mme Le Vasseur, que Grimm continuait de tenir à Deuil, à la porte de la Chevrette, et tout près de Montmorency. Quand je fus parti, ce fut par M. La Roche que je continuai de faire remettre à cette femme l'argent que je n'ai point cessé de lui envoyer, et je crois qu'il lui portait aussi souvent des présents de la part de Mme la Maréchale; ainsi elle n'était sûrement pas à plaindre, quoiqu'elle se plaignît toujours. A l'égard de Grimm, comme je n'aime point à parler de gens que je dois haïr, je n'en parlais jamais à Mme de Luxembourg que malgré moi : mais elle me mit plusieurs fois sur son chapitre, sans me dire ce qu'elle en pensait, et sans me laisser pénétrer jamais si cet homme était de sa connaissance ou non. Comme la réserve avec les gens qu'on aime, et qui n'en ont point avec nous, n'est pas de mon goût, surtout en ce qui les regarde, j'ai depuis lors pensé quelquefois à celle-là; mais seulement quand d'autres événements ont rendu cette réflexion naturelle.

Après avoir demeuré longtemps sans entendre parler de l'*Emile*, depuis que je l'avais remis à Mme de Luxembourg, j'appris enfin que le marché en était conclu à Paris avec le libraire Duchesne, et par celui-ci avec le libraire Néaulme d'Amsterdam. Mme de Luxembourg m'envoya les deux doubles de mon traité avec Duchesne pour les signer. Je reconnus l'écriture pour être de la même main dont était celle des lettres de M. de Malesherbes qu'il ne m'écrivait pas de sa propre main. Cette certitude que mon traité se faisait de l'aveu et sous les yeux du magistrat me le fit signer avec confiance. Duchesne me donnait de ce manuscrit six mille francs, la moitié comptant, et, je crois, cent ou deux cents exemplaires. Après avoir signé les deux doubles, je les renvoyai tous deux à

Mme de Luxembourg, qui l'avait ainsi désiré : elle en donna un à Duchesne; elle garda l'autre au lieu de me le renvoyer et je ne l'ai jamais revu.

La connaissance de M. et de Mme de Luxembourg, en faisant quelque diversion à mon projet de retraite, ne m'y avait pas fait renoncer. Même au temps de ma plus grande faveur auprès de Mme la Maréchale, j'avais toujours senti qu'il n'y avait que mon sincère attachement pour M. le Maréchal et pour elle qui pût me rendre leurs entours supportables, et tout mon embarras était de concilier ce même attachement avec un genre de vie plus conforme à mon goût et moins contraire à ma santé, que cette gêne et ces soupers tenaient dans une altération continuelle, malgré tous les soins qu'on apportait à ne pas m'exposer à la déranger; car sur ce point, comme sur tout autre, les attentions furent poussées aussi loin qu'il était possible, et, par exemple, tous les soirs après souper, M. le Maréchal, qui s'allait coucher de bonne heure, ne manquait jamais de m'emmener bon gré mal gré pour m'aller coucher aussi. Ce ne fut que quelque temps avant ma catastrophe qu'il cessa, je ne sais pourquoi, d'avoir cette attention.

Avant même d'apercevoir le refroidissement de Mme la Maréchale, je désirais, pour ne m'y pas exposer, d'exécuter mon ancien projet; mais les moyens me manquant pour cela, je fus obligé d'attendre la conclusion du traité de l'*Emile*, et, en attendant, je mis la dernière main au *Contrat social*, et l'envoyai à Rey, fixant le prix de ce manuscrit à mille francs, qu'il me donna. Je ne dois peut-être pas omettre un petit fait qui regarde ledit manuscrit. Je le remis bien cacheté à Duvoisin, ministre du pays de Vaud, et chapelain de l'hôtel de Hollande, qui me venait voir quelquefois, et qui se chargea de l'envoyer à Rey, avec lequel il était en liaison. Ce manuscrit, écrit en menu caractère, était fort petit, et ne remplissait pas sa poche. Cependant, en passant la barrière, son paquet tomba, je ne sais comment, entre les mains des commis, qui l'ouvrirent, l'examinèrent, et le lui rendirent ensuite, quand il l'eut réclamé au nom de l'Ambassadeur; ce qui le mit à portée de le lire lui-même, comme il me marqua naïvement avoir fait, avec force éloges de l'ouvrage, et

pas un mot de critique ni de censure, se réservant sans doute d'être le vengeur du Christianisme lorsque l'ouvrage aurait paru. Il recacheta le manuscrit, et l'envoya à Rey. Tel fut en substance le narré qu'il me fit dans la lettre où il me rendit compte de cette affaire, et c'est tout ce que j'en ai su.

Outre ces deux livres et mon *Dictionnaire de Musique*, auquel je travaillais toujours de temps en temps, j'avais quelques autres écrits de moindre importance, tous en état de paraître, et que je me proposais de donner encore, soit séparément, soit avec mon recueil général si je l'entreprenais jamais. Le principal de ces écrits, dont la plupart sont encore en manuscrit dans les mains de Du Peyrou, était un *Essai sur l'origine des langues*, que je fis lire à M. de Malesherbes et au chevalier de Lorenzi, qui m'en dit du bien. Je comptais que toutes ces productions rassemblées me vaudraient au moins, tous frais faits, un capital de huit à dix mille francs, que je voulais placer en rente viagère, tant sur ma tête que sur celle de Thérèse; après quoi nous irions, comme je l'ai dit, vivre ensemble au fond de quelque province, sans plus occuper le public de moi, et sans plus m'occuper moi-même d'autre chose que d'achever paisiblement ma carrière en continuant de faire autour de moi tout le bien qu'il m'était possible, et d'écrire à loisir les mémoires que je méditais.

Tel était mon projet, dont une générosité de Rey, que je ne dois pas taire, vint faciliter encore l'exécution. Ce libraire, dont on me disait tant de mal à Paris, est cependant, de tous ceux avec qui j'ai eu à faire, le seul dont j'aie eu toujours à me louer *. Nous étions, à la vérité, souvent en querelle sur l'exécution de mes ouvrages; il était étourdi, j'étais emporté. Mais en matière d'intérêt et de procédés qui s'y rapportent, quoique je n'aie jamais fait avec lui de traité en forme, je l'ai toujours trouvé plein d'exactitude et de probité. Il est même aussi le seul qui m'ait avoué franchement qu'il faisait bien ses affaires avec moi, et souvent il m'a dit qu'il me devait sa fortune, en offrant de m'en faire part. Ne pouvant exercer directe-

* Quand j'écrivais ceci, j'étais bien loin encore d'imaginer, de concevoir, et de croire les fraudes que j'ai découvertes ensuite dans ses impressions de mes écrits, et dont il a été forcé de convenir.

ment avec moi sa gratitude, il voulut me la témoigner au moins dans ma gouvernante, à laquelle il fit une pension viagère de trois cents francs, exprimant dans l'acte que c'était en reconnaissance des avantages que je lui avais procurés. Il fit cela de lui à moi, sans ostentation, sans prétention, sans bruit, et, si je n'en avais parlé le premier à tout le monde, personne n'en aurait rien su. Je fus si touché de ce procédé, que depuis lors je me suis attaché à Rey d'une amitié véritable. Quelque temps après il me désira pour parrain d'un de ses enfants; j'y consentis, et l'un de mes regrets dans la situation où l'on m'a réduit est qu'on m'ait ôté tout moyen de rendre désormais mon attachement utile à ma filleule et à ses parents. Pouquoi, si sensible à la modeste générosité de ce libraire, le suis-je si peu aux bruyants empressements de tant de gens haut huppés, qui remplissent pompeusement l'univers du bien qu'ils disent m'avoir voulu faire, et dont je n'ai jamais rien senti ? Est-ce leur faute, est-ce la mienne ? Ne sont-ils que vains, ne suis-je qu'ingrat ? Lecteur sensé, pesez, décidez; pour moi, je me tais.

Cette pension fut une grande ressource pour l'entretien de Thérèse, et un grand soulagement pour moi. Mais au reste j'étais bien éloigné d'en tirer un profit direct pour moi-même, non plus que de tous les cadeaux qu'on lui faisait. Elle a toujours disposé de tout elle-même. Quand je gardais son argent, je lui en tenais un fidèle compte, sans jamais en mettre un liard à notre commune dépense, même quand elle était plus riche que moi. *Ce qui est à moi est à nous*, lui disais-je, *et ce qui est à toi est à toi*. Je n'ai jamais cessé de me conduire avec elle selon cette maxime, que je lui ai souvent répétée. Ceux qui ont eu la bassesse de m'accuser de recevoir par ses mains ce que je refusais dans les miennes jugeaient sans doute de mon cœur par les leurs, et me connais-saient bien mal. Je mangerais volontiers avec elle le pain qu'elle aurait gagné, jamais celui qu'elle aurait reçu. J'en appelle sur ce point à son témoignage, et dès à présent, et lorsque selon le cours de nature elle m'aura survécu. Malheureusement elle est peu entendue en économie à tous égards, peu soigneuse et fort dépensière, non par vanité ni par gourmandise, mais par négligence uni-

quement. Nul n'est parfait ici-bas, et, puisqu'il faut que ses excellentes qualités soient rachetées, j'aime mieux qu'elle ait des défauts que des vices, quoique ces défauts, nous fassent peut-être encore plus de mal à tous deux. Les soins que j'ai pris pour elle, comme jadis pour Maman, de lui accumuler quelque avance qui pût un jour lui servir de ressource, sont inimaginables : mais ce furent toujours des soins perdus. Jamais elles n'ont compté ni l'une ni l'autre avec elles-mêmes, et, malgré tous mes efforts, tout est toujours parti à mesure qu'il est venu. Quelque simplement que Thérèse se mette, jamais la pension de Rey ne lui a suffi pour se nipper, que je n'y aie encore suppléé du mien chaque année. Nous ne sommes pas faits, elle ni moi, pour être jamais riches, et je ne compte assurément pas cela parmi nos malheurs.

Le *Contrat social* s'imprimait assez rapidement. Il n'en était pas de même de l'*Emile*, dont j'attendais la publication pour exécuter la retraite que je méditais. Duchesne m'envoyait de temps à autre des modèles d'impression pour choisir; quand j'avais choisi, au lieu de commencer, il m'en envoyait encore d'autres. Quand enfin nous fûmes bien déterminés sur le format, sur le caractère, et qu'il avait déjà plusieurs feuilles d'impri- mées, sur quelque léger changement que je fis à une épreuve, il recommença tout, et au bout de six mois nous nous trouvâmes moins avancés que le premier jour. Durant tous ces essais, je vis bien que l'ouvrage, s'im- primait en France, ainsi qu'en Hollande, et qu'il s'en faisait à la fois deux éditions. Que pouvais-je faire ? Je n'étais plus maître de mon manuscrit. Loin d'avoir trempé dans l'édition de France, je m'y étais toujours opposé; mais enfin, puisque cette édition se faisait bon gré malgré moi, et puisqu'elle servait de modèle à l'autre, il fallait bien y jeter les yeux et voir les épreuves, pour ne pas laisser estropier et défigurer mon livre. D'ail- leurs l'ouvrage s'imprimait tellement de l'aveu du magis- trat, que c'était lui qui dirigeait en quelque sorte l'en- treprise, qu'il m'écrivait très souvent, et qu'il me vint voir même à ce sujet, dans une occasion dont je vais par- ler à l'instant.

Tandis que Duchesne avançait à pas de tortue, Néaulme, qu'il retenait, avançait encore plus lentement. On ne lui envoyait pas fidèlement les feuilles à mesure qu'elles s'imprimaient. Il crut apercevoir de la mauvaise foi dans la manœuvre de Duchesne, c'est-à-dire de Guy qui faisait pour lui, et voyant qu'on n'exécutait pas le traité il m'écrivit lettres sur lettres pleines de doléances et de griefs, auxquels je pouvais encore moins remédier qu'à ceux que j'avais pour mon compte. Son ami Guérin, qui me voyait alors fort souvent, me parlait incessamment de ce livre, mais toujours avec la plus grande réserve. Il savait et ne savait pas qu'on l'imprimait en France; il savait et ne savait pas que le Magistrat s'en mêlât : en me plaignant des embarras qu'allait me donner ce livre, il semblait m'accuser d'imprudence, sans vouloir jamais dire en quoi elle consistait; il biaisait et tergiversait sans cesse; il semblait ne parler que pour me faire parler. Ma sécurité, pour lors, était si complète, que je riais du ton circonspect et mystérieux qu'il mettait à cette affaire, comme d'un tic contracté chez les ministres et les magistrats, dont il fréquentait assez les bureaux. Sûr d'être en règle, à tous égards sur cet ouvrage, fortement persuadé qu'il avait non seulement l'agrément et la protection du Magistrat, mais même qu'il méritait et qu'il avait de même la faveur du ministère, je me félicitais de mon courage à bien faire, et je riais de mes pusillanimes amis, qui paraissaient s'inquiéter pour moi. Duclos fut de ce nombre, et j'avoue que ma confiance en sa droiture et en ses lumières eût pu m'alarmer à son exemple, si j'en avais eu moins dans l'utilité de l'ouvrage et dans la probité de ses patrons. Il me vint voir de chez M. Baille, tandis que l'*Emile* était sous presse; il m'en parla : je lui lus la Profession de foi du Vicaire savoyard. Il l'écouta très paisiblement, et, ce me sembla, avec grand plaisir. Il me dit quand j'eus fini : Quoi, Citoyen ? cela fait partie, d'un livre qu'on imprime à Paris ? Oui, lui dis-je, et l'on devrait l'imprimer au Louvre, par ordre du Roi. J'en conviens, me dit-il; mais faites-moi le plaisir de ne dire à personne que vous m'ayez lu ce morceau. Cette frappante manière de s'exprimer me surprit sans m'effrayer. Je savais que

Duclos voyait beaucoup M. de Malesherbes. J'eus peine
à concevoir comment il pensait si différemment que lui
sur le même objet.

Je vivais à Montmorency depuis plus de quatre ans,
sans y avoir eu un seul jour de bonne santé. Quoique
l'air y soit excellent, les eaux y sont mauvaises, et cela
peut très bien être une des causes qui contribuaient à
empirer mes maux habituels. Sur la fin de l'automne
1761, je tombai tout à fait malade, et je passai l'hiver
entier dans des souffrances presque sans relâche. Le mal
physique, augmenté par mille inquiétudes, me les ren-
dit aussi plus sensibles. Depuis quelque temps, de sourds
et tristes pressentiments me troublaient, sans que je
susse à propos de quoi. Je recevais des lettres anonymes
assez singulières, et même des lettres signées qui ne
l'étaient guère moins. J'en reçus une d'un Conseiller
au Parlement de Paris, qui, mécontent de la présente
constitution des choses, et n'augurant pas bien des
suites, me consultait sur le choix d'un asile, à Genève
ou en Suisse, pour s'y retirer avec sa famille. J'en reçus
une de M. de..., Président à Mortier au Parlement de...,
lequel me proposait de rédiger pour ce Parlement, qui
pour lors était mal avec la cour, des mémoires et remon-
trances, offrant de me fournir tous les documents et
matériaux dont j'aurais besoin pour cela. Quand je
souffre, je suis sujet à l'humeur. J'en avais en recevant
ces lettres, j'en mis dans les réponses que j'y fis, refu-
sant tout à plat ce qu'on me demandait : ce refus n'est
assurément pas ce que je me reproche, puisque ces lettres
pouvaient être des pièces de mes ennemis *, et ce qu'on
me demandait était contraire à des principes dont je vou-
lais moins me départir que jamais. Mais, pouvant refu-
ser avec aménité, je refusai avec dureté et voilà en quoi
j'eus tort.

On trouvera parmi mes papiers les deux lettres dont
je viens de parler. Celle du Conseiller ne me surprit pas
absolument, parce que je pensais comme lui, et comme
beaucoup d'autres, que la constitution déclinante mena-

* Je savais, par exemple, que le Président de... était fort lié avec
les Encyclopédistes et les Holbachiens.

çait la France d'un prochain délabrement. Les désastres
d'une guerre malheureuse, qui tous venaient de la faute
du Gouvernement; l'incroyable désordre des finances,
les tiraillements continuels de l'administration, partagée
jusqu'alors entre deux ou trois ministres, en guerre
ouverte l'un avec l'autre, et qui, pour se nuire mutuel-
lement, abîmaient le royaume; le mécontentement géné-
ral du peuple et de tous les ordres de l'Etat; l'entêtement
d'une femme obstinée qui, sacrifiant toujours à ses goûts
ses lumières, si tant est qu'elle en eût, écartait presque
toujours des emplois les plus capables pour placer ceux
qui lui plaisaient le plus : tout concourait à justifier la
prévoyance du Conseiller, et celle du public et la mienne.
Cette prévoyance me mit même plusieurs fois en balance
si je ne chercherais pas moi-même un asile hors du
royaume, avant les troubles qui semblaient le menacer;
mais, rassuré par ma petitesse et par mon humeur pai-
sible, je crus que, dans la solitude où je voulais vivre,
nul orage ne pouvait pénétrer jusqu'à moi; fâché seule-
ment que, dans cet état de choses, M. de Luxembourg
se prêtât à des commissions qui devaient le faire moins
bien vouloir dans son Gouvernement, j'aurais voulu
qu'il s'y ménageât, à tout événement, une retraite, s'il
arrivait que la grande machine vînt à crouler, comme
cela paraissait à craindre dans l'état actuel des choses,
et il me paraît encore à présent indubitable que si toutes
les rênes du Gouvernement ne fussent enfin tombées
dans une seule main la Monarchie française serait main-
tenant aux abois.

Tandis que mon état empirait, l'impression de l'*Emile*
se ralentissait, et fut enfin tout à fait suspendue, sans
que je pusse en apprendre la raison, sans que Guy dai-
gnât plus m'écrire ni me répondre, sans que je pusse
avoir des nouvelles de personne, ni rien savoir de ce qui
se passait, M. de Malesherbes étant pour lors à la cam-
pagne. Jamais un malheur, quel qu'il soit, ne me trouble
et ne m'abat, pourvu que je sache en quoi il consiste;
mais mon penchant naturel est d'avoir peur des ténèbres :
je redoute et je hais leur air noir; le mystère m'inquiète
toujours; il est par trop antipathique avec mon naturel
ouvert jusqu'à l'imprudence. L'aspect du monstre le plus

hideux m'effrayerait peu, ce me semble; mais si j'entrevois de nuit une figure sous un drap blanc, j'aurai peur. Voilà donc mon imagination, qu'allumait ce long silence, occupée à me tracer des fantômes. Plus j'avais à cœur la publication de mon dernier et meilleur ouvrage, plus je me tourmentais à chercher ce qui pouvait l'accrocher, et toujours portant tout à l'extrême, dans la suspension de l'impression du livre j'en croyais voir la suppression. Cependant, n'en pouvant imaginer ni la cause ni la manière, je restais dans l'incertitude du monde la plus cruelle. J'écrivais lettres sur lettres à Guy, à M. de Malesherbes, à Mme de Luxembourg, et les réponses ne venant point, ou ne venant pas quand je les attendais, je me troublais entièrement, je délirais. Malheureusement j'appris, dans le même temps, que le P. Griffet, jésuite, avait parlé de l'*Emile* et en avait rapporté des passages. A l'instant mon imagination part comme un éclair, et me dévoile tout le mystère d'iniquité : j'en vis la marche aussi clairement, aussi sûrement que si elle m'eût été révélée. Je me figurai que les Jésuites, furieux du ton méprisant sur lequel j'avais parlé des collèges, s'étaient emparés de mon ouvrage; que c'étaient eux qui en accrochaient l'édition; qu'instruits par Guérin, leur ami, de mon état présent, et prévoyant ma mort prochaine, dont je ne doutais pas, ils voulaient retarder l'impression jusqu'alors, dans le dessein de tronquer, d'altérer mon ouvrage, et de me prêter, pour remplir leurs vues, des sentiments différents des miens. Il est étonnant quelle foule de faits et de circonstances vint dans mon esprit se calquer sur cette folie et lui donner un air de vraisemblance, que dis-je ? m'y montrer l'évidence et la démonstration. Guérin était totalement livré aux Jésuites, je le savais. Je leur attribuai toutes les avances d'amitié qu'il m'avait faites, je me persuadai que c'était par leur impulsion qu'il m'avait pressé de traiter avec Néaulme; que par ledit Néaulme ils avaient eu les premières feuilles de mon ouvrage; qu'ils avaient ensuite trouvé le moyen d'en arrêter l'impression chez Duchesne, et peut-être de s'emparer de mon manuscrit, pour y travailler à leur aise, jusqu'à ce que ma mort les laissât libres de le publier travesti à leur mode.

J'avais toujours senti, malgré le patelinage du P. Berthier, que les Jésuites ne m'aimaient pas, non seulement comme Encyclopédiste, mais parce que tous mes principes étaient encore plus opposés à leurs maximes et à leur crédit que l'incrédulité de mes confrères, puisque le fanatisme athée et le fanatisme dévot, se touchant par leur commune intolérance, peuvent même se réunir, comme ils ont fait à la Chine, et comme ils font contre moi; au lieu que la religion raisonnable et morale, ôtant tout pouvoir humain sur les consciences, ne laisse plus de ressource aux arbitres de ce pouvoir. Je savais que M. le Chancelier était aussi fort ami des Jésuites; je craignais que le fils, intimidé par le père, ne se vît forcé de leur abandonner l'ouvrage qu'il avait protégé. Je croyais même voir l'effet de cet abandon dans les chicanes que l'on commençait à me susciter sur les deux premiers volumes, où l'on exigeait des cartons pour des riens; tandis que les deux autres volumes étaient, comme on ne l'ignorait pas, remplis de choses si fortes, qu'il eût fallu les refondre en entier, en les censurant comme les deux premiers. Je savais de plus, et M. de Malesherbes me le dit lui-même, que l'abbé de Grave, qu'il avait chargé de l'inspection de cette édition, était encore un autre partisan des Jésuites. Je ne voyais partout que Jésuites, sans songer qu'à la veille d'être anéantis, et tout occupés de leur propre défense, ils avaient autre chose à faire que d'aller tracasser sur l'impression d'un livre où il ne s'agissait pas d'eux. J'ai tort de dire *sans songer*, car j'y songeais très bien, et c'est même une objection que M. de Malesherbes eut soin de me faire sitôt qu'il fut instruit de ma vision; mais, par un autre de ces travers d'un homme qui du fond de sa retraite veut juger du secret des grandes affaires, dont il ne sait rien, je ne voulus jamais croire que les Jésuites fussent en danger, et je regardais le bruit qui s'en répandait comme un leurre de leur part pour endormir leurs adversaires. Leurs succès passés, qui ne s'étaient jamais démentis, me donnaient une si terrible idée de leur puissance, que je déplorais déjà l'avilissement du Parlement. Je savais que M. de Choiseul avait étudié chez les Jésuites, que Mme de Pompadour n'était point mal

avec eux, et que leur ligue avec les favoris et les ministres avait toujours paru avantageuse aux uns et aux autres contre leurs ennemis communs. La cour paraissait ne se mêler de rien, et, persuadé que si la Société recevait un jour quelque rude échec, ce ne serait jamais le Parlement qui serait assez fort pour le lui porter, je tirais de cette inaction de la cour, le fondement de leur confiance et l'augure de leur triomphe. Enfin, ne voyant dans tous les bruits du jour qu'une feinte et des pièges de leur part, et leur croyant, dans leur sécurité, du temps pour vaquer à tout, je ne doutais pas qu'ils n'écrasassent dans peu le Jansénisme, et le Parlement, et les Encyclopédistes, et tout ce qui n'aurait pas porté !eur joug, et qu'enfin s'ils laissaient paraître mon livre, ce ne fût qu'après l'avoir transformé au point de s'en faire une arme, en se prévalant de mon nom pour surprendre mes lecteurs.

Je me sentais mourant ; j'ai peine à comprendre comment cette extravagance ne m'acheva pas, tant l'idée de ma mémoire déshonorée après moi dans mon plus digne et meilleur livre, m'était effroyable. Jamais je n'ai tant craint de mourir, et je crois que si j'étais mort dans ces circonstances, je serais mort désespéré. Aujourd'hui même, que je vois marcher sans obstacle à son exécution le plus noir, le plus affreux complot qui jamais ait été tramé contre la mémoire d'un homme, je mourrai beaucoup plus tranquille, certain de laisser dans mes écrits un témoignage de moi qui triomphera tôt ou tard des complots des hommes.

M. de Malesherbes, témoin et confident de mes agitations, se donna pour les calmer des soins qui prouvent son inépuisable bonté de cœur. Mme de Luxembourg concourut à cette bonne œuvre, et fut plusieurs fois chez Duchesne, pour savoir à quoi en était cette édition. Enfin l'impression fut reprise et marcha plus rondement, sans que jamais j'aie pu savoir pourquoi elle avait été suspendue. M. de Malesherbes prit la peine de venir à Montmorency pour me tranquilliser : il en vint à bout, et ma parfaite confiance en sa droiture l'ayant emporté sur l'égarement de ma pauvre tête, rendit efficace tout ce qu'il fit pour m'en ramener. Après ce qu'il avait vu de

mes angoisses et de mon délire, il était naturel qu'il me
trouvât très à plaindre. Aussi fit-il. Les propos inces-
samment rebattus de la cabale philosophique qui l'en-
tourait lui revinrent à l'esprit. Quand j'allai vivre à
l'Ermitage, ils publièrent, comme je l'ai déjà dit, que
je n'y tiendrais pas longtemps. Quand ils virent que je
persévérais, ils dirent que c'était par obstination, par
orgueil, par honte de m'en dédire, mais que je m'y
ennuyais à périr, et que j'y vivais très malheureux. M. de
Malesherbes le crut et me l'écrivit. Sensible à cette
erreur dans un homme pour qui j'avais tant d'estime,
je lui écrivis quatre lettres consécutives où, lui exposant
les vrais motifs de ma conduite, je lui décrivis fidèle-
ment mes goûts, mes penchants, mon caractère, et tout
ce qui se passait dans mon cœur. Ces quatre lettres,
faites sans brouillon, rapidement, à trait de plume, et
sans même avoir été relues, sont peut-être la seule chose
que j'aie écrite avec facilité dans toute ma vie, ce qui
est bien étonnant au milieu de mes souffrances et de
l'extrême abattement où j'étais. Je gémissais, en me sen-
tant défaillir, de penser que je laissais dans l'esprit des
honnêtes gens une opinion de moi si peu juste, et par
l'esquisse tracée à la hâte dans ces quatre lettres, je
tâchais de suppléer en quelque sorte aux Mémoires que
j'avais projetés. Ces lettres, qui plurent à M. de Males-
herbes, et qu'il montra dans Paris, sont en quelque
façon le sommaire de ce que j'expose ici plus en détail,
et méritent, à ce titre, d'être conservées. On trouvera
parmi mes papiers la copie qu'il en fit faire à ma prière,
et qu'il m'envoya quelques années après.

La seule chose qui m'affligeait désormais dans l'opi-
nion de ma mort prochaine était de n'avoir aucun homme
lettré de confiance, entre les mains duquel je pusse
déposer mes papiers, pour en faire après moi le triage.
Depuis mon voyage de Genève, je m'étais lié d'amitié
avec Moultou; j'avais de l'inclination pour ce jeune
homme, et j'aurais désiré qu'il vînt me fermer les yeux;
je lui marquai ce désir, et je crois qu'il aurait fait avec
plaisir cet acte d'humanité si ses affaires et sa famille le
lui eussent permis. Privé de cette consolation, je voulus
du moins lui marquer ma confiance, en lui envoyant la

Profession de foi du Vicaire avant la publication. Il en
fut content; mais il ne me parut pas dans sa réponse
partager la sécurité avec laquelle j'en attendais pour
lors l'effet. Il désira d'avoir de moi quelque morceau
que n'eût personne autre. Je lui envoyai une *Oraison
funèbre du feu duc d'Orléans*, que j'avais faite pour
l'abbé Darty, et qui ne fut pas prononcée, parce que,
contre son attente, ce ne fut pas lui qui en fut chargé.

L'impression, après avoir été reprise, se continua,
s'acheva même assez tranquillement, et j'y remarquai
ceci de singulier, qu'après les cartons qu'on avait sévère-
ment exigés pour les deux premiers volumes, on passa
les deux derniers sans rien dire, et sans que leur contenu
fît aucun obstacle à sa publication. J'eus pourtant encore
quelque inquiétude que je ne dois pas passer sous silence.
Après avoir eu peur des Jésuites, j'eus peur des jansé-
nistes et des philosophes. Ennemi de tout ce qui s'ap-
pelle parti, faction, cabale, je n'ai jamais rien attendu
de bon des gens qui en sont. Les *Commères* avaient,
depuis un temps, quitté leur ancienne demeure, et
s'étaient établis tout à côté de moi, en sorte que de leur
chambre on entendait tout ce qui se disait, dans la
mienne et sur ma terrasse, et que de leur jardin on
pouvait très aisément escalader le petit mur qui le sépa-
rait de mon Donjon. J'avais fait de ce Donjon mon
cabinet de travail, en sorte que j'y avais une table cou-
verte d'épreuves et de feuilles de l'*Emile* et du *Contrat
social* et brochant ces feuilles à mesure qu'on me les
envoyait, j'avais là tous mes volumes longtemps avant
qu'on les publiât. Mon étourderie, ma négligence, ma
confiance en M. Mathas, dans le jardin duquel j'étais
clos, faisaient que souvent, oubliant de fermer le soir
mon Donjon, je le trouvais le matin tout ouvert, ce qui
ne m'eût guère inquiété, si je n'avais cru remarquer du
dérangement dans mes papiers. Après avoir fait plu-
sieurs fois cette remarque, je devins plus soigneux de
fermer le Donjon. La serrure était mauvaise, la clef ne
fermait qu'à demi-tour. Devenu plus attentif, je trouvai
un plus grand dérangement encore que quand je lais-
sais tout ouvert. Enfin, un de mes volumes se trouva
éclipsé pendant un jour et deux nuits, sans qu'il me fût

possible de savoir ce qu'il était devenu jusqu'au matin du troisième jour, que je le retrouvai sur ma table. Je n'eus ni n'ai jamais eu de soupçons sur M. Mathas, ni sur son neveu, M. Dumoulin, sachant qu'ils m'aimaient l'un et l'autre, et prenant en eux toute confiance. Je commençais d'en avoir moins dans les *Commères*. Je savais que, quoique jansénistes, ils avaient quelque liaison avec d'Alembert, et logeaient dans la même maison.

Cela me donna quelque inquiétude, et me rendit plus attentif. Je retirai mes papiers dans ma chambre, et je cessai tout à fait de voir ces gens-là, ayant su d'ailleurs qu'ils avaient fait parade, dans plusieurs maisons, du premier volume de l'*Emile* que j'avais eu l'imprudence de leur prêter. Quoiqu'ils continuassent d'être mes voisins jusqu'à mon départ, je n'ai plus eu de communication avec eux depuis lors.

Le *Contrat social* parut un mois ou deux avant l'*Emile*. Rey, dont j'avais toujours exigé qu'il n'introduirait jamais furtivement en France aucun de mes livres, s'adressa au magistrat pour obtenir la permission de faire entrer celui-ci par Rouen, où il fit par mer son envoi. Rey n'eut aucune réponse : ses ballots restèrent à Rouen plusieurs mois, au bout desquels on les lui renvoya, après avoir tenté de les confisquer ; mais il fit tant de bruit qu'on les lui rendit. Des curieux en tirèrent d'Amsterdam quelques exemplaires qui circulèrent avec peu de bruit. Mauléon, qui en avait ouï parler, et qui même en avait vu quelque chose, m'en parla d'un ton mystérieux qui me surprit, et qui m'eût inquiété même, si certain d'être en règle, à tous égards et d'avoir nul reproche à me faire, je ne m'étais tranquillisé par ma grande maxime. Je ne doutais pas même que M. de Choiseul, déjà bien disposé pour moi, et sensible à l'éloge que mon estime pour lui m'en avait fait faire dans cet ouvrage, ne me soutînt en cette occasion contre la malveillance de Mme de Pompadour.

J'avais assurément lieu de compter alors, autant que jamais, sur les bontés de M. de Luxembourg et sur son appui dans le besoin ; car jamais il ne me donna de marques d'amitié ni plus fréquentes, ni plus touchantes. Au voyage de Pâques, mon triste état ne me permettant

pas d'aller au Château, il ne manqua pas un seul jour de me venir voir, et enfin, me voyant souffrir sans relâche, il fit tant qu'il me détermina à voir le frère Côme, l'envoya chercher, me l'amena lui-même et eut le courage, rare certes et méritoire dans un grand seigneur, de rester chez moi durant l'opération, qui fut cruelle et longue. Il n'était pourtant question que d'être sondé; mais je n'avais jamais pu l'être, même par Morand, qui s'y prit à plusieurs fois, et toujours sans succès. Le frère Côme, qui avait la main d'une adresse et d'une légèreté sans égale, vint à bout enfin d'introduire une très petite algalie, après m'avoir beaucoup fait souffrir pendant plus de deux heures, durant lesquelles je m'efforçai de retenir les plaintes, pour ne pas déchirer le cœur sensible du bon Maréchal. Au premier examen, le frère Côme crut trouver une grosse pierre, et me le dit; au second, il ne la trouva plus. Après avoir recommencé une seconde et une troisième fois, avec un soin et une exactitude qui me firent trouver le temps fort long, il déclara qu'il n'y avait point de pierre, mais que la prostate était squirreuse et d'une grosseur surnaturelle; il trouve la vessie grande et en bon état, et finit par me déclarer que je souffrirais beaucoup, et que je vivrais longtemps. Si la seconde prédiction s'accomplit aussi bien que la première, mes maux ne sont pas prêts à finir.

C'est ainsi qu'après avoir été traité successivement, pendant tant d'années, de vingt maux que je n'avais pas, je finis par savoir que ma maladie, incurable sans être mortelle, durerait autant que moi. Mon imagination, réprimée par cette connaissance, ne me fit plus voir en perspective une mort cruelle dans les douleurs du calcul. Je cessai de craindre qu'un bout de bougie, qui s'était rompu dans l'urètre, il y avait longtemps, n'eût fait le noyau d'une pierre. Délivré des maux imaginaires, plus cruels pour moi que les maux réels, j'endurai plus paisiblement ces derniers. Il est constant que depuis ce temps j'ai beaucoup moins souffert de ma maladie que je n'avais fait jusqu'alors, et je ne me rappelle jamais que je dois ce soulagement à M. de Luxembourg, sans m'attendrir de nouveau sur sa mémoire.

Revenu pour ainsi dire à la vie et plus occupé que jamais du plan sur lequel j'en voulais passer le reste, je n'attendais, pour l'exécuter, que la publication de l'*Emile*. Je songeais à la Touraine, où j'avais déjà été, et qui me plaisait beaucoup, tant pour la douceur du climat que pour celle des habitants :

> *La terra molle lieta e dilettosa*
> *Simili a se gli abitator produce.*

J'avais déjà parlé de mon projet à M. de Luxembourg qui m'en avait voulu détourner ; je lui en reparlai derechef comme d'une chose résolue. Alors il me proposa le château de Merlou, à quinze lieues de Paris, comme un asile qui pouvait me convenir, et dans lequel ils se feraient l'un et l'autre un plaisir de m'établir. Cette proposition me toucha et ne me déplut pas. Avant toute chose, il fallait voir le lieu ; nous convînmes du jour où M. le Maréchal enverrait son valet de chambre avec une voiture, pour m'y conduire. Je me trouvai ce jour-là fort incommodé ; il fallut remettre la partie et les contretemps qui survinrent m'empêchèrent de l'exécuter. Ayant appris depuis que la terre de Merlou n'était pas à M. le Maréchal, mais à Madame, je m'en consolai plus aisément de n'y être pas allé.

L'*Emile* parut enfin, sans que j'entendisse plus parler de cartons ni d'aucune difficulté. Avant sa publication, M. le Maréchal me redemanda toutes les lettres de M. de Malesherbes qui se rapportaient à cet ouvrage. Ma grande confiance en tous les deux, ma profonde sécurité, m'empêchèrent de réfléchir à ce qu'il y avait d'extraordinaire et même d'inquiétant dans cette demande. Je rendis les lettres, hors une ou deux, qui par mégarde avaient resté dans des livres. Quelque temps auparavant, M. de Malesherbes m'avait marqué qu'il retirerait les lettres que j'avais écrites à Duchesne durant mes alarmes au sujet des Jésuites, et il faut avouer que ces lettres ne faisaient pas grand honneur à ma raison. Mais je lui marquai qu'en nulle chose je ne voulais passer pour meilleur que je n'étais, et qu'il pouvait lui laisser les lettres. J'ignore ce qu'il a fait.

La publication de ce livre ne se fit point avec cet éclat d'applaudissements qui suivait celle de tous mes écrits. Jamais ouvrage n'eut de si grands éloges particuliers, ni si peu d'approbation publique. Ce que m'en dirent, ce que m'en écrivirent les gens les plus capables d'en juger, me confirma que c'était là le meilleur de mes écrits, ainsi que le plus important. Mais tout cela fut dit avec les précautions les plus bizarres, comme s'il eût importé de garder le secret du bien que l'on en pensait. Mme de Boufflers, qui me marqua que l'auteur de ce livre méritait des statues et les hommages de tous les humains, me pria sans façon, à la fin de son billet, de le lui renvoyer. D'Alembert, qui m'écrivit que cet ouvrage décidait de ma supériorité, et devait me mettre à la tête de tous les gens de lettres, ne signa point sa lettre, quoi-qu'il eût signé toutes celles qu'il m'avait écrites jusqu'alors. Duclos, ami sûr, homme vrai, mais circonspect, et qui faisait cas de ce livre, évita de m'en parler par écrit; La Condamine se jeta sur la Profession de foi et battit la campagne; Clairaut se borna, dans sa lettre, au même morceau, mais il ne craignit pas d'exprimer l'émotion que sa lecture lui avait donnée, et il me marqua, en propres termes, que cette lecture avait réchauffé sa vieille âme : de tous ceux à qui j'avais envoyé mon livre, il fut le seul qui dit hautement et librement à tout le monde tout le bien qu'il en pensait.

Mathas, à qui j'en avais aussi donné un exemplaire avant qu'il fût en vente, le prêta à M. de Blair, conseiller au Parlement, père de l'intendant de Strasbourg. M. de Blair avait une maison de campagne à Saint-Gratien, et Mathas, son ancienne connaissance, l'y allait voir quelquefois quand il pouvait aller. Il lui fit lire l'*Emile* avant qu'il fût publié. En le lui rendant, M. de Blair lui dit ces propres mots, qui me furent rendus le même jour : « Monsieur Mathas, voilà un fort beau livre, mais dont il sera parlé dans peu plus qu'il ne serait à désirer pour l'auteur. » Quand il me rapporta ce propos, je ne fis qu'en rire, et je n'y vis que l'importance d'un homme de robe, qui met du mystère à tout. Tous les propos inquié-tants qui me revinrent ne me firent pas plus d'impression, et, loin de prévoir en aucune sorte la catastrophe à

laquelle je touchais, certain de l'utilité, de la beauté de
mon ouvrage, certain d'être en règle à tous égards, cer-
tain, comme je croyais l'être, de tout le crédit de
Mme de Luxembourg et de la faveur du ministère, je
m'applaudissais du parti que j'avais pris de me retirer au
milieu de mes triomphes, et lorsque je venais d'écraser
tous mes envieux.

Une seule chose m'alarmait dans la publication de ce
livre, et cela, moins pour ma sûreté que pour l'acquit de
mon cœur. A l'Ermitage, à Montmorency, j'avais vu de
près et avec indignation les vexations qu'un soin jaloux
des plaisirs des princes, fait exercer sur les malheureux
paysans forcés de souffrir le dégât que le gibier fait dans
leurs champs, sans oser se défendre qu'à force de bruit,
et forcés de passer les nuits dans leurs fèves et leurs pois,
avec des chaudrons, des tambours, des sonnettes, pour
écarter les sangliers. Témoin de la dureté barbare avec
laquelle M. le comte de Charolais faisait traiter ces
pauvres gens, j'avais fait, vers la fin de l'*Emile*, une sortie
sur cette cruauté. Autre infraction à mes maximes, qui
n'est pas restée impunie. J'appris que les officiers de
M. le prince de Conti n'en usaient guère moins durement
sur ses terres; je tremblais que ce prince, pour lequel
j'étais pénétré de respect et de reconnaissance, ne prît
pour lui ce que l'humanité révoltée m'avait fait dire pour
son oncle, et ne s'en tînt offensé. Cependant, comme ma
conscience me rassurait pleinement sur cet article, je me
tranquillisai sur son témoignage, et je fis bien. Du moins,
je n'ai jamais appris que ce grand prince ait fait la
moindre attention à ce passage, écrit longtemps avant
que j'eusse l'honneur d'être connu de lui.

Peu de jours avant ou après la publication de mon
livre, car je ne me rappelle pas bien exactement le temps,
parut un autre ouvrage sur le même sujet, tiré mot à mot
de mon premier volume, hors quelques platises dont on
avait entremêlé cet extrait. Ce livre portait le nom d'un
Genevois appelé Balexert; et il était dit dans le titre qu'il
avait remporté le prix à l'académie de Harlem. Je compris
aisément que cette académie et ce prix étaient d'une créa-
tion toute nouvelle, pour déguiser le plagiat aux yeux du
public; mais je vis aussi qu'il y avait à cela quelque

intrigue antérieure, à laquelle je ne comprenais rien ; soit par la communication de mon manuscrit, sans quoi ce vol n'aurait pu se faire ; soit pour bâtir l'histoire de ce prétendu prix, à laquelle il avait bien fallu donner quelque fondement. Ce n'est que bien des années après que, sur un mot échappé à d'Ivernois, j'ai pénétré le mystère et entrevu ceux qui avaient mis en jeu le sieur Balexert.

Les sourds mugissements qui précèdent l'orage commençaient à se faire entendre, et tous les gens un peu pénétrants virent bien qu'il se couvait, au sujet de mon livre et de moi, quelque complot qui ne tarderait pas d'éclater. Pour moi, ma sécurité, ma stupidité fut telle, que, loin de prévoir mon malheur, je n'en soupçonnai pas même la cause, après en avoir ressenti l'effet. On commença par répandre avec assez d'adresse qu'en sévissant contre les Jésuites on ne pouvait marquer une indulgence partiale pour les livres et les auteurs qui attaquaient la religion. On me reprochait d'avoir mis mon nom à l'*Emile*, comme si je ne l'avais pas mis à tous mes autres écrits, auxquels on n'avait rien dit. Il semblait qu'on craignît de se voir forcé à quelques démarches qu'on ferait à regret, mais que les circonstances rendaient nécessaires, et auxquelles mon imprudence avait donné lieu. Ces bruits me parvinrent et ne m'inquiétèrent guère : il ne me vint pas même à l'esprit qu'il pût y avoir dans toute cette affaire la moindre chose qui me regardât personnellement, moi qui me sentais si parfaitement irréprochable, si bien appuyé, si bien en règle à tous égards, et qui ne craignais pas que Mme de Luxembourg me laissât dans l'embarras, pour un tort qui, s'il existait, était tout entier à elle seule. Mais sachant en pareil cas comme les choses se passent, et que l'usage est de sévir contre les libraires, en ménageant les auteurs, je n'étais pas sans inquiétude pour le pauvre Duchesne, si M. de Malesherbes venait à l'abandonner.

Je restai tranquille. Les bruits augmentèrent, et changèrent bientôt de ton. Le public, et surtout le Parlement, semblait s'irriter par ma tranquillité. Au bout de quelques jours la fermentation devint terrible, et les menaces changeant d'objet s'adressèrent directement à moi. On entendait dire tout ouvertement aux parlementaires qu'on

n'avançait rien à brûler les livres, et qu'il fallait brûler les auteurs. Pour les libraires, on n'en parlait point. La première fois que ces propos, plus dignes d'un inquisiteur de Goa que d'un sénateur me revinrent, je ne doutai point que ce ne fût une invention des Holbachiens pour tâcher de m'effrayer et de m'exciter à fuir. Je ris de cette puérile ruse, et je me disais, en me moquant d'eux, que, s'ils avaient su la vérité des choses, ils auraient cherché quelque autre moyen de me faire peur; mais la rumeur enfin devint telle, qu'il fut clair que c'était tout de bon. M. et Mme de Luxembourg avaient cette année avancé leur second voyage de Montmorency, de sorte qu'ils y étaient au commencement de juin. J'y entendis très peu parler de mes nouveaux livres, malgré le bruit qu'ils faisaient à Paris, et les maîtres de la maison ne m'en parlaient point du tout. Un matin cependant, que j'étais seul avec M. de Luxembourg, il me dit : Avez-vous parlé mal de M. de Choiseul dans le *Contrat social?* Moi? lui dis-je, en reculant de surprise, non, je vous jure; mais j'en ai fait en revanche, et d'une plume qui n'est pas louangeuse, le plus bel éloge que jamais ministre ait reçu. Et tout de suite je lui rapportai le passage. Et dans l'*Emile?* reprit-il. Pas un mot, répondis-je; il n'y a pas un seul mot qui le regarde. Ah! dit-il, avec plus de vivacité qu'il n'en avait d'ordinaire, il fallait faire la même chose dans l'autre livre, ou être plus clair! J'ai cru l'être, ajoutai-je; je l'estimais assez pour cela. Il allait reprendre la parole; je le vis prêt à s'ouvrir; il se retint et se tut. Malheureuse politique de courtisan, qui dans les meilleurs cœurs domine l'amitié même!

Cette conversation, quoique courte, m'éclaira sur ma situation, du moins à certain égard, et me fit comprendre que c'était bien à moi qu'on en voulait. Je déplorai cette inouïe fatalité qui tournait à mon préjudice tout ce que je disais et faisais de bien. Cependant, me sentant pour plastron dans cette affaire Mme de Luxembourg et M. de Malesherbes, je ne voyais pas comment on pouvait s'y prendre pour les écarter et venir jusqu'à moi : car d'ailleurs je sentis bien dès lors qu'il ne serait plus question d'équité ni de justice, et qu'on ne s'embarrasserait pas d'examiner si j'avais réellement tort ou non. L'orage

cependant grondait de plus en plus. Il n'y avait pas jus-
qu'à Néaulme qui, dans la diffusion de son bavardage,
ne me montrât du regret de s'être mêlé de cet ouvrage, et
la certitude où il paraissait être du sort qui menaçait le
livre et l'auteur. Une chose pourtant me rassurait tou-
jours : je voyais Mme de Luxembourg si tranquille, si
contente, si riante même, qu'il fallait bien qu'elle fût
sûre de son fait, pour n'avoir pas la moindre inquiétude
à mon sujet, pour ne pas me dire un seul mot de commi-
sération ni d'excuse, pour voir le tour que prendrait cette
affaire avec autant de sang-froid que si elle ne s'en fût
point mêlée, et qu'elle n'eût pas pris à moi le moindre
intérêt. Ce qui me surprenait était qu'elle ne me disait
rien du tout; il me semblait qu'elle aurait dû me dire
quelque chose. Mme de Boufflers paraissait moins tran-
quille. Elle allait et venait avec un air d'agitation, se
donnant beaucoup de mouvement, et m'assurant que
M. le prince de Conti s'en donnait beaucoup aussi pour
parer le coup qui m'était préparé, et qu'elle attribuait
toujours aux circonstances présentes, dans lesquelles il
importait au Parlement de ne pas se laisser accuser par les
Jésuites d'indifférence sur la religion. Elle paraissait
cependant peu compter sur le succès des démarches du
prince et des siennes. Ses conversations, plus alarmantes
que rassurantes, tendaient toutes à m'engager à la retraite,
et elle me conseillait toujours l'Angleterre où elle m'offrait
beaucoup d'amis, entre autres le célèbre Hume, qui était
le sien depuis longtemps. Voyant que je persistais à rester
tranquille, elle prit un tour plus capable de m'ébranler.
Elle me fit entendre que si j'étais arrêté et interrogé, je me
mettais dans la nécessité de nommer Mme de Luxem-
bourg, et que son amitié pour moi méritait bien que je ne
m'exposasse pas à la compromettre. Je répondis qu'en
pareil cas elle pouvait rester tranquille, et que je ne la
compromettrais point. Elle répliqua que cette résolution
était plus facile à prendre qu'à exécuter, et en cela elle
avait raison, surtout pour moi, bien déterminé à ne jamais
me parjurer ni mentir devant les juges, quelque risque
qu'il pût y avoir à dire la vérité.

Voyant que cette réflexion m'avait fait quelque impres-
sion, sans cependant que je pusse me résoudre à fuir, elle

me parla de la Bastille pour quelques semaines, comme
d'un moyen de me soustraire à la juridiction du Parlement
qui ne se mêle pas des prisonniers d'Etat. Je n'objectai
rien contre cette singulière grâce, pourvu qu'elle ne fût
pas sollicitée en mon nom. Comme elle ne m'en parla
plus, j'ai jugé dans la suite qu'elle n'avait proposé cette
idée que pour me sonder, et qu'on n'avait pas voulu d'un
expédient qui finissait tout.

Peu de jours après, M. le Maréchal reçut du curé de
Deuil, ami de Grimm et de Mme d'Epinay, une lettre
portant l'avis, qu'il disait avoir eu de bonne part, que le
Parlement devait procéder contre moi avec la dernière
sévérité, et que tel jour, qu'il marqua, je serais décrété de
prise de corps. Je jugeai cet avis de fabrique holbachienne;
je savais que le Parlement était très attentif aux formes,
et que c'était toutes les enfreindre que de commencer en
cette occasion par un décret de prise de corps, avant de
savoir juridiquement si j'avouais le livre, et si réellement
j'en étais l'auteur. Il n'y a, disais-je à Mme de Boufflers,
que les crimes qui portent atteinte à la sûreté publique
dont, sur le simple indice, on décrète les accusés de prise
de corps, de peur qu'ils n'échappent au châtiment. Mais
quand on veut punir un délit tel que le mien, qui mérite
des honneurs et des récompenses, on procède contre le
livre, et l'on évite autant qu'on peut de s'en prendre à
l'auteur. Elle me fit à cela une distinction subtile, que j'ai
oubliée, pour me prouver que c'était par faveur qu'on me
décrétait de prise de corps, au lieu de m'assigner pour
être ouï. Le lendemain je reçus une lettre de Guy, qui me
marquait que, s'étant trouvé le même jour chez M. le Pro-
cureur-général, il avait vu sur son bureau le brouillon
d'un réquisitoire contre l'*Emile* et son auteur. Notez que
ledit Guy était l'associé de Duchesne, qui avait imprimé
l'ouvrage, lequel, fort tranquille pour son propre compte,
donnait par charité cet avis à l'auteur. On peut juger com-
bien tout cela me parut croyable! Il était si simple, si
naturel qu'un libraire admis à l'audience du Procureur-
général lût tranquillement les manuscrits et brouillons
épars sur le bureau de ce magistrat! Mme de Boufflers
et d'autres me confirmèrent la même chose. Sur les
absurdités dont on me rebattait incessamment les oreilles

j'étais tenté de croire que tout le monde était devenu fou.

Sentant bien qu'il y avait sous tout cela quelque mystère qu'on ne voulait pas me dire, j'attendais tranquillement l'événement, me reposant sur ma droiture et mon innocence en toute cette affaire, et trop heureux, quelque persécution qui dût m'attendre, d'être appelé à l'honneur de souffrir pour la vérité. Loin de craindre et de me tenir caché, j'allais tous les jours au château, et je faisais les après-midi ma promenade ordinaire. Le 8 juin, veille du décret, je la fis avec deux professeurs oratoriens, le P. Alamanni et le P. Mandard. Nous portâmes aux Champeaux un petit goûter que nous mangeâmes de grand appétit. Nous avions oublié des verres : nous y suppléâmes par des chalumeaux de seigle, avec lesquels nous aspirions le vin dans la bouteille, nous piquant de choisir des tuyaux bien larges, pour pomper à qui mieux mieux. Je n'ai de ma vie été si gai.

J'ai conté comment je perdis le sommeil dans ma jeunesse. Depuis lors j'avais pris l'habitude de lire tous les soirs dans mon lit jusqu'à ce que je sentisse mes yeux s'appesantir. Alors j'éteignais ma bougie, et je tâchais de m'assoupir quelques instants qui ne duraient guère. Ma lecture ordinaire du soir était la Bible, et je l'ai lue entière au moins cinq ou six fois de suite de cette façon. Ce soir-là me trouvant plus éveillé qu'à l'ordinaire, je prolongeai plus longtemps ma lecture, et je lus tout entier le livre qui finit par le Lévite d'Ephraïm, et qui, si je ne me trompe, est le livre des *Juges;* car je ne l'ai pas revu depuis ce temps-là. Cette histoire m'affecta beaucoup, et j'en étais occupé dans une espèce de rêve, quand tout à coup j'en fus tiré par du bruit et de la lumière. Thérèse, qui la portait, éclairait M. La Roche, qui, me voyant lever brusquement sur mon séant, me dit : Ne vous alarmez pas ; c'est de la part de Mme la Maréchale, qui vous écrit et vous envoie une lettre de M. le prince de Conti. En effet, dans la lettre de Mme de Luxembourg, je trouvai celle qu'un exprès de ce prince venait de lui apporter, portant avis que, malgré tous ses efforts, on était déterminé à procéder contre moi à toute rigueur. La fermentation, lui marquait-il, est extrême; rien ne peut parer le coup; la cour l'exige, le Parlement le veut; à sept heures du

matin il sera décrété de prise de corps, et l'on enverra
sur-le-champ le saisir; j'ai obtenu qu'on ne le pour-
suivra pas s'il s'éloigne; mais s'il persiste à vouloir se
laisser prendre, il sera pris. La Roche me conjura, de la
part de Mme la Maréchale, de me lever et d'aller confé-
rer avec elle. Il était deux heures; elle venait de se coucher.
Elle vous attend, ajouta-t-il, et ne veut pas s'endormir
sans vous avoir vu. Je m'habillai à la hâte, et j'y courus.

Elle me parut agitée. C'était la première fois. Son
trouble me toucha. Dans ce moment de surprise, au
milieu de la nuit, je n'étais pas moi-même exempt d'émo-
tion : mais en la voyant je m'oubliai moi-même pour ne
penser qu'à elle et au triste rôle qu'elle allait jouer, si je
me laissais prendre : car, me sentant assez de courage pour
ne dire jamais que la vérité, dût-elle me nuire et me
perdre, je ne me sentais ni assez de présence d'esprit, ni
assez d'adresse, ni peut-être assez de fermeté pour éviter
de la compromettre si j'étais vivement pressé. Cela me
décida à sacrifier ma gloire à sa tranquillité, à faire pour
elle, en cette occasion, ce que rien ne m'eût fait faire pour
moi. Dans l'instant que ma résolution fut prise, je la lui
déclarai, ne voulant point gâter le prix de mon sacrifice
en le lui faisant acheter. Je suis certain qu'elle ne put se
tromper sur mon motif; cependant elle ne me dit pas un
mot qui marquât qu'elle y fût sensible. Je fus choqué
de cette indifférence, au point de balancer à me rétracter :
mais M. le Maréchal survint; Mme de Boufflers arriva de
Paris quelques moments après. Ils firent ce qu'aurait dû
faire Mme de Luxembourg. Je me laissai flatter; j'eus
honte de me dédire, et il ne fut plus question que du lieu
de ma retraite et du temps de mon départ. M. de Luxem-
bourg me proposa de rester chez lui quelques jours inco-
gnito, pour délibérer et prendre mes mesures plus à
loisir; je n'y consentis point, non plus qu'à la proposition
d'aller secrètement au Temple. Je m'obstinai à vouloir
partir dès le même jour, plutôt que de rester caché où
que ce pût être.

Sentant que j'avais des ennemis secrets et puissants
dans le royaume, je jugeai que, malgré mon attachement
pour la France, j'en devais sortir pour assurer ma tran-
quillité. Mon premier mouvement fut de me retirer à

Genève; mais un instant de réflexion suffit pour me dis-
suader de faire cette sottise. Je savais que le ministère de
France, encore plus puissant à Genève qu'à Paris, ne me
laisserait pas plus en paix dans une de ces villes que dans
l'autre, s'il avait résolu de me tourmenter. Je savais que le
Discours sur l'Inégalité avait excité contre moi, dans le
Conseil, une haine d'autant plus dangereuse qu'il n'osait
la manifester. Je savais qu'en dernier lieu, quand *la
Nouvelle Héloïse* parut, il s'était pressé de la défendre,
à la sollicitation du docteur Tronchin; mais voyant que
personne ne l'imitait, pas même à Paris, il eut honte de
cette étourderie, et retira la défense. Je ne doutais pas
que, trouvant ici l'occasion plus favorable, il n'eût grand
soin d'en profiter. Je savais que, malgré tous les beaux
semblants, il régnait contre moi, dans tous les cœurs gene-
vois, une secrète jalousie, qui n'attendait que l'occasion
de s'assouvir. Néanmoins l'amour de la patrie me rappe-
lait dans la mienne, et si j'avais pu me flatter d'y vivre en
paix, je n'aurais pas balancé : mais l'honneur ni la raison
ne me permettant pas de m'y réfugier comme un fugitif,
je pris le parti de m'en rapprocher seulement, et d'aller
attendre en Suisse celui qu'on prendrait à Genève à mon
égard. On verra bientôt que cette incertitude ne dura pas
longtemps.

Mme de Boufflers désapprouva beaucoup cette résolu-
tion, et fit de nouveaux efforts pour m'engager à passer
en Angleterre. Elle ne m'ébranla pas. Je n'ai jamais aimé
l'Angleterre ni les Anglais, et toute l'éloquence de
Mme de Boufflers, loin de vaincre ma répugnance, sem-
blait l'augmenter, sans que je susse pourquoi.

Décidé à partir le même jour, je fus dès le matin parti
pour tout le monde, et La Roche, par qui j'envoyai cher-
cher mes papiers, ne voulut pas dire à Thérèse elle-même
si je l'étais ou ne l'étais pas. Depuis que j'avais résolu
d'écrire un jour mes mémoires, j'avais accumulé beaucoup
de lettres et autres papiers, de sorte qu'il fallut plusieurs
voyages. Une partie de ces papiers déjà triés furent mis
à part, et je m'occupai le reste de la matinée à trier les
autres, afin de n'emporter que ce qui pouvait m'être
utile, et brûler le reste. M. de Luxembourg voulut bien
m'aider à ce travail, qui se trouva si long que nous ne

pûmes achever dans la matinée, et je n'eus le temps de rien brûler. M. le Maréchal m'offrit de se charger du reste de ce triage, de brûler, le rebut lui-même, sans s'en rapporter à qui que ce fût, et de m'envoyer tout ce qui aurait été mis à part. J'acceptai l'offre, fort aise d'être délivré de ce soin, pour pouvoir passer le peu d'heures qui me restaient avec des personnes si chères, que j'allais quitter pour jamais. Il prit la clef de la chambre où je laissais ces papiers, et, à mon instante prière, il envoya chercher ma pauvre tante qui se consumait dans la perplexité mortelle de ce que j'étais devenu, et de ce qu'elle allait devenir, et attendant à chaque instant les huissiers, sans savoir comment se conduire et que leur répondre. La Roche l'amena au château, sans lui rien dire ; elle me croyait déjà bien loin : en m'apercevant, elle perça l'air de ses cris, et se précipita dans mes bras. O amitié, rapport des cœurs, habitude, intimité ! Dans ce doux et cruel moment se rassemblèrent tant de jours de bonheur, de tendresse et de paix passés ensemble, pour me faire mieux sentir le déchirement d'une première séparation, après nous être à peine perdus de vue un seul jour pendant près de dix-sept ans. Le Maréchal, témoin de cet embrassement, ne put retenir ses larmes. Il nous laissa. Thérèse ne voulait plus me quitter. Je lui fis sentir l'inconvénient qu'elle me suivît en ce moment, et la nécessité qu'elle restât pour liquider mes effets et recueillir mon argent. Quand on décrète un homme de prise de corps, l'usage est de saisir ses papiers, de mettre le scellé sur ses effets, ou d'en faire l'inventaire, et d'y nommer un gardien. Il fallait bien qu'elle restât pour veiller à ce qui se passerait, et tirer de tout le meilleur parti possible. Je lui promis qu'elle me rejoindrait dans peu : M. le Maréchal confirma ma promesse ; mais je [ne] voulus jamais lui dire où j'allais, afin qu'interrogée par ceux qui viendraient me saisir, elle pût protester avec vérité de son ignorance sur cet article. En l'embrassant au moment de nous quitter, je sentis en moi-même un mouvement très extraordinaire, et je lui dis dans un transport, hélas, trop prophétique : mon enfant, il faut t'armer de courage. Tu as partagé la prospérité de mes beaux jours ; il te reste, puisque tu le veux, à partager mes misères. N'attends

plus qu'affronts et calamités à ma suite : le sort que ce triste jour commence pour moi me poursuivra jusqu'à ma dernière heure.

Il ne me restait plus qu'à songer au départ. Les huissiers avaient dû venir à dix heures. Il en était quatre après-midi quand je partis, et ils n'étaient pas encore arrivés. Il avait été décidé que je prendrais la poste. Je n'avais point de chaise, M. le Maréchal me fit présent d'un cabriolet, et me prêta des chevaux et un postillon jusqu'à la première poste, où, par les mesures qu'il avait prises, on ne fit aucune difficulté de me fournir des chevaux.

Comme je n'avais point dîné à table, et ne m'étais pas montré dans le château, les dames vinrent me dire adieu dans l'entresol, où j'avais passé la journée. Mme la Maréchale m'embrassa plusieurs fois d'un air assez triste; mais je ne sentis plus dans ces embrassements les étreintes de ceux qu'elle m'avait prodigués il y avait deux ou trois ans. Mme de Boufflers m'embrassa aussi, et me dit de fort belles choses. Un embrassement qui me surprit davantage fut celui de Mme de Mirepoix, car elle était aussi là. Mme la Maréchale de Mirepoix est une personne extrêmement froide, décente et réservée, et ne me paraît pas tout à fait exempte de la hauteur naturelle à la maison de Lorraine. Elle ne m'avait jamais témoigné beaucoup d'attention. Soit que, flatté d'un honneur auquel je ne m'attendais pas, je cherchasse à m'en augmenter le prix, soit qu'en effet elle eût mis dans cet embrassement un peu de cette commisération naturelle aux cœurs généreux, je trouvai dans son mouvement et dans son regard, je ne sais quoi d'énergique qui me pénétra. Souvent, en y repensant, j'ai soupçonné dans la suite que, n'ignorant pas à quel sort j'étais condamné, elle n'avait pu se défendre d'un moment d'attendrissement sur ma destinée.

M. le Maréchal n'ouvrait pas la bouche; il était pâle comme un mort. Il voulut absolument m'accompagner jusqu'à ma chaise qui m'attendait à l'abreuvoir. Nous traversâmes tout le jardin sans dire un seul mot. J'avais une clef du parc, dont je me servis pour ouvrir la porte; après quoi, au lieu de remettre la clef dans ma poche, je la lui tendis sans mot dire. Il la prit avec une vivacité surpre-

nante, à laquelle je n'ai pu m'empêcher de penser souvent depuis ce temps-là. Je n'ai guère eu dans ma vie d'instant plus amer que celui de cette séparation. L'embrassement fut long et muet : nous sentîmes l'un et l'autre que cet embrassement était un dernier adieu.

Entre la Barre et Montmorency, je rencontrai dans un carrosse de remise quatre hommes en noir, qui me saluèrent en souriant. Sur ce que Thérèse m'a rapporté dans la suite de la figure des huissiers, de l'heure de leur arrivée, et de la façon dont ils se comportèrent, je n'ai point douté que ce ne fussent eux ; surtout ayant appris dans la suite qu'au lieu d'être décrété à sept heures, comme on me l'avait annoncé, je ne l'avais été qu'à midi. Il fallut traverser tout Paris. On n'est pas fort caché dans un cabriolet tout ouvert. Je vis dans les rues plusieurs personnes qui me saluèrent d'un air de connaissance, mais je n'en reconnus aucune. Le même soir je me détournai pour passer à Villeroy. A Lyon, les courriers doivent être menés au commandant. Cela pouvait être embarrassant pour un homme qui ne voulait ni mentir ni changer de nom. J'allai, avec une lettre de Mme de Luxembourg, prier M. de Villeroy de faire en sorte que je fusse exempté de cette corvée. M. de Villeroy me donna une lettre dont je ne fis point usage, parce que je ne passai pas à Lyon. Cette lettre est restée encore cachetée parmi mes papiers. M. le duc me pressa beaucoup de coucher à Villeroy ; mais j'aimai mieux reprendre la grande route, et je fis encore deux postes le même jour.

Ma chaise était rude, et j'étais trop incommodé pour pouvoir marcher à grandes journées. D'ailleurs je n'avais pas l'air assez imposant pour me faire bien servir, et l'on sait qu'en France les chevaux de poste ne sentent la gaule que sur les épaules du postillon. En payant grassement les guides, je crus suppléer à la mine et au propos ; ce fut encore pis. Ils me prirent pour un pied-plat, qui marchait par commission, et qui courait la poste pour la première fois de sa vie. Dès lors, je n'eus plus que des rosses, et je devins le jouet des postillons. Je finis, comme j'aurais dû commencer, par prendre patience, ne rien dire et aller comme il leur plut.

J'avais de quoi ne pas m'ennuyer en route, en me livrant aux réflexions qui se présentaient sur tout ce qui venait de m'arriver; mais ce n'était là ni mon tour d'esprit ni la pente de mon cœur. Il est étonnant avec quelle facilité j'oublie le mal passé, quelque récent qu'il puisse être. Autant sa prévoyance m'effraie et me trouble, tant que je le vois dans l'avenir, autant son souvenir me revient faiblement et s'éteint sans peine aussitôt qu'il est arrivé. Ma cruelle imagination, qui se tourmente sans cesse à prévenir les maux qui ne sont point encore, fait diversion à ma mémoire, et m'empêche de me rappeler ceux qui ne sont plus. Contre ce qui est fait, il n'y a plus de précautions à prendre, et il est inutile de s'en occuper. J'épuise en quelque façon mon malheur d'avance; plus j'ai souffert à le prévoir, plus j'ai de facilité à l'oublier; tandis qu'au contraire, sans cesse occupé de mon bonheur passé, je le rappelle et le rumine, pour ainsi dire, au point d'en jouir derechef quand je veux. C'est à cette heureuse disposition, je le sens, que je dois de n'avoir jamais connu cette humeur rancunière qui fermente dans un cœur vindicatif, pour le souvenir continuel des offenses reçues, et qui le tourmente lui-même de tout le mal qu'il voudrait faire à son ennemi. Naturellement emporté, j'ai senti la colère, la fureur même dans les premiers mouvements; mais jamais un désir de vengeance ne prit racine au-dedans de moi. Je m'occupe trop peu de l'offense, pour m'occuper beaucoup de l'offenseur. Je ne pense au mal que j'en ai reçu qu'à cause de celui que j'en peux recevoir encore, et, si j'étais sûr qu'il ne m'en fît plus, celui qu'il m'a fait serait à l'instant oublié. On nous prêche beaucoup le pardon des offenses : c'est une fort belle vertu sans doute, mais qui n'est pas à mon usage. J'ignore si mon cœur saurait dominer sa haine, car il n'en a jamais senti, et je pense trop peu à mes ennemis pour avoir le mérite de leur pardonner. Je ne dirai pas à quel point, pour me tourmenter, ils se tourmentent eux-mêmes. Je suis à leur merci, ils ont tout pouvoir, ils en usent. Il n'y a qu'une seule chose au-dessus de leur puissance, et dont je les défie : c'est, en se tourmentant de moi, de me forcer à me tourmenter d'eux.

Dès le lendemain de mon départ, j'oubliai si parfaite-

ment tout ce qui venait de se passer, et le Parlement, et
Mme de Pompadour, et M. de Choiseul, et Grimm, et
d'Alembert, et leurs complots, et leurs complices, que
je n'y aurais pas même repensé de tout mon voyage, sans
les précautions dont j'étais obligé d'user. Un souvenir qui
me vint au lieu de tout cela fut celui de ma dernière lec-
ture, la veille de mon départ. Je me rappelai aussi les
Idylles de Gessner, que son traducteur Huber m'avait
envoyées il y avait quelque temps. Ces deux idées me
revinrent si bien, et se mêlèrent de telle sorte dans mon
esprit, que je voulus essayer de les réunir, en traitant à la
manière de Gessner le sujet du *Lévite d'Ephraïm*. Ce
style champêtre et naïf ne paraissait guère propre à un
sujet si atroce, et il n'était guère à présumer que ma situa-
tion présente me fournît des idées bien riantes pour
l'égayer. Je tentai toutefois la chose, uniquement pour
m'amuser dans ma chaise et sans aucun espoir de succès.
A peine eus-je essayé, que je fus étonné de l'aménité de
mes idées, et de la facilité que j'éprouvais à les rendre. Je
fis en trois jours les trois premiers chants de ce petit
poème, que j'achevai dans la suite à Môtiers, et je suis
sûr de n'avoir rien fait en ma vie où règne une douceur de
mœurs plus attendrissante, un coloris plus frais, des pein-
tures plus naïves, un costume plus exact, une plus antique
simplicité en toute chose, et tout cela, malgré l'horreur du
sujet, qui dans le fond est abominable ; de sorte qu'outre
tout le reste, j'eus encore le mérite de la difficulté vaincue.
Le *Lévite d'Ephraïm*, s'il n'est pas le meilleur de mes
ouvrages, en sera toujours le plus chéri. Jamais je ne
l'ai relu, jamais je ne le relirai, sans sentir en dedans l'ap-
plaudissement d'un cœur sans fiel, qui loin de s'aigrir par
ses malheurs, s'en console avec lui-même, et trouve en soi
de quoi s'en dédommager. Qu'on rassemble tous ces
grands philosophes, si supérieurs dans leurs livres à l'ad-
versité qu'ils n'éprouvèrent jamais ; qu'on les mette dans
une position pareille à la mienne, et que, dans la première
indignation de l'honneur outragé, on leur donne un pareil
ouvrage à faire : on verra comment ils s'en tireront.

En partant de Montmorency pour la Suisse, j'avais
pris la résolution d'aller m'arrêter à Yverdon, chez mon
bon vieux ami M. Roguin, qui s'y était retiré depuis quel-

ques années, et qui m'avait même invité à l'y aller voir.
J'appris en route que Lyon faisait un détour; cela m'évita
d'y passer. Mais en revanche, il fallait passer par Besan-
çon, place de guerre, et par conséquent sujette au même
inconvénient. Je m'avisai de gauchir, et de passer par
Salins, sous prétexte d'aller voir M. de Miran, neveu de
M. Dupin, qui avait un emploi à la saline, et qui m'avait
fait jadis force invitations de l'y aller voir. L'expédient me
réussit; je ne trouvai point M. de Miran : fort aise d'être
dispensé de m'arrêter, je continuai ma route sans que
personne me dît un mot.

En entrant sur le territoire de Berne, je fis arrêter; je
descendis, je me prosternai, j'embrassai, je baisai la terre,
et m'écriai dans mon transport : Ciel! protecteur de la
vertu, je te loue, je touche une terre de liberté! C'est
ainsi qu'aveugle et confiant dans mes espérances, je me
suis toujours passionné pour ce qui devait faire mon mal-
heur. Mon postillon, surpris, me crut fou; je remontai
dans ma chaise, et peu d'heures après j'eus la joie aussi
pure que vive de me sentir pressé dans les bras du respec-
table Roguin. Ah! respirons quelques instants chez ce
digne hôte! J'ai besoin d'y reprendre du courage et des
forces; je trouverai bientôt à les employer.

Ce n'est pas sans raison que je me suis étendu, dans le
récit que je viens de faire, sur toutes les circonstances que
j'ai pu me rappeler. Quoiqu'elles ne paraissent pas fort
lumineuses, quand on tient une fois le fil de la trame, elles
peuvent jeter du jour sur sa marche, et par exemple, sans
donner la première idée du problème que je vais proposer,
elles aident beaucoup à le résoudre.

Supposons que, pour l'exécution du complot dont
j'étais l'objet, mon éloignement fût absolument néces-
saire, tout devait, pour l'opérer, se passer à peu près
comme il se passa; mais si, sans me laisser épouvanter
par l'ambassade nocturne de Mme de Luxembourg et
troubler par ses alarmes, j'avais continué de tenir ferme
comme j'avais commencé, et qu'au lieu de rester au châ-
teau je m'en fusse retourné dans mon lit dormir tran-
quillement la fraîche matinée, aurais-je également été
décrété? Grande question, d'où dépend la solution de
beaucoup d'autres, et pour l'examen de laquelle l'heure

du décret comminatoire et celle du décret réel ne sont pas
inutiles à remarquer. Exemple grossier, mais sensible, de
l'importance des moindres détails dans l'exposé des faits
dont on cherche les causes secrètes, pour les découvrir
par induction.

LIVRE DOUZIÈME

Ici commence l'œuvre de ténèbres dans lequel, depuis huit ans, je me trouve enseveli, sans que, de quelque façon que je m'y sois pu prendre, il m'ait été possible d'en percer l'effrayante obscurité. Dans l'abîme des maux où je suis submergé, je sens les atteintes des coups qui me sont portés, j'en aperçois l'instrument immédiat; mais je ne puis voir ni la main qui le dirige, ni les moyens qu'elle met en œuvre. L'opprobre et les malheurs tombent sur moi comme d'eux-mêmes, et sans qu'il y paraisse. Quand mon cœur déchiré laisse échapper des gémissements, j'ai l'air d'un homme qui se plaint sans sujet, et les auteurs de ma ruine ont trouvé l'art inconcevable de rendre le public complice de leur complot, sans qu'il s'en doute lui-même, et sans qu'il en aperçoive l'effet. En narrant donc les événements qui me regardent, les traitements que j'ai soufferts, et tout ce qui m'est arrivé, je suis hors d'état de remonter à la main motrice, et d'assigner les causes en disant les faits. Ces causes primitives sont toutes marquées dans les trois précédents livres; tous les intérêts relatifs à moi, tous les motifs secrets y sont exposés. Mais dire en quoi ces diverses causes se combinent pour opérer les étranges événements de ma vie, voilà ce qu'il m'est impossible d'expliquer, même par conjecture. Si parmi mes lecteurs il s'en trouve d'assez généreux pour vouloir approfondir ces mystères et découvrir la vérité, qu'ils relisent avec soin les trois précédents livres; qu'ensuite à chaque fait qu'ils liront dans les suivants ils prennent les informations qui seront à leur portée, qu'ils remontent d'intrigue en intrigue et d'agent en agent jusqu'aux premiers moteurs de tout, je sais certainement à quel terme

aboutiront leurs recherches; mais je me perds dans la route obscure et tortueuse des souterrains qui les y conduiront.

Durant mon séjour à Yverdon, j'y fis connaissance avec toute la famille de M. Roguin, et entre autres avec sa nièce Mme Boy de la Tour et ses filles, dont, comme je crois l'avoir dit, j'avais autrefois connu le père à Lyon. Elle était venue à Yverdon voir son oncle et ses sœurs; sa fille aînée, âgée d'environ quinze ans, m'enchanta par son grand sens et son excellent caractère. Je m'attachai de l'amitié la plus tendre à la mère et à la fille. Cette dernière était destinée par M. Roguin au colonel, son neveu, déjà d'un certain âge, et qui me témoignait aussi la plus grande affection; mais, quoique l'oncle fût passionné pour ce mariage, que le neveu le désirât fort aussi, et que je prisse un intérêt très vif à la satisfaction de l'un et de l'autre, la grande disproportion d'âge et d'extrême répugnance de la jeune personne me firent concourir avec la mère à détourner ce mariage, qui ne se fit point. Le colonel épousa depuis Mlle d'Illens, sa parente, d'un caractère et d'une beauté bien selon mon cœur, et qui l'a rendu le plus heureux des maris et des pères. Malgré cela, M. Roguin n'a pu oublier que j'aie en cette occasion contrarié ses désirs. Je m'en suis consolé par la certitude d'avoir rempli, tant envers lui qu'envers sa famille, le devoir de la plus sainte amitié, qui n'est pas de se rendre toujours agréable, mais de conseiller toujours pour le mieux.

Je ne fus pas longtemps en doute sur l'accueil qui m'attendait à Genève. au cas que j'eusse envie d'y retourner. Mon livre y fut brûlé, et j'y fus décrété le 10 juin, c'est-à-dire neuf jours après l'avoir été à Paris. Tant d'incroyables absurdités étaient cumulées dans ce second décret, et l'Edit ecclésiastique y était si formellement violé, que je refusai d'ajouter foi aux premières nouvelles qui m'en vinrent, et que, quand elles furent bien confirmées, je tremblai qu'une si manifeste et criante infraction de toutes les lois, à commencer par celle du bon sens, ne mît Genève sens dessus dessous. J'eus de quoi me rassurer; tout resta tranquille. S'il s'émut quelque rumeur dans la populace, elle ne fut que contre moi, et je fus

traité publiquement par toutes les caillettes et par tous les cuistres comme un écolier qu'on menacerait du fouet pour n'avoir pas bien dit son catéchisme.

Ces deux décrets furent le signal du cri de malédiction qui s'éleva contre moi dans toute l'Europe, avec une fureur qui n'eut jamais d'exemple. Toutes les gazettes, tous les journaux, toutes les brochures sonnèrent le plus terrible tocsin. Les Français surtout, ce peuple si doux, si poli, si généreux, qui se pique si fort de bienséance et d'égards pour les malheureux, oubliant tout d'un coup ses vertus favorites, se signala par le nombre et la violence des outrages dont il m'accablait à l'envi. J'étais un impie, un athée, un forcené, un enragé, une bête féroce, un loup. Le continuateur du *Journal de Trévoux* fit sur ma prétendue lycanthropie un écart qui montrait assez bien la sienne. Enfin vous eussiez dit qu'on craignait à Paris de se faire une affaire avec la police, si, publiant un écrit sur quelque sujet que ce pût être, on manquait d'y larder quelque insulte contre moi. En cherchant vainement la cause de cette unanime animosité, je fus prêt à croire que tout le monde était devenu fou. Quoi! le rédacteur de la *Paix perpétuelle* souffle la discorde; l'éditeur du *Vicaire savoyard* est un impie; l'auteur de *la Nouvelle Héloïse* est un loup; celui de l'*Emile* est un enragé! Eh! mon Dieu, qu'aurais-je donc été, si j'avais publié le livre de l'*Esprit*, ou quelque autre ouvrage semblable ? Et pourtant, dans l'orage qui s'éleva contre l'auteur de ce livre, le public, loin de joindre sa voix à celle de ses persécuteurs, le vengea d'eux par ses éloges. Que l'on compare son livre et les miens, l'accueil différent qu'ils ont reçu, les traitements faits aux deux auteurs dans les divers Etats de l'Europe; qu'on trouve à ces différences des causes qui puissent contenter un homme sensé : voilà tout ce que je demande, et je me tais.

Je me trouvais si bien du séjour d'Yverdon, que je pris la résolution d'y rester, à la vive sollicitation de M. Roguin et de toute sa famille. M. de Moiry de Gingins, baillif de cette ville, m'encourageait aussi par ses bontés à rester dans son gouvernement. Le colonel me pressa si fort d'accepter l'habitation d'un petit pavillon qu'il avait dans sa maison, entre cour et jardin, que j'y consen-

tis, et aussitôt il s'empressa de le meubler et garnir de tout
ce qui était nécessaire pour mon petit ménage. Le banne-
ret Roguin, des plus empressés autour de moi, ne me quit-
tait pas de la journée. J'étais toujours très sensible à tant
de caresses, mais j'en étais quelquefois bien importuné. Le
jour de mon emménagement était déjà marqué, et j'avais
écrit à Thérèse de me venir joindre, quand tout à coup
j'appris qu'il s'élevait à Berne un orage contre moi, qu'on
attribuait aux dévots, et dont je n'ai jamais pu pénétrer
la première cause. Le Sénat excité, sans qu'on sût par
qui, paraissait ne vouloir pas me laisser tranquille dans ma
retraite. Au premier avis qu'eut M. le Baillif de cette
fermentation, il écrivit en ma faveur à plusieurs membres
du gouvernement, leur reprochant leur aveugle intolé-
rance, et leur faisant honte de vouloir refuser à un homme
de mérite opprimé l'asile que tant de bandits trouvaient
dans leurs Etats. Des gens sensés ont présumé que la
chaleur de ses reproches avait plus aigri qu'adouci les
esprits. Quoiqu'il en soit, son crédit ni son éloquence
ne purent parer le coup. Prévenu de l'ordre qu'il devait
me signifier, il m'en avertit d'avance, et, pour ne pas
attendre cet ordre, je résolus de partir dès le lendemain.
La difficulté était de savoir où aller, voyant que Genève et
la France m'étaient fermées, et prévoyant bien que, dans
cette affaire, chacun s'empresserait d'imiter son voisin.

Mme Boy de la Tour me proposa d'aller m'établir dans
une maison vide, mais toute meublée, qui appartenait à
son fils, au village de Môtiers, dans le Val-de-Travers,
comté de Neuchâtel. Il n'y avait qu'une montagne à tra-
verser pour m'y rendre. L'offre venait d'autant plus à
propos, que dans les Etats du Roi de Prusse je devais
naturellement être à l'abri des persécutions, et qu'au
moins la religion n'y pouvait guère servir de prétexte.
Mais une secrète difficulté qu'il ne me convenait pas de
dire, avait bien de quoi me faire hésiter. Cet amour inné
de la justice, qui dévora toujours mon cœur, joint à mon
penchant secret pour la France, m'avait inspiré de l'aver-
sion pour le Roi de Prusse qui me paraissait, par ses
maximes et par sa conduite, fouler aux pieds tout respect
pour la loi naturelle et pour tous les devoirs humains.
Parmi les estampes encadrées dont j'avais orné mon Don-

jon à Montmorency, était un portrait de ce prince, au-
dessous duquel était un distique qui finissait ainsi :

Il pense en philosophe, et se conduit en Roi.

Ce vers qui, sous toute autre plume, eût fait un assez
bel éloge, avait sous la mienne un sens qui n'était pas
équivoque, et qu'expliquait d'ailleurs trop clairement le
vers précédent. Ce distique avait été vu de tous ceux qui
venaient me voir, et qui n'étaient pas en petit nombre.
Le chevalier de Lorenzi l'avait même écrit pour le don-
ner à d'Alembert, et je ne doutais pas que d'Alembert
n'eût pris le soin d'en faire ma cour à ce prince. J'avais
encore aggravé ce premier tort par un passage de l'*Emile*,
où, sous le nom d'Adraste, roi des Dauniens, on voyait
assez que j'avais eu en vue, et la remarque n'avait pas
échappé aux épilogueurs, puisque Mme de Boufflers
m'avait mis plusieurs fois sur cet article. Ainsi j'étais bien
sûr d'être inscrit en encre rouge sur les registres du Roi de
Prusse, et, supposant d'ailleurs qu'il eût les principes que
j'avais osé lui attribuer, mes écrits et leur auteur ne pou-
vaient par cela seul que lui déplaire : car on sait que les
méchants et les tyrans m'ont toujours pris dans la plus
mortelle haine, même sans me connaître, et sur la seule
lecture de mes écrits.

J'osai pourtant me mettre à sa merci, et je crus courir
peu de risque. Je savais que les passions basses ne sub-
juguent que les hommes faibles, et ont peu de prise sur
les âmes d'une forte trempe, telles que j'avais toujours
reconnu la sienne. Je jugeais que dans son art de régner,
il entrait de se montrer magnanime en pareille occasion,
et qu'il n'était pas au-dessus de son caractère de l'être en
effet. Je jugeai qu'une vile et facile vengeance ne balan-
cerait pas un moment en lui l'amour de la gloire, et, me
mettant à sa place, je ne crus pas impossible qu'il se pré-
valût de la circonstance pour accabler du poids de sa
générosité l'homme qui avait osé mal penser de lui. J'allai
donc m'établir à Môtiers, avec une confiance dont je le
crus fait pour sentir le prix, et je me dis : Quand Jean-
Jacques s'élève à côté de Coriolan, Frédéric sera-t-il
au-dessous du général des Volsques ?

Le colonel Roguin voulut absolument passer avec moi la montagne, et venir m'installer à Môtiers. Une belle-sœur de Mme Boy de la Tour, appelée Mme Girardier, à qui la maison que j'allais occuper était très commode, ne me vit pas arriver avec un certain plaisir ; cependant elle me mit de bonne grâce en possession de mon logement, et je mangeai chez elle en attendant que Thérèse fût venue, et que mon petit ménage fût établi.

Depuis mon départ de Montmorency, sentant bien que je serais désormais fugitif sur la terre, j'hésitais à permettre qu'elle vînt me joindre, et partager la vie errante à laquelle je me voyais condamné. Je sentais que, par cette catastrophe, nos relations allaient changer, et que ce qui jusqu'alors avait été faveur et bienfait de ma part le serait désormais de la sienne. Si son attachement restait à l'épreuve de mes malheurs, elle en serait déchirée, et sa douleur ajouterait à mes maux. Si ma disgrâce attiédissait son cœur, elle me ferait valoir sa constance comme un sacrifice, et, au lieu de sentir le plaisir que j'avais à partager avec elle mon dernier morceau de pain, elle ne sentirait que le mérite qu'elle aurait de vouloir bien me suivre partout où le sort me forçait d'aller.

Il faut dire tout : je n'ai dissimulé ni les vices de ma pauvre Maman, ni les miens ; je ne dois pas faire plus de grâce à Thérèse, et, quelque plaisir que je prenne à rendre honneur à une personne qui m'est si chère, je ne veux pas non plus déguiser ses torts, si tant est même qu'un changement involontaire dans les affections de cœur soit un vrai tort. Depuis longtemps je m'apercevais de l'attiédissement du sien. Je sentais qu'elle n'était plus pour moi ce qu'elle fut dans nos belles années, et je le sentais d'autant mieux que j'étais le même pour elle toujours. Je retombai dans le même inconvénient dont j'avais senti l'effet auprès de Maman, et cet effet fut le même auprès de Thérèse : n'allons pas chercher des perfections hors de la nature ; il serait le même auprès de quelque femme que ce fût. Le parti que j'avais pris à l'égard de mes enfants, quelque bien raisonné qu'il m'eût paru, ne m'avait pas toujours laissé le cœur tranquille. En méditant mon *Traité de l'Education*, je sentis que j'avais négligé des devoirs dont rien ne pouvait me dis-

penser. Le remords enfin devint si vif, qu'il m'arracha presque l'aveu public de ma faute au commencement de l'*Emile*, et le trait même est si clair, qu'après un tel passage il est surprenant qu'on ait eu le courage de me la reprocher. Ma situation cependant était alors la même, et pire encore par l'animosité de mes ennemis, qui ne cherchaient qu'à me prendre en faute. Je craignis la récidive, et, n'en voulant pas courir le risque, j'aimai mieux me condamner à l'abstinence que d'exposer Thérèse à se voir derechef dans le même cas. J'avais d'ailleurs remarqué que l'habitation des femmes empirait sensiblement mon état : cette double raison m'avait fait former des résolutions que j'avais quelquefois assez mal tenues, mais dans lesquelles je persistais avec plus de constance depuis trois ou quatre ans ; c'était aussi depuis cette époque que j'avais remarqué du refroidissement dans Thérèse : elle avait pour moi le même attachement par devoir, mais elle n'en avait plus par amour. Cela jetait nécessairement moins d'agrément dans notre commerce, et j'imaginai que, sûre de la continuation de mes soins, où qu'elle pût être, elle aimerait peut-être mieux rester à Paris que d'errer avec moi. Cependant elle avait marqué tant de douleur à notre séparation, elle avait exigé de moi des promesses si positives de nous rejoindre, elle en exprimait si vivement le désir depuis mon départ, tant à M. le prince de Conti qu'à M. de Luxembourg, que, loin d'avoir le courage de lui parler de séparation, j'eus à peine celui d'y penser moi-même, et, après avoir senti dans mon cœur combien il m'était impossible de me passer d'elle, je ne songeai plus qu'à la rappeler incessamment. Je lui écrivis donc de partir, elle vint. A peine y avait-il deux mois que je l'avais quittée ; mais c'était depuis tant d'années, notre première séparation. Nous l'avions sentie bien cruellement l'un et l'autre. Quel saisissement en nous embrassant ! O que les larmes de tendresse et de joie sont douces ! Comme mon cœur s'en abreuve ! Pourquoi m'a-t-on fait verser si peu de celles-là ?

En arrivant à Môtiers, j'avais écrit à Milord Keith, maréchal d'Ecosse, gouverneur de Neuchâtel, pour lui donner avis de ma retraite dans les Etats de Sa Majesté, et pour lui demander sa protection. Il me répondit avec

la générosité qu'on lui connaît et que j'attendais de lui. Il m'invita à l'aller voir. J'y fus avec M. Martinet, châtelain du Val-de-Travers, qui était en grande faveur auprès de Son Excellence. L'aspect vénérable de cet illustre et vertueux Ecossais m'émut puissamment le cœur, et dès l'instant même commença entre lui et moi ce vif attachement qui de ma part est toujours demeuré le même, et qui le serait toujours de la sienne, si les traîtres qui m'ont ôté toutes les consolations de la vie n'eussent profité de mon éloignement pour abuser sa vieillesse et me défigurer à ses yeux.

George Keith, maréchal héréditaire d'Ecosse, et frère du célèbre général Keith, qui vécut glorieusement et mourut au lit d'honneur, avait quitté son pays dans sa jeunesse, et y fut proscrit pour s'être attaché à la maison Stuart, dont il se dégoûta bientôt, par l'esprit injuste et tyrannique qu'il y remarqua, et qui en fit toujours le caractère dominant. Il demeura longtemps en Espagne, dont le climat lui plaisait beaucoup, et finit par s'attacher, ainsi que son frère, au Roi de Prusse, qui se connaissait en hommes, et les accueillit comme ils le méritaient. Il fut bien payé de cet accueil par les grands services que lui rendit le maréchal Keith, et par une chose bien plus précieuse encore, la sincère amitié de Milord Maréchal. La grande âme de ce digne homme, toute républicaine et fière, ne pouvait se plier que sous le joug de l'amitié ; mais elle s'y pliait si parfaitement, qu'avec des maximes bien différentes il ne vit plus que Frédéric, du moment qu'il lui fut attaché. Le Roi le chargea d'affaires importantes, l'envoya à Paris, en Espagne, et enfin le voyant, déjà vieux, avoir besoin de repos, lui donna pour retraite le gouvernement de Neuchâtel, avec la délicieuse occupation d'y passer le reste de sa vie à rendre ce petit peuple heureux.

Les Neuchâtelois, qui n'aiment que la pretintaille et le clinquant, qui ne se connaissent point en véritable étoffe, et mettent l'esprit dans les longues phrases, voyant un homme froid et sans façon, prirent sa simplicité pour de la hauteur, sa franchise pour de la rusticité, son laconisme pour de la bêtise, se cabrèrent contre ses soins bienfaisants, parce que, voulant être utile et non

cajoleur, il ne savait point flatter les gens qu'il n'estimait pas. Dans la ridicule affaire du ministre Petitpierre, qui fut chassé par ses confrères, pour n'avoir pas voulu qu'ils fussent damnés éternellement, Milord s'étant opposé aux usurpations des ministres, vit soulever contre lui tout le pays dont il prenait le parti, et quand j'y arrivai, ce stupide murmure n'était pas éteint encore. Il passait au moins pour un homme qui se laissait prévenir, et de toutes les imputations dont il fut chargé, c'était peut-être la moins injuste. Mon premier mouvement, en voyant ce vénérable vieillard, fut de m'attendrir sur la maigreur de son corps, déjà décharné par les ans; mais en levant les yeux sur sa physionomie animée, ouverte et noble, je me sentis saisi d'un respect mêlé de confiance, qui l'emporta sur tout autre sentiment. Au compliment très court que je lui fis en l'abordant, il répondit en parlant d'autre chose, comme si j'eusse été là depuis huit jours. Il ne nous dit pas même de nous asseoir. L'empesé châtelain resta debout. Pour moi, je vis dans l'œil perçant et fin de Milord je ne sais quoi de si caressant, que, me sentant d'abord à mon aise, j'allai sans façon partager son sofa, et m'asseoir à côté de lui. Au ton familier qu'il prit à l'instant, je sentis que cette liberté lui faisait plaisir, et qu'il se disait en lui-même : celui-ci n'est pas un Neuchâtelois.

Effet singulier de la grande convenance des caractères ! Dans un âge où le cœur a déjà perdu sa chaleur naturelle, celui de ce bon vieillard se réchauffa pour moi d'une façon qui surprit tout le monde. Il vint me voir à Môtiers, sous prétexte de tirer des cailles, et y passa deux jours sans toucher un fusil. Il s'établit entre nous une telle amitié, car c'est le mot, que nous ne pouvions nous passer l'un de l'autre. Le château de Colombier, qu'il habitait l'été, était à six lieues de Môtiers : j'allais tous les quinze jours au plus tard y passer vingt-quatre heures, puis je revenais de même en pèlerin, le cœur toujours plein de lui. L'émotion que j'éprouvais jadis dans mes courses de l'Ermitage à Eaubonne était bien différente assurément; mais elle n'était pas plus douce que celle avec laquelle j'approchais de Colombier. Que de larmes d'attendrissement j'ai souvent versées dans

ma route, en pensant aux bontés paternelles, aux vertus
aimables, à la douce philosophie de ce respectable vieil-
lard! Je l'appelais mon père, il m'appelait son enfant.
Ces doux noms rendent en partie l'idée de l'attachement
qui nous unissait, mais ils ne rendent pas encore celle
du besoin que nous avions l'un de l'autre, et du désir
continuel de nous rapprocher. Il voulait absolument
nous loger au château de Colombier, et me pressa long-
temps d'y prendre à demeure l'appartement que j'oc-
cupais. Je lui dis enfin que j'étais plus libre chez moi,
et que j'aimais mieux passer ma vie à le venir voir. Il
approuva cette franchise, et ne m'en parla plus. O bon
Milord! ô mon digne père! que mon cœur s'émeut
encore en pensant à vous! Ah! les barbares! quel coup
ils m'ont porté en vous détachant de moi! Mais non,
non, grand homme, vous êtes et serez toujours le même
pour moi, qui suis le même toujours. Ils vous ont trompé,
mais ils ne vous ont pas changé.

Milord Maréchal n'est pas sans défaut; c'est un sage,
mais c'est un homme. Avec l'esprit le plus pénétrant, avec
le tact le plus fin qu'il soit possible d'avoir, avec la plus
profonde connaissance des hommes, il se laisse abuser
quelquefois, et n'en revient pas. Il a l'humeur singulière,
quelque chose de bizarre et d'étranger dans son tour
d'esprit. Il paraît oublier les gens qu'il voit tous les jours,
et se souvient d'eux au moment qu'ils y pensent le
moins : ses attentions paraissent hors de propos; ses
cadeaux sont de fantaisie, et non de convenance. Il donne
ou envoie à l'instant ce qui lui passe par la tête, de grand
prix ou de nulle valeur indifféremment. Un jeune Gene-
vois, désirant entrer au service du Roi de Prusse, se
présente à lui : Milord lui donne, au lieu de lettre, un
petit sachet plein de pois, qu'il le charge de remettre
au Roi. En recevant cette singulière recommandation, le
Roi place à l'instant celui qui la porte. Ces génies élevés
ont entre eux un langage que les esprits vulgaires n'en-
tendront jamais. Ces petites bizarreries, semblables aux
caprices d'une jolie femme, ne me rendaient Milord Maré-
chal que plus intéressant. J'étais bien sûr, et j'ai bien
éprouvé dans la suite, qu'elles n'influaient pas sur les
sentiments, ni sur les soins que lui prescrit l'amitié

dans les occasions sérieuses. Mais il est vrai que dans sa
façon d'obliger, il met encore la même singularité que
dans ses manières. Je n'en citerai qu'un seul trait sur
une bagatelle. Comme la journée de Môtiers à Colom-
bier était trop forte pour moi, je la partageais d'ordi-
naire, en partant après dîner et couchant à Brot, à moi-
tié chemin. L'hôte, appelé Sandoz, ayant à solliciter à
Berlin une grâce qui lui importait extrêmement me pria
de demander à Son Excellence de la demander pour lui :
volontiers. Je le mène avec moi, je le laisse dans l'anti-
chambre, et je parle de son affaire à Milord, qui ne me
répond rien. La matinée se passe; en traversant la salle
pour aller dîner, je vois le pauvre Sandoz qui se mor-
fondait d'attendre. Croyant que Milord l'avait oublié,
je lui en reparle avant de nous mettre à table; mot,
comme auparavant. Je trouvai cette manière de me
faire sentir combien je l'importunais, un peu dure, et
je me tus en plaignant tout bas le pauvre Sandoz. En
m'en retournant le lendemain, je fus bien surpris du
remerciement qu'il me fit du bon accueil et du bon
dîner qu'il avait eus chez Son Excellence, qui de plus
avait reçu son papier. Trois semaines après Milord lui
envoya le rescrit qu'il avait demandé, expédié par le
ministre et signé du Roi, et cela, sans m'avoir jamais
voulu dire ni répondre un seul mot, ni à lui non plus,
sur cette affaire, dont je crus qu'il ne voulait pas se
charger.

 Je voudrais ne pas cesser de parler de George Keith :
c'est de lui que me viennent mes derniers souvenirs heu-
reux; tout le reste de ma vie n'a plus été qu'afflictions et
serrements de cœur. La mémoire en est si triste, et m'en
vient si confusément, qu'il ne m'est pas possible de
mettre aucun ordre dans mes récits : je serai forcé désor-
mais de les arranger au hasard et comme ils se présen-
teront.

 Je ne tardai pas d'être tiré d'inquiétude sur mon asile
par la réponse du Roi à Milord Maréchal, en qui,
comme on peut croire, j'avais trouvé un bon avocat.
Non seulement Sa Majesté approuva ce qu'il avait fait,
mais elle le chargea, car il faut tout dire, de me donner
douze louis. Le bon Milord, embarrassé d'une pareille

commission, et ne sachant comment s'en acquitter hon-
nêtement, tâcha d'en exténuer l'insulte, en transformant
cet argent en nature de provisions, et me marquant qu'il
avait ordre de me fournir du bois et du charbon pour
commencer mon petit ménage; il ajouta même, et peut-
être de son chef, que le Roi me ferait volontiers bâtir
une petite maison à ma fantaisie, si j'en voulais choisir
l'emplacement. Cette dernière offre me toucha fort, et
me fit oublier la mesquinerie de l'autre. Sans accepter
aucune des deux, je regardai Frédéric comme mon bien-
faiteur et mon protecteur, et je m'attachai si sincèrement
à lui, que je pris dès lors autant d'intérêt à sa gloire
que j'avais trouvé jusqu'alors d'injustice à ses succès.
A la paix qu'il fit peu de temps après, je témoignai ma
joie par une illumination de très bon goût; c'était un
cordon de guirlandes, dont j'ornai la maison que j'habi-
tais, et où j'eus, il est vrai, la fierté vindicative de dépen-
ser presque autant d'argent qu'il m'en avait voulu don-
ner. La paix conclue, je crus que, sa gloire militaire et
politique étant au comble, il allait s'en donner une d'une
autre espèce, en revivifiant ses Etats, en y faisant régner
le commerce, l'agriculture, en y créant un nouveau sol,
en le couvrant d'un nouveau peuple, en maintenant la
paix chez tous ses voisins, en se faisant l'arbitre de l'Eu-
rope, après en avoir été la terreur. Il pouvait sans risque
poser l'épée, bien sûr qu'on ne l'obligerait pas à la
reprendre. Voyant qu'il ne désarmait pas je craignis qu'il
ne profitât mal de ses avantages, et qu'il ne fût grand
qu'à demi. J'osai lui écrire à ce sujet, et, prenant le ton
familier, fait pour plaire aux hommes de sa trempe,
porter jusqu'à lui cette sainte voix de la vérité, que si
peu de rois sont faits pour entendre. Ce ne fut qu'en
secret et de moi à lui que je pris cette liberté. Je n'en
fis pas même participant Milord Maréchal, et je lui
envoyai ma lettre au roi toute cachetée. Milord envoya
la lettre sans s'informer de son contenu. Le Roi n'y fit
aucune réponse, et quelque temps après, Milord Maré-
chal étant allé à Berlin, il lui dit seulement que je l'avais
bien grondé. Je compris par là que ma lettre avait été
mal reçue, et que la franchise de mon zèle avait passé
pour la rusticité d'un pédant. Dans le fond, cela pouvait

très bien être; peut-être ne dis-je pas ce qu'il fallait dire, et ne pris-je pas le ton qu'il fallait prendre. Je ne puis répondre que du sentiment qui m'avait mis la plume à la main.

Peu de temps après mon établissement à Môtiers-Travers, ayant toutes les assurances possibles qu'on m'y laisserait tranquille, je pris l'habit arménien. Ce n'était pas une idée nouvelle. Elle m'était venue diverses fois dans le cours de ma vie, et elle me revint souvent à Montmorency, où le fréquent usage des sondes, me condamnant à rester souvent dans ma chambre, me fit mieux sentir tous les avantages de l'habit long. La commodité d'un tailleur arménien, qui venait souvent voir un parent qu'il avait à Montmorency, me tenta d'en profiter pour prendre ce nouvel équipage, au risque du qu'en dira-t-on, dont je me souciais très peu. Cependant, avant d'adopter cette nouvelle parure, je voulus avoir l'avis de Mme de Luxembourg, qui me conseilla fort de la prendre. Je me fis donc une petite garde-robe arménienne; mais l'orage excité contre moi m'en fit remettre l'usage à des temps plus tranquilles, et ce ne fut que quelques mois après que, forcé par de nouvelles attaques de recourir aux sondes, je crus pouvoir, sans aucun risque, prendre ce nouvel habillement à Môtiers, surtout après avoir consulté le pasteur du lieu, qui me dit que je pouvais le porter au temple même sans scandale. Je pris donc la veste, le cafetan, le bonnet fourré, la ceinture, et après avoir assisté dans cet équipage au service divin, je ne vis point d'inconvénient à le porter chez Milord Maréchal. Son Excellence, me voyant ainsi vêtu, me dit pour tout compliment *Salamaleki*, après quoi tout fut fini, et je ne portai plus d'autre habit.

Ayant quitté tout à fait la littérature, je ne songeai plus qu'à mener une vie plus tranquille et douce, autant qu'il dépendrait de moi. Seul je n'ai jamais connu l'ennui, même dans le plus parfait désœuvrement : mon imagination, remplissant tous les vides, suffit seule pour m'occuper. Il n'y a que le bavardage inactif de chambre, assis les uns vis-à-vis des autres à ne mouvoir que la langue, que jamais je n'ai pu supporter. Quand on

marche, qu'on se promène, encore passe; les pieds et les
yeux font au moins quelque chose; mais rester là, les
bras croisés, à parler du temps qu'il fait et des mouches
qui volent, ou, qui pis est, à s'entre-faire des compli-
ments, cela m'est un supplice insupportable. Je m'avisai,
pour ne pas vivre en sauvage, d'apprendre à faire des
lacets. Je portais mon coussin dans mes visites, ou j'allais
comme les femmes travailler à ma porte et causer avec
les passants. Cela me faisait supporter l'inanité du
babillage, et passer mon temps sans ennui chez mes voi-
sines, dont plusieurs étaient assez aimables, et ne man-
quaient pas d'esprit. Une, entre autres, appelée Isabelle
d'Ivernois, fille du Procureur-général de Neuchâtel, me
parut assez estimable pour me lier avec elle d'une amitié
particulière dont elle ne s'est pas mal trouvée par les
conseils utiles que je lui ai donnés, et par les soins que
je lui ai rendus dans des occasions essentielles; de sorte
que maintenant, digne et vertueuse mère de famille, elle
me doit peut-être sa raison, son mari, sa vie, et son
bonheur. De mon côté, je lui dois des consolations très
douces, et surtout durant un bien triste hiver, où, dans
le fort de mes maux et de mes peines, elle venait passer
avec Thérèse et moi de longues soirées qu'elle savait
nous rendre bien courtes par l'agrément de son esprit,
et par les mutuels épanchements de nos cœurs. Elle
m'appelait son papa, je l'appelais ma fille, et ces noms
que nous nous donnons encore ne cesseront point, je
l'espère, de lui être aussi chers qu'à moi. Pour rendre
mes lacets bons à quelque chose, j'en faisais présent à
mes jeunes amies à leur mariage, à condition qu'elles
nourriraient leurs enfants. Sa sœur aînée en eut un à
ce titre, et l'a mérité; Isabelle en eut un de même, et
ne l'a pas moins mérité par l'intention; mais elle n'a
pas eu le bonheur de pouvoir faire sa volonté. En leur
envoyant ces lacets, j'écrivis à l'une et à l'autre des lettres
dont la première a couru le monde; mais tant d'éclat
n'allait pas à la seconde : l'amitié ne marche pas avec si
grand bruit.

 Parmi les liaisons que je fis à mon voisinage, et dans
le détail desquelles je n'entrerai pas, je dois noter celle
du colonel Pury, qui avait une maison sur la montagne,

où il venait passer les étés. Je n'étais pas empressé de sa connaissance, parce que je savais qu'il était très mal à la cour et auprès de Milord Maréchal, qu'il ne voyait point. Cependant, comme il me vint voir et me fit beaucoup d'honnêtetés, il fallut l'aller voir à mon tour : cela continua, et nous mangions quelquefois l'un chez l'autre. Je fis chez lui connaissance avec M. du Peyrou, et ensuite une amitié trop intime pour que je puisse me dispenser de parler de lui.

M. Du Peyrou était américain, fils d'un commandant de Surinam, dont le successeur, M. Le Chambrier, de Neuchâtel, épousa la veuve. Devenue veuve une seconde fois, elle vint avec son fils s'établir dans le pays de son second mari. Du Peyrou, fils unique, fort riche, et tendrement aimé de sa mère, avait été élevé avec assez de soin, et son éducation lui avait profité. Il avait acquis beaucoup de demi-connaissances, quelque goût pour les arts, et il se piquait d'avoir surtout cultivé sa raison : son air hollandais, froid et philosophe, son teint basané, son humeur silencieuse et cachée, favorisaient beaucoup cette opinion. Il était sourd et goutteux, quoique jeune encore. Cela rendait tous ses mouvements fort posés, fort graves, et, quoiqu'il aimât à disputer, quelquefois même un peu longuement, généralement il parlait peu, parce qu'il n'entendait pas. Tout cet extérieur m'en imposa. Je me dis : Voici un penseur, un homme sage, tel qu'on serait heureux d'avoir un ami. Pour achever de me prendre, il m'adressait souvent la parole sans jamais me faire aucun compliment. Il me parlait peu de moi, peu de mes livres, très peu de lui; il n'était pas dépourvu d'idées, et tout ce qu'il disait était assez juste. Cette justesse et cette égalité m'attirèrent. Il n'avait dans l'esprit, ni l'élévation, ni la finesse de Milord Maréchal, mais il en avait la simplicité : c'était toujours le représenter en quelque chose. Je ne m'engouai pas, mais je m'attachai par l'estime, et peu à peu cette estime amena l'amitié. J'oubliai totalement avec lui l'objection que j'avais faite au baron d'Holbach, qu'il était trop riche, et je crois que j'eus tort. J'ai appris à douter qu'un homme jouissant d'une grande fortune, quel qu'il puisse être, puisse aimer sincèrement mes principes et leur auteur.

Pendant assez longtemps je vis peu Du Peyrou, parce que je n'allais point à Neuchâtel, et qu'il ne venait qu'une fois l'année à la montagne du colonel Pury. Pourquoi n'allais-je point à Neuchâtel ? C'est un enfantillage qu'il ne faut pas taire.

Quoique protégé par le Roi de Prusse et par Milord Maréchal, si j'évitai d'abord la persécution dans mon asile, je n'évitai pas du moins les murmures du public, des magistrats municipaux, des ministres. Après le branle donné par la France, il n'était pas du bon air de ne pas me faire au moins quelque insulte : on aurait eu peur de paraître improuver mes persécuteurs en ne les imitant pas. La Classe de Neuchâtel, c'est-à-dire la compagnie des ministres de cette ville, donna le branle, en tentant d'émouvoir contre moi le Conseil d'Etat. Cette tentative n'ayant pas réussi, les ministres s'adressèrent au magistrat municipal, qui fit aussitôt défendre mon livre, et me traitant en toute occasion peu honnêtement, faisait comprendre et disait même que, si j'avais voulu m'établir dans la ville, on ne m'y aurait pas souffert. Ils remplirent leur *Mercure* d'inepties et du plus plat cafardage, qui, tout en faisant rire les gens sensés, ne laissaient pas d'échauffer le peuple et de l'animer contre moi. Tout cela n'empêchait pas qu'à les entendre je ne dusse être très reconnaissant de l'extrême grâce qu'ils me faisaient de me laisser vivre à Môtiers, où ils n'avaient aucune autorité; ils m'auraient volontiers mesuré l'air à la pinte, à condition que je l'eusse payé bien cher. Ils voulaient que je leur fusse obligé de la protection que le Roi m'accordait malgré eux, et qu'ils travaillaient sans relâche à m'ôter. Enfin, n'y pouvant réussir, après m'avoir fait tout le tort qu'ils purent et m'avoir décrié de tout leur pouvoir, ils se firent un mérite de leur impuissance, en me faisant valoir la bonté qu'ils avaient de me souffrir dans leur pays. J'aurais dû leur rire au nez pour toute réponse : je fus assez bête pour me piquer, et j'eus l'ineptie de ne vouloir point aller à Neuchâtel, résolution que je tins près de deux ans, comme si ce n'était pas trop honorer de pareilles espèces que de faire attention à leurs procédés, qui, bons ou mauvais, ne peuvent leur être imputés, puisqu'ils n'agissent jamais

que par impulsion. D'ailleurs des esprits sans culture
et sans lumières, qui ne connaissent d'autre objet de
leur estime que le crédit, la puissance et l'argent, sont
bien éloignés même de soupçonner qu'on doive quelque
égard aux talents, et qu'il y ait du déshonneur à les
outrager. Un certain maire de village, qui pour ses
malversations avait été cassé, disait au lieutenant du
Val-de-Travers, mari de mon Isabelle : On dit que ce
Rousseau a tant d'esprit, amenez-le-moi, que je voie si
cela est vrai. Assurément les mécontentements d'un
homme qui prend un pareil ton doivent peu fâcher ceux
qui les éprouvent.

Sur la façon dont on me traitait à Paris, à Genève,
à Berne, à Neuchâtel même, je ne m'attendais pas à plus
de ménagement de la part du pasteur du lieu. Je lui
avais cependant été recommandé par Mme Boy de la
Tour, et il m'avait fait beaucoup d'accueil; mais dans
ce pays, où l'on flatte également tout le monde, les
caresses ne signifient rien. Cependant, après ma réunion
solennelle à l'Eglise réformée, vivant en pays réformé,
je ne pouvais, sans manquer à mes engagements et à
mon devoir de citoyen, négliger la profession publique
du culte où j'étais rentré : j'assistais donc au service
divin. D'un autre côté, je craignais, en me présentant
à la table sacrée, de m'exposer à l'affront d'un refus, et
il n'était nullement probable, qu'après le vacarme fait
à Genève par le Conseil, et à Neuchâtel par la Classe, il
voulût m'administrer tranquillement la Cène dans son
église. Voyant donc approcher le temps de la commu-
nion, je pris le parti d'écrire à M. de Montmollin, c'était
le nom du ministre, pour faire acte de bonne volonté,
et lui déclarer que j'étais toujours uni de cœur à l'Eglise
protestante; je lui dis en même temps, pour éviter des
chicanes sur les articles de foi, que je ne voulais aucune
explication particulière sur le dogme. M'étant ainsi mis
en règle de ce côté, je restai tranquille, ne doutant pas
que M. de Montmollin ne refusât de m'admettre sans la
discussion préliminaire, dont je ne voulais point, et
qu'ainsi tout ne fût fini sans qu'il y eût de ma faute.
Point du tout. Au moment où je m'y attendais le moins,
M. de Montmollin vint me déclarer non seulement qu'il

m'admettait à la communion sous la clause que j'y avais
mise, mais de plus que lui et ses anciens se faisaient un
grand honneur de m'avoir dans son troupeau. Je n'eus
de mes jours pareille surprise, ni plus consolante. Tou-
jours vivre isolé sur la terre me paraissait un destin bien
triste, surtout dans l'adversité. Au milieu de tant de
proscriptions et de persécutions, je trouvais une douceur
extrême à pouvoir me dire : au moins je suis parmi mes
frères, et j'allai communier avec une émotion de cœur
et des larmes d'attendrissement, qui étaient peut-être
la préparation la plus agréable à Dieu qu'on y pût porter.

Quelque temps après, Milord m'envoya une lettre de
Mme de Boufflers, venue, du moins je le présumai, par
la voie de d'Alembert, qui connaissait Milord Maréchal.
Dans cette lettre, la première que cette dame m'eût écrite
depuis mon départ de Montmorency, elle me tançait
vivement de celle que j'avais écrite à M. de Montmollin,
et surtout d'avoir communié. Je compris d'autant moins
à qui elle en avait avec sa mercuriale, que depuis mon
voyage de Genève je m'étais toujours déclaré hautement
protestant, et que j'avais été très publiquement à l'Hôtel
de Hollande, sans que personne au monde l'eût trouvé
mauvais. Il me paraissait plaisant que Mme la comtesse
de Boufflers voulût se mêler de diriger ma conscience en
fait de religion. Toutefois, comme je ne doutais pas que
son intention, quoique je n'y comprisse rien, ne fût la
meilleure du monde, je ne m'offensai point de cette sin-
gulière sortie, et je lui répondis sans colère, en lui disant
mes raisons.

Cependant les injures imprimées allaient leur train, et
leurs bénins auteurs reprochaient aux puissances de me
traiter trop doucement. Ce concours d'aboiements, dont
les moteurs continuaient d'agir sous le voile, avait quelque
chose de sinistre et d'effrayant. Pour moi, je laissai dire
sans m'émouvoir. On m'assura qu'il y avait une censure
de la Sorbonne; je n'en crus rien. De quoi pouvait se
mêler la Sorbonne dans cette affaire ? Voulait-elle assurer
que je n'étais pas catholique ? Tout le monde le savait.
Voulait-elle prouver que je n'étais pas bon calviniste ?
Que lui importait ? C'était prendre un soin bien singu-
lier; c'était se faire les substituts de nos ministres. Avant

que d'avoir vu cet écrit, j'ai cru qu'on le faisait courir sous le nom de la Sorbonne, pour se moquer d'elle ; je le crus bien plus encore après l'avoir lu. Enfin, quand je ne pus plus douter de son authenticité, tout ce que je me réduisis à croire fut qu'il fallait mettre la Sorbonne aux Petites-Maisons.

Un autre écrit m'affecta davantage, parce qu'il venait d'un homme pour qui j'eus toujours de l'estime, et dont j'admirais la constance en plaignant son aveuglement. Je parle du mandement de l'Archevêque de Paris contre moi. Je crus que je me devais d'y répondre. Je le pouvais sans m'avilir ; c'était un cas à peu près semblable à celui du Roi de Pologne. Je n'ai jamais aimé les disputes brutales, à la Voltaire. Je ne sais me battre qu'avec dignité, et je veux que celui qui m'attaque ne déshonore pas mes coups, pour que je daigne me défendre. Je ne doutais point que ce mandement ne fût de la façon des Jésuites, et, quoiqu'ils fussent alors malheureux eux-mêmes, j'y reconnaissais toujours leur ancienne maxime d'écraser les malheureux. Je pouvais donc aussi suivre mon ancienne maxime d'honorer l'auteur titulaire, et de foudroyer l'ouvrage : et c'est ce que je crois avoir fait avec assez de succès.

Je trouvai le séjour de Môtiers fort agréable, et, pour me déterminer à y finir mes jours, il ne me manquait qu'une subsistance assurée : mais on y vit assez chèrement, et j'avais vu renverser tous mes anciens projets par la dissolution de mon ménage, par l'établissement d'un nouveau, par la vente ou dissipation de tous mes meubles, et par les dépenses qu'il m'avait fallu faire depuis mon départ de Montmorency. Je voyais diminuer journellement le petit capital que j'avais devant moi. Deux ou trois ans suffisaient pour en consumer le reste, sans que je visse aucun moyen de le renouveler, à moins de recommencer à faire des livres ; métier funeste auquel j'avais déjà renoncé.

Persuadé que tout changerait bientôt à mon égard, et que le public, revenu de sa frénésie, en ferait rougir les puissances, je ne cherchais qu'à prolonger mes ressources jusqu'à cet heureux changement, qui me laisserait plus en état de choisir parmi celles qui pourraient s'offrir.

Pour cela, je repris mon *Dictionnaire de Musique*, que dix ans de travail avaient déjà fort avancé, et auquel il ne manquait que la dernière main, et d'être mis au net. Mes livres, qui m'avaient été envoyés depuis peu, me fournirent les moyens d'achever cet ouvrage : mes papiers, qui me furent envoyés en même temps, me mirent en état de commencer l'entreprise de mes mémoires, dont je voulais uniquement m'occuper désormais. Je commençai par transcrire des lettres dans un recueil qui pût guider ma mémoire dans l'ordre des faits et des temps. J'avais déjà fait le triage de celles que je voulais conserver pour cet effet, et la suite depuis près de dix ans n'en était point interrompue. Cependant, en les arrangeant pour les transcrire, j'y trouvai une lacune qui me surprit. Cette lacune était de près de six mois, depuis octobre 1756 jusqu'au mois de mars suivant. Je me souvenais parfaitement d'avoir mis dans mon triage nombre de lettres de Diderot, de Deleyre, de Mme d'Epinay, de Mme de Chenonceaux, etc., qui remplissaient cette lacune, et qui ne se trouvèrent plus. Qu'étaient-elles devenues ? Quelqu'un avait-il mis la main sur mes papiers, pendant quelques mois qu'ils étaient restés à l'Hôtel de Luxembourg ? Cela n'était pas concevable, et j'avais vu M. le Maréchal prendre la clef de la chambre où je les avais déposés. Comme plusieurs lettres de femmes et toutes celles de Diderot étaient sans date, et que j'avais été forcé de remplir ces dates de mémoire, et en tâtonnant, pour ranger ces lettres dans leur ordre, je crus d'abord avoir fait des erreurs de date, et je passai en revue toutes les lettres qui n'en avaient point, ou auxquelles je l'avais suppléée, pour voir si je n'y trouverais point celles qui devaient remplir ce vide. Cet essai ne réussit point ; je vis que le vide était bien réel, et que les lettres avaient bien certainement été enlevées. Par qui et pourquoi ? Voilà ce qui me passait. Ces lettres, antérieures à mes grandes querelles, et du temps de ma première ivresse de la *Julie*, ne pouvaient intéresser personne. C'était tout au plus quelques tracasseries de Diderot, quelques persiflages de Deleyre, des témoignages d'amitié de Mme de Chenonceaux, et même de Mme d'Epinay, avec laquelle j'étais alors le mieux du

monde. A qui pouvaient importer ces lettres ? Qu'en voulait-on faire ? Ce n'est que sept ans après que j'ai soupçonné l'affreux objet de ce vol.

Ce déficit bien avéré me fit chercher parmi mes brouillons si j'en découvrirais quelque autre. J'en trouvai quelques-uns qui, vu mon défaut de mémoire, m'en firent supposer d'autres dans la multitude de mes papiers. Ceux que je remarquai furent le brouillon de la *Morale sensitive*, et celui de l'extrait des *Aventures de Milord Edouard*. Ce dernier, je l'avoue, me donna des soupçons sur Mme de Luxembourg. C'était La Roche, son valet de chambre, qui m'avait expédié ces papiers, et je n'imaginai qu'elle au monde qui pût prendre intérêt à ce chiffon ; mais quel intérêt pouvait-elle prendre à l'autre, et aux lettres enlevées, dont, même avec de mauvais desseins, on ne pouvait faire aucun usage qui pût me nuire, à moins de les falsifier ? Pour M. le Maréchal, dont je connaissais la droiture invariable et la vérité de son amitié pour moi, je ne pus le soupçonner un moment. Je ne pus même arrêter ce soupçon sur Mme la Maréchale. Tout ce qui me vint de plus raisonnable à l'esprit, après m'être fatigué longtemps à chercher l'auteur de ce vol, fut de l'imputer à d'Alembert, qui, déjà faufilé chez Mme de Luxembourg, avait pu trouver le moyen de fureter ces papiers et d'en enlever ce qui lui avait plu, tant en manuscrits qu'en lettres, soit pour chercher à me susciter quelque tracasserie, soit pour s'approprier ce qui lui pouvait convenir. Je supposai qu'abusé par le titre de la *Morale sensitive*, il avait cru trouver le plan d'un vrai traité de matérialisme, dont il aurait tiré contre moi le parti qu'on peut bien s'imaginer. Sûr qu'il serait bientôt détrompé par l'examen du brouillon, et déterminé à quitter tout à fait la littérature, je m'inquiétai peu de ces larcins qui n'étaient pas les premiers de la même main * que j'avais endurés sans m'en plaindre. Bientôt je

* J'avais trouvé dans ses *Eléments de Musique* beaucoup de choses tirées de ce que j'avais écrit sur cet art pour l'*Encyclopédie*, et qui lui fut remis plusieurs années avant la publication de ses Eléments. J'ignore la part qu'il a pu avoir à un livre intitulé : *Dictionnaire des Beaux-Arts*, mais j'y ai trouvé des articles transcrits des miens mot à mot, et cela longtemps avant que ces mêmes articles fussent imprimés dans l'*Encyclopédie*.

ne songeai pas plus à cette infidélité que si l'on ne m'en
eût fait aucune, et je me mis à rassembler les maté-
riaux qu'on m'avait laissés, pour travailler à mes confes-
sions.

J'avais longtemps cru qu'à Genève la compagnie des
ministres, ou du moins les citoyens et bourgeois, récla-
meraient contre l'infraction de l'édit dans le décret porté
contre moi. Tout resta tranquille, du moins à l'extérieur;
car il y avait un mécontentement général, qui n'attendait
qu'une occasion pour se manifester. Mes amis, ou soi-
disant tels, m'écrivaient lettres sur lettres pour m'exhor-
ter à venir me mettre à leur tête, m'assurant d'une répa-
ration publique de la part du Conseil. La crainte du
désordre et des troubles que ma présence pouvait causer
m'empêcha d'acquiescer à leurs instances, et, fidèle au
serment que j'avais fait autrefois, de ne jamais tremper
dans aucune dissension civile dans mon pays, j'aimai
mieux laisser subsister l'offense, et me bannir pour jamais
de ma patrie, que d'y rentrer par des moyens violents et
dangereux. Il est vrai que je m'étais attendu, de la part
de la bourgeoisie, à des représentations légales et pai-
sibles contre une infraction qui l'intéressait extrêmement.
Il n'y en eut point. Ceux qui la conduisaient cherchaient
moins le vrai redressement des griefs, que l'occasion de
se rendre nécessaires. On cabalait, mais on gardait le
silence, et on laissait clabauder les caillettes et les cafards,
ou soi-disant tels, que le Conseil mettait en avant pour
me rendre odieux à la populace, et faire attribuer son
incartade au zèle de la religion.

Après avoir attendu vainement plus d'un an que quel-
qu'un réclamât contre une procédure illégale, je pris
enfin mon parti, et, me voyant abandonné de mes conci-
toyens, je me déterminai à renoncer à mon ingrate
patrie, où je n'avais jamais vécu, dont je n'avais reçu ni
bien ni service, et dont, pour prix de l'honneur que
j'avais tâché de lui rendre, je me voyais si indignement
traité d'un consentement unanime, puisque ceux qui
devaient parler n'avaient rien dit. J'écrivis donc au pre-
mier syndic de cette année-là, qui, je crois, était M. Favre,
une lettre par laquelle j'abdiquais solennellement mon
droit de bourgeoisie, et dans laquelle, au reste, j'obser-

vai la décence et la modération que j'ai toujours mises
aux actes de fierté que la cruauté de mes ennemis m'a
souvent arrachés dans mes malheurs.

Cette démarche ouvrit enfin les yeux aux citoyens :
sentant qu'ils avaient eu tort pour leur propre intérêt
d'abandonner ma défense, ils la prirent quand il n'était
plus temps. Ils avaient d'autres griefs qu'ils joignirent
à celui-là, et ils en firent la matière de plusieurs repré-
sentations très bien raisonnées, qu'ils étendirent et ren-
forcèrent à mesure que les durs et rebutants refus du
Conseil, qui se sentait soutenu par le ministère de France,
leur firent mieux sentir le projet formé de les asservir.
Ces altercations produisirent diverses brochures, qui ne
décidaient rien, jusqu'à ce que parurent tout d'un coup
les *Lettres écrites de la Campagne*, ouvrage écrit en faveur
du Conseil, avec un art infini, et par lequel le parti
représentant, réduit au silence, fut pour un temps écrasé.
Cette pièce, monument durable des rares talents de son
auteur, était du Procureur-général Tronchin, homme
d'esprit, homme éclairé, très versé dans les lois et le
gouvernement de la République. *Siluit terra.*

Les représentants, revenus de leur premier abatte-
ment, entreprirent une réponse, et s'en tirèrent passa-
blement avec le temps. Mais tous jetèrent les yeux sur
moi, comme sur le seul qui pût entrer en lice contre un
tel adversaire, avec espoir de le terrasser. J'avoue que
je pensai de même, et, poussé par mes anciens conci-
toyens, qui me faisaient un devoir de les aider de ma
plume dans un embarras dont j'avais été l'occasion, j'en-
trepris la réfutation des *Lettres écrites de la Campagne*,
et j'en parodiai le titre par celui de *Lettres écrites de la
Montagne*, que je mis aux miennes. Je fis et j'exécutai
cette entreprise si secrètement, que, dans un rendez-
vous que j'eus à Thonon avec les chefs des Représen-
tants, pour parler de leurs affaires, et où ils me mon-
trèrent l'esquisse de leur réponse, je ne leur dis pas
un mot de la mienne, qui était déjà faite, craignant qu'il
ne survînt quelque obstacle à l'impression, s'il en parve-
nait le moindre vent soit aux magistrats, soit à mes
ennemis particuliers. Je n'évitai pourtant pas que cet
ouvrage ne fût connu en France avant la publication ;

mais on aima mieux le laisser paraître que de me faire
trop comprendre comment on avait découvert mon
secret. Je dirai là-dessus ce que j'ai su, qui se borne
à très peu de chose; je me tairai sur ce que j'ai conjec-
turé.

J'avais à Môtiers presque autant de visites que j'en
avais eu à l'Ermitage et à Montmorency; mais elles
étaient la plupart d'une espèce fort différente. Ceux qui
m'étaient venus voir jusqu'alors étaient des gens qui,
ayant avec moi des rapports de talents, de goûts, de
maximes, les alléguaient pour cause de leurs visites, et
me mettaient d'abord sur des matières dont je pouvais
m'entretenir avec eux. A Môtiers, ce n'était plus cela,
surtout du côté de France. C'étaient des officiers ou
d'autres gens qui n'avaient aucun goût pour la littéra-
ture, qui même, pour la plupart, n'avaient jamais lu
mes écrits, et qui ne laissaient pas, à ce qu'ils disaient,
d'avoir fait trente, quarante, soixante, cent lieues pour
venir voir et admirer l'homme illustre, célèbre, très
célèbre, le grand homme, etc. Car dès lors on n'a cessé
de me jeter grossièrement à la face les plus impudentes
flagorneries, dont l'estime de ceux qui m'abordaient
m'avait garanti jusqu'alors. Comme la plupart de ces
survenants ne daignaient ni se nommer, ni me dire leur
état, que leurs connaissances et les miennes ne tom-
baient pas sur les mêmes objets, et qu'ils n'avaient ni lu
ni parcouru mes ouvrages, je ne savais de quoi leur
parler : j'attendais qu'ils parlassent eux-mêmes, puisque
c'était à eux à savoir et à me dire pourquoi ils me venaient
voir. On sent que cela ne faisait pas pour moi des conver-
sations bien intéressantes, quoiqu'elles pussent l'être pour
eux, selon ce qu'ils voulaient savoir : car, comme j'étais
sans défiance, je m'exprimais sans réserve sur toutes les
questions qu'ils jugeaient à propos de me faire, et ils s'en
retournaient, pour l'ordinaire, aussi savants que moi sur
tous les détails de ma situation.

J'eus, par exemple, de cette façon, M. de Fains, écuyer
de la Reine et capitaine de cavalerie dans le régiment de
la Reine, lequel eut la constance de passer plusieurs jours
à Môtiers, et même de me suivre pédestrement jusqu'à
La Ferrière, menant son cheval par la bride, sans avoir

avec moi d'autre point de réunion, sinon que nous connaissions tous deux Mlle Fel, et que nous jouions l'un et l'autre au bilboquet. J'eus avant et après M. de Fains, une autre visite bien plus extraordinaire. Deux hommes arrivent à pied, conduisant chacun un mulet chargé de son petit bagage, logent à l'auberge, pansent leurs mulets eux-mêmes et demandent à me venir voir. A l'équipage de ces muletiers, on les prit pour des contrebandiers, et la nouvelle courut aussitôt que des contrebandiers venaient me rendre visite. Leur seule façon de m'aborder m'apprit que c'étaient des gens d'une autre étoffe ; mais, sans être des contrebandiers, ce pouvaient être des aventuriers, et ce doute me tint quelque temps en garde. Ils ne tardèrent pas à me tranquilliser. L'un était M. de Montauban, appelé le comte de la Tour-du-Pin, gentilhomme du Dauphiné ; l'autre était M. Dastier, de Carpentras, ancien militaire, qui avait mis sa croix de Saint-Louis dans sa poche, ne pouvant pas l'étaler. Ces messieurs, tous deux très aimables, avaient tous deux beaucoup d'esprit ; leur conversation était agréable et intéressante : leur manière de voyager, si bien dans mon goût, et si peu dans celui des gentilshommes français, me donna pour eux une sorte d'attachement que leur commerce ne pouvait qu'affermir. Cette connaissance même ne finit pas là, puisqu'elle dure encore, et qu'ils me sont revenus voir diverses fois, non plus à pied cependant, cela était bon pour le début : mais plus j'ai vu ces messieurs, moins j'ai trouvé de rapports entre leurs goûts et les miens, moins j'ai senti que leurs maximes fussent les miennes, que mes écrits leur fussent familiers, qu'il y eût aucune véritable sympathie entre eux et moi. Que me voulaient-ils donc ? Pourquoi me venir voir dans cet équipage ? Pourquoi rester plusieurs jours ? Pourquoi revenir plusieurs fois ? Pourquoi désirer si fort de m'avoir pour hôte ? Je ne m'avisai pas alors de me faire ces questions. Je me les suis faites quelquefois depuis ce temps-là.

Touché de leurs avances, mon cœur se livrait sans raisonner, surtout à M. Dastier, dont l'air plus ouvert me plaisait davantage. Je demeurai même en correspondance avec lui, et quand je voulus faire imprimer les *Lettres de la Montagne,* je songeai à m'adresser à lui pour donner le

change à ceux qui attendaient mon paquet sur la route
de Hollande. Il m'avait parlé beaucoup, et peut-être à
dessein, de la liberté de la presse à Avignon; il m'avait
offert ses soins, si j'avais quelque chose à y faire imprimer:
je me prévalus de cette offre, et je lui adressai successive-
ment, par la poste, mes premiers cahiers. Après les avoir
gardés assez longtemps, il me les renvoya en me marquant
qu'aucun libraire n'avait osé s'en charger, et je fus
contraint de revenir à Rey, prenant soin de n'envoyer mes
cahiers que l'un après l'autre, et de ne lâcher les suivants
qu'après avoir eu avis de la réception des premiers.
Avant la publication de l'ouvrage, je sus qu'il avait été vu
dans les bureaux des ministres, et d'Escherny, de Neu-
châtel, me parla d'un livre de l'*Homme de la Montagne*,
que d'Holbach lui avait dit être de moi. Je l'assurai,
comme il était vrai, n'avoir jamais fait de livre qui eût
ce titre. Quand les *Lettres* parurent, il était furieux et
m'accusa de mensonge, quoique je ne lui eusse dit que la
vérité. Voilà comment j'eus l'assurance que mon manus-
crit était connu. Sûr de la fidélité de Rey, je fus forcé de
porter ailleurs mes conjonctures, et celle à laquelle j'aimai
le mieux m'arrêter fut que mes paquets avaient été
ouverts à la poste.

Une autre connaissance à peu près du même temps,
mais qui se fit d'abord seulement par lettres, fut celle
d'un M. Laliaud, de Nîmes, lequel m'écrivit de Paris,
pour me prier de lui envoyer mon profil à la silhouette,
dont il avait, disait-il, besoin pour mon buste en marbre
qu'il faisait faire par Le Moyne, pour le placer dans sa
bibliothèque. Si c'était une cajolerie inventée pour m'ap-
privoiser, elle réussit pleinement. Je jugeai qu'un homme
qui voulait avoir mon buste en marbre dans sa biblio-
thèque était plein de mes ouvrages, par conséquent de
mes principes, et qu'il m'aimait parce que son âme était
au ton de la mienne. Il était difficile que cette idée ne me
séduisît pas. J'ai vu M. Laliaud dans la suite. Je l'ai
trouvé très zélé pour me rendre beaucoup de petits ser-
vices, pour s'entremêler beaucoup dans mes petites
affaires. Mais, au reste, je doute qu'aucun de mes écrits
ait été du petit nombre des livres qu'il a lus en sa vie.
J'ignore s'il a une bibliothèque, et si c'est un meuble à

son usage, et quant au buste, il s'est borné à une mauvaise esquisse en terre, faite par Le Moyne, sur laquelle il a fait graver un portrait hideux qui ne laisse pas de courir sous mon nom, comme s'il avait avec moi quelque ressemblance.

Le seul Français qui parut me venir voir par goût pour mes sentiments et pour mes ouvrages fut un jeune officier du régiment de Limousin, appelé M. Séguier de Saint-Brisson, qu'on a vu et qu'on voit peut-être encore briller à Paris et dans le monde par des talents assez aimables et par des prétentions au bel esprit. Il m'était venu voir à Montmorency l'hiver qui précéda ma catastrophe. Je lui trouvai une vivacité de sentiment qui me plut. Il m'écrivit dans la suite à Môtiers, et soit qu'il voulût me cajoler, ou que réellement la tête lui tournât de l'*Emile*, il m'apprit qu'il quittait le service pour vivre indépendant, et qu'il apprenait le métier de menuisier. Il avait un frère aîné, capitaine dans le même régiment, pour lequel était toute la prédilection de la mère, qui, dévote outrée, et dirigée par je ne sais quel abbé tartufe, en usait très mal avec le cadet, qu'elle accusait d'irréligion, et même du crime irrémissible d'avoir des liaisons avec moi. Voilà les griefs sur lesquels il voulut rompre avec sa mère, et prendre le parti dont je viens de parler, le tout pour faire le petit Emile.

Alarmé de cette pétulance, je me hâtai de lui écrire pour le faire changer de résolution, et je mis à mes exhortations toute la force dont j'étais capable : elles furent écoutées. Il rentra dans son devoir vis-à-vis de sa mère, et il retira des mains de son colonel sa démission, qu'il lui avait donnée, et dont celui-ci avait eu la prudence de ne faire aucun usage, pour lui laisser le temps d'y mieux réfléchir. Saint-Brisson, revenu de ses folies, en fit une un peu moins choquante, mais qui n'était guère plus de mon goût; ce fut de se faire auteur. Il donna coup sur coup deux ou trois brochures, qui n'annonçaient pas un homme sans talent, mais sur lesquelles je n'aurai pas à me reprocher de lui avoir donné des éloges bien encourageants pour poursuivre cette carrière.

Quelque temps après, il me vint voir, et nous fîmes ensemble le pèlerinage de l'île de Saint-Pierre. Je le

trouvai dans ce voyage différent de ce que je l'avais vu à Montmorency. Il avait je ne sais quoi d'affecté, qui d'abord ne me choqua pas beaucoup, mais qui m'est revenu souvent en mémoire depuis ce temps-là. Il me vint voir encore une fois à l'hôtel de Saint-Simon, à mon passage à Paris pour aller en Angleterre. J'appris là, ce qu'il ne m'avait pas dit, qu'il vivait dans les grandes sociétés, et qu'il voyait assez souvent Mme de Luxembourg. Il ne me donna aucun signe de vie à Trye et ne me fit rien dire par sa parente, Mlle Séguier, qui était ma voisine, et qui ne m'a jamais paru bien favorablement disposée pour moi. En un mot, l'engouement de M. de Saint-Brisson finit tout d'un coup, comme la liaison de M. de Fains ; mais celui-ci ne me devait rien, et l'autre me devait quelque chose, à moins que les sottises que je l'avais empêché de faire n'eussent été qu'un jeu de sa part : ce qui, dans le fond, pourrait très bien être.

J'eus aussi des visites de Genève tant et plus. Les De Luc père et fils me choisirent successivement pour leur garde-malade : le père tomba malade en route ; le fils l'était en partant de Genève ; tous deux vinrent se rétablir chez moi. Des ministres, des parents, des cagots, des quidams de toute espèce, venaient de Genève et de Suisse, non pas comme ceux de France, pour m'admirer et me persifler, mais pour me tancer et catéchiser. Le seul qui me fit plaisir fut Moultou, qui vint passer trois ou quatre jours avec moi, et que j'y aurais bien voulu retenir davantage. Le plus constant de tous, celui qui s'opiniâtra le plus, et qui me subjugua à force d'importunités, fut un M. d'Ivernois, commerçant de Genève, Français réfugié et parent du Procureur-général de Neuchâtel. Ce M. d'Ivernois de Genève passait à Môtiers deux fois l'an, tout exprès pour m'y venir voir, restait chez moi du matin au soir plusieurs jours de suite, se mettait de mes promenades, m'apportait mille sortes de petits cadeaux, s'insinuait malgré moi dans ma confidence, se mêlait de toutes mes affaires, sans qu'il y eût entre lui et moi aucune communion d'idées, ni d'inclinations, ni de sentiments, ni de connaissances. Je doute qu'il ait lu dans toute sa vie un livre entier d'aucune espèce, et qu'il sache même de quoi traitent les miens. Quand je com-

mençai d'herboriser, il me suivit dans mes courses de botanique, sans goût pour cet amusement, et sans avoir rien à me dire, ni moi à lui. Il eut même le courage de passer avec moi trois jours entiers tête-à-tête dans un cabaret à Goumoens, d'où j'avais cru le chasser à force de l'ennuyer et de lui faire sentir combien il m'ennuyait, et tout cela sans qu'il m'ait été possible jamais de rebuter son incroyable constance, ni d'en pénétrer le motif.

Parmi toutes ces liaisons, que je ne fis et n'entretins que par force, je ne dois pas omettre la seule qui m'ait été agréable, et à laquelle j'aie mis un véritable intérêt de cœur : c'est celle d'un jeune Hongrois qui vint se fixer à Neuchâtel, et de là à Môtiers, quelques mois après que j'y fus établi moi-même. On l'appelait dans le pays le baron de Sauttern, nom sous lequel il y avait été recommandé de Zurich. Il était grand et bien fait, d'une figure agréable, d'une société liante et douce. Il dit à tout le monde, et me fit entendre à moi-même, qu'il n'était venu à Neuchâtel qu'à cause de moi, et pour former sa jeunesse à la vertu par mon commerce. Sa physionomie, son ton, ses manières, me parurent d'accord avec ses discours, et j'aurais cru manquer à l'un des plus grands devoirs en éconduisant un jeune homme en qui je ne voyais rien que d'aimable et qui me recherchait par un si respectable motif. Mon cœur ne sait point se livrer à demi. Bientôt il eut toute mon amitié, toute ma confiance ; nous devînmes inséparables. Il était de toutes mes courses pédestres ; il y prenait goût. Je le menai chez Milord Maréchal, qui lui fit mille caresses. Comme il ne pouvait encore s'exprimer en français, il ne me parlait et ne m'écrivait qu'en latin : je lui répondais en français, et ce mélange des deux langues ne rendait nos entretiens ni moins coulants, ni moins vifs à tous égards. Il me parla de sa famille, de ses affaires, de ses aventures, de la cour de Vienne, dont il paraissait bien connaître les détails domestiques. Enfin, pendant près de deux ans que nous passâmes dans la plus grande intimité, je ne lui trouvai qu'une douceur de caractère à toute épreuve, des mœurs non seulement honnêtes, mais élégantes, une grande propreté sur sa personne, une décence extrême dans tous ses discours, enfin toutes les marques d'un homme bien

né, qui me le rendirent trop estimable pour ne pas me le
rendre cher.

Dans le fort de mes liaisons avec lui, d'Ivernois
de Genève m'écrivit que je prisse garde au jeune
Hongrois qui était venu s'établir près de moi, qu'on
l'avait assuré que c'était un espion que le ministère de
France avait mis auprès de moi. Cet avis pouvait paraître
d'autant plus inquiétant, que dans le pays où j'étais, tout
le monde m'avertissait de me tenir sur mes gardes, qu'on
me guettait, et qu'on cherchait à m'attirer sur le territoire
de France, pour m'y faire un mauvais parti.

Pour fermer la bouche une fois pour toutes à ces ineptes
donneurs d'avis, je proposai à Sauttern, sans le prévenir
de rien, une promenade pédestre à Pontarlier ; il y
consentit. Quand nous fûmes arrivés à Pontarlier, je lui
donnai à lire la lettre de d'Ivernois, et puis l'embrassant
avec ardeur, je lui dis : Sauttern n'a pas besoin que je lui
prouve ma confiance, mais le public a besoin que je lui
prouve que je la sais bien placer. Cet embrassement fut
bien doux ; ce fut un de ces plaisirs de l'âme que les per-
sécuteurs ne sauraient connaître, ni les ôter aux opprimés.

Je ne croirai jamais que Sauttern fût un espion, ni qu'il
m'ait trahi ; mais il m'a trompé. Quand j'épanchais avec
lui mon cœur sans réserve, il eut le courage de me fermer
constamment le sien, et de m'abuser par des mensonges.
Il me controuva je ne sais quelle histoire qui me fit juger
que sa présence était nécessaire dans son pays. Je l'exhor-
tai de partir au plus vite : il partit, et quand je le croyais
déjà en Hongrie, j'appris qu'il était à Strasbourg. Ce
n'était pas la première fois qu'il y avait été. Il y avait jeté
du désordre dans un ménage : le mari, sachant que je le
voyais, m'avait écrit. Je n'avais omis aucun soin pour
ramener la jeune femme à la vertu, et Sauttern à son
devoir. Quand je les croyais parfaitement détachés l'un
de l'autre, ils s'étaient rapprochés, et le mari même eut
la complaisance de reprendre le jeune homme dans sa
maison ; dès lors je n'eus plus rien à dire. J'appris que le
prétendu baron m'en avait imposé par un tas de men-
songes. Il ne s'appelait point Sauttern, il s'appelait
Sauttersheim. A l'égard du titre de baron, qu'on lui
donnait en Suisse, je ne pouvais le lui reprocher, parce

qu'il ne l'avait jamais pris : mais je ne doute pas qu'il ne fût bien gentilhomme, et Milord Maréchal, qui se connaissait en hommes, et qui avait été dans son pays, l'a toujours regardé et traité comme tel.

Sitôt qu'il fut parti, la servante de l'auberge, où il mangeait à Môtiers se déclara grosse de son fait. C'était une si vilaine salope, et Sauttern, généralement estimé et considéré dans tout le pays par sa conduite et ses mœurs honnêtes, se piquait si fort de propreté, que cette impudence choqua tout le monde. Les plus aimables personnes du pays, qui lui avaient inutilement prodigué leurs agaceries, étaient furieuses; j'étais outré d'indignation. Je fis tous mes efforts pour faire arrêter cette effrontée, offrant de payer tous les frais et de cautionner Sauttersheim. Je lui écrivis, dans la forte persuasion non seulement que cette grossesse n'était pas de son fait, mais qu'elle était feinte, et que tout cela n'était qu'un jeu joué par ses ennemis et les miens : je voulais qu'il revînt dans le pays confondre cette coquine et ceux qui la faisaient parler. Je fus surpris de la mollesse de sa réponse. Il écrivit au pasteur, dont la salope était paroissienne, et fit en sorte d'assoupir l'affaire; ce que voyant, je cessai de m'en mêler, fort étonné qu'un homme aussi crapuleux eût pu être assez maître de lui-même pour m'en imposer par sa réserve dans la plus intime familiarité.

De Strasbourg, Sauttersheim fut à Paris chercher fortune, et n'y trouva que de la misère. Il m'écrivit en disant son *peccavi*. Mes entrailles s'émurent au souvenir de notre ancienne amitié; je lui envoyai quelque argent. L'année suivante, à mon passage à Paris, je le revis à peu près dans le même état, mais grand ami de M. Laliaud, sans que j'aie pu savoir d'où lui venait cette connaissance, et si elle était ancienne ou nouvelle. Deux ans après, Sauttersheim retourna à Strasbourg d'où il m'écrivit, et où il est mort. Voilà l'histoire abrégée de nos liaisons, et ce que je sais de ses aventures : mais, en déplorant le sort de ce malheureux jeune homme, je ne cesserai jamais de croire qu'il était bien né, et que tout le désordre de sa conduite fut l'effet des situations où il s'est trouvé.

Telles furent les acquisitions que je fis à Môtiers, en fait de liaisons et de connaissances. Qu'il en aurait fallu

de pareilles pour compenser les cruelles pertes que je fis dans le même temps !

La première fut celle de M. de Luxembourg, qui, après avoir été tourmenté longtemps par les médecins, fut enfin leur victime, traité de la goutte, qu'ils ne voulurent point reconnaître, comme d'un mal qu'ils pouvaient guérir : si l'on doit s'en rapporter là-dessus à la relation que m'en écrivit La Roche, l'homme de confiance de Mme la Maréchale, c'est bien par cet exemple, aussi cruel que mémorable, qu'il faut déplorer les misères de la grandeur.

La perte de ce bon seigneur me fut d'autant plus sensible, que c'était le seul ami vrai que j'eusse en France, et la douceur de son caractère était telle, qu'elle m'avait fait oublier tout à fait son rang, pour m'attacher à lui comme à mon égal. Nos liaisons ne cessèrent point par ma retraite, et il continua de m'écrire comme auparavant. Je crus pourtant remarquer que l'absence, ou mon malheur, avait attiédi son affection. Il est bien difficile qu'un courtisan garde le même attachement pour quelqu'un qu'il sait être dans la disgrâce des puissances. J'ai jugé d'ailleurs que le grand ascendant qu'avait sur lui Mme de Luxembourg ne m'avait pas été favorable, et qu'elle avait profité de mon éloignement pour me nuire dans son esprit. Pour elle, malgré quelques démonstrations affectées et toujours plus rares, elle cacha moins, de jour en jour, son changement à mon égard. Elle m'écrivit quatre ou cinq fois en Suisse, de temps à autre, après quoi elle ne m'écrivit plus du tout, et il fallait toute la prévention, toute la confiance, tout l'aveuglement où j'étais encore, pour ne pas voir en elle plus que du refroidissement envers moi.

Le libraire Guy, associé de Duchesne, qui depuis moi fréquentait beaucoup d'Hôtel de Luxembourg, m'écrivit que j'étais sur le testament de M. le Maréchal. Il n'y avait rien là que de très naturel et de très croyable ; ainsi je n'en doutai pas. Cela me fit délibérer en moi-même comment je me comporterais sur ce legs. Tout bien pesé, je résolus de l'accepter, quel qu'il pût être, et de rendre cet honneur à un honnête homme qui, dans un rang où l'amitié ne pénètre guère, en avait eu une véritable pour

moi. J'ai été dispensé de ce devoir, n'ayant plus entendu parler de ce legs vrai ou faux; et en vérité j'aurais été peiné de blesser une des grandes maximes de ma morale, en profitant de quelque chose à la mort de quelqu'un qui m'avait été cher. Durant la dernière maladie de notre ami Mussard, Lenieps me proposa de profiter de la sensibilité qu'il marquait à nos soins, pour lui insinuer quelques dispositions en notre faveur. Ah! cher Lenieps, lui dis-je, ne souillons pas par des idées d'intérêt les tristes, mais sacrés devoirs, que nous rendons à notre ami mourant. J'espère n'être jamais dans le testament de personne, et jamais du moins dans celui d'aucun de mes amis. Ce fut à peu près dans ce même temps-ci que Milord Maréchal me parla du sien, de ce qu'il avait dessein d'y faire pour moi, et que je lui fis la réponse dont j'ai parlé dans ma première partie.

Ma seconde perte, plus sensible encore, et bien plus irréparable, fut celle de la meilleure des femmes et des mères, qui déjà chargée d'ans et surchargée d'infirmités et de misères, quitta cette Vallée de larmes pour passer dans le séjour des bons, où l'aimable souvenir du bien que l'on a fait ici-bas en fait l'éternelle récompense. Allez, âme douce et bienfaisante, auprès des Fénelon, des Bernex, des Catinat, et de ceux qui, dans un état plus humble, ont ouvert comme eux leurs cœurs à la charité véritable; allez goûter le fruit de la vôtre, et préparer à votre élève la place qu'il espère un jour occuper près de vous! Heureuse, dans vos infortunes, que le Ciel en les terminant, vous ait épargné le cruel spectacle des siennes! Craignant de contrister son cœur par le récit de mes premiers désastres, je ne lui avais point écrit depuis mon arrivée en Suisse; mais j'écrivis à M. de Conzié pour m'informer d'elle, et ce fut lui qui m'apprit qu'elle avait cessé de soulager ceux qui souffraient, et de souffrir elle-même. Bientôt je cesserai de souffrir aussi; mais si je croyais ne la pas revoir dans l'autre vie, ma faible imagination se refuserait à l'idée du bonheur parfait que je m'y promets.

Ma troisième perte et la dernière, car depuis lors il ne m'est plus resté d'amis à perdre, fut celle de Milord Maréchal. Il ne mourut pas; mais, las de servir des ingrats, il quitta Neuchâtel, et depuis lors je ne l'ai pas

revu. Il vit et me survivra, je l'espère : il vit, et, grâce à
lui, tous mes attachements ne sont pas rompus sur la
terre; il y reste encore un homme digne de mon amitié,
car son vrai prix est encore plus dans celle qu'on sent que
dans celle qu'on inspire; mais j'ai perdu les douceurs que
la sienne me prodiguait, et je ne peux plus le mettre qu'au
rang de ceux que j'aime encore, mais avec qui je n'ai plus
de liaison. Il allait en Angleterre recevoir sa grâce du Roi,
et racheter ses biens jadis confisqués. Nous ne nous sépa-
râmes point sans des projets de réunion qui paraissaient
presque aussi doux pour lui que pour moi. Il voulait
se fixer à son château de Keith-Hall, près d'Aberdeen, et
je devais m'y rendre auprès de lui; mais ce projet me flat-
tait trop pour que j'en pusse espérer le succès. Il ne resta
point en Écosse. Les tendres sollicitations du Roi de
Prusse le rappelèrent à Berlin, et l'on verra bientôt com-
ment je fus empêché de l'y aller joindre.

Avant son départ, prévoyant l'orage qu'on commençait
à susciter contre moi, il m'envoya de son propre mouve-
ment des lettres de naturalité qui semblaient être une pré-
caution très sûre pour qu'on ne pût pas me chasser du
pays. La communauté de Couvet, dans le Val-de-Travers,
imita l'exemple du gouverneur, et me donna des lettres
de *communier* gratuites, comme les premières. Ainsi,
devenu de tout point citoyen du pays, j'étais à l'abri de
toute expulsion légale, même de la part du Prince : mais
ce n'a jamais été par des voies légitimes qu'on a pu persé-
cuter celui de tous les hommes qui a toujours le plus res-
pecté les lois.

Je ne crois pas devoir compter au nombre des pertes
que je fis en ce même temps celle de l'abbé de Mably.
Ayant demeuré chez son frère, j'avais eu quelques liai-
sons avec lui, mais jamais bien intimes, et j'ai quelque
lieu de croire que ses sentiments à mon égard avaient
changé de nature depuis que j'avais acquis plus de célé-
brité que lui. Mais ce fut à la publication des *Lettres
de la Montagne* que j'eus le premier signe de sa mauvaise
volonté pour moi. On fit courir dans Genève une lettre
à Mme Saladin, qui lui était attribuée, et dans laquelle il
parlait de cet ouvrage comme des clameurs séditieuses
d'un démagogue effréné. L'estime que j'avais pour

l'abbé de Mably, et le cas que je faisais de ses lumières, ne me permirent pas un instant de croire que cette extravagante lettre fût de lui. Je pris là-dessus le parti que m'inspira ma franchise. Je lui envoyai une copie de la lettre, en l'avertissant qu'on la lui attribuait. Il ne me fit aucune réponse. Ce silence me surprit : mais qu'on juge de ma surprise, quand Mme de Chenonceaux me manda que la lettre était réellement de l'abbé, et que la mienne l'avait fort embarrassé. Car enfin, quand il aurait eu raison, comment pouvait-il excuser une démarche éclatante et publique, faite de gaieté de cœur, sans obligations, sans nécessité, à l'unique fin d'accabler au plus fort de ses malheurs, un homme auquel il avait toujours marqué de la bienveillance, et qui n'avait jamais démérité de lui ? Quelque temps après parurent les *Dialogues de Phocion*, où je ne vis qu'une compilation de mes écrits, faite sans retenue et sans honte. Je sentis, à la lecture de ce livre, que l'auteur avait pris son parti à mon égard, et que je n'aurais point désormais de pire ennemi. Je crois qu'il ne m'a pardonné ni le *Contrat social*, trop au-dessus de ses forces, ni *la Paix perpétuelle*, et qu'il n'avait paru désirer que je fisse un extrait de l'abbé de Saint-Pierre qu'en supposant que je ne m'en tirerais pas si bien.

Plus j'avance dans mes récits, moins j'y puis mettre d'ordre et de suite. L'agitation du reste de ma vie n'a pas laissé aux événements le temps de s'arranger dans ma tête. Ils ont été trop nombreux, trop mêlés, trop désagréables, pour pouvoir être narrés sans confusion. La seule impression forte qu'ils m'ont laissée est celle de l'horrible mystère qui couvre leur cause, et de l'état déplorable où ils m'ont réduit. Mon récit ne peut plus marcher qu'à l'aventure, et selon que les idées me reviendront dans l'esprit. Je me rappelle que dans le temps dont je parle, tout occupé de mes *Confessions*, j'en parlais très imprudemment à tout le monde, n'imaginant pas même que personne eût intérêt, ni volonté, ni pouvoir de mettre obstacle à cette entreprise : et quand je l'aurais cru, je n'en aurais guère été plus discret, par l'impossibilité totale où je suis par mon naturel de tenir caché rien de ce que je sens et de ce que je pense. Cette entreprise connue fut, autant que j'en puis juger, la véritable cause

de l'orage qu'on excita pour m'expulser de la Suisse, et me livrer entre des mains qui m'empêchassent de l'exécuter.

J'en avais une autre qui n'était guère vue de meilleur œil par ceux qui craignaient la première : c'était celle d'une édition générale de mes écrits. Cette édition me paraissait nécessaire pour constater ceux des livres portant mon nom qui étaient véritablement de moi, et mettre le public en état de les distinguer de ces écrits pseudonymes que mes ennemis me prêtaient pour me décréditer et m'avilir. Outre cela, cette édition était un moyen simple et honnête de m'assurer du pain, et c'était le seul, puisque, ayant renoncé à faire des livres, mes Mémoires ne pouvant paraître de mon vivant, ne gagnant pas un sol d'aucune autre manière et dépensant toujours, je voyais la fin de mes ressources dans celle du produit de mes derniers écrits. Cette raison m'avait pressé de donner mon *Dictionnaire de Musique*, encore informe. Il m'avait valu cent louis comptant et cent écus de rente viagère, mais encore devait-on voir bientôt la fin de cent louis quand on en dépensait annuellement plus de soixante, et cent écus de rente étaient comme rien pour un homme sur qui les quidams et les gueux venaient incessamment fondre comme des étourneaux.

Il se présenta une compagnie de négociants de Neuchâtel pour l'entreprise de mon édition générale, et un imprimeur ou libraire de Lyon, appelé Reguillat, vint, je ne sais comment, se fourrer parmi eux pour la diriger. L'accord se fit sur un pied raisonnable et suffisant pour bien remplir mon objet. J'avais, tant en ouvrages imprimés qu'en pièces encore manuscrites, de quoi fournir six volumes in-quarto ; je m'engageai de plus à veiller sur l'édition : au moyen de quoi ils devaient me faire une pension viagère de seize cents livres de France et un présent de mille écus une fois payés.

Le traité était conclu, non encore signé, quand les *Lettres écrites de la Montagne* parurent. La terrible explosion qui se fit contre cet infernal ouvrage et contre son abominable auteur, épouvanta la compagnie, et l'entreprise s'évanouit. Je comparerais l'effet de ce dernier ouvrage à celui de la *Lettre sur la Musique française*, si cette lettre, en m'attirant la haine et m'exposant au péril,

ne m'eût laissé du moins la considération et l'estime.
Mais, après ce dernier ouvrage, on parut s'étonner à
Genève et à Versailles qu'on laissât respirer un monstre
tel que moi. Le petit Conseil, excité par le Résident de
France, et dirigé par le Procureur-général, donna une
déclaration sur mon ouvrage, par laquelle, avec les quali-
fications les plus atroces, il le déclare indigne d'être brûlé
par le bourreau, et ajoute avec une adresse qui tient du
burlesque qu'on ne peut, sans se déshonorer, y répondre
ni même en faire aucune mention. Je voudrais pouvoir
transcrire ici cette curieuse pièce; mais malheureusement
je ne l'ai pas et ne m'en souviens pas d'un seul mot. Je
désire ardemment que quelqu'un de mes lecteurs, animé
du zèle de la vérité et de l'équité, veuille relire en entier les
Lettres écrites de la Montagne; il sentira, j'ose le dire, la
stoïque modération qui règne dans cet ouvrage, après
les sensibles et cruels outrages dont on venait à l'envi
d'accabler l'auteur. Mais, ne pouvant répondre aux
injures, parce qu'il n'y en avait point, ni aux raisons,
parce qu'elles étaient sans réponse, ils prirent le parti de
paraître trop courroucés pour vouloir répondre, et il est
vrai que s'ils prenaient les arguments invincibles pour des
injures ils devaient se tenir fort injuriés.

Les Représentants, loin de faire aucune plainte sur cette
odieuse déclaration, suivirent la route qu'elle leur traçait,
et au lieu de faire trophée des *Lettres de la Montagne,*
qu'ils voilèrent pour s'en faire un bouclier, ils eurent la
lâcheté de ne rendre ni honneur ni justice à cet écrit fait
pour leur défense et à leur sollicitation, ni le citer ni le
nommer, quoiqu'ils en tirassent tacitement tous leurs
arguments, et que l'exactitude avec laquelle ils ont suivi
le conseil par lequel finit cet ouvrage ait été la seule cause
de leur salut et de leur victoire. Ils m'avaient imposé ce
devoir; je l'avais rempli; j'avais jusqu'au bout servi la
patrie et leur cause. Je les priai d'abandonner la mienne et
de ne songer qu'à eux dans leurs démêlés. Ils me prirent
au mot et je ne me suis plus mêlé de leurs affaires que
pour les exhorter sans cesse à la paix, ne doutant pas que,
s'ils s'obstinaient, ils ne fussent écrasés par la France.
Cela n'est pas arrivé : j'en comprends la raison, mais ce
n'est pas ici le lieu de la dire.

L'effet des *Lettres de la Montagne* à Neuchâtel fut d'abord très paisible. J'en envoyai un exemplaire à M. de Montmollin ; il le reçut bien, et le lut sans objection. Il était malade, aussi bien que moi ; il me vint voir amicalement quand il fut rétabli, et ne me parla de rien. Cependant la rumeur commençait ; on brûla le livre je ne sais où. De Genève, de Berne, et de Versailles peut-être, le foyer d'effervescence passa bientôt à Neuchâtel, et surtout dans le Val-de-Travers, où, avant même que la Classe eût fait aucun mouvement apparent, on avait commencé d'ameuter le peuple par des pratiques souterraines. Je devais, j'ose le dire, être aimé du peuple dans ce pays-là, comme je l'ai été dans tous ceux où j'ai vécu, versant les aumônes à pleines mains, ne laissant sans assistance aucun indigent autour de moi, ne refusant à personne aucun service que je pusse rendre et qui fût dans la justice, me familiarisant trop peut-être avec tout le monde, et me dérobant de tout mon pouvoir à toute distinction qui pût exciter la jalousie. Tout cela n'empêcha pas que la populace, soulevée secrètement je ne sais par qui, ne s'animât contre moi par degrés, jusqu'à la fureur, qu'elle ne m'insultât publiquement en plein jour, non seulement dans la campagne et dans les chemins, mais en pleine rue. Ceux à qui j'avais fait le plus de bien étaient les plus acharnés, et des gens même à qui je continuais d'en faire, n'osant se montrer, excitaient les autres, et semblaient vouloir se venger ainsi de l'humiliation de m'être obligés. Montmollin paraissait ne rien voir, et ne se montrait pas encore. Mais, comme on approchait d'un temps de communion, il vint chez moi pour me conseiller de m'abstenir de m'y présenter, m'assurant que du reste il ne m'en voulait point, et qu'il me laisserait tranquille. Je trouvai le compliment bizarre ; il me rappelait la lettre de Mme de Boufflers et je ne pouvais concevoir à qui donc il importait si fort que je communiasse ou non. Comme je regardais cette condescendance de ma part comme un acte de lâcheté, et que d'ailleurs je ne voulais pas donner au peuple ce nouveau prétexte de crier à l'impie, je refusai net le ministre, et il s'en retourna mécontent, me faisant entendre que je m'en repentirais.

Il ne pouvait pas m'interdire la communion de sa seule

autorité : il fallait celle du Consistoire qui m'avait admis, et tant que le Consistoire n'avait rien dit, je pouvais me présenter hardiment, sans crainte de refus. Montmollin se fit donner par la Classe la commission de me citer au Consistoire pour y rendre compte de ma foi, et de m'excommunier en cas de refus. Cette excommunication ne pouvait non plus se faire que par le Consistoire et à la pluralité des voix. Mais les paysans qui, sous le nom d'anciens, composaient cette assemblée, présidés et, comme on comprend bien, gouvernés par leur ministre, ne devaient pas naturellement être d'un autre avis que le sien, principalement sur des matières théologiques, qu'ils entendaient encore moins que lui. Je fus donc cité, et je résolus de comparaître.

Quelle circonstance heureuse, et quel triomphe pour moi, si j'avais su parler, et que j'eusse eu, pour ainsi dire, ma plume dans ma bouche ! Avec quelle supériorité, avec quelle facilité j'aurais terrassé ce pauvre ministre au milieu de ses six paysans ! L'avidité de dominer ayant fait oublier au clergé protestant tous les principes de la réformation, je n'avais, pour l'y rappeler et le réduire au silence, qu'à commenter mes premières *Lettres de la Montagne*, sur lesquelles ils avaient la bêtise de m'épiloguer. Mon texte était tout fait, je n'avais qu'à l'étendre, et mon homme était confondu. Je n'aurais pas été assez sot pour me tenir sur la défensive ; il m'était aisé de devenir agresseur sans même qu'il s'en aperçût, ou qu'il pût s'en garantir. Les prestolets de la Classe, non moins étourdis qu'ignorants, m'avaient mis eux-mêmes dans la position la plus heureuse que j'aurais pu désirer pour les écraser à plaisir. Mais quoi ! il fallait parler et parler sur-le-champ, trouver les idées, les tours, les mots au moment du besoin, avoir toujours l'esprit présent, être toujours de sang-froid, ne jamais me troubler un moment. Que pouvais-je espérer de moi, qui sentais si bien mon inaptitude à m'exprimer impromptu ? J'avais été réduit au silence le plus humiliant à Genève devant une assemblée toute en ma faveur, et déjà résolue à tout approuver. Ici, c'était tout le contraire : j'avais affaire à un tracassier, qui mettait l'astuce à la place du savoir, qui me tendrait cent pièges avant que j'en aperçusse un, et tout déterminé à me prendre en

faute, à quelque prix que ce fût. Plus j'examinai cette
position, plus elle me parut périlleuse, et, sentant l'impos-
sibilité de m'en tirer avec succès, j'imaginai un autre
expédient. Je méditai un discours à prononcer devant le
Consistoire, pour le récuser et me dispenser de répondre;
la chose était très facile. J'écrivis ce discours, et je me mis
à l'étudier par cœur avec une ardeur sans égale. Thérèse
se moquait de moi, en m'entendant marmotter et répéter
incessamment les mêmes phrases, pour tâcher de les four-
rer dans ma tête. J'espérais tenir enfin mon discours; je
savais que le Châtelain, comme officier du Prince, assis-
terait au Consistoire, que, malgré les manœuvres et les
bouteilles de Montmollin, la plupart des anciens étaient
bien disposés pour moi; j'avais en ma faveur la raison, la
vérité, la justice, la protection du Roi, l'autorité du
Conseil d'Etat, les vœux de tous les bons patriotes qu'in-
téressait l'établissement de cette inquisition; tout contri-
buait à m'encourager.

La veille du jour marqué, je savais mon discours par
cœur; je le récitai sans faute. Je le remémorai toute la
nuit dans ma tête : la matin je ne le savais plus; j'hésite
à chaque mot, je me crois déjà dans l'illustre assemblée,
je me trouble, je balbutie, ma tête se perd; enfin, presque
au moment d'aller, le courage me manque totalement;
je reste chez moi, et je prends le parti d'écrire au Consis-
toire, en disant mes raisons à la hâte, et prétextant mes
incommodités qui, véritablement, dans l'état où j'étais
alors, m'auraient difficilement laissé soutenir la séance
entière.

Le ministre, embarrassé de ma lettre, remit l'affaire à
une autre séance. Dans l'intervalle, il se donna par lui-
même et par ses créatures mille mouvements pour séduire
ceux des anciens qui, suivant les inspirations de leur
conscience plutôt que les siennes, n'opinaient pas au gré
de la Classe et au sien. Quelque puissants que ses argu-
ments tirés de sa cave dussent être sur ces sortes de gens,
il n'en put gagner aucun autre que les deux ou trois qui
lui étaient déjà dévoués, et qu'on appelait ses âmes dam-
nées. L'officier du Prince et le colonel Pury, qui se porta
dans cette affaire avec beaucoup de zèle, maintinrent les
autres dans leur devoir, et quand ce Montmollin voulut

procéder à l'excommunication, son Consistoire, à la pluralité des voix, le refusa tout à plat. Réduit alors au dernier expédient d'ameuter la populace, il se mit avec ses confrères et d'autres gens à y travailler ouvertement, et avec un tel succès, que malgré les forts et fréquents rescrits du Roi, malgré tous les ordres du Conseil d'Etat, je fus enfin forcé de quitter le pays, pour ne pas exposer l'officier du Prince à s'y faire assassiner lui-même en me défendant.

Je n'ai qu'un souvenir si confus de toute cette affaire, qu'il m'est impossible de mettre aucun ordre, aucune liaison dans les idées qui m'en reviennent, et que je ne les puis rendre qu'éparses et isolées, comme elles se présentent à mon esprit. Je me rappelle qu'il y avait eu, avec la Classe, quelque espèce de négociation, dont Montmollin avait été l'entremetteur. Il avait feint qu'on craignait que par mes écrits je ne troublasse le repos du pays, à qui l'on s'en prendrait de ma liberté d'écrire. Il m'avait fait entendre que, si je m'engageais à quitter la plume, on serait coulant sur le passé. J'avais déjà pris cet engagement avec moi-même; je ne balançai point à le prendre avec la Classe, mais conditionnel, et seulement quant aux matières de religion. Il trouva le moyen d'avoir cet écrit à double, sur quelque changement qu'il exigea : la condition ayant été rejetée par la Classe, je redemandai mon écrit; il me rendit un des doubles et garda l'autre, prétextant qu'il l'avait égaré. Après cela le peuple, ouvertement excité par les ministres, se moqua des rescrits du Roi, des ordres du Conseil d'Etat, et ne connut plus de frein. Je fus prêché en chaire, nommé l'Antéchrist, et poursuivi dans la campagne comme un loup-garou. Mon habit d'Arménien servait de renseignement à la populace : j'en sentais cruellement l'inconvénient; mais le quitter dans ces circonstances me semblait une lâcheté. Je ne pus m'y résoudre, et je me promenais tranquillement dans le pays avec mon cafetan et mon bonnet fourré, entouré des huées de la canaille et quelquefois de ses cailloux. Plusieurs fois en passant devant des maisons, j'entendais dire à ceux qui les habitaient : apportez-moi mon fusil, que je lui tire dessus. Je n'en allais pas plus vite : ils n'en étaient que plus furieux; mais ils s'en tinrent tou-

jours aux menaces, du moins pour l'article des armes à feu.

Durant toute cette fermentation, je ne laissai pas d'avoir deux fort grands plaisirs auxquels je fus bien sensible. Le premier fut de pouvoir faire un acte de reconnaissance par le canal de Milord Maréchal. Tous les honnêtes gens de Neuchâtel, indignés des traitements que j'essuyais et des manœuvres dont j'étais la victime, avaient les ministres en exécration, sentant bien qu'ils suivaient des impulsions étrangères, et qu'ils n'étaient que les satellites d'autres gens qui se cachaient en les faisant agir, et craignant que mon exemple ne tirât à conséquence pour l'établissement d'une véritable inquisition. Les magistrats, et surtout M. Meuron, qui avait succédé à M. d'Ivernois, dans la charge de Procureur-général, faisaient tous leurs efforts pour me défendre. Le colonel Pury, quoique simple particulier, en fit davantage et réussit mieux. Ce fut lui qui trouva le moyen de faire bouquer Montmollin dans son Consistoire, en retenant les anciens dans leur devoir. Comme il avait du crédit, il l'employa tant qu'il put pour arrêter la sédition; mais il n'avait que l'autorité des lois, de la justice et de la raison à opposer à celle de l'argent et du vin. La partie n'était pas égale, et dans ce point Montmollin triompha de lui. Cependant sensible à ses soins et à son zèle, j'aurais voulu pouvoir lui rendre bon office pour bon office, et pouvoir m'acquitter avec lui de quelque façon. Je savais qu'il convoitait fort une place de conseiller d'Etat; mais, s'étant mal conduit au gré de la cour dans l'affaire du ministre Petitpierre, il était en disgrâce auprès du Prince et du Gouverneur. Je risquai pourtant d'écrire en sa faveur à Milord Maréchal; j'osai même parler de l'emploi qu'il désirait, et si heureusement, que, contre l'attente de tout le monde, il lui fut presque aussitôt conféré par le Roi. C'est ainsi que le sort, qui m'a toujours mis en même temps trop haut et trop bas, continuait à me ballotter d'une extrémité à l'autre, et tandis que la populace me couvrait de fange, je faisais un conseiller d'Etat.

Mon autre grand plaisir fut une visite que vint me faire Mme de Verdelin avec sa fille qu'elle avait menée aux bains de Bourbonne, d'où elle poussa jusqu'à Môtiers, et

logea chez moi deux ou trois jours. A force d'attentions et
de soins, elle avait enfin surmonté ma longue répugnance,
et mon cœur, vaincu par ses caresses, lui rendait toute
l'amitié qu'elle m'avait si longtemps témoignée. Je fus
touché de ce voyage, surtout dans la circonstance où je
me trouvais, et où j'avais grand besoin, pour soutenir mon
courage, des consolations de l'amitié. Je craignais qu'elle
ne s'affectât des insultes que je recevais de la populace,
et j'aurais voulu lui en dérober le spectacle pour ne pas
contrister son cœur : mais cela ne me fut pas possible, et
quoique sa présence contînt un peu les insolents dans nos
promenades, elle en vit assez pour juger de ce qui se
passait dans les autres temps. Ce fut même durant son
séjour chez moi que je commençai d'être attaqué de nuit
dans ma propre habitation. Sa femme de chambre trouva
ma fenêtre couverte un matin des pierres qu'on y avait
jetées pendant la nuit. Un banc très massif, qui était dans
la rue à côté de ma porte et fortement attaché, fut détaché,
enlevé, et posé debout contre la porte, de sorte que, si
l'on ne s'en fût aperçu, le premier qui, pour sortir, aurait
ouvert la porte d'entrée, devait naturellement être
assommé. Mme de Verdelin n'ignorait rien de ce qui se
passait ; car, outre ce qu'elle voyait elle-même, son domes-
tique, homme de confiance, était très répandu dans le vil-
lage, y accostait tout le monde, et on le vit même en confé-
rence avec Montmollin. Cependant elle ne parut faire
aucune attention à rien de ce qui m'arrivait, ne me parla
ni de Montmollin ni de personne, et répondit peu de
chose à ce que je lui en dis quelquefois. Seulement,
paraissant persuadée que le séjour de l'Angleterre me
convenait plus qu'aucun autre, elle me parla beaucoup
de M. Hume qui était alors à Paris, de son amitié pour
moi, du désir qu'il avait de m'être utile dans son pays. Il
est temps de dire quelque chose de ce M. Hume.

Il s'était acquis une grande réputation en France, et
surtout parmi les Encyclopédistes, par ses traités de
commerce et de politique, et en dernier lieu par son *His-
toire de la maison Stuart*, le seul de ses écrits dont j'avais
lu quelque chose dans la traduction de l'abbé Prévost.
Faute d'avoir lu ses autres ouvrages, j'étais persuadé,
sur ce qu'on m'avait dit de lui, que M. Hume associait

une âme très républicaine aux paradoxes anglais en faveur du luxe. Sur cette opinion, je regardais toute son apologie de Charles Ier comme un prodige d'impartialité, et j'avais une aussi grande idée de sa vertu que de son génie. Le désir de connaître cet homme rare et d'obtenir son amitié avait beaucoup augmenté les tentations de passer en Angleterre que me donnaient les sollicitations de Mme de Boufflers, intime amie de M. Hume. Arrivé en Suisse, j'y reçus de lui, par la voie de cette dame, une lettre extrêmement flatteuse, dans laquelle, aux plus grandes louanges sur mon génie, il joignait la pressante invitation de passer en Angleterre, et l'offre de tout son crédit et de tous ses amis pour m'en rendre le séjour agréable. Je trouvai sur les lieux Milord Maréchal, le compatriote et l'ami de M. Hume, qui me confirma tout le bien que j'en pensais, et qui m'apprit même à son sujet une anecdote littéraire qui l'avait beaucoup frappé, et qui me frappa de même. Wallace, qui avait écrit contre Hume au sujet de la population des anciens, était absent tandis qu'on imprimait son ouvrage. Hume se chargea de revoir les épreuves et de veiller à l'édition. Cette conduite était dans mon tour d'esprit. C'est ainsi que j'avais débité des copies à six sols pièce, d'une chanson qu'on avait faite contre moi. J'avais donc toutes sortes de préjugés en faveur de Hume, quand Mme de Verdelin vint me parler vivement de l'amitié qu'il disait avoir pour moi, et de son empressement à me faire les honneurs de l'Angleterre ; car c'est ainsi qu'elle s'exprimait. Elle me pressa beaucoup de profiter de ce zèle, et d'écrire à M. Hume. Comme je n'avais pas naturellement de penchant pour l'Angleterre, et que je ne voulais prendre ce parti qu'à l'extrémité, je refusai d'écrire et de promettre ; mais je la laissai la maîtresse de faire tout ce qu'elle jugerait à propos pour maintenir Hume dans ses bonnes dispositions. En quittant Môtiers, elle me laissa persuadé, par tout ce qu'elle m'avait dit de cet homme illustre, qu'il était de mes amis, et qu'elle était encore plus de ses amies.

Après son départ, Montmollin poussa ses manœuvres, et la populace ne connut plus de frein. Je continuais cependant à me promener tranquillement au milieu des huées, et le goût de la botanique, que j'avais com-

mencé de prendre auprès du docteur d'Ivernois, donnant
un nouvel intérêt à mes promenades, me faisait parcou-
rir le pays en herborisant, sans m'émouvoir des clameurs
de toute cette canaille, dont ce sang-froid ne faisait qu'ir-
riter la fureur. Une des choses qui m'affectèrent le plus
fut de voir les familles de mes amis *, ou des gens qui
portaient ce nom, entrer assez ouvertement dans la ligue
de mes persécuteurs, comme les d'Ivernois, sans en
excepter même le père et le frère de mon Isabelle, Boy de la
Tour, parent de l'amie chez qui j'étais logé, et Mme Girar-
dier, sa belle-sœur. Ce Pierre Boy était si butor, si
bête, et se comporta si brutalement, que, pour ne pas me
mettre en colère, je me permis de le plaisanter, et je fis,
dans le goût du *Petit Prophète*, une petite brochure de
quelques pages, intitulée *La Vision de Pierre de la Mon-
tagne, dit le Voyant*, dans laquelle je trouvai le moyen de
tirer assez plaisamment sur les miracles qui faisaient alors
le grand prétexte de ma persécution. Du Peyrou fit
imprimer à Genève ce chiffon, qui n'eut dans le pays
qu'un succès médiocre; les Neuchâtelois, avec tout leur
esprit, ne sentent guère le sel attique ni la plaisanterie,
sitôt qu'elle est un peu fine.

Je mis un peu plus de soin à un autre écrit du même
temps, dont on trouvera le manuscrit parmi mes papiers,
et dont il faut dire ici le sujet.

Dans la plus grande fureur des décrets et de la persécu-
tion, les Genevois s'étaient particulièrement signalés en
criant haro de toute leur force, et mon ami Vernes, entre
autres, avec une générosité vraiment théologique, choisit
précisément ce temps-là pour publier contre moi des
lettres où il prétendait prouver que je n'étais pas chrétien.

* Cette fatalité avait commencé dès mon séjour à Yverdon; car le
banneret Roguin étant mort un an ou deux après mon départ de cette
ville, le vieux papa Roguin eut la bonne foi de me marquer, avec
douleur, qu'on avait trouvé dans les papiers de son parent des preuves
qu'il était entré dans le complot pour m'expulser d'Yverdon et de
l'Etat de Berne. Cela prouvait bien clairement que ce complot n'était
pas, comme on voulait le faire croire, une affaire de cagotisme, puisque
le banneret Roguin, loin d'être un dévot, poussait le matérialisme et
l'incrédulité jusqu'à l'intolérance et au fanatisme. Au reste, personne
à Yverdon ne s'était si fort emparé de moi, ne m'avait tant prodigué
de caresses, de louanges et de flatteries que ledit banneret Roguin. Il
suivait fidèlement le plan chéri de mes persécuteurs.

Ces lettres, écrites avec un ton de suffisance, n'en étai[en]t pas meilleures, quoiqu'on assurât que le naturaliste Bonnet y avait mis la main : car ledit Bonnet, quoique matérialiste, ne laisse pas d'être d'un[e] orthodoxie très intolérante, sitôt qu'il s'agit de moi. Je ne fus assurément pas tenté de répondre à cet ouvrage; mais l'occasion s'étant présentée d'en dire un mot dans les *Lettres de la Montagne*, j'y insérai une petite note assez dédaigneuse, qui mit Vernes en fureur. Il remplit Genève des cris de sa rage, et d'Ivernois me marqua qu'il ne se possédait pas. Quelque temps après parut une feuille anonyme, qui semblait écrite, au lieu d'encre, avec l'eau du Phlégéton. On m'accusait, dans cette lettre, d'avoir exposé mes enfants dans les rues, de traîner après moi une coureuse de corps de garde, d'être usé de débauche, pourri de vérole, et d'autres gentillesses semblables. Il ne me fut pas difficile de reconnaître mon homme. Ma première idée, à la lecture de ce libelle, fut de mettre à son vrai prix tout ce qu'on appelle renommée et réputation parmi les hommes, en voyant traiter de coureur de bordels un homme qui n'y fut de sa vie, et dont le plus grand défaut fut toujours d'être timide et honteux comme une vierge, et en me voyant passer pour être pourri de vérole, moi qui non seulement n'eus de mes jours la moindre atteinte d'aucun mal de cette espèce, mais que des gens de l'art ont même cru conformé de manière à n'en pouvoir contracter. Tout bien pesé, je crus ne pouvoir mieux réfuter ce libelle qu'en le faisant imprimer dans la ville où j'avais le plus vécu, et je l'envoyai à Duchesne pour le faire imprimer tel qu'il était, avec un avertissement où je nommais M. Vernes, et quelques courtes notes pour l'éclaircissement des faits. Non content d'avoir fait imprimer cette feuille, je l'envoyai à plusieurs personnes, et entre autres à M. le prince Louis de Wurtemberg, qui m'avait fait des avances très honnêtes, et avec lequel j'étais alors en correspondance. Ce prince, Du Peyrou et d'autres, parurent douter que Vernes fût l'auteur du libelle, et me blâmèrent de l'avoir nommé trop légèrement. Sur leurs représentations, le scrupule me prit, et j'écrivis à Duchesne de supprimer cette feuille. Guy m'écrivit l'avoir supprimée; je ne sais pas s'il l'a fait; je l'ai trouvé menteur en

tant d'occasions, que celle-là de plus ne serait pas une merveille; et dès lors j'étais enveloppé de ces profondes ténèbres à travers lesquelles il m'est impossible de pénétrer aucune sorte de vérité.

M. Vernes supporta cette imputation avec une modération plus qu'étonnante dans un homme qui ne l'aurait pas méritée, après la fureur qu'il avait montrée auparavant. Il m'écrivit deux ou trois lettres très mesurées, dont le but me parut être de tâcher de pénétrer, par mes réponses, à quel point j'étais instruit, et si j'avais quelque preuve contre lui. Je lui fis deux réponses courtes, sèches, dures dans le sens, mais sans malhonnêteté dans les termes, et dont il ne se fâcha point. A sa troisième lettre, voyant qu'il voulait lier une espèce de correspondance, je ne répondis plus : il me fit parler par d'Ivernois. Mme Cramer écrivit à Du Peyrou qu'elle était sûre que le libelle n'était pas de Vernes. Tout cela n'ébranla point ma persuasion; mais comme enfin je pouvais me tromper, et qu'en ce cas je devais à Vernes une réparation authentique, je lui fis dire par d'Ivernois que je la lui ferais telle qu'il en serait content, s'il pouvait m'indiquer le véritable auteur du libelle, ou me prouver du moins qu'il ne l'était pas. Je fis plus : sentant bien qu'après tout, s'il n'était pas coupable, je n'avais pas droit d'exiger qu'il me prouvât rien, je pris le parti d'écrire, dans un mémoire assez ample, les raisons de ma persuasion, et de les soumettre au jugement d'un arbitre que Vernes ne pût récuser. On ne devinerait pas quel fut cet arbitre que je choisis. [Le Conseil de Genève.] Je déclarai à la fin du Mémoire que si, après l'avoir examiné et fait les perquisitions qu'il jugerait nécessaires, et qu'il était bien à portée de faire avec succès, le Conseil prononçait que M. Vernes n'était pas l'auteur du mémoire, dès l'instant je cesserais sincèrement de croire qu'il l'est, je partirais pour m'aller jeter à ses pieds, et lui demander pardon jusqu'à ce que je l'eusse obtenu. J'ose le dire, jamais mon zèle ardent pour l'équité, jamais la droiture, la générosité de mon âme, jamais ma confiance dans cet amour de la justice, inné dans tous les cœurs, ne se montrèrent plus pleinement, plus sensiblement que dans ce sage et touchant mémoire, où je prenais sans hésiter mes plus

implacables ennemis pour arbitres entre le calomniateur et moi. Je lus cet écrit à Du Peyrou : il fut d'avis de le supprimer, et je le supprimai. Il me conseilla d'attendre les preuves que Vernes promettait; je les attendis, et je les attends encore : il me conseilla de me taire en attendant; je me tus, et me tairai le reste de ma vie, blâmé d'avoir chargé Vernes d'une imputation grave, fausse et sans preuve, quoique je reste intérieurement persuadé, convaincu, comme de ma propre existence, qu'il est l'auteur du libelle. Mon mémoire est entre les mains de M. Du Peyrou. Si jamais il voit le jour, on y trouvera mes raisons, et l'on y connaîtra, je l'espère, l'âme de J[ean]-J[acques], que mes contemporains ont si peu voulu connaître.

Il est temps d'en venir à ma catastrophe de Môtiers, et à mon départ du Val-de-Travers, après deux ans et demi de séjour, et huit mois d'une constance inébranlable à souffrir les plus indignes traitements. Il m'est impossible de me rappeler nettement les détails de cette désagréable époque; mais on les trouvera dans la relation qu'en publia Du Peyrou, et dont j'aurai à parler dans la suite.

Depuis le départ de Mme de Verdelin, la fermentation devenait plus vive, et malgré les rescrits réitérés du Roi, malgré les ordres fréquents du Conseil d'Etat, malgré les soins du Châtelain et des magistrats du lieu, le peuple, me regardant tout de bon comme l'Antéchrist, et voyant toutes ses clameurs inutiles, parut enfin vouloir en venir aux voies de fait; déjà dans les chemins les cailloux commençaient à rouler après moi, lancés cependant encore d'un peu trop loin pour pouvoir m'atteindre. Enfin la nuit de la foire de Môtiers, qui est au commencement de septembre, je fus attaqué dans ma demeure, de manière à mettre en danger la vie de ceux qui l'habitaient.

A minuit, j'entendis un grand bruit dans la galerie qui régnait sur le derrière de la maison. Une grêle de cailloux, lancés contre la fenêtre et la porte qui donnaient sur cette galerie, y tombèrent avec tant de fracas, que mon chien, qui couchait dans la galerie, et qui avait commencé par aboyer, se tut de frayeur, et se sauva dans un coin, rongeant et grattant les planches pour tâcher de fuir. Je me

lève au bruit; j'allais sortir de ma chambre pour passer dans la cuisine, quand un caillou lancé d'une main vigoureuse traversa la cuisine, après en avoir cassé la fenêtre, vint ouvrir la porte de ma chambre et tomber au pied de mon lit; de sorte que, si je m'étais pressé d'une seconde, j'avais le caillou dans l'estomac. Je jugeai que le bruit avait été fait pour m'attirer, et le caillou lancé pour m'accueillir à ma sortie. Je saute dans la cuisine. Je trouve Thérèse, qui s'était aussi levée, et qui toute tremblante accourait à moi. Nous nous rangeons contre un mur, hors de la direction de la fenêtre pour éviter l'atteinte des pierres et délibérer sur ce que nous avions à faire; car sortir pour appeler du secours était le moyen de nous faire assommer. Heureusement, la servante d'un vieux bonhomme qui logeait au-dessous de moi se leva au bruit, et courut appeler M. le Châtelain, dont nous étions porte à porte. Il saute de son lit, prend sa robe de chambre à la hâte, et vient à l'instant avec la garde, qui, à cause de la foire, faisait la ronde cette nuit-là, et se trouva tout à portée. Le Châtelain vit le dégât avec un tel effroi, qu'il en pâlit, et à la vue des cailloux dont la galerie était pleine, il s'écria : Mon Dieu! c'est une carrière! En visitant le bas, on trouva que la porte d'une petite cour avait été forcée, et qu'on avait tenté de pénétrer dans la maison par la galerie. En recherchant pourquoi la garde n'avait point aperçu ou empêché le désordre, il se trouva que ceux de Môtiers s'étaient obstinés à vouloir faire cette garde hors de leur rang, quoique ce fût le tour d'un autre village. Le lendemain le Châtelain envoya son rapport au Conseil d'Etat, qui deux jours après lui envoya l'ordre d'informer sur cette affaire, de promettre une récompense et le secret à ceux qui dénonceraient les coupables, et de mettre en attendant, aux frais du Prince, des gardes à ma maison et à celle du Châtelain qui la touchait. Le lendemain, le colonel Pury, le procureur général Meuron, le châtelain Martinet, le receveur Guyenet, le trésorier d'Ivernois et son père, en un mot, tout ce qu'il y avait de gens distingués dans le pays, vinrent me voir, et réunirent leurs sollicitations pour m'engager à céder à l'orage, et à sortir au moins pour un temps d'une paroisse où je ne pouvais

plus vivre en sûreté, ni avec honneur. Je m'aperçus même que le Châtelain, effrayé des fureurs de ce peuple forcené, et craignant qu'elles ne s'étendissent jusqu'à lui, aurait été bien aise de m'en voir partir au plus vite, pour n'avoir plus l'embarras de m'y protéger, et pouvoir la quitter lui-même, comme il fit après mon départ. Je cédai donc, et même avec peu de peine; car le spectacle de la haine du peuple me causait un déchirement de cœur que je ne pouvais plus supporter.

J'avais plus d'une retraite à choisir. Depuis le retour de Mme de Verdelin à Paris, elle m'avait parlé dans plusieurs lettres d'un M. Walpole qu'elle appelait Milord, lequel, pris d'un grand zèle en ma faveur, me proposait, dans une de ses terres, un asile dont elle me faisait les descriptions les plus agréables, entrant, par rapport au logement et à la subsistance, dans des détails qui marquaient à quel point ledit Milord Walpole s'occupait avec elle de ce projet. Milord Maréchal m'avait toujours conseillé l'Angleterre ou l'Ecosse, et m'y offrait aussi un asile dans ses terres; mais il m'en offrait un qui me tentait beaucoup davantage à Potsdam, auprès de lui. Il venait de me faire part d'un propos que le Roi lui avait tenu à mon sujet, et qui était une espèce d'invitation de m'y rendre, et Mme la duchesse de Saxe-Gotha comptait si bien sur ce voyage, qu'elle m'écrivit pour me presser d'aller la voir en passant, et de m'arrêter quelque temps auprès d'elle; mais j'avais un tel attachement pour la Suisse, que je ne pouvais me résoudre à la quitter, tant qu'il me serait possible d'y vivre, et je pris ce temps pour exécuter un projet dont j'étais occupé depuis quelques mois, et dont je n'ai pu parler encore pour ne pas couper le fil de mon récit.

Ce projet consistait à m'aller établir dans l'île de Saint-Pierre, domaine de l'hôpital de Berne, au milieu du lac de Bienne. Dans un pèlerinage pédestre que j'avais fait l'été précédent avec Du Peyrou, nous avions visité cette île, et j'en avais été tellement enchanté, que je n'avais cessé depuis ce temps-là de songer aux moyens d'y faire ma demeure. Le plus grand obstacle était que l'île appartenait aux Bernois, qui trois ans auparavant m'avaient vilainement chassé de chez eux, et outre que ma fierté

pâtissait à retourner chez des gens qui m'avaient si mal reçu, j'avais lieu de craindre qu'ils ne me laissassent pas plus en repos dans cette île qu'ils n'avaient fait à Yverdon. J'avais consulté là-dessus Milord Maréchal qui, pensant comme moi que les Bernois [seraient] bien aises de me voir relégué dans cette île et de m'y tenir en otage pour les écrits que je pourrais être tenté de faire, avait fait sonder là-dessus leurs dispositions par un M. Sturler, son ancien voisin de Colombier. M. Sturler s'adressa à des chefs de l'Etat, et, sur leur réponse, assura Milord Maréchal que les Bernois, honteux de leur conduite passée, ne demandaient pas mieux que de me voir domicilié dans l'île de Saint-Pierre, et de m'y laisser tranquille. Pour surcroît de précaution, avant de risquer d'y aller résider, je fis prendre de nouvelles informations par le colonel Chaillet, qui me confirma les mêmes choses; et le Receveur de l'île ayant reçu de ses maîtres la permission de m'y loger, je crus ne rien risquer d'aller m'établir chez lui, avec l'agrément tacite, tant du souverain que des propriétaires; car je ne pouvais espérer que MM. de Berne reconnussent ouvertement l'injustice qu'ils m'avaient faite et péchassent ainsi contre la plus inviolable maxime de tous les souverains.

L'île de Saint-Pierre, appelée à Neuchâtel l'île de la Motte, au milieu du lac de Bienne, a environ une demi-lieue de tour; mais dans ce petit espace elle fournit toutes les principales productions nécessaires à la vie. Elle a des champs, des prés, des vergers, des bois, des vignes, et le tout, à la faveur d'un terrain varié et montagneux, forme une distribution d'autant plus agréable, que ses parties, ne se découvrant pas toutes ensemble, se font valoir mutuellement, et font juger l'île plus grande qu'elle n'est en effet. Une terrasse fort élevée en forme la partie occidentale qui regarde Gléresse et la Bonneville. On a planté cette terrasse d'une longue allée qu'on a coupée dans son milieu par un grand salon, où durant les vendanges on se rassemble les dimanches, de tous les rivages voisins, pour danser et se réjouir. Il n'y a dans l'île qu'une seule maison, mais vaste et commode, où loge le Receveur, et située dans un enfoncement qui la tient à l'abri des vents.

A cinq ou six cents pas de l'île est du côté du sud une autre île beaucoup plus petite, inculte et déserte, qui paraît avoir été détachée autrefois de la grande par les orages, et ne produit parmi ses graviers que des saules et des persicaires, mais où est cependant un tertre élevé, bien gazonné et très agréable. La forme de ce lac est un ovale presque régulier. Ses rives, moins riches que celles des lacs de Genève et de Neuchâtel, ne laissent pas de former une assez belle décoration, surtout dans la partie occidentale, qui est très peuplée, et bordée de vignes au pied d'une chaîne de montagnes, à peu près comme à Côte-Rôtie, mais qui ne donnent pas d'aussi bon vin. On y trouve, en allant du sud au nord, le bailliage de Saint-Jean, la Bonneville, Bienne et Nidau à l'extrémité du lac; le tout entremêlé de villages très agréables.

Tel était l'asile que je m'étais ménagé, et où je résolus d'aller m'établir en quittant le Val-de-Travers *. Ce choix était si conforme à mon goût pacifique, à mon humeur solitaire et paresseuse, que je le compte parmi les douces rêveries dont je me suis le plus vivement passionné. Il me semblait que dans cette île je serais plus séparé des hommes, plus à l'abri de leurs outrages, plus oublié d'eux, plus livré, en un mot, aux douceurs du désœuvrement et de la vie contemplative. J'aurais voulu être tellement confiné dans cette île, que je n'eusse plus de commerce avec les mortels, et il est certain que je pris toutes les mesures imaginables pour me soustraire à la nécessité d'en entretenir.

Il s'agissait de subsister, et, tant par la cherté des denrées que par la difficulté des transports, la subsistance est chère dans cette île, où d'ailleurs on est à la discrétion du Receveur. Cette difficulté fut levée par un arrangement que Du Peyrou voulut bien prendre avec moi, en se substituant à la place de la compagnie qui avait entrepris et abandonné mon édition générale. Je lui

* Il n'est peut-être pas inutile d'avertir que j'y laissais un ennemi particulier dans un M. du Terreaux, maire des Verrières, en très médiocre estime dans le pays, mais qui a un frère qu'on dit honnête homme dans les bureaux de M. de Saint-Florentin. Le maire l'était allé voir quelque temps avant mon aventure. Les petites remarques de cette espèce, qui par elles-mêmes ne sont rien, peuvent mener dans la suite à la découverte de bien des souterrains.

remis tous les matériaux de cette édition. J'en fis l'arrangement et la distribution. J'y joignis l'engagement de lui remettre les mémoires de ma vie, et je le fis dépositaire généralement de tous mes papiers, avec la condition expresse de n'en faire usage qu'après ma mort, ayant à cœur d'achever tranquillement ma carrière, sans plus faire souvenir le public de moi. Au moyen de cela, la pension viagère qu'il se chargeait de me payer suffisait pour ma subsistance. Milord Maréchal, ayant recouvré tous ses biens, m'en avait offert une de douze cents francs, que je n'avais acceptée qu'en la réduisant à la moitié. Il m'en voulut envoyer le capital, que je refusai, par l'embarras de le placer. Il fit passer ce capital à Du Peyrou, entre les mains de qui il est resté, et qui m'en paye la rente viagère sur le pied convenu avec le constituant. Joignant donc mon traité avec Du Peyrou, la pension de Milord Maréchal, dont les deux tiers étaient reversibles à Thérèse après ma mort, et la rente de trois cents francs que j'avais sur Duchesne, je pouvais compter sur une subsistance honnête, et pour moi, et après moi pour Thérèse, à qui je laissais sept cents francs de rente, tant de la pension de Rey que de celle de Milord Maréchal : ainsi je n'avais plus à craindre que le pain lui manquât, non plus qu'à moi. Mais il était écrit que l'honneur me forcerait de repousser toutes les ressources que la fortune et mon travail mettraient à ma portée, et que je mourrais aussi pauvre que j'ai vécu. On jugera si, à moins d'être le dernier des infâmes, j'ai pu tenir des arrangements qu'on a toujours pris soin de me rendre ignominieux, en m'ôtant avec soin toute autre ressource, pour me forcer de consentir à mon déshonneur. Comment se seraient-ils doutés du parti que je prendrais dans cette alternative ? ils ont toujours jugé de mon cœur par les leurs.

En repos du côté de la subsistance, j'étais sans souci de tout autre. Quoique j'abandonnasse dans le monde le champ libre à mes ennemis, je laissais dans le noble enthousiasme qui avait dicté mes écrits, et dans la constante uniformité de mes principes, un témoignage de mon âme qui répondait à celui que toute ma conduite rendait de mon naturel. Je n'avais pas besoin d'une

autre défense contre mes calomniateurs. Ils pouvaient peindre sous mon nom un autre homme; mais ils ne pouvaient tromper que ceux qui voulaient être trompés. Je pouvais leur donner ma vie à épiloguer d'un bout à l'autre : j'étais sûr qu'à travers mes fautes et mes faiblesses, à travers mon inaptitude à supporter aucun joug, on trouverait toujours un homme juste, bon, sans fiel, sans haine, sans jalousie, prompt à reconnaître ses propres torts, plus prompt à oublier ceux d'autrui, cherchant toute sa félicité dans les passions aimantes et douces, et portant en toute chose la sincérité jusqu'à l'imprudence, jusqu'au plus incroyable désintéressement.

Je prenais donc en quelque sorte congé de mon siècle et de mes contemporains, et je faisais mes adieux au monde en me confinant dans cette île pour le reste de mes jours; car telle était ma résolution, et c'était là que je comptais exécuter enfin le grand projet de cette vie oiseuse, auquel j'avais inutilement consacré jusqu'alors tout le peu d'activité que le Ciel m'avait départie. Cette île allait devenir pour moi celle de Papimanie, ce bienheureux pays où l'on dort.

> Où l'on fait plus, où l'on fait nulle chose.

Ce *plus* était tout pour moi, car j'ai toujours peu regretté le sommeil; l'oisiveté me suffit, et, pourvu que je ne fasse rien, j'aime encore mieux rêver éveillé qu'en songe. L'âge des projets romanesques étant passé, et la fumée de la gloriole m'ayant plus étourdi que flatté, il ne me restait pour dernière espérance, que celle de vivre sans gêne, dans un loisir éternel. C'est la vie des bienheureux dans l'autre monde, et j'en faisais désormais mon bonheur suprême dans celui-ci.

Ceux qui me reprochent tant de contradictions ne manqueront pas ici de m'en reprocher encore une. J'ai dit que l'oisiveté des cercles me les rendait insupportables, et me voilà recherchant la solitude uniquement pour m'y livrer à l'oisiveté. C'est pourtant ainsi que je suis; s'il y a là de la contradiction, elle est du fait de la nature et non pas du mien : mais il y en a si peu, que c'est par là précisément que je suis toujours moi. L'oi-

siveté des cercles est tuante, parce qu'elle est de néces-
sité. Celle de la solitude est charmante, parce qu'elle est
libre et de volonté. Dans une compagnie, il m'est cruel
de ne rien faire, parce que j'y suis forcé. Il faut que je
reste là cloué sur une chaise ou debout, planté comme
un piquet, sans remuer ni pied ni patte, n'osant courir,
ni sauter, ni chanter, ni crier, ni gesticuler quand j'en
ai envie, n'osant pas même rêver, ayant à la fois tout
l'ennui de l'oisiveté et tout le tourment de la contrainte;
obligé d'être attentif à toutes les sottises qui se disent,
et à tous les compliments qui se font, et de fatiguer
incessamment ma minerve, pour ne pas manquer de pla-
cer à mon tour mon rébus et mon mensonge. Et vous
appelez cela de l'oisiveté ? C'est un travail de forçat.

L'oisiveté que j'aime n'est pas celle d'un fainéant qui
reste là les bras croisés dans une inaction totale, et ne
pense pas plus qu'il n'agit. C'est à la fois celle d'un
enfant qui est sans cesse en mouvement pour ne rien
faire, et celle d'un radoteur qui bat la campagne, tandis
que ses bras sont en repos. J'aime à m'occuper à faire
des riens, à commencer cent choses et n'en achever
aucune, à aller et venir comme la tête me chante, à
changer à chaque instant de projet, à suivre une mouche
dans toutes ses allures, à vouloir déraciner un rocher
pour voir ce qui est dessous, à entreprendre avec ardeur
un travail de dix ans, et à l'abandonner sans regret au
bout de dix minutes, à muser enfin toute la journée sans
ordre et sans suite, et à ne suivre en toute chose que le
caprice du moment.

La botanique, telle que je l'ai toujours considérée, et
telle qu'elle commençait à devenir passion pour moi,
était précisément une étude oiseuse, propre à remplir
tout le vide de mes loisirs sans y laisser place au délire
de l'imagination, ni à l'ennui d'un désœuvrement total.
Errer nonchalamment dans les bois et dans la campagne,
prendre machinalement çà et là tantôt une fleur, tantôt
un rameau, brouter mon foin presque au hasard, obser-
ver mille et mille fois les mêmes choses, et toujours avec
le même intérêt, parce que je les oubliais toujours, était
de quoi passer l'éternité sans pouvoir m'ennuyer un
moment. Quelque élégante, quelque admirable, quelque

diverse que soit la structure des végétaux, elle ne frappe pas assez un œil ignorant pour l'intéresser. Cette constante analogie, et pourtant cette variété prodigieuse qui règne dans leur organisation, ne transporte que ceux qui ont déjà quelque idée du système végétal. Les autres n'ont, à l'aspect de tous ces trésors de la nature, qu'une admiration stupide et monotone. Ils ne voient rien en détail, parce qu'ils ne savent pas même ce qu'il faut regarder, et ils ne voient pas non plus l'ensemble, parce qu'ils n'ont aucune idée de cette chaîne de rapports et de combinaisons qui accable de ses merveilles l'esprit de l'observateur. J'étais et mon défaut de mémoire me devait tenir toujours dans cet heureux point d'en savoir assez peu pour que tout me fût nouveau et assez pour que tout me fût sensible. Les divers sols dans lesquels l'île, quoique petite, était partagée, m'offraient une suffisante variété de plantes pour l'étude et pour l'amusement de toute ma vie. Je n'y voulais pas laisser un poil d'herbe sans analyse, et je m'arrangeais déjà pour faire, avec un recueil immense d'observations curieuses, la *Flora Petrinsularis*.

Je fis venir Thérèse avec mes livres et mes effets. Nous nous mîmes en pension chez le Receveur de l'île. Sa femme avait à Nidau ses sœurs, qui la venaient voir tour à tour et qui faisaient à Thérèse une compagnie. Je fis là l'essai d'une douce vie dans laquelle j'aurais voulu passer la mienne, et dont le goût que j'y pris ne servit qu'à me faire mieux sentir l'amertume de celle qui devait si promptement y succéder.

J'ai toujours aimé l'eau passionnément, et sa vue me jette dans une rêverie délicieuse, quoique souvent sans objet déterminé. Je ne manquais point à mon lever, lorsqu'il faisait beau, de courir sur la terrasse humer l'air salubre et frais du matin, et planer des yeux sur l'horizon de ce beau lac, dont les rives et les montagnes qui le bordent enchantaient ma vue. Je ne trouve point de plus digne hommage à la Divinité que cette admiration muette qu'excite la contemplation de ses œuvres, et qui ne s'exprime point par des actes développés. Je comprends comment les habitants des villes, qui ne voient que des murs, des rues, et des crimes,

ont peu de foi; mais je ne puis comprendre comment des campagnards, et surtout des solitaires, peuvent n'en point avoir. Comment leur âme ne s'élève-t-elle pas cent fois le jour avec extase à l'auteur des merveilles qui les frappent? Pour moi, c'est surtout à mon lever, affaissé par mes insomnies, qu'une longue habitude me porte à ces élévations de cœur qui n'imposent point la fatigue de penser. Mais il faut pour cela que mes yeux soient frappés du ravissant spectacle de la nature. Dans ma chambre, je prie plus rarement et plus sèchement; mais à l'aspect d'un beau paysage, je me sens ému sans pouvoir dire de quoi. J'ai lu qu'un sage évêque, dans la visite de son diocèse, trouva une vieille femme qui, pour toute prière, ne savait dire que O! Il lui dit : Bonne mère, continuez de prier toujours ainsi; votre prière vaut mieux que les nôtres. Cette meilleure prière est aussi la mienne.

Après le déjeuner, je me hâtais d'écrire en rechignant quelques malheureuses lettres, aspirant avec ardeur à l'heureux moment de n'en plus écrire du tout. Je tracassais quelques instants autour de mes livres et papiers pour les déballer et arranger, plutôt que pour les lire, et cet arrangement, qui devenait pour moi l'œuvre de Pénélope, me donnait le plaisir de muser quelques moments; après quoi, je m'en ennuyais et le quittais, pour passer les trois ou quatre heures qui me restaient de la matinée à l'étude de la botanique, et surtout du système de Linné, pour lequel je pris une passion dont je n'ai pu bien me guérir, même après en avoir senti le vide. Ce grand observateur est à mon gré le seul, avec Ludwig, qui ait vu jusqu'ici la botanique en naturaliste et en philosophe; mais il l'a trop étudiée dans des herbiers et dans des jardins, et pas assez dans la nature elle-même. Pour moi, qui prenais pour jardin l'île entière, sitôt que j'avais besoin de faire ou vérifier quelque observation, je courais dans les bois ou dans les prés, mon livre sous le bras : là, je me couchais par terre auprès de la plante en question, pour l'examiner sur pied tout à mon aise. Cette méthode m'a beaucoup servi pour connaître les végétaux dans leur état naturel, avant qu'ils aient été cultivés et dénaturés par la main

des hommes. On dit que Fagon, premier médecin de
Louis XIV, qui nommait et connaissait parfaitement
toutes les plantes du Jardin Royal, était d'une telle
ignorance dans la campagne, qu'il n'y connaissait plus
rien. Je suis précisément le contraire : je connais quelque
chose à l'ouvrage de la nature, mais rien à celui du
jardinier.

Pour les après-dînées, je les livrais totalement à mon
humeur oiseuse et nonchalante, et à suivre sans règle
l'impulsion du moment. Souvent, quand l'air était calme
j'allais immédiatement en sortant de table me jeter seul
dans un petit bateau, que le Receveur m'avait appris à
mener avec une seule rame; je m'avançais en pleine eau.
Le moment où je dérivais me donnait une joie qui allait
jusqu'au tressaillement, et dont il m'est impossible de dire
ni de bien comprendre la cause, si ce n'était peut-être
une félicitation secrète d'être en cet état hors de l'atteinte
des méchants. J'errais ensuite seul dans ce lac, approchant quelquefois du rivage, mais n'y abordant jamais.
Souvent, laissant aller mon bateau à la merci de l'air et
de l'eau, je me livrais à des rêveries sans objet, et qui,
pour être stupides, n'en étaient pas moins douces. Je
m'écriais parfois avec attendrissement : O nature! ô ma
mère! me voici sous ta seule garde; il n'y a point ici
d'homme adroit et fourbe, qui s'interpose entre toi et
moi. Je m'éloignais ainsi jusqu'à une demi-lieue de
terre : j'aurais voulu que ce lac eût été l'Océan. Cependant, pour complaire à mon pauvre chien, qui n'aimait
pas autant que moi de si longues stations sur l'eau, je
suivais d'ordinaire un but de promenade; c'était d'aller
débarquer à la petite île, de m'y promener une heure
ou deux, ou de m'étendre au sommet du tertre sur le
gazon, pour m'assouvir du plaisir d'admirer ce lac et ses
environs, pour examiner et disséquer toutes les herbes
qui se trouvaient à ma portée, et pour me bâtir, comme
un autre Robinson, une demeure imaginaire dans cette
petite île. Je m'affectionnai fortement à cette butte.
Quand j'y pouvais mener promener Thérèse avec la
Receveuse et ses sœurs, comme j'étais fier d'être leur
pilote et leur guide! Nous y portâmes en pompe
des lapins pour la peupler; autre fête, pour Jean-

Jacques. Cette peuplade me rendit la petite île encore plus intéressante. J'y allais plus souvent et avec plus de plaisir depuis ce temps-là, pour rechercher des traces du progrès des nouveaux habitants.

A ces amusements, j'en joignais un qui me rappelait la douce vie des Charmettes, et auquel la saison m'invitait particulièrement. C'était un détail de soins rustiques pour la récolte des légumes et des fruits, et que nous nous faisions un plaisir, Thérèse et moi, de partager avec la Receveuse et sa famille. Je me souviens qu'un Bernois, nommé M. Kirchberger, m'étant venu voir, me trouva perché sur un grand arbre, un sac attaché autour de ma ceinture, et déjà si plein de pommes, que je ne pouvais plus me remuer. Je ne fus pas fâché de cette rencontre et de quelques autres pareilles. J'espérais que les Bernois, témoins de l'emploi de mes loisirs, ne songeraient plus à en troubler la tranquillité, et me laisseraient en paix dans ma solitude. J'aurais bien mieux aimé y être confiné par leur volonté que par la mienne : j'aurais été plus assuré de n'y point voir troubler mon repos.

Voici encore un de ces aveux sur lesquels je suis sûr d'avance de l'incrédulité des lecteurs, obstinés à juger toujours de moi par eux-mêmes, quoiqu'ils aient été forcés de voir dans tout le cours de ma vie mille affections internes qui ne ressemblaient point aux leurs. Ce qu'il y a de plus bizarre est qu'en me refusant tous les sentiments bons ou indifférents qu'ils n'ont pas, ils sont toujours prêts à m'en prêter de si mauvais, qu'ils ne sauraient même entrer dans un cœur d'homme; ils trouvent alors tout simple de me mettre en contradiction avec la nature, et de faire de moi un monstre tel qu'il n'en peut même exister. Rien d'absurde ne leur paraît incroyable dès qu'il tend à me noircir; rien d'extraordinaire ne leur paraît possible dès qu'il tend à m'honorer.

Mais, quoi qu'ils en puissent croire ou dire, je n'en continuerai pas moins d'exposer fidèlement ce que fut, fit et pensa J.-J. Rousseau, sans expliquer ni justifier la singularité de ses sentiments et de ses idées, ni rechercher si d'autres ont pensé comme lui. Je pris tant de

goût à l'île de Saint-Pierre, et son séjour me convenait
si fort, qu'à force d'inscrire tous mes désirs dans cette
île, je formai celui de n'en point sortir. Les visites que
j'avais à rendre au voisinage, les courses qu'il me fau-
drait faire à Neuchâtel, à Bienne, à Yverdon, à Nidau,
fatiguaient déjà mon imagination. Un jour à passer hors
de l'île me paraissait retranché de mon bonheur, et sortir
de l'enceinte de ce lac était pour moi sortir de mon
élément. D'ailleurs l'expérience du passé m'avait rendu
craintif. Il suffisait que quelque bien flattât mon cœur
pour que je dusse m'attendre à le perdre, et l'ardent désir
de finir mes jours dans cette île était inséparable de la
crainte d'être forcé d'en sortir. J'avais pris l'habitude
d'aller les soirs m'asseoir sur la grève, surtout quand le
lac était agité. Je sentais un plaisir singulier à voir les
flots se briser à mes pieds. Je m'en faisais l'image du
tumulte du monde, et de la paix de mon habitation; et
je m'attendrissais quelquefois à cette douce idée, jus-
qu'à sentir des larmes couler de mes yeux. Ce repos,
dont je jouissais avec passion, n'était troublé que par
l'inquiétude de le perdre; mais cette inquiétude allait
au point d'en altérer la douceur. Je sentais ma situation
si précaire, que je n'osais y compter. Ah! que je chan-
gerais volontiers, me disais-je, la liberté de sortir d'ici,
dont je ne me soucie point, avec l'assurance d'y pouvoir
rester toujours! Au lieu d'y être souffert par grâce, que
n'y suis-je détenu de force! Ceux qui ne font que m'y
souffrir peuvent à chaque instant m'en chasser, et puis-je
espérer que mes persécuteurs, m'y voyant heureux, m'y
laissent continuer de l'être? Ah! c'est peu qu'on me per-
mette d'y vivre, je voudrais qu'on m'y condamnât, et je
voudrais être contraint d'y rester, pour ne l'être pas d'en
sortir. Je jetais un œil d'envie sur l'heureux Micheli Du
Crest, qui, tranquille au château d'Arberg, n'avait eu
qu'à vouloir être heureux pour l'être. Enfin, à force de
me livrer à ces réflexions et aux pressentiments inquié-
tants des nouveaux orages toujours prêts à fondre sur
moi, j'en vins à désirer, mais avec une ardeur incroyable,
qu'au lieu de tolérer seulement mon habitation dans
cette île, on me la donnât pour prison perpétuelle, et je
puis jurer que s'il n'eût tenu qu'à moi de m'y faire

condamner, je l'aurais fait avec la plus grande joie, préférant mille fois la nécessité d'y passer le reste de ma vie au danger d'en être expulsé.

Cette crainte ne demeura pas longtemps vaine. Au moment où je m'y attendais le moins, je reçus une lettre de M. le Baillif de Nidau, dans le gouvernement duquel était l'île de Saint-Pierre; par cette lettre, il m'intimait de la part de Leurs Excellences l'ordre de sortir de l'île et de leurs Etats. Je crus rêver en la lisant. Rien de moins naturel, de moins raisonnable, de moins prévu qu'un pareil ordre : car j'avais plutôt regardé mes pressentiments comme les inquiétudes d'un homme effarouché par ses malheurs, que comme une prévoyance qui pût avoir le moindre fondement. Les mesures que j'avais prises pour m'assurer de l'agrément tacite du souverain, la tranquillité avec laquelle on m'avait laissé faire mon établissement, les visites de plusieurs Bernois et du Baillif lui-même, qui m'avait comblé d'amitiés et de prévenances, la rigueur de la saison dans laquelle il était barbare d'expulser un homme infirme, tout me fit croire avec beaucoup de gens qu'il y avait quelque malentendu dans cet ordre, et que les malintentionnés avaient pris exprès le temps des vendanges et de l'infréquence du Sénat pour me porter brusquement ce coup.

Si j'avais écouté ma première indignation, je serais parti sur-le-champ. Mais où aller ? Que devenir à l'entrée de l'hiver, sans but, sans préparatif, sans conducteur, sans voiture ? A moins de laisser tout à l'abandon, mes papiers, mes effets, toutes mes affaires, il me fallait du temps pour y pourvoir, et il n'était pas dit dans l'ordre si on m'en laissait ou non. La continuité des malheurs commençait d'affaisser mon courage. Pour la première fois, je sentis ma fierté naturelle fléchir sous le joug de la nécessité et, malgré les murmures de mon cœur, il fallut m'abaisser à demander un délai. C'était à M. de Graffenried, qui m'avait envoyé l'ordre, que je m'adressai pour le faire interpréter. Sa lettre portait une très vive improbation de ce même ordre, qu'il ne m'intimait qu'avec le plus grand regret, et les témoignages de douleur et d'estime dont elle était remplie me semblaient

autant d'invitations bien douces de lui parler à cœur
ouvert; je le fis. Je ne doutais pas même que ma lettre
ne fît ouvrir les yeux à ces hommes iniques sur leur
barbarie, et que si l'on ne révoquait pas un ordre si
cruel, on ne m'accordât du moins un délai raisonnable,
et peut-être l'hiver entier, pour me préparer à la retraite,
et pour en choisir le lieu.

En attendant la réponse, je me mis à réfléchir sur ma
situation, et à délibérer sur le parti que j'avais à prendre.
Je vis tant de difficultés de toutes parts, le chagrin
m'avait si fort affecté, et ma santé en ce moment était
si mauvaise, que je me laissai tout à fait abattre, et que
l'effet de mon découragement fut de m'ôter le peu de
ressources qui pouvaient me rester dans l'esprit pour
tirer le meilleur parti possible de ma triste situation. En
quelque asile que je voulusse me réfugier, il était clair
que je ne pouvais m'y soustraire à aucune des deux
manières qu'on avait prises de m'expulser. L'une, en
soulevant contre moi la populace par des manœuvres
souterraines; l'autre, en me chassant à force ouverte,
sans en dire aucune raison. Je ne pouvais donc compter
sur aucune retraite assurée, à moins de l'aller chercher
plus loin que mes forces et la saison ne semblaient me
le permettre. Tout cela me ramenant aux idées dont je
venais de m'occuper, j'osai désirer et proposer qu'on
voulût plutôt disposer de moi dans une captivité perpé-
tuelle, que de me faire errer incessamment sur la terre,
en m'expulsant successivement de tous les asiles que
j'aurais choisis. Deux jours après ma première lettre, j'en
écrivis une seconde à M. de Graffenried, pour le prier
d'en faire la proposition à Leurs Excellences. La réponse
de Berne à l'une et à l'autre fut un ordre conçu dans les
termes les plus formels et les plus durs de sortir de l'île
et de tout le territoire médiat et immédiat de la Répu-
blique, dans l'espace de vingt-quatre [heures] et de n'y
rentrer jamais, sous les plus grièves peines.

Ce moment fut affreux. Je me suis trouvé depuis dans
de pires angoisses, jamais dans un plus grand embarras.
Mais ce qui m'affligea le plus fut d'être forcé de renoncer
au projet qui m'avait fait désirer de passer l'hiver dans
l'île. Il est temps de rapporter l'anecdote fatale qui a mis

le comble à mes désastres, et qui a entraîné dans ma ruine un peuple infortuné, dont les naissantes vertus promettaient déjà d'égaler un jour celles de Sparte et de Rome.

J'avais parlé des Corses dans le *Contrat social*, comme d'un peuple neuf, le seul de l'Europe qui ne fût pas usé pour la législation, et j'avais marqué la grande espérance qu'on devait avoir d'un tel peuple, s'il avait le bonheur de trouver un sage instituteur. Mon ouvrage fut lu par quelques Corses, qui furent sensibles à la manière honorable dont je parlais d'eux, et le cas où ils se trouvaient de travailler à l'établissement de leur République fit penser à leurs chefs de me demander mes idées sur cet important ouvrage. Un M. Buttafuoco, d'une des premières familles du pays, et capitaine en France dans le Royal-Italien, m'écrivit à ce sujet, et me fournit plusieurs pièces que je lui avais demandées pour me mettre au fait de l'histoire de la nation et de l'état du pays. M. Paoli m'écrivit aussi plusieurs fois, et quoique je sentisse une pareille entreprise au-dessus de mes forces, je crus ne pouvoir les refuser, pour concourir à une si grande et belle œuvre, lorsque j'aurais pris toutes les instructions dont j'avais besoin pour cela. Ce fut dans ce sens que je répondis à l'un et à l'autre, et cette correspondance continua jusqu'à mon départ.

Précisément dans le même temps, j'appris que la France envoyait des troupes en Corse, et qu'elle avait fait un traité avec les Génois. Ce traité, cet envoi de troupes m'inquiétèrent, et sans m'imaginer encore avoir aucun rapport à tout cela, je jugeais impossible et ridicule de travailler à un ouvrage qui demande un aussi profond repos que l'institution d'un peuple, au moment où il allait peut-être être subjugué. Je ne cachai pas mes inquiétudes à M. Buttafuoco, qui me rassura par la certitude que s'il y avait dans ce traité des choses contraires à la liberté de sa nation, un aussi bon citoyen que lui ne resterait pas, comme il faisait, au service de France. En effet, son zèle pour la législation des Corses, et ses étroites liaisons avec M. Paoli, ne pouvaient me laisser aucun soupçon sur son compte, et quand j'appris qu'il faisait de fréquents voyages à Versailles et à Fontainebleau, et qu'il avait des

relations avec M. de Choiseul, je n'en conclus autre chose, sinon qu'il avait sur les véritables intentions de la cour de France des sûretés qu'il me laissait entendre, mais sur lesquelles il ne voulait pas s'expliquer ouvertement par lettres.

Tout cela me rassurait en partie. Cependant, ne comprenant rien à cet envoi de troupes françaises, ne pouvant raisonnablement penser qu'elles fussent là pour protéger la liberté des Corses, qu'ils étaient très en état de défendre seuls contre les Génois, je ne pouvais me tranquilliser parfaitement, ni me mêler tout de bon de la législation proposée, jusqu'à ce que j'eusse des preuves solides que tout cela n'était pas un jeu pour me persifler. J'aurais extrêmement désiré une entrevue avec M. Buttafuoco ; c'était le vrai moyen d'en tirer les éclaircissements dont j'avais besoin. Il me la fit espérer et je l'attendais avec la plus grande impatience. Pour lui, je ne sais s'il en avait véritablement le projet ; mais quand il l'aurait eu, mes désastres m'auraient empêché d'en profiter.

Plus je méditais sur l'entreprise proposée, plus j'avançais dans l'examen des pièces que j'avais entre les mains, et plus je sentais la nécessité d'étudier de près et le peuple à instituer, et le sol qu'il habitait, et tous les rapports par lesquels il lui fallait approprier cette institution. Je comprenais chaque jour davantage qu'il m'était impossible d'acquérir de loin toutes les lumières nécessaires pour me guider. Je l'écrivis à Buttafuoco : il le sentit lui-même, et si je ne formai pas précisément la résolution de passer en Corse, je m'occupai beaucoup des moyens de faire ce voyage. J'en parlai à M. Dastier, qui, ayant autrefois servi dans cette île, sous M. de Maillebois, devait la connaître. Il n'épargna rien pour me détourner de ce dessein, et j'avoue que la peinture affreuse qu'il me fit des Corses et de leur pays refroidit beaucoup le désir que j'avais d'aller vivre au milieu d'eux.

Mais quand les persécutions de Môtiers me firent songer à quitter la Suisse, ce désir se ranima par l'espoir de trouver enfin chez ces insulaires ce repos qu'on ne voulait me laisser nulle part. Une chose seulement m'effarouchait sur ce voyage ; c'était l'inaptitude et l'aversion que j'eus toujours pour la vie active à laquelle j'allais être condamné.

Fait pour méditer à loisir dans la solitude, je ne l'étais point pour parler, agir, traiter d'affaires parmi les hommes. La nature, qui m'avait donné le premier talent, m'avait refusé l'autre. Cependant je sentais que, sans prendre part directement aux affaires publiques, je serais nécessité, sitôt que je serais en Corse, de me livrer à l'empressement du peuple, et de conférer très souvent avec les chefs. L'objet même de mon voyage exigeait qu'au lieu de chercher la retraite, je cherchasse, au sein de la nation, les lumières dont j'avais besoin. Il était clair que je ne pourrais plus disposer de moi-même, et qu'entraîné malgré moi dans un tourbillon pour lequel je n'étais point né, j'y mènerais une vie toute contraire à mon goût, et ne m'y montrerais qu'à mon désavantage. Je prévoyais que soutenant mal par ma présence l'opinion de capacité qu'avaient pu leur donner mes livres, je me décréditerais chez les Corses, et perdrais, autant à leur préjudice qu'au mi[en], la confiance qu'ils m'avaient donnée, et sans laquelle je ne pouvais faire avec succès l'œuvre qu'ils attendaient de moi. J'étais sûr qu'en sortant ainsi de ma sphère, je leur deviendrais inutile et me rendrais malheureux.

Tourmenté, battu d'orages de toute espèce, fatigué de voyages et de persécutions depuis plusieurs années, je sentais vivement le besoin du repos, dont mes barbares ennemis se faisaient un jeu de me priver; je soupirais plus que jamais après cette aimable oisiveté, après cette douce quiétude d'esprit et de corps que j'avais tant convoitée et à laquelle, revenu des chimères de l'amour et de l'amitié, mon cœur bornait sa félicité suprême. Je n'envisageais qu'avec effroi les travaux que j'allais entreprendre, la vie tumultueuse à laquelle j'allais me livrer; et si la grandeur, la beauté, l'utilité de l'objet, animaient mon courage, l'impossibilité de payer de ma personne avec succès me l'ôtait absolument. Vingt ans de méditation profonde, à part moi, m'auraient moins coûté que six mois d'une vie active, au milieu des hommes et des affaires, et certain d'y mal réussir.

Je m'avisai d'un expédient qui me parut propre à tout concilier. Poursuivi dans tous mes refuges par les menées souterraines de mes secrets persécuteurs, et ne voyant

plus que la Corse où je pusse espérer pour mes vieux jours
le repos qu'ils ne voulaient me laisser nulle part, je résolus
de m'y rendre avec les directions de Buttafuoco aussitôt
que j'en aurais la possibilité; mais, pour y vivre tranquille,
de renoncer, du moins en apparence, au travail de la légis-
lation, et de me borner, pour payer en quelque sorte à mes
hôtes leur hospitalité, à écrire sur les lieux leur histoire,
sauf à prendre sans bruit les instructions nécessaires pour
leur devenir plus utile, si je voyais jour à y réussir. En
commençant ainsi par ne m'engager à rien, j'espérais être
en état de méditer en secret, et plus à mon aise, un plan
qui pût leur convenir, et cela sans renoncer beaucoup à ma
chère solitude, ni me soumettre à un genre de vie qui
m'était insupportable, et dont je n'avais pas le talent.

Mais ce voyage, dans ma situation, n'était pas une chose
aisée à exécuter. A la manière dont M. Dastier m'avait
parlé de la Corse, je n'y devais trouver, des plus simples
commodités de la vie, que celles que j'y porterais : linge,
habits, vaisselle, batterie de cuisine, papier, livres, il fal-
lait tout porter avec soi. Pour m'y transplanter avec ma
gouvernante, il fallait franchir les Alpes, et dans un trajet
de deux cents lieues traîner à ma suite tout un bagage; il
fallait passer à travers les Etats de plusieurs souverains,
et, sur le ton donné par toute l'Europe, je devais naturelle-
ment m'attendre, après mes malheurs, à trouver partout
des obstacles et à voir chacun se faire un honneur de m'ac-
cabler de quelque nouvelle disgrâce, et violer avec
moi tous les droits des gens et de l'humanité. Les frais
immenses, les fatigues, les risques d'un pareil voyage,
m'obligeaient d'en prévoir d'avance et d'en bien peser
toutes les difficultés. L'idée de me trouver enfin seul, sans
ressource à mon âge, et loin de toutes mes connaissances,
à la merci de ce peuple barbare et féroce, tel que me le pei-
gnait M. Dastier, était bien propre à me faire rêver sur
une pareille résolution avant de l'exécuter. Je désirais pas-
sionnément l'entrevue que Buttafuoco m'avait fait espé-
rer, et j'en attendais l'effet pour prendre tout à fait mon
parti.

Tandis que je balançais ainsi, vinrent les persécutions
de Môtiers, qui me forcèrent à la retraite. Je n'étais pas
prêt pour un long voyage, et surtout pour celui de Corse.

J'attendais des nouvelles de Buttafuoco ; je me réfugiai dans l'île de Saint-Pierre, d'où je fus chassé à l'entrée de l'hiver, comme j'ai dit ci-devant. Les Alpes couvertes de neige rendaient alors pour moi cette émigration impraticable, surtout avec la précipitation qu'on me prescrivait. Il est vrai que l'extravagance d'un pareil ordre le rendait impossible à exécuter : car du milieu de cette solitude enfermée au milieu des eaux, n'ayant que vingt-quatre heures depuis l'intimation de l'ordre pour me préparer au départ, pour trouver bateaux et voitures pour sortir de l'île et de tout le territoire ; quand j'aurais eu des ailes, j'aurais eu peine à pouvoir obéir. Je l'écrivis à M. le Baillif de Nidau, en répondant à sa lettre, et je m'empressai de sortir de ce pays d'iniquité. Voilà comment il fallut renoncer à mon projet chéri, et comment, n'ayant pu dans mon découragement obtenir qu'on disposât de moi, je me déterminai, sur l'invitation de Milord Maréchal, au voyage de Berlin, laissant Thérèse hiverner à l'île de Saint-Pierre, avec mes effets et mes livres, et déposant mes papiers dans les mains de Du Peyrou. Je fis une telle diligence, que dès le lendemain matin je partis de l'île et me rendis à Bienne encore avant midi. Peu s'en fallut que je n'y terminasse mon voyage, par un incident dont le récit ne doit pas être omis.

Sitôt que le bruit s'était répandu que j'avais ordre de quitter mon asile, j'eus une affluence de visites du voisinage, et surtout de Bernois qui venaient avec la plus détestable fausseté me flagorner, m'adoucir, et me protester qu'on avait pris le moment des vacances et de l'infréquence du Sénat pour minuter et m'intimer cet ordre, contre lequel, disaient-ils, tout le Deux-Cents était indigné. Parmi ce tas de consolateurs, il en vint quelques-uns de la ville de Bienne, petit Etat libre enclavé dans celui de Berne, et entre autres un jeune homme appelé Wildermet, dont la famille tenait le premier rang, et avait le principal crédit dans cette petite ville. Wildermet me conjura vivement, au nom de ses concitoyens, de choisir ma retraite au milieu d'eux, m'assurant qu'ils désiraient avec empressement de m'y recevoir ; qu'ils se feraient une gloire et un devoir de m'y faire oublier les persécutions que j'avais souffertes ; que je n'avais à craindre chez eux

aucune influence des Bernois; que Bienne était une ville
libre qui ne recevait des lois de personne, et que tous les
citoyens étaient unanimement déterminés à n'écouter
aucune sollicitation qui me fût contraire.

Wildermet, voyant qu'il ne m'ébranlait pas se fit
appuyer de plusieurs autres personnes, tant de Bienne et
des environs que de Berne même, et entre autres du
même Kirchberger dont j'ai parlé, qui m'avait recherché
depuis ma retraite en Suisse, et que ses talents et ses prin-
cipes me rendaient intéressant. Mais des sollicitations
moins prévues et plus pondérantes furent celles de
M. Barthès, secrétaire d'ambassade de France, qui vint
me voir avec Wildermet, m'exhorta fort de me rendre à
son invitation, et m'étonna par l'intérêt vif et tendre qu'il
paraissait prendre à moi. Je ne connaissais point du tout
M. Barthès; cependant je le voyais mettre à ses discours
la chaleur, le zèle de l'amitié, et je voyais qu'il lui tenait
véritablement au cœur de me persuader de m'établir à
Bienne. Il me fit l'éloge le plus pompeux de cette ville
et de ses habitants, avec lesquels il se montrait si intime-
ment lié, qu'il les appela plusieurs fois devant moi ses
patrons et ses pères.

Cette démarche de Barthès me dérouta dans toutes
mes conjectures. J'avais toujours soupçonné M. de Choi-
seul d'être l'auteur caché de toutes les persécutions que
j'éprouvais en Suisse. La conduite du Résident de France
à Genève, celle de l'Ambassadeur à Soleure, ne confir-
maient que trop ces soupçons; je voyais la France influer
en secret sur tout ce qui m'arrivait à Berne, à Genève, à
Neuchâtel, et je ne croyais avoir en France aucun ennemi
puissant que le seul duc de Choiseul. Que pouvais-je
donc penser de la visite de Barthès, et du tendre intérêt
qu'il paraissait prendre à mon sort? Mes malheurs
n'avaient pas encore détruit cette confiance naturelle à
mon cœur, et l'expérience ne m'avait pas encore appris
à voir partout des embûches sous les caresses. Je cher-
chais avec surprise la raison de cette bienveillance de
Barthès; je n'étais pas assez sot pour croire qu'il fît cette
démarche de son chef; j'y voyais une publicité et même
une affectation qui marquait une intention cachée, et j'étais
bien éloigné d'avoir jamais trouvé dans ces petits agents

subalternes cette intrépidité généreuse qui, dans un poste semblable, avait souvent fait bouillonner mon cœur.

J'avais autrefois un peu connu le chevalier de Beauteville chez M. de Luxembourg; il m'avait témoigné quelque bienveillance; depuis son ambassade, il m'avait encore donné quelques signes de souvenir, et m'avait même fait inviter à l'aller voir à Soleure : invitation dont, sans m'y rendre, j'avais été touché, n'ayant pas accoutumé d'être traité si honnêtement par les gens en place. Je présumai donc que M. de Beauteville, forcé de suivre ses instructions, en ce qui regardait les affaires de Genève, me plaignant cependant dans mes malheurs, m'avait ménagé, par des soins particuliers, cet asile de Bienne pour y pouvoir vivre tranquille sous ses auspices. Je fus sensible à cette attention, mais sans en vouloir profiter, et, déterminé tout à fait au voyage de Berlin, j'aspirais avec ardeur au moment de rejoindre Milord Maréchal, persuadé que ce n'était plus qu'auprès de lui que je trouverais un vrai repos et un bonheur durable.

A mon départ de l'île, Kirchberger m'accompagna jusqu'à Bienne. J'y trouvai Wildermet et quelques autres Biennois qui m'attendaient à la descente du bateau. Nous dînâmes tous ensemble à l'auberge, et en y arrivant, mon premier soin fut de faire chercher une chaise, voulant partir dès le lendemain matin. Pendant le dîner, ces messieurs reprirent leurs instances pour me retenir parmi eux, et cela avec tant de chaleur et des protestations si touchantes que, malgré toutes mes résolutions, mon cœur, qui n'a jamais su résister aux caresses, se laissa émouvoir aux leurs; sitôt qu'ils me virent ébranlé, ils redoublèrent si bien leurs efforts, qu'enfin je me laissai vaincre, et consentis de rester à Bienne, au moins jusqu'au printemps prochain.

Aussitôt Wildermet se pressa de me pourvoir d'un logement, et me vanta comme une trouvaille une vilaine petite chambre sur un derrière, au troisième étage, donnant sur une cour, où j'avais pour régal l'étalage des peaux puantes d'un chamoiseur. Mon hôte était un petit homme de basse mine et passablement fripon, que j'appris le lendemain être débauché, joueur, et en fort mauvais prédi-

cament dans le quartier; il n'avait ni femme, ni enfants,
ni domestiques, et tristement reclus dans ma chambre
solitaire, j'étais, dans le plus riant pays du monde, logé de
manière à périr de mélancolie en peu de jours. Ce qui
m'affecta le plus, malgré tout ce qu'on m'avait dit de
l'empressement des habitants à me recevoir, fut de n'aper-
cevoir, en passant dans les rues, rien d'honnête envers
moi dans leur[s] manières ni d'obligeant dans leurs
regards. J'étais pourtant tout déterminé à rester là, quand
j'appris, vis et sentis même dès le jour suivant qu'il y
avait dans la ville une fermentation terrible à mon égard;
plusieurs empressés vinrent obligeamment m'avertir
qu'on devait dès le lendemain me signifier, le plus dure-
ment qu'on pourrait, un ordre de sortir sur-le-champ de
l'Etat, c'est-à-dire de la ville. Je n'avais personne à qui me
confier; tous ceux qui m'avaient retenu s'étaient éparpil-
lés, Wildermet avait disparu, je n'entendis plus parler de
Barthès, et il ne parut pas que sa recommandation m'eût
mis en grande faveur auprès des patrons et des pères qu'il
s'était donnés devant moi. Un M. de Vautravers, Ber-
nois, qui avait une jolie maison proche de la ville, m'y offrit
cependant un asile, espérant, me dit-il, que j'y pourrais
éviter d'être lapidé. L'avantage ne me parut pas assez
flatteur pour me tenter de prolonger mon séjour chez ce
peuple hospitalier.

Cependant, ayant perdu trois jours à ce retard, j'avais
déjà passé de beaucoup les vingt-quatre heures que les
Bernois m'avaient données pour sortir de tous leurs Etats,
et je ne laissais pas, connaissant leur dureté, d'être en
quelque peine sur la manière dont ils me les laisseraient
traverser, quand M. le Baillif de Nidau vint tout à propos
me tirer d'embarras. Comme il avait hautement improuvé
le violent procédé de Leurs Excellences, il crut, dans sa
générosité, me devoir un témoignage public qu'il n'y pre-
nait aucune part, et ne craignit pas de sortir de son bail-
liage pour venir me faire une visite à Bienne. Il vint la
veille de mon départ; et, loin de venir incognito, il
affecta même du cérémonial, vint *in fiocchi* dans son car-
rosse avec son secrétaire, et m'apporta un passeport en son
nom, pour traverser l'Etat de Berne à mon aise, et sans
crainte d'être inquiété. La visite me toucha plus que le

passeport. Je n'y aurais guère été moins sensible, quand elle aurait eu pour objet un autre que moi. Je ne connais rien de si puissant sur mon cœur qu'un acte de courage fait à propos, en faveur du faible injustement opprimé.

Enfin, après m'être avec peine procuré une chaise, je partis le lendemain matin de cette terre homicide, avant l'arrivée de la députation dont on devait m'honorer, avant même d'avoir pu revoir Thérèse, à qui j'avais marqué de me venir joindre, quand j'avais cru m'arrêter à Bienne, et que j'eus à peine le temps de contremander par un mot de lettre, en lui marquant mon nouveau désastre. On verra dans ma troisième partie, si jamais j'ai la force de l'écrire, comment, croyant partir pour Berlin, je partis en effet pour l'Angleterre, et comment les deux dames qui voulaient disposer de moi, après m'avoir à force d'intrigues, chassé de la Suisse où je n'étais pas assez en leur pouvoir, parvinrent à me livrer à leur ami.

J'ajoutai ce qui suit dans la lecture que je fis de cet écrit à M. et Mme la comtesse d'Egmont, à M. le prince Pignatelli, à Mme la marquise de Mesme, et à M. le marquis de Juigné :

J'ai dit la vérité. Si quelqu'un sait des choses contraires à ce que je viens d'exposer, fussent-elles mille fois prouvées, il sait des mensonges et des impostures, et s'il refuse de les approfondir et de les éclaircir avec moi tandis que je suis en vie il n'aime ni la justice ni la vérité. Pour moi je le déclare hautement et sans crainte : quiconque, même sans avoir lu mes écrits, examinera par ses propres yeux mon naturel, mon caractère, mes mœurs, mes penchants, mes plaisirs, mes habitudes, et pourra me croire un malhonnête homme, est lui-même un homme à étouffer.

J'achevai ainsi ma lecture et tout le monde se tut. Mme d'Egmont fut la seule qui me parut émue ; elle tressaillit visiblement, mais elle se remit bien vite et garda le silence, ainsi que toute la compagnie. Tel fut le fruit que je tirai de cette lecture et de ma déclaration.

APPENDICE

Comme Mademoiselle Lambercier prenait de nous les soins d'une mère, elle en exerçait aussi l'autorité. Ce droit la mettait dans le cas de nous infliger quelquefois l'ordinaire châtiment des enfants. Je redoutais cette correction plus que la mort, avant de l'avoir reçue. A l'épreuve, je ne la trouvai pas si terrible, et quoiqu'il ne me soit jamais arrivé de rien faire à dessein de la mériter, j'avais plus de penchant à la désirer qu'à la craindre. La modeste Mademoiselle Lambercier, s'étant sans doute aperçue à quelque signe que ce châtiment n'allait pas à son but, déclara qu'elle y renonçait parce qu'il la fatiguait trop, et j'eus quelque regret, sans savoir pourquoi, de lui voir tenir sa parole.

Cette conduite dans une fille de trente ans, qui seule sait son motif, me paraît digne de remarque. Une autre chose qui l'est presque autant, c'est la date. Cela se passait en 1721 et je n'avais pas encore neuf ans.

J'ignore pourquoi cette sensualité précoce ; la lecture des romans l'avait peut-être accélérée ; ce que je sais, c'est qu'elle influa sur le reste de ma vie, sur mes goûts, sur mes mœurs, sur ma conduite. Je vois le fil de tout cela, sa trace est utile à suivre, mais comment la marquer sur ces feuilles sans les salir ?

Cette première émotion des sens s'imprima tellement dans ma mémoire que, lorsqu'au bout de quelques années elle commença d'échauffer mon imagination, ce fut toujours sous la forme qui l'avait produite, et quand l'aspect des jeunes et belles personnes me causait de l'inquiétude, l'effet en était toujours de les mettre en idée à l'ouvrage et d'en faire autant de Demoiselles Lambercier.

L'obstination avec laquelle ces images revenaient à la moindre occasion, l'ardeur dont elles enflammaient mon sang,

*les actes extravagants auxquels m'emportait le désir de les
voir réalisées, n'étaient pas ce qui se passait en moi de plus
étrange. Une éducation modeste et sévère avait rempli mon
cœur des sentiments honnêtes et d'une horreur invincible pour
la débauche; toutes les idées qui s'y rapportaient m'ins-
piraient l'aversion, le dégoût, l'effroi. La seule pensée de
l'union des sexes me paraissait si infâme qu'elle eût amorti
mes imaginations lascives, si elle me fût venue en même
temps.*

*De ce singulier contraste, qui séparait dans mon esprit des
choses si voisines, résulta un effet non moins singulier. Ce qui
devait me perdre me sauva longtemps de moi-même. Dans
l'âge de puberté, l'objet dont j'étais occupé fit diversion à
celui que j'avais à craindre. Une idée donnant le change à
l'autre m'échauffait sans me corrompre; mes agitations
n'aboutissant à rien n'en étaient que plus tourmentantes,
mais elles ne m'inspiraient d'autre honte que celle de faire
l'enfant si longtemps. Cette unique raison me rendait discret
sur mes fantaisies : je les trouvais puériles, mais non liber-
tines. On ne pouvait être plus pudiquement luxurieux.*

*C'est par cette bizarre diversion d'idées qu'avec une ima-
gination enflammée d'amour, et un sang brûlant de sensua-
lité presque dès l'enfance, j'échappai toutefois à l'égarement
précoce qui épuise et perd la plupart des jeunes gens. Plus
tard l'exemple de la souillure de mes camarades, loin de
vaincre mon dégoût, l'augmentait. Je n'envisageais des
filles publiques qu'avec horreur, et grâce aux soins des per-
sonnes sages qui m'avaient élevé, l'instinct de la nature se
cachait si bien dans mes fantaisies qu'après avoir fait déjà
d'assez grands voyages et vécu parmi toutes sortes de gens,
j'avais atteint ma dix-neuvième année avant que mon sexe
me fût bien connu.*

*Plus instruit, je gardai toujours ma première retenue
auprès des femmes. L'amour seul m'égara, jamais la
débauche; mes sens furent toujours dirigés par mon cœur :
la honte, conservatrice des mœurs, ne m'abandonna jamais,
et autant que je puis aller aux germes les plus profonds de
mes passions secrètes, cette honte fut encore en partie l'ou-
vrage de mes premiers goûts, toujours subsistants. A quoi
bon devenir entreprenant pour n'obtenir qu'à demi les
plaisirs désirés ? Ceux dont je n'osais parler pouvaient seuls*

donner tout leur prix aux autres. Ceux qu'on devait parta-
ger étaient proposables; mais qui n'eût dédaigné de ridicules
soins qui, pour trop plaire à celui qui les recevait, nuisaient
souvent à celle qui les daignait prendre ?

N'avais-je donc des mœurs réglées que parce que j'avais des
goûts dépravés ? Cette conséquence serait injuste et outrée.
Un naturel timide, un cœur tendre, une imagination roma-
nesque mêlaient l'amour et la retenue à tous mes désirs : un
goût constant pour l'honnêteté, la décence, une aversion pour
l'impudence, pour la débauche, pour tous les excès, furent
en moi les fruits d'une éducation toujours modeste et saine,
quoique d'ailleurs fort mêlée et fort peu suivie; mais, dans
un caractère doux et sensible à la honte, les désirs qu'elle
cachait laissèrent moins de force aux autres. Déjà disposé à
m'attacher aux personnes plus qu'à leur sexe, déjà craintif
par le danger de déplaire, je m'affectionnais aux actes de
soumission; je trouvais ainsi le moyen de me rapprocher par
quelque côté de l'objet de ma convoitise, en confondant l'atti-
tude d'un amant suppliant avec celle d'un écolier pénitent.
Etre aux genoux d'une maîtresse impérieuse était pour moi
la plus douce des faveurs. On sent que cette manière de faire
l'amour n'amenait pas des progrès bien rapides, et ne mettait
pas en grand péril la vertu de celles qui en étaient l'objet.

Si je ne sentais la difficulté de faire supporter tant de
détails puérils, que d'exemples ne donnerais-je pas de la
force qu'ont souvent les moindres faits de l'enfance pour mar-
quer les plus grands traits du caractère des hommes. J'ose
dire qu'un des plus profondément gravés dans le mien est
une indomptable aversion pour l'injustice. La vue d'une
action inique, même sans que j'y prenne aucun intérêt per-
sonnel, m'indigne jusqu'à la fureur, à tel point que jamais, en
pareil cas, je n'ai connu ni grandeur ni puissance qui pût
m'empêcher de marquer cette indignation. J'ose ajouter
qu'elle est si désintéressée et noble qu'elle agit moins contre
les injustices dont je suis la victime que contre celles dont je
suis le témoin. Qui croirait que ce sentiment invincible me
vient originairement d'un peigne cassé ?

TABLE DES MATIÈRES

DERNIÈRES PARUTIONS

GF-CORPUS

GF-DOSSIER

GF Flammarion

98/09/66634-IX-1998 — Impr. MAURY Eurolivres, 45300 Manchecourt.
Nº d'édition FG018239. — 2e trimestre 1968. — Printed in France.